# Moleque de Fábrica

José de Souza Martins

# Moleque de Fábrica

## Uma Arqueologia da Memória Social

Ateliê Editorial

1ª edição, 2011. Título: *Uma Arqueologia da Memória Social*
2ª edição, 2018. Título: *Moleque de Fábrica*

*Editor:* Plinio Martins Filho
*Produção editorial:* Aline Sato
*Design e diagramação:* Negrito Produção Editorial
*Foto da capa:* José de Souza Martins, "Última jornada de trabalho" (2001)
*Foto do autor:* Emiliano Gualberto
*Revisão:* Plinio Martins Filho
*Formato:* 15,5 × 22,5 cm
*Tipologia:* Adobe Garamond Pro
*Papel da capa:* Cartão Supremo 250 g/m²
*Papel da miolo:* Chambril Avena 80 g/m²
*Número de páginas:* 464
*Impressão e acabamento:* Graphium

Dados Internacionais de Catalogação na Publicação (CIP)
(Câmara Brasileira do Livro, SP, Brasil)

Martins, José de Souza
    Moleque de Fábrica: Uma Arqueologia da Memória Social /
José de Souza Martins. 2. ed. – Cotia, SP: Ateliê Editorial, 2018.
    464 p.; il.; 15,5 x 22,5 cm.

    ISBN 978-85-7480-788-1

    1. Martins, José de Souza. 2. Memórias autobiográficas. I. Título.

11-06664                                            CDD-920.71

Índices para catálogo sistemático:

1. Homens: Memórias autobiográficas    920.71

ATELIÊ EDITORIAL
Estrada da Aldeia de Carapicuíba, 897
06709-300 – Granja Viana – Cotia – SP
Tels.: (11) 4612-9666 / 4702-5915
www.atelie.com.br / contato@atelie.com.br

Printed in Brazil 2018
Foi feito o depósito legal

*Para João Alberto e os seus,*
*que também são meus.*

# Prólogo breve

A BUSCA PARECIA TER chegado ao fim naquela manhã de 1976. Ao morrer, meu pai, um homem do século XIX, deixara aos dois filhos pequenos um legado de enigmas e silêncios, o desencontro de sobrenomes, distanciamentos entre os membros da família, ainda que próximos pela vizinhança e pelos ritos para fingir proximidade, como o compadrio, onde a proximidade estava comprometida desde o começo pelas adversidades que o tornaram necessário. Coisas que crianças estranham e que se tornam os mistérios a desvendar, as perguntas a responder, as impertinências a incomodar. Naquela manhã tudo parecia, finalmente, claro. Parecia, mas não era. Aqueles enigmas eram apenas os componentes de incerteza que constituíam o extenso terreno em que nascem e crescem os sem história, os que nascem para servir e trabalhar. Aqueles cujo destino ganha sentido na trama de acasos que só se articulam num todo no fim da trajetória, no fim da vida, na história que faz dos simples mais objeto do que sujeitos. Trajetória dos ínfimos que ganha corpo nos acasos que a vida junta, na memória que imagina, na historicidade que viabiliza a pessoa, não importa onde, na geografia incerta dos sem destino. Quem aqui chegava, como meu pai, minha mãe e meus avós, em navios de velhas carcaças batidas pelo mar, eles próprios batidos pela vida, descobriam que não havia nada de propriamente novo na terra nova. A trama, no fundo, era a mesma.

E logo viram que da herança da escravidão, nos ficou por longo tempo o entendimento da irrelevância dos que trabalham, dos que vivem do suor do próprio rosto, dos que aprenderam a contabilidade dos tostões, as carências da vida medidas em centavos. Era assim para eles e era assim no meu tempo de menino. Mas isso mudava, o trabalho e o trabalhador redefinidos silenciosamente pelas urgências do desenvolvimento industrial, revalorizados na cautelosa escala do mudar para manter, na complicada gestação do conformismo popular da nossa precoce pós-modernidade, a de sermos pós-modernos antes de modernos sermos, como observou Nestor García Canclini em relação a esta nossa vacilante América Latina. A de pensarmos o presente e o futuro no marco do passado, do rústico, do que é seguro e inteligível, da atemporalidade vivencial que mescla os tempos e confunde os rumos.

A vida de aparência insípida transcorria na turbulência oculta no território restrito da casa e do trabalho. Há por isso, um certo realismo fantástico na cultura e na mentalidade populares, no fluir da vida como fantasia, transcendência viva, mistérios, drama e incerteza. O irreal mostra-se inevitável na realidade dos dias e das noites, a vida como busca de sentido para o que sentido não tem. A história dos simples é a história do outro, nesse cotidiano negar-se para ser e viver, fabular para compreender e compreender-se.

É assim que o de depois começa silenciosamente muito antes na vida da gente comum que povoa esta narrativa feita de memória. Pensativos avós ensinavam a cada criança que ela não estava sozinha, que havia e há uma certa perenidade no liame que ata o destino dos que chegam agora aos que chegaram há muito. A cronologia dos simples estende-se pelo longo e lento tempo da formação da sociedade moderna, o tempo que nos junta e nos separa. Por isso, o voltar atrás para compreender o incompreensível agora e o possível adiante. Bem pensadas as coisas, é a finitude que dá sentido ao que começa, na vida e na história. Na trama de impensáveis acasos, nos encontros de inesperados desencontros, gente que vai sendo empurrada pela vida afora e pela História adentro no rumo do agora e da neblina do amanhã. No fim das contas, viver é fascinante e belo, também para aqueles que nasceram para as durezas do trabalho, as adversidades do emprego e do salário, as insuficiências do ganha-pão, as incertezas do dia-a-dia. Aqui, os anônimos têm nome, ainda que invisíveis artesãos da trama do hoje.

Memórias sussurradas pelo outro que somos e que há em cada um. É assim que contam os que não contam, avós que falam pela boca dos netos, pais que falam pela boca dos filhos. Ajuntamentos da memória. Sussurros do viver sem rumo.

# 1
## Estranho regresso

Fora mesmo estranha minha sensação de que estava entrando num outro mundo quando, no meio da neblina, passei pelo casarão senhorial, fechado e silencioso. Um grande brasão esculpido na pedra da fachada falava de outros tempos. Pedi ao motorista do táxi, que me trouxera de Amarante, que me esperasse ali pelo tempo que fosse necessário, até que eu voltasse. Chegara a Santiago de Figueiró. Saí caminhando pela estrada de terra sem muita ideia do que ia fazer e do que ia encontrar, à procura de minhas raízes naquele recanto do Portugal de meu pai, que morrera quando eu tinha cinco anos de idade. Aquele silêncio, aquela falta de resposta, me deixou confuso. Eu apenas dissera:

— Bom dia! As senhoras poderiam, por favor, me dizer onde fica o lugar chamado Pedrinhas?

Elas nem me responderam nem me olharam. Continuaram ajoelhadas, em volta da fonte, esfregando a roupa, em silêncio, olhando para as próprias mãos. Havia jovens e velhas, todas vestidas de preto, lenço preto na cabeça, roupas compridas, até o tornozelo. Tive a vaga impressão de que ao atravessar o limite demarcado pela casa brasonada, havia de fato entrado em outro século, o século de minha avó paterna e de meu pai. Talvez porque aquelas mulheres caladas, vestidas daquele modo, me lembrassem muito o modo de ser e de vestir-se da avó que todos nós chamávamos em família de Mãe Maria — Maria de Jesus de Souza Martins, nascida em 1864, de quem herdei o sobrenome e o dom de contar causos. Era ela filha de Joaquim de Souza Martins e de Joaquina Teixeira de Moraes, meus bisavós, como leio num testamento de

1926, feito em São Paulo, gente daquele mesmo lugar que eu começava a conhecer agora, quatro gerações depois.

Infelizmente, eu convivera pouco com essa avó antiga. Nascera em sua casa, de onde meus pais saíram quando eu tinha uns quatro anos de idade, para morar numa pequena casa em frente, exatamente do outro lado da rua, construída a duras penas, em terreno comprado a prestações. Era um modo de reproduzir o que parecia ser o padrão da família. Todos morando perto um do outro. De Portugal, vieram para o Brasil duas irmãs, já casadas, minha avó, casada com João Sampaio de Vasconcelos, e minha tia-avó Albina Ribeiro, casada com Albino Ribeiro, ambos os casais com filhos já moços ou quase.

Estabeleceram-se em casas próprias em duas ruas que se cruzavam, a menos de um quarteirão uma da outra. E os filhos de ambos os casais, à medida que constituíam família, foram comprando terrenos e construindo casas ao redor dos dois troncos familiares. No caso de meus avós, eles próprios foram fazendo o seu pé-de-meia e com base nessa economia compraram terrenos contíguos ou próximos, construíram casas e ali instalaram os filhos. Naquele tempo, isso ainda era relativamente fácil no subúrbio operário, de terrenos abundantes e baratos.

Praticamente, cada um dos netos desses avós herdou uma casa própria. Avós analfabetos, que de algum modo reproduziram uma espécie de patriarcado rural em pleno centro do subúrbio industrial de São Paulo, em São Caetano, literalmente cercados por algumas das grandes indústrias do lugar. Os maridos dessas duas irmãs eram carpinteiros, muito provavelmente descendentes de uma linhagem de artesãos dessa profissão, cuja história se perde nos meandros do tempo. Todos os filhos, menos um, agrupados numa única carpintaria, e quase todos os netos da irmã de minha avó, receberam esse legado, sobrevivência fragmentária das antigas corporações de ofício e suas tradições hereditárias. Tanto que, logo que chegaram a São Caetano, meu avô e um dos meus tios tornaram-se membros da União Operária, uma sociedade de mútuo socorro fundada em 1907, que ainda existe. Filiaram-se, também, vários dos filhos de minha tia-avó. Mais de cem anos depois, alguns de seus descendentes diretos ainda praticam no subúrbio esse belo e antigo ofício, ensinado de pai para filho. Um dos irmãos, Manuel, o mais velho, não se associou aos demais e montou sua própria carpintaria em outro local, bem no centro da localidade. O patriarcado era na verdade um matriarcado que existia em torno de minha avó, elo reforçado pelo fato de que esse filho mais velho de minha tia-avó se casou com sua prima, Isaura, a única filha mulher de meus avós, irmã de meu pai.

Insisti na pergunta, mas não obtive nenhuma resposta. Fora uma decisão repentina, sem muita justificativa, expressão de uma curiosidade abrigada no íntimo desde a infância, desde a época da morte de meu pai, seguida de perto da morte de meus avós portugueses. De onde vieram eles para o Brasil, de onde exatamente? Como eram, o que faziam? Cresci com essa incógnita, como se me faltasse um pedaço.

Diferente de minha avó materna, a Mãe Maria não contava histórias de família, nada falava sobre si mesma. Sua memória era uma memória literária, uma verdadeira biblioteca de romances muito antigos, provavelmente medievais, que ela contava cantando num tom ritmado e monótono. Analfabeta, a rima e o ritmo eram provavelmente recursos mnemônicos para não esquecer detalhes da história e a sequência correta do que estava sendo narrado. Contava também um sem-número de histórias curtas, as mais interessantes das quais eram as de Pedro Malasartes, das quais ela mesma ria antes que meu irmão e eu ríssemos. De certo modo, aprendemos a rir com ela, a mais bem humorada pessoa da família, herança que meu pai também recebeu, segundo diziam os seus contemporâneos. Do lado de meus avós espanhóis, ainda tive com eles convivência até a adolescência e, particularmente, com minha avó andaluza tive convivência até o começo de minha vida adulta. Essa avó tinha uma forte memória da família e desse lado eu tinha um panorama bastante completo de nossa origem, da imigração e da adaptação ao Brasil. No nosso mundo de ínfimos, que éramos, a história familiar e a memória eram o único modo de escaparmos da nulificação do acaso, cercados pelo cotidiano aniquilamento dos que na cultura popular eram e são classificados como gente sem eira nem beira.

Mas do lado português eu nada sabia. Mesmo tendo convivido cotidianamente com minha avó até os sete anos de idade, na comparação com a outra avó, espanhola, estranhava de certo modo que ela nada dissesse sobre si mesma, meu avô, meus tios já falecidos, minha tia, meu pai. Não me lembro de nenhuma referência, nenhum fragmento de conversa que constituísse, de fato, lembrança do que fôramos como família, como passado. Talvez porque dos quatro filhos que tivera, os três filhos homens tivessem falecido precocemente e não houvesse, portanto, o interlocutor que fizesse a ponte com as nossas origens. A morte dos filhos antes dos pais, parece abrir um abismo de silêncio entre avós e netos a respeito do passado, os próprios avós chamados pela circunstância, como no meu caso e do meu irmão, a desempenhar, de algum modo, o papel de pais substitutos e provisórios.

De meu pai, ficaram pouquíssimas coisas que pudessem funcionar como lembretes da continuidade que pode haver na descontinuidade das gerações. Tudo o que Alberto tinha ficou numa caixinha de papelão, muito antiga, com uma estampa de propaganda na tampa, em que predominava o tom verde abacate. Ali guardava algumas joias que mostravam o quanto meu pai era antigo, nascido no século XIX, em agosto de 1891, todos objetos de ouro puro: um alfinete de gravata com uma pérola no meio de uma flor de filigranas; um anel com um diamante negro; e uma corrente de ouro, muito trabalhada, para o relógio Roskoff Patent, dessas que os antigos usavam por fora do colete. No meio da corrente, um minúsculo porta-retrato que tinha em relevo, num dos lados, um pequeno pássaro, lindíssimo, com o olho vermelho feito de rubi e um raminho verde no bico, feito de esmeralda. Já não havia retrato quando vi essa joia pela primeira vez. Lembro vagamente de um comentário de minha mãe de que ali tinha havido em outros tempos o retrato da madrinha de meu pai, que praticamente o criara, por quem ele tinha uma grande afeição.

Essas joias desapareceram um dia, inexplicavelmente, da casa de minha mãe. Eram do tempo em que, em Portugal, os pobres, quando podiam, compravam pequenos objetos de ouro, como aqueles de meu pai, ou brincos enormes, no caso dos de minha avó. Era forma de ter um pecúlio que pudesse ser transformado rapidamente em dinheiro, em caso de emergência, numa economia servil e camponesa de dinheiro pouco ou nenhum.

*Minha avó, Maria de Jesus de Souza Martins, em foto feita c. 1912, pouco antes da emigração para o Brasil. Da direita para a esquerda, meu pai; com a mão esquerda sobre seu ombro, provavelmente Anna, sua madrinha e tia; mulher não identificada; e minha tia Isaura, meia-irmã de meu pai.*

Dizem que era um costume judaico, dos muitos judeus que ficaram na conversão forçada e se perderam no interior da sociedade portuguesa quando da expulsão, no século XVI. Preocupação dos que nascem e crescem sabendo-se ameaçados do desterro. Era modo de carregar facilmente e no próprio corpo o mais universal e melhor equivalente de dinheiro para uma emergência. Foi com seus enormes brincos de ouro que minha avó subornou o comandante de um navio, em 1913, para que recrutasse como cozinheiro meu tio Manuel, seu sobrinho e futuro genro, e o trouxesse para o Brasil. Era véspera da Primeira Guerra Mundial e meu tio estava em idade de recrutamento militar. Muitas famílias mandaram para cá seus filhos jovens, morte temporária e substituta do risco da morte definitiva na guerra.

De meu pai, ficaram, também, alguns livros escolares do século XIX, alguns já sem capa. Um livro é de história de Portugal, em que cada rei é um capítulo e cada capítulo tem uma gravura de traço antigo com o retrato do respectivo rei. Quase todas as gravuras foram por meu pai, quando criança, pintadas suavemente com lápis de cor, geralmente amarelo ou azul. Outro livro é de geografia universal, muito interessante, com gravuras antigas lindíssimas e algumas das primeiras fotografias impressas. Esse livro meu irmão encadernou quando era aluno da Escola Profissional "Getúlio Vargas", no Brás. Um terceiro livro é de verbos. O mais interessante é um volumoso *Manual Enciclopédico*, em tamanho de livro de bolso, dividido em partes que tratam dos vários campos do conhecimento. Muitas vezes, na minha infância, li e reli esses livros, e neles aprendi muita coisa, tentando imaginar meu pai criança fazendo a mesma leitura. Num deles, editado quando o Brasil ainda era Império e antes de meu pai nascer, que deve ter herdado de alguém, meu pai escreveu o próprio nome a tinta, numa caligrafia bonita e caprichada.

Todas essas lembranças estavam fortemente presentes na minha mente naquela manhã. O silêncio daquelas mulheres me surpreendeu e me desapontou. Pensei em seguir adiante pela estrada. Talvez encontrasse alguém que me desse a informação de que precisava. Sem ela, aliás, aquela viagem era inútil.

Vi, então, uma pequena casa, a alguma distância, de que saiu um homem idoso, meio curvado, andando com pressa e dificuldade na minha direção, com um porrete na mão. Chegou perto de mim, com o porrete já levantado e gritou comigo:

– O que é que o senhor quer aqui?!

Expliquei-lhe, calmamente, e um tanto ingenuamente, vejo hoje, que havia cumprimentado as senhoras e lhes havia pedido uma informação sobre o lugar que procurava.

– E que lugar é esse?!

– Pedrinhas – disse-lhe eu.

– E o que é que o senhor tem a fazer lá?!

Contei-lhe, então, tudo o que sabia sobre a história de minha família e sua relação com aquele lugar. Disse-lhe que meus avós tinham vivido e casado ali e ali criaram os filhos. Ali havia nascido meu pai. E que haviam emigrado para o Brasil, provavelmente um pouco antes da Grande Guerra, como a chamam os portugueses. Desejava, por isso, conhecer o lugar e tirar algumas fotografias, para tê-las como lembrança e mostrá-las aos meus parentes do Brasil que, como eu, não conheciam o lugar de nossa origem.

Nessa altura, ele já estava mais calmo. Disse-me que me acompanharia, pois era o nome de um lugar ali perto. Fomos caminhando por uma estrada de terra, estreita, lindíssima, dentro do que parecia ser uma quinta imensa. De ambos os lados havia mourões de pedra. Sobre eles, arames estendidos seguravam as parreiras, que a cobriam. Naquela altura da manhã, os raios de sol passavam por entre as folhas das videiras, mesclando tons de verde e dourado. O caminho parecia o corredor de um palácio antigo. Não andamos muito. De repente, ele apontou para um velho sobrado, no meio do campo, e disse:

– Ali é Pedrinhas.

Pedrinhas era o nome da casa, como parece ter sido comum em diferentes lugares da Europa, no passado. O tipo de casa antiga em que a família morava na parte de cima e na parte de baixo eram abrigados os animais, o que incluía os porcos. Todos os detritos da casa eram, antigamente, despejados na parte de baixo e comidos pelos animais, que, com seu calor, aqueciam a casa no inverno e eram, depois, no devido tempo, mortos e comidos pelos moradores. A típica casa camponesa medieval. Um ciclo completo. Ao lado da casa um pé de louro, alto e velho, lembrava uma pintura de Van Gogh. Tirei algumas fotos, enquanto conversava, não muitas. Se fosse hoje, teria tirado mais fotos, em preto e branco e coloridas. Parecia ter terminado ali a minha viagem. E mal sabia eu que estava apenas começando.

Fomos conversando pelo caminho de volta. O velho quis saber se eu ainda tinha parentes por lá. Disse-lhe que não, pois no Brasil nunca havíamos recebido nenhuma notícia de quem tivesse ficado, de que eu me lembrasse ou que eu soubesse. Minha impressão era a de que a família emigrara toda e quase de uma vez para o Brasil.

Depois, remexendo na história, fiquei sabendo que, além de meu tio Manuel, meu avô fora primeiro. Para Caçapava onde, parece, tinha um parente. Também estivera no Rio de Janeiro, onde um ramo da família se instalou. Lembro-me vagamente de que, na época da safra, meus avós recebiam algumas caixas de laranja enviadas pelos "primos do Rio", que a cultivavam. Mas em Portugal chegaram desconfianças de que ele se engraçara com outra mulher por aqui. Minha avó não teve dúvidas: arrumou o dinheiro, comprou as passagens e veio com os filhos atrás do marido. Minha mãe se lembrava de que meus avós, já muito idosos, eram apaixonados um pelo outro, com desinibidas exibições de carinho que a deixavam encantada e constrangida, quando morou com eles. Meu pai, porém, ficara ainda em Portugal. Já moço, parece que tinha um pequeno moinho, de que vivia. Mas também ele acabou vendendo o moinho e vindo para o Brasil. Ao fim e ao cabo, já estavam todos em São Caetano, no subúrbio de São Paulo, na década de dez, por ocasião da Primeira Guerra Mundial.

Esses fragmentos da biografia de meu pai, colhidos ao acaso pelo ouvido curioso da criança que teve muito pouco tempo e pouca oportunidade de registrar na memória a crônica fragmentária da família paterna, falavam de um homem que fora criado pela madrinha, e que ficara para trás quando a mãe e os irmãos resolveram seguir meu avô rumo ao Brasil.

– Talvez o senhor ainda tenha família aqui. Nunca vão todos embora. Vamos falar com minha mãe. Ela deve saber de alguma coisa.

Naquele momento, ali mesmo naquela terra senhorial, filhos de moradores estavam trabalhando na França como imigrantes, ficando pais e avós presos à terra ancestral e à agricultura em terra alheia. Talvez por isso ele pensara nessa possibilidade.

– O fidalgo daqui é muito bom para todos nós – soltou ele sem que eu lhe tivesse perguntado nada. A designação do dono da terra como fidalgo era a chave principal para compreender várias das coisas estranhas que me aconteceram naquele dia.

Foi então que me dei conta de que a reação à minha presença inesperada logo de manhã, à beira da fonte das lavadeiras, podia ser explicada pelos acontecimentos políticos recentes e não só pelo óbvio atraso daquele lugar ainda mergulhado em costumes muito antigos. Minha visita aconteceu não muito tempo depois da Revolução dos Cravos (de 1974) e um ano depois do início da reforma agrária. No trem, na bela viagem do Porto para Amarante, um trem antigo e lotado, eu já me divertira com o debate que se travou na cabina em que consegui lugar. Havia uma jovem trabalhadora que fazia tricô enquanto conversava com os demais, sem tirar os olhos das agulhas. Havia o que parecia ser uma dona de casa de classe média que, precavidamente, concordava com todos, apesar das opiniões desencontradas. Creio que havia também gente que defendia o antigo regime. Havia um "retornado", nome que então se dava aos portugueses que tiveram que sair das antigas colônias, na independência, e voltar a Portugal. Estavam provisoriamente alojados em hotéis, às custas do governo. Do lado de fora da cabina, no corredor, várias pessoas de pé. Um senhor de meia idade postou-se ostensivamente na porta, olhando para dentro. Como ninguém lhe oferecesse o lugar, comentou em voz alta, para que todos ouvissem:

– Dizem que isso agora é democracia: os velhos viajam de pé e os moços viajam sentados.

Houve um silêncio geral. O homem cobrava a boa educação, que atribuía ao regime ditatorial de Salazar, de que uma pessoa mais jovem se levantasse e cedesse lugar a um velho não tão velho como ele. Invocava

direitos de uma ordem social vencida, em que a hierarquia e a precedência estavam, supostamente, baseadas na idade e no envelhecimento,
um passado muito antigo regulando o presente. A moça do tricô, sem
tirar os olhos do que fazia, e pelo que percebi depois era uma operária,
foi direta ao assunto:

– Meu velho, isso não tem nada a ver com democracia. Democracia
é outra coisa. Tem a ver com o fato de que quem chegou antes, encontrou lugar vazio e sentou. Quem chegou depois, viaja de pé. Se alguém
quiser oferecer-lhe o próprio lugar, fará isso porque quer e não porque
é obrigado, como era antes.

O jovem Portugal respondia ao velho Portugal com novos valores
sociais, os valores da precedência baseada na competição. A deferência
ao velho Portugal dependia agora da vontade de cada um e não mais da
coação moral e política.

O velho balbuciou uma reação, mas não conseguiu articular uma
justificativa aceitável em face daquela subversão de valores. O mundo
estava mesmo de pernas para o ar. Ficou resmungando. Era evidente a
sua decepção. Nele, o velho Portugal passara anos renunciando a privi-
légios como o de viajar sentado, para que os idosos tivessem uma tardia
compensação pelas privações da juventude. Agora, quando lhe tocava
a vez de receber a sua recompensa, como a de viajar sentado, uma nova
ordem social e política mudava as regras e lhe dizia que viajava sentado
quem chegasse primeiro. Aquele velho pertencia a uma geração lesada,
como ocorre em todas as sociedades que sofrem mudanças bruscas ou
se modernizam rapidamente.

O "retornado" tentou agregar argumentos que iam na direção do que
o velho dissera, sem, porém, oferecer-lhe o lugar que ocupava. Provavelmente esperava que os outros fizessem isso. Aí teve que dizer que era
um "retornado", o que bastou para que recebesse críticas de todos, dos
que estavam calados e incomodados, até da dona de casa que parecia
cúmplice dos demais. A reclamação era uma só: de que se queixava ele
se vivia às custas do governo, ou seja, de todos eles?

Ali, na apertada cabina de um trem, eu testemunhava o embate entre
o velho Portugal e o novo Portugal. E constatava que o velho Portugal

não tinha argumentos para se defender. Aquilo foi quase que uma representação teatral, viva, porém, da agonia social do salazarismo dois anos depois de sua cessação política.

Provavelmente, um certo medo invadira toda aquela região, historicamente muito atrasada, que ainda designava o proprietário da terra como fidalgo, cujos trabalhadores serviam sua família há séculos, sem dúvida. Ativistas dos partidos de esquerda iam para o campo difundir a ideia da reforma agrária, da recusa da propriedade injusta e da servidão disfarçada, que precisavam ser abolidas.

O velho da quinta não me disse nada, depois da referência ao fidalgo. Mas o modo agressivo como fui recebido indicava que eu poderia ter sido visto e temido como suspeito de ser um agitador de uma das facções da nova ordem política em Portugal, invadindo aquela paz secular que fora confirmada durante a longa ditadura de Salazar. Provavelmente, temeu que eu fosse um inimigo do fidalgo.

O velho camponês, ainda de cajado na mão, pediu-me que esperasse do lado de fora do portão e da cerca que fechava o pequeno terreno em que estava sua casa. Demorou um pouco e veio caminhando lentamente em minha direção, sozinha, uma senhora muito idosa, também vestida de preto, da cabeça aos pés, a cabeça coberta com um lenço preto. Tinha uma expressão mais amistosa do que a do filho. Cumprimentou-me e disse que o filho lhe contara que eu era de família daquele lugar. Expliquei-lhe que sim. Quis saber, então, o nome de meu pai. Mas o nome nada lhe disse. Mencionei os nomes de meus avós, que tampouco lhe disseram alguma coisa. Contei-lhe que meus avós, além de meu pai, tinham outros três filhos, dois homens e uma mulher. E enumerei os nomes.

Quando mencionei o nome de minha tia Isaura, ela arregalou os olhos, deixou cair o queixo, fitou-me por um tempo antes de me dizer cheia de espanto:

– É o filho do senhor reitor! – e continuou a me fitar, incrédula. – O seu avô se chamava padre Manuel Justino. Fui muito amiga de sua tia.

Achei logo que era engano e fiquei eu, também incrédulo, olhando com surpresa e um pouco de irritação para aquela mulher, que eu nun-

*Igreja de Santiago de Figueiró e a casa canônica, muito antiga, que foi residência do Padre Reitor Manuel Justino Teixeira de Carvalho por mais de setenta anos.*

ca vira, e cujo nome nem sabia, me dar uma notícia que destruía, sem mais nem menos, o que eu sabia sobre meus laços de família. Pensei imediatamente em meu pai, com pena, pela história na medida do possível ocultada e levada para o túmulo. Pensei, também, em minha avó e no seu inexplicável silêncio sobre o passado. Um passado reduzido à memória de cânticos populares e histórias de feira que remontavam a tempos muito antigos. Tempos que eu estava vivendo ali. Ao atravessar, na neblina, a linha fronteira à casa senhorial, no começo daquela manhã, eu havia entrado, sem saber, na Idade Média, eu havia atravessado a linha do tempo.

Era como se aquela revelação matasse meus mortos. Pensei em meu avô, um homem bom, padrinho de meu irmão, que eu ficava sabendo agora não era meu avô coisa nenhuma. Mas no meu coração continuava meu avô, percebi logo, cheio de afeto por ele e de boas lembranças. O avô com quem meu irmão e eu nos habituáramos a conviver, a acompanhar no trabalho de fundo de quintal, a segui-lo quando ia fazer alguma coisa fora de casa. Lembro dele, só de ceroulas, depois de lavar bem os pés, entrando numa pipa cheia de uvas para, no estilo de sua terra, aquela terra ali, pisoteá-las para fazer o vinho. Morando num lugar rodeado de fábricas, no subúrbio, fazia questão todos os anos de produzir em casa seu próprio vinho, bebida indispensável no seu jantar simples. E mesmo de manhã preferia broa de milho, ou pão, picada numa pequena tigela de vinho, uma espécie de sopa matutina. Mandava vir as uvas de Jundiaí, em muitas caixas, pois as de seu quintal não eram suficientes. E já deixava as pipas limpas e prontas para aquele trabalho que lhe dava um grande prazer.

Era um ritual. Meu irmão e eu ficávamos ali, tagarelando com ele, querendo saber sei lá que coisas. Esse trabalho era feito ao ar livre, no quintal cimentado em frente à cozinha. Depois passava a uva esmagada para outras pipas e acabava enchendo duas ou três, que ficavam colocadas em suportes de madeira acima do chão, num quarto grande, isolado, no fundo do quintal, na parte lateral menos movimentada da casa. Era um quarto relativamente escuro e silencioso, como se a uva esmagada tivesse que dormir para que dela se extraísse o vinho. Sobre cada uma,

uma tampa móvel. Ali era, também, o lugar em que mantinha limpa e arrumada sua bancada de carpinteiro e, perfeitamente ordenadas e dependuradas, na parede em frente, as suas muitas ferramentas. Sempre as limpava e untava, creio que com sebo, para que não enferrujassem.

A cada dia lá ia ele dar uma espiada em cada pipa, levantando ligeiramente a tampa. E meu irmão e eu íamos juntos, único jeito de entrar nos segredos daquele cômodo, que ficava trancado. Ele nos erguia para vermos a uva esmagada fermentando, já produzindo um cheiro adocicado de vinho, e com o passar dos dias fazendo um barulho suave parecido com o de fervura. Quando estava para se cumprir o tempo da fermentação, nós o víamos lavando cuidadosamente com água quente e sabão, e enxaguando, seu estoque de litros vazios para engarrafar o vinho. Também "cozinhava" as rolhas de cortiça, compradas em boa quantidade. E preparava um aparelho de madeira, dentro do qual colocava uma rolha por vez, punha sobre o litro já cheio de vinho e com um único soco enfiava a rolha completamente no gargalo do litro.

Achávamos engraçado, um rito diário da fase da fermentação, depois de um prazo certo: com uma mangueira fina de borracha, meu avô chupava o vinho de dentro da pipa e, quando percebia que ele "vinha vindo", baixava a ponta da mangueira e recolhia o vinho num copo para olhá-lo contra a luz e prová-lo. Fazia isso até o dia em que o seu saber o autorizava a declarar que o vinho estava pronto. Então, adotava o mesmo procedimento da mangueira e enchia litro por litro. Depois, com o tal aparelho de madeira colocava rolha em cada um. Acompanhávamos isso fascinados, Pai João, como o chamávamos, explicando aos netos cada coisa que fazia, cada etapa daquele processo mágico que transformava uva num vinho vermelho escuro, cor de rubi, que ele contemplava contra a luz, embevecido com a própria obra, e nos mostrava para que também pudéssemos ver. Depois levava os litros para a portinhola do porão da casa, devidamente trancada a chave e só aberta por ele. Entrava de gatinhas e nós entrávamos atrás dele. O porão estava cheio de areia. Nela ia enterrando, deitado, litro por litro, em lugar bem determinado, para não misturar vinho jovem com vinho velho. Muitos anos depois de sua morte, meu primo, herdeiro da casa, encontrou ali um bom número de esquecidas garrafas de vinho antigo, de mais de trinta anos.

– Seu pai ainda vive? – perguntou-me a velha senhora.

– Não, senhora. Ele morreu quando eu tinha cinco anos de idade.

– De que morreu ele? – perguntou-me com estranha curiosidade, como se isso fizesse alguma diferença.

– Morreu três dias depois de uma operação de hérnia, faz muitos anos, quando ainda estava no hospital. O atestado dizia que havia morrido do coração. Muito mais tarde, quase quarenta anos depois, tivemos que desenterrar seus ossos para sepultar uma tia. Levamos um susto, pois ele estava inteiro, a fisionomia preservada, o corpo não se desfizera. Foi preciso sepultá-lo de novo. Então, alguém nos disse que aquilo era sinal de que ele havia morrido de tétano. Provavelmente, os instrumentos utilizados pelo médico na cirurgia não haviam sido corretamente esterilizados.

– Deve ser porque era filho do padre – comentou ela, pensativa, como se não tivesse ouvido o final do que eu dizia.

– Será?! – estranhei, sem esticar muito o assunto.

– O senhor tem muitos parentes por aqui – continuou a velha.

– Talvez, não – respondi-lhe. Pelo que sei, todos os meus parentes foram para o Brasil.

– O senhor tem, sim. Siga por esse caminho até a igreja. Dali sai outro caminho, à direita. Ali é o Lugar das Infestas. Quase todos os moradores desse caminho são seus parentes.

Agradeci-lhe. Tomei o caminho indicado, que desce até uma igreja rural, antiga, cuja construção foi iniciada em 1727. E enveredei pelo caminho indicado. Na primeira casa bati palmas. Vi que havia um senhor trabalhando em alguma coisa no fundo do quintal. Mas quem veio me atender foi uma senhora, já de uma certa idade, que me cumprimentou de maneira simpática, a primeira a fazê-lo naquele dia. Contei-lhe minha história e disse-lhe que uma das moradoras me havia dito que naquele caminho muitos eram os meus parentes. Por isso, tomara a liberdade de parar em sua casa. Talvez ela pudesse me ajudar com algum esclarecimento.

*À esquerda da foto, o caminho do Lugar das Infestas, lugar ancestral dos Souza Martins. O cenário quase urbano de 2009 é bem diferente do cenário rural que conheci na visita de 1976, efeito das remessas de dinheiro dos moradores que emigraram para trabalhar em La Rochelle, na França.*

– Tenho, sim, parentes no Brasil. O senhor entre, por favor, pois tenho aí uns guardados que talvez digam alguma coisa.

Chamou o marido e repassou-lhe o que lhe havia contado. Entramos os três para a casa simples e lá foi ela à procura de uma caixa de papelão. Colocou-a sobre a mesa e começou a vasculhar. Separou umas fotos e umas cartas. Eram fotos da família de minha tia Isaura, irmã de meu pai, e cartas escritas por ela. De fato, éramos parentes, primos em algum grau. Deu-me até o endereço de uma família que morava em Osasco, também carpinteiros, da qual eu nunca tivera notícia, embora eu morasse quase na entrada daquele município. Eram meus parentes. Mais tarde nos encontraríamos em minha casa e deles ganharia uma fotografia antiga de meu pai jovem, ao lado de minha avó e de minha tia Isaura e de outras pessoas que não conheço.

Conversamos um pouco, um tanto formalmente, nem eles à vontade nem eu, apanhados todos pela surpresa do meu encontro inesperado com parentes que eu não sabia existir e eles pela visita inesperada de um parente desconhecido. Era verdade, ao longo daquele caminho eram quase todos meus parentes.

Narrei a essa prima a revelação que me fizera a velha senhora de que o pai de meu pai era um antigo padre do lugar. Um pouco contrafeita, ela confirmou o fato, de todos sabido. Mas acrescentou que na família corria a história de que o padre tratava o filho muito mal. Quando meu pai foi procurá-lo para dizer-lhe que também estava emigrando para o Brasil e lhe pediu alguma ajuda para a viagem, o padre enfiou a mão no bolso por dentro da batina, tirou algumas moedas e atirou-as aos pés do filho:

– Toma aí, para ires para o Brasil.

Voltou à minha mente aquele silêncio de família em torno de meu pai. Lembrei-me de quando me tornei adulto, meu pai já falecido e meus avós também, manifestei a minha mãe estranheza pelo fato de que meu pai tivesse tido o sobrenome da mãe, mas não o do suposto pai, o marido de minha avó. Sugeriu ela que eu conversasse com minha tia-avó Albina, irmã de minha avó, que ela conhecia a história da família. Tomou até mesmo a iniciativa de procurá-la e dizer-lhe que eu estava

*Meu pai ainda solteiro, provavelmente na formatura do curso de guarda-livros.*

querendo conversar com ela sobre a história de meu pai. Ela mandou dizer que aparecesse lá quando quisesse, que me contaria o que sabia.

Minha tia Albina já estava bem velhinha e embora morasse a pouco mais de meio quarteirão de minha casa, na Rua Paraíba, fazia tempo que não a via nem conversava com ela. Eu trabalhava durante o dia e estudava à noite. Nos sábados e domingos trancava-me em cima dos livros. Numa certa época, ainda menino, quando voltava do trabalho na fábrica, no fim do dia, coincidia que ela estava sempre à janela de sua casa olhando a rua. Eu parava, então, pedia-lhe a bênção e ficávamos conversando um pouco, sobre o que estava fazendo ou sobre um ou outro episódio da vida familiar.

Minha curiosidade não estava tão acesa em relação ao desencontro de sobrenomes, na minha família paterna. Fui deixando a visita para um outro dia, talvez para o período de férias, quando teria mais tempo para conversar com ela. Mas num domingo de manhã, ao sair de casa e passar na frente da casa dela, vi que havia um aglomerado de gente, vários dos meus primos. Fui lá e me disseram que a irmã de minha avó falecera durante a noite. Desse modo, não fiquei sabendo a história que descobriria inesperadamente lá em Santiago de Figueiró nem soube de detalhes da vida de meu pai e, possivelmente, de meu avô natural, que com aquela morte se perderam para sempre.

Despedi-me dos primos, pois teria que voltar para o Porto e para Lisboa ainda naquele dia, onde a Heloisa ficara com minha filha Veridiana, ainda pequena. Perguntaram-me se eu ia seguir adiante, pelo caminho, para conhecer os outros parentes. Respondi-lhes que, infelizmente, não poderia. Eu tinha organizado uma visita rápida àquele lugar, pois não sabia que tinha ali larga família. E havia um táxi me esperando para retornar a Amarante. Tentaria voltar numa outra ocasião para conhecer a todos.

Saí pelo caminho em direção à Igreja, para reencontrar o táxi que ficara nas proximidades da casa do fidalgo. Ao chegar na encruzilhada, na frente da igreja, que formava um átrio de terra, vi lá adiante, nas proximidades da igreja, na escadaria de pedra, um grupo de mulheres de preto, cabeça coberta, olhando em minha direção. Segui adiante e passaria na frente delas. Só então percebi que duas delas se destacaram do grupo e vieram ao meu encontro. Uma delas era a velha senhora que fizera a descoberta do meu parentesco direto com o antigo reitor da igreja de Santiago de Figueiró. Tudo sugere que ela fizera circular imediatamente a novidade de que um neto do velho padre aparecera na porta de sua casa naquela manhã e estava fazendo visita a parentes, ali perto da igreja.

Ao chegar diante de mim, apontou para a também idosa senhora que a acompanhava e disse:

– Esta mulher foi criada de seu avô.

Estendi a mão para cumprimentá-la, mas ela escondeu as próprias mãos atrás das costas, recusando-se a apertar a minha. Começou, então, a caminhar lentamente ao meu redor, na direção contrária à do ponteiro do relógio, examinando-me atentamente dos pés à cabeça. Lá longe, a pequena multidão olhava e esperava em silêncio. Completado o círculo olhou para a outra e comentou:

– É muito parecido!

Viraram as costas, sem me dizer nada, e voltaram para o grupo, provavelmente para relatar a confirmação visual do meu parentesco e da minha relação de sangue com o padre.

Segui o meu caminho. Era estranho que aquela senhora não quisesse me cumprimentar nem me tocar. Fui rememorando histórias e leituras, coisas antigas do folclore luso-brasileiro, que me vieram espontaneamente à cabeça, em busca de uma compreensão do que acabara de ocorrer. Evidentemente, na crença daquela gente eu era um intocável, filho do filho pecaminoso e incestuoso de uma mulher analfabeta com o padre local. Incestuoso porque o padre é justamente o pai simbólico de seus paroquianos, além de investido na sacralidade da ordenação sacerdotal. Não por acaso, no catolicismo o sacerdote é padre, isto é, pai e, em outras línguas, literalmente pai: *pére*, em francês; *padre*, em espanhol; *father*, em inglês.

Essa troca do sangue com o sagrado convertia e converte, ainda, na nossa crença popular, a mulher em mula sem cabeça e o homem em lobisomem. Degrada sua condição humana, reduzindo-os a humanos animalizados, monstruosidades condenadas ao duplo e à duplicidade.

A inspeção cuidadosa, provavelmente, fora feita para ver se eu não tinha algum sinal físico daquele pecado e daquela interdição, como a cauda, o que nas crenças dessa cultura é própria dos filhos de padre. Além da verificação de parecença, para o caso de que o sinal do incesto, por artes do maligno, tivesse se tornado invisível.

Intocável é o filho dessa relação porque liminar entre Deus e o diabo, entre o sagrado e o profano, produto de incesto e, portanto, da incerteza, da indefinição, da duplicidade inconciliável dos contrários. Uma pessoa de condição humana discutível, inclassificável no sistema de valores do grupo e na teia de relacionamentos sociais que o constituíam.

Veio-me, então, à cabeça o comentário que a velha senhora fizera quando mencionei as condições de exumação dos restos mortais de meu pai, o fato do corpo estar íntegro, até a fisionomia mantida. Dei-me conta de que suas perguntas não foram feitas ao acaso, por mera curiosidade. Eram perguntas de uma verificação encadeada, de um padrão de perguntas a partir de um fato constatado. Ao vir ao meu encontro, fê-lo, claramente, para situar-me no rol dos pertencimentos dos que eram dali, mesmo aqueles que se foram. Pediu-me os nomes dos membros de minha família ali nascidos, que lhe dei. Identificou-me porque mencionei o nome de minha tia Isaura, irmã de meu pai, sua amiga na juventude. Num átimo, reconstituiu a rede de meu parentesco e imediatamente nela localizou meu pai por sua situação parental anômala: "é o filho do Senhor Reitor!", exclamou, remetendo meu pai ao pai e não à família materna. "Seu avô se chamava padre Manuel Justino", acrescentou para indicar-me minha linhagem de pertencimento e de identificação. Quis saber, então, se meu pai ainda vivia, preâmbulo de indagações e interpretações interconectadas, que no caso não podiam deixar de ser feitas a partir de chave já escolhida de compreensão das revelações que minha inesperada visita faziam. Quando lhe disse que já falecera, quis saber de que morrera. Uma pergunta necessária, no caso, dada a violação do sagrado, de que resultara o nascimento de meu pai. Quando lhe disse que morrera de tétano, o que sabíamos por termos encontrado seu corpo íntegro na exumação, fechou essa primeira parte do interrogatório com a conclusão de que "isso é porque era filho do padre". Só, então,

33

passou à linhagem materna da minha ascendência ao dizer-me que eu tinha muitos parentes ali, indicando-me o caminho que saía do lado da igreja. Tudo encadeado e dirigido, como se houvesse um roteiro de indagações necessárias em casos assim. Se a velha conhecera e fora amiga de minha tia Isaura, conhecera também minha avó, à qual não fez a menor referência, apenas situando sua ancestral localização espacial no Lugar das Infestas.

A inspeção da criada de meu avô completou o elenco de identificação, com seus itens obrigatórios. E eu até mesmo desconfio de que tendo me inspecionado girando no sentido contrário ao do sentido horário, cumpriu um rito mágico ao fazê-lo na ordem contrária à ordem natural das coisas e do tempo, em busca das revelações dos contrários, das inversões propostas pelo incesto de que eu provinha.

A alusão ao fato de que o corpo de meu pai, depois de morto, não se corrompera, porque era filho de padre, me fez lembrar da crença popular de que o corpo das pessoas santas ou santificadas não se desfaz após a morte. Não se tratava, evidentemente, apesar de meu pai ter sido muito católico, de que tivesse tido atributos de santidade, e a ninguém nunca ocorrera semelhante possibilidade. Meu pai era um homem comum, trabalhador, com boa escolaridade, o primeiro de todos na família, e por muito tempo o único, a fazer o curso secundário, o que era diferente dos outros parentes de sua geração, religioso, atributos comuns a muitas pessoas na época. Ele se distinguia apenas pela estatura física, pois parara de crescer quando tinha doze anos de idade, em consequência de uma queda do alto de uma oliveira, causa também da sua hérnia. Era, além do mais, um homem educado e bem humorado. Não tinha a história dos santos de convenção, cuja biografia os aparta da mortalidade dos homens.

Uma grande dúvida deve ter tomado conta daquelas mulheres logo que a história se disseminou, enquanto se passavam os minutos de minha visita à casa de minha prima. Provavelmente, quando os fatos ocorreram, em 1891, prevaleceram as interpretações relativas ao caráter incestuoso e particularmente perigoso do relacionamento de que resultara o nascimento de meu pai. Mas um componente de dúvida ganhou definitivo reforço naquela manhã: apesar do pecado, a sacralidade do corpo do padre, ungido e consagrado, poderia ter sido um antídoto divino contra o carnal e pecaminoso. Os pecados da carne prevalecem contra essa sacralidade? Para aquela gente, o corpo incorruptível de meu pai dizia que não. Deus vencera o diabo na luta pelo corpo. A Igreja ensina que a ordenação sacerdotal de um homem o faz sacerdote para toda a vida, mesmo que renuncie ao sacerdócio, porque ungido pela imposição de mãos de pessoa igualmente ordenada e consagrada, o bispo. Aquela era a prova de que o poder da tentação e da carne não prevalecera contra o poder de Deus.

Eu teria dado tudo para permanecer em Santiago de Figueiró os dias que fossem necessários para desvendar esse mistério dentro do mistério, do qual eu era, sem saber, expressão e guardião. Estava numa condição singular para observar reações e compreender a mentalidade arcaica por trás das interpretações em conflito. De fato, sem o saber, eu era o portador da incógnita que assombrara durante oitenta anos aquela comunidade.

Ao passar diante do grupo, vi que me olhavam em silêncio. Foi uma penosa caminhada até ter certeza de que me haviam perdido de vista. Adivinhei a inesperada perturbação que eu trouxera àquelas pessoas, aprisionadas nas fronteiras do tempo. Se o nascimento de meu pai não tivesse causado uma grande perturbação no sistema de valores do lugar, no final do século XIX, a história não seria lembrada oitenta anos e várias gerações depois de ocorrida e minha presença não provocaria o alvoroço que estava provocando.

A isso se agregava agora a informação que eu trouxera inadvertidamente sobre a descoberta do corpo íntegro de meu pai, o que deve ter causado uma grande confusão quanto a classificar-me socialmente e quanto a definir quem de fato eu era. E, claro, no fundo mesmo, descobrir o que acontecera com o padre nos acertos de contas com Deus que todos temos que fazer um dia: o perdão ou a danação. Eu era duplamente estranho. Estranho por ser um desconhecido. Mas estranho também por ser conhecido por qualidades anômalas próprias da liminaridade de meu pai. Mesmo sem saber de minha existência, sabiam quem meu pai fora, e por extensão seus possíveis descendentes, como eu, personificação de valores em conflito radical, incompatíveis, uma modalidade singular de homem marginal. E, nesse sentido, temido. Eu estava obviamente situado entre dois extremos antagônicos. Chamar a conhecedora do Senhor Reitor Manuel Justino, que fora o padre da Paróquia de Santiago de Figueiró, entre as últimas décadas do século XIX e a primeira metade do século XX, a criada que o conhecera tão de perto, que era a única ali a poder fazer comparações esclarecedoras, era também a invocação de pessoa que vivera na linha divisória de sagrado e profano, a decifradora dos sinais de ambos os lados. Sabe lá Deus quão de perto ela o conhecera.

Do mesmo modo, meu pai, enquanto ali vivera, deve ter sido permanentemente objeto de estigma, interdições, preconceitos e provavelmente até medo pelas mesmas razões. Justamente por isso acabara sendo criado por alguém que lhe dera uma educação completamente discrepante da do restante daquela população, na maioria analfabeta, naquela época. De certo modo, naqueles instantes estranhíssimos eu personificara meu pai e fora interpretado como se fosse ele, no estranho regresso ao lugar de origem. De fato, nas breves horas daquela visita eu reencontrara meu pai, vivo ainda no imaginário daquelas pessoas, que as assombrara durante tanto tempo. Minha revelação provavelmente serviu para que ele fosse finalmente sepultado no cemitério de medos e assombros daquela gente, aliviada por saber que a morte revelara nele um homem de Deus, protegido contra a infâmia do pecado que lhe dera origem.

De certo modo, eu podia entender agora que o estranho distanciamento dos parentes de meu pai em relação a minha mãe, a meu irmão e a mim não se devia apenas ao segundo casamento de minha mãe. Continuávamos vizinhos, mas nos sentíamos parentes em abandono. O silêncio que me intrigara a vida toda era parte de uma distância social construída em cima não só do tabu da mãe solteira, que minha avó fora antes de se casar com o homem que vim a conhecer como meu avô, mas também e sobretudo decorrente da origem incestuosa de meu pai.

Nossos laços de família eram laços reticentes, de um parentesco inevitável, mas indesejável, com pessoas intocáveis. Até uma frase comum na boca de meu tio Manuel ficou absurdamente clara: "Parentes, só os dentes". Quando alguém comentou com ele que o filho de seu cunhado, que era também seu primo-irmão, havia publicado um livro e era notícia de jornal, comentou: "Não é meu parente, mas é muito inteligente..." Éramos duplamente parentes, de sangue e por afinidade!

Entendi, também, a profunda religiosidade de minha avó, ao que parece temerosa de que o filho pudesse ser castigado por uma culpa que ela assumia como sua. Lembro dela em prantos, minutos antes de chegar a notícia de que meu pai acabara de morrer, no final da tarde de um domingo de junho de 1944, tocada pela intuição materna profunda de que ele estava morto. Minha avó vestiu luto sempre. Ia à primeira missa da manhã todos os dias e todos os dias confessava e comungava. Estava sempre de prontidão para o chamado e o julgamento. Numa segunda-feira, dois anos depois da morte de meu pai, foi como sempre à missa, confessou, comungou, voltou para casa, preparou e tomou seu café da manhã e levantou-se para lavar a louça. Caiu morta na cozinha, pronta e plenamente preparada para a longa travessia de sua consciência. Tinha 84 anos de idade.

A neblina já havia desaparecido com o sol quente de quase meio-dia. Uns passos adiante, no retorno, passei novamente na frente da casa brasonada do fidalgo. Acabara de fazer uma viagem pelo interior da Idade Média. Deixava o território de uma espécie de feudo antigo. Já estava de novo dentro do táxi, de volta a Amarante, ao século XX e a mim mesmo, transfigurado pelas inesperadas descobertas daquela manhã de sol e pelo meu novo atributo de intocabilidade. Era o dia de Santiago, patrono de Figueiró, do ano da graça de 1976, sob cujo abrigo o pecado da origem de meu pai fora cometido.

*Post Scriptum*
A SOMBRA DE ANNA

Tudo parecia terminado quando o táxi alcançou a estrada de Amarante. Dali, no mesmo dia, eu viajaria para o Porto, de ônibus, e de lá para Lisboa, de trem. Santiago de Figueiró e suas histórias pareciam ter ficado para trás. Mas a viagem de volta foi muito mais longa do que a viagem de ida. Eu chegara ali movido pela mera e inocente curiosidade de ver, mais do que conhecer, o lugar em que meu pai e meus avós nasceram e viveram. No entanto, as involuntárias descobertas daquela manhã drenaram as respostas sumárias da memória para me encherem de perguntas, decorrentes da consciência, agora, de que o silêncio em torno da história de meu pai e de minha avó era o silêncio da humilhação e da vergonha. O silêncio de quem quer esquecer e não o de quem não consegue lembrar. Aquilo foi martelando minha mente. Os últimos contatos que tive com meu pai retornaram nítidos e fortes à memória em busca de sentido na história dele e já não mais, propriamente, na minha.

Lembrei-me segurando sua mão esquerda na Procissão do Enterro na Sexta-Feira da Paixão, numa noite de 1944, dois meses antes de sua morte. Eu a segurava, apreensivo, encarregado por minha mãe de cuidar dele, apesar dos meus meros cinco anos de idade. Minha mãe ficara em casa, com meu irmão. O acidente que sofrera, arrastado por um bonde em São Paulo, em cujo estribo não conseguira subir em tempo, apenas agarrado ao balaústre, deixara a família preocupada. Eu ouvia, em casa, sem entender, os comentários apreensivos, as recomendações que todos lhe faziam. As dificuldades para caminhar decorriam da hérnia inguinal que tinha desde os doze anos de idade, quanto caiu de uma oliveira e, em consequência, parou de crescer. E se agravava. Poucos dias antes, caminhando pela calçada lateral de nossa casa, em direção ao portão, para ir à casa de meus avós, do outro lado da rua, acompanhado por meu irmão e por mim, caiu perto do cavalete da água encanada. Voltamos correndo para chamar nossa mãe, ao mesmo tempo em que um vizinho, Figueiredo, que tudo vira, correu até ele para socorrê-lo. Ajudado e com dificuldade voltou para dentro. Foi, então, que decidiu pela cirurgia, decisão temerária naquela época. Sem dinheiro, recorreu à sociedade de socorro mútuo de que se tornara membro, para pagar a cirurgia e o Hospital Metropolitano, na Barra Funda, onde seria feita.

Lembro dele, poucos dias depois, num começo de tarde despedindo-se da Mãe Maria e do Pai João, de meu irmão e de mim, nós dois trepados no portão da casa desses avós, com os quais ficaríamos, dando-nos a mão direita para beijar, como era costume na família. Caminhou, len-

*Meu irmão e eu em foto tirada, em 1944, uma semana antes do falecimento de nosso pai.*

tamente, através do campo do Corintinha em direção à estação de São Caetano. Ele caminhava para a morte. Morreria três dias depois. Minha mãe levava uma maleta com as roupas para o período de hospitalização. Ela vestia um casaco bege, casaco cujo envelhecimento eu testemunharia, protegendo-a do frio nos anos seguintes à viuvez, perambulando pelas ruas de São Paulo, como vendedora pracista, no mesmo emprego que havia sido dele, até então.

Quando retornei ao Brasil, algumas semanas após a visita a Santiago de Figueiró, tivemos um almoço em família na casa de meu irmão. Narrei as descobertas casualmente feitas na terra de nosso pai e de nossos antepassados. Minha mãe franziu a testa e fechou o semblante, demonstrando desconforto com a narrativa. Murmurou, entre dentes, que meu pai não gostava de que se falasse nisso, pois sofrera muito com o fato de ser filho do padre e de mãe solteira, pois sentia muita vergonha de sua origem. Aquela revelação juntou-se ao que eu ouvira em Santiago, o tratamento que o Reitor dera ao filho quando foi pedir-lhe ajuda para emigrar para o Brasil, humilhando-o. Juntou-se, também, à reação das mulheres reunidas diante da igreja de Figueiró em nome do preconceito que o martirizara enquanto lá vivera, ainda que já passados 85 anos de seu nascimento, 63 de sua saída de Santiago e 32 de sua morte. O nascimento indesejado de meu pai fora um enorme escândalo, desses cuja notícia passa de geração a geração e se transforma em crônica local de todos sabida, crônica de aldeia, onde o excepcional está reduzido a rupturas sociais, como aquela, que dão vida ao imaginário profundo e antigo e sua lógica de exceção.

As coisas foram se juntando e o pai que eu conhecera pouco foi ganhando vida no pontilhismo do retrato inacabado que minha imaginação pintava. Eu agora tentava mais do que segurar a mão de meu pai na procissão. Tentava segurar sua mão na vida que já não tinha, querendo ser-lhe companhia na imensa solidão em que vivera e que ia descobrindo nos fragmentos que juntava. Minha avó não relutara em dar seus brincos de ouro para tornar possível a viagem de seu sobrinho e futuro genro, meu tio Manuel, filho de sua irmã Albina, ao Brasil, fugindo do recrutamento, do serviço militar e da guerra. Mas aparentemente não teve meios para trazer meu pai com ela quando, com os outros filhos, veio para o Brasil, atrás do marido, que já imigrara. Meu pai ficou para trás.

Depois de conhecer Santiago de Figueiró e de visitar os lugares em que a família vivera, perto da igreja, como Infestas e Pedrinhas, não foi difícil perceber que meu pai e minha avó, além do mais, católicos praticantes, como acontece com gentes de aldeia em países católicos, tinham diariamente contato com o padre. Diariamente, a mortificação do reencontro inevitável, à vista de todos, momento de uma história de todos sabida, sem a menor possibilidade da dissimulação, que é o recurso justo e salvador das vítimas das incertezas da vida. A relação face a face com o pai padre, visível mas irreal, interditado e proibido pelos abismos do sagrado. Teve que carregar em todos os dias de sua infância, de sua adolescência e do início da sua juventude, cada hora, cada minuto, o estigma do nascimento e, mais do que isso, a liminaridade do diferente, a solidão dos que estando entre dois mundos, o sagrado e o profano, não estão em nenhum.

Mas meu pai, de fato, não estivera sozinho. Foi nos olhos incomodados de minha mãe que eu descobri um dia, na adolescência, o amor de meu pai por Anna. Minha mãe me mostrou a caixinha de papelão muito antiga em que ele guardava as poucas joias que nos momentos solenes da vida davam à sua apresentação pessoal a vaidosa elegância que ficou nas suas poucas fotografias. Na corrente de ouro do seu relógio de bolso havia um minúsculo porta-retrato de onde eram claros os sinais de que fora arrancada a fotografia que ali existira. Confessou-me minha mãe que era a fotografia de Anna, madrinha de meu pai, que ela não sabia dizer se era ou não, também, a avó de meu pai, mãe de minha avó. Evitou dizer que ela mesma havia removido a foto, embora tivesse levantado ligeiramente o lábio superior direito ao falar, como fazia quando, acuada, queria indicar a impertinência do que lhe era perguntado. Queixou-se de que meu pai mandava dinheiro para a madrinha, quando, entendia ela, que estando ele já casado e morando ainda na casa da mãe, tinha obrigações prioritárias com a família daqui. Minha mãe queria uma ruptura definitiva com Anna, que o coração de meu pai não permitia.

Só naquela vez, em toda a minha vida, ouvi uma referência ao nome de Anna. Ela se tornou o contraponto de minhas indagações, de minha busca, no meu esforço para ampliar e reformular o lugar de meu pai nas minhas lembranças. Anna era a figura indiscutivelmente sublime em toda essa história mutilada, porque era o único elo de verdadeiro amor. Ela amara meu pai na solidão do estigma que o marcara para sempre. Era ela quem me pedia para ir adiante, para desocultá-la se quisesse re-encontrar a inteireza humana de meu pai nas ruínas do silêncio a que ele fora reduzido pela indevida discriminação que nele punira o pecado alheio, do pai e da mãe. O nome de Anna era o fio da meada para pe-netrar num mistério que não fora apenas o da origem de meu pai, mas o da complicada trama que o ligara aos seus, ao pequeno mundo de aldeia em que existir só tem sentido como membro do corpo coletivo, como sendo o outro para ser o eu. No qual, sendo meu pai liminar em relação a ele, tinha funções desconstrutivas, na mediação das quais se fez homem e pessoa e também senhor do legado humano que, mesmo residualmente, deixou aos filhos, aos netos, bisnetos e trinetos. Ele era um ser que não podia ser.

Tentei seguir o fio que o nome de Anna apontava. Escrevi para o pá-roco de Santiago de Figueiró, para saber detalhes da biografia do antigo Reitor e dados da antiga família, ali paroquiana. Mencionei apenas que pretendia escrever uma história de família. Não recebi resposta. Pedi o apoio de um amigo, o padre Jerônimo, que foi missionário no Brasil durante muitos anos e estava morando em Portugal, e nem ele obteve resposta. Com o passar dos anos, os recursos da internet agregaram uma possibilidade inesperada às minhas indagações. Finalmente, em setem-bro de 2008, numa dessas buscas, descobri que o Arquivo Distrital do Porto, muito recentemente, escaneara e digitalizara muitos documen-tos antigos que podiam ser lidos no original, pela internet. Dentre eles, todos os assentos de batismos, casamentos e óbitos de Santiago de Fi-gueiró, de 1657 a 1896.

Lendo os livros de batismo, num deles, no registro nº 28, encontrei Anna nos braços de sua madrinha, Ana Joaquina, solteira, sendo batizada pelo então Reitor de Santiago de Figueiró, o padre Manuel Justino de

Sampaio, em 29 de setembro de 1866. Foi no dia seguinte ao de seu nascimento, que se dera às nove horas da manhã, no Lugar das Infestas, que conheci na visita a Santiago, lugar ancestral da maior parte da família. Era filha de Joaquim de Souza Martins e de Joaquina Rosa, meus bisavós paternos, neta paterna de João de Souza Martins e de Ana Joaquina e neta materna de Manuel Joaquim de Morais e outra Ana Joaquina, todos meus trisavós. Foi seu padrinho outro Joaquim de Souza Martins, casado, do lugar vizinho de Pousada. Meu bisavô tinha um irmão, Manuel de Souza Martins, casado e com filhos, no mesmo Lugar das Infestas.

O despeito de minha mãe era, na verdade, a indicação do lugar que Anna, irmã de minha avó, tivera na vida de meu pai, que nessa busca descobri ser não só seu afilhado, mas também seu sobrinho. O amor de Anna, como mãe substituta, ajudara meu pai a atravessar, por mais de vinte anos, a muralha do preconceito contra o filho bastardo que ele era, além do mais intocável porque filho de relação simbolicamente incestuosa. Meu bisavô, Joaquim, que nascera em 17 de janeiro de 1818, faleceu na manhã de 23 de março de 1890, com 72 anos de idade, oito meses antes da gravidez de minha avó. Meu pai nasceu numa casa predominantemente de mulheres. Seus livros escolares, anteriores ao seu nascimento, me sugerem, ainda, um doador e tutor que o assistiu na educação diferençada que recebeu em relação aos seus parentes, analfabetos ou semialfabetizados, fosse o próprio Reitor de Figueiró ou alguém até por ele incumbido de educá-lo, alguém que repassou-lhe livros de uma geração anterior, como vejo pelas datas de publicação e pelo conteúdo ultrapassado dos seus livros de história. Um coadjutor de Anna.

O acidente que sofrera na queda do alto de uma oliveira, e a interrupção do seu crescimento quando tinha doze anos de idade, podem ter sido interpretados pelo povo do lugar como castigo que nele punira o pecado do pai. E como possível sinal de que meu pai pertencia à linhagem do maligno, que na concepção popular, presidira o incesto de seu nascimento. O que deve ter complicado muito o cenário adverso de sua adolescência. Só na minha visita a Santiago de Figueiró e na notícia que se difundiu em poucos minutos de que o corpo de meu pai não se corrompera após a morte e de que um filho dele, que estava ali à vista de todos, neto do padre, não tinha rabo nem outros sinais físicos do incesto, é que finalmente o mistério se desfez e a paz pode ter retornado às consciências temerosas daquela gente mergulhada ainda no passado e suas crenças ordenadoras da vida e da morte.

Nos livros paroquiais de Santiago de Figueiró não é infrequente encontrar assentos relativos a mães solteiras levando à igreja seus filhos naturais para batizar. Como não são incomuns os relativos a recém-nascidos abandonados na porta das casas ou, mesmo, no campo, na orla dos caminhos, enrolados em panos cuja cor e cuja qualidade são descritos, sutil forma de tentar identificar a origem social da criança. Coisa de uma sociedade estamental em que as pessoas ainda eram distinguidas pela qualidade de sua origem, mesmo na situação dramática do abandono. Crianças levadas à igreja para o batismo por aqueles que as encontraram, sendo eles próprios os padrinhos. Num caso, quem encontrou a criança foi seu padrinho no batismo, mas foi ela encaminhada à roda dos expostos de Penafiel. No casamento de vários moradores consta que eram enjeitados, filhos de pais e avós incógnitos, oriundos da roda dos expostos do Porto ou de Penafiel. Um cenário, portanto, de precária afirmação da instituição do matrimônio, agravado pelo notório parentesco dos moradores entre si, oriundos quase todos de famílias locais que se consorciavam há séculos. Muitos moradores estavam marcados por algum grau de impedimento porque o casamento entre eles podia ser incestuoso, dependente de exame e licença especial da Igreja. Excepcionalmente, há nubentes originários de lugares próximos, como Santa Cristina de Figueiró e São Miguel de Freixo de Cima.

Em 1928-1929, um genealogista local, não identificado, deixou inúmeras anotações a lápis, nos próprios assentos paroquiais, que dão alguma indicação sobre a concepção de família que tinha ali vigência. Ele tentou identificar, com base nos critérios estamentais de classificação social, as diferentes "casas" dos sobrenomes que se repetem, isto é, os troncos familiares, sempre em linha masculina, e os diferentes lugares de seu pertencimento no espaço de Santiago de Figueiró. Isso explica por que encontro os Souza Martins predominantemente situados no Lugar das Infestas, ao longo do tempo. Esse familismo aldeão se expressa nos vários registros de emigrados, residentes no Rio de Janeiro, no século XIX, casando com moradoras do lugar e até batizando crianças dali por meio de procuração eclesiástica. A trama parental e relacional da aldeia se estendia para além-mar e permanecia, profundamente situada na memória dos que se dispersaram, como ocorre ainda hoje com os que, nas décadas recentes, foram de Figueiró para La Rochelle, na França, ganhar o pão nosso de cada dia.

Numa comunidade em que não eram raras as crianças oriundas da roda dos expostos e menos raros, ainda, os filhos naturais, de pai e avós incógnitos, meu pai teria sido apenas mais um deles se não fosse filho do padre. Longe da crença comum de que era frequente e naturalmente aceito o fato de que padres tivessem mulher e filhos, na sociedade aldeã a procriação na relação interditada constituía um enorme e duradouro problema pelas rupturas no seu sistema simbólico e pelos perigos que acarretava para os envolvidos e para toda a comunidade através da ampla trama de seu parentesco de sangue. *O Crime do Padre Amaro*, de Eça de Queirós, se tornou objeto de literatura, que criou barulhento incômodo em Portugal e no Brasil católicos, justamente porque tratava do escândalo da exceção e não da regra. Livro, aliás, de 1875, tempo da mesma geração dos protagonistas desta minha história. O incômodo causado pelo nascimento de meu pai, ainda décadas e gerações depois, quando de minha visita a Santiago de Figueiró, resultou justamente da exceção que ele era. Eu não estranharia se tivesse descoberto que minha avó fora vítima de sedução ou mesmo de estupro. Sua obsessão religiosa com a limpeza espiritual, que a acompanhou até a manhã de sua morte, em 1946, confessando-se e comungando todos os dias logo cedo, pode ter resultado daquela violência contra ela e, por meio dela, contra o sagrado.

Vinte e seis anos depois de seu próprio batismo, Anna se apresentaria diante da mesma pia batismal da muito antiga Igreja de Santiago, como madrinha, com Alberto, meu pai, nos braços, para batizá-lo. Foi no dia 27 de agosto de 1891, nascido a uma hora da manhã daquele mesmo dia. Quem fez o assento e o assinou foi o padre Reitor Manuel Justino Teixeira de Carvalho, que, no entanto, dera ao presbítero Manuel José Teixeira autorização e incumbência para que em seu nome batizasse a criança.

O batizando era filho do próprio Reitor e pároco, como me revelara a velha senhora com quem conversei na manhã da visita a Santiago de Figueiró. O padre que o batizou aparece em registros da paróquia já em dias anteriores ao nascimento da criança, cumprindo outras funções sacramentais, chamado pelo Reitor, tudo indica, em face do nascimento iminente de seu filho incestuoso. Nessas evidências esparsas encontro indícios de uma sólida cultura de valores e ritos, relativa ao incesto e à bastardia, ocultada em silêncios, dissimulações e vergonhas. Meu pai nasceu e viveu nas regras desse resguardado mundo simbólico.

A diferença em relação à maioria dos batismos realizados e assentados pelo Reitor, que se sentiu impedido de batizar o próprio filho e que, provavelmente, o estava à luz das tradições populares e mágicas do lugar, não ficou por aí. Meu pai estava entre as crianças que foram batizadas logo após o nascimento, provavelmente em temor de que, sendo filho simbolicamente incestuoso, corria risco de morte e carecia, portanto, que recebesse com urgência o sacramento do batismo para que não viesse a morrer pagão e, ademais, condenado à perdição eterna pelo grave pecado de sua concepção. Encontrei nos registros de Santiago de Figueiró várias anotações de crianças batizadas em casa pelas avós, porque em artigo de morte, levadas mais tarde ao pároco para os exorcismos necessários e a confirmação do batismo. Estranho que minha bisavó não tenha, nessa circunstância, batizado em casa o neto bastardo e que a família tenha preferido que fosse ele batizado por um sacerdote, no mesmo dia. Uma sociedade em que se nascia para a morte, a morte rondando os viventes desde o primeiro vagido. A vida, por seu lado, como gestação social, religiosa e mágica, mais do que biológica.

A interdição de meu avô sacerdote para batizar meu pai apresentou-se novamente quando, cinco anos depois, na mesma igreja, a mãe de meu pai, minha avó Maria de Souza Martins, ali compareceu acompanhada do noivo, João de Sampaio Vasconcelos, como foi grafado seu nome, criado de servir, de 23 anos de idade, nove anos mais moço do que ela, nascido na freguesia de São Miguel de Freixo de Cima, e morador em Santiago, no lugar de Cabeceiras, para casar-se. Casados, foram morar em Pedrinhas, que visitei, perto das Infestas. O Reitor Manuel Justino

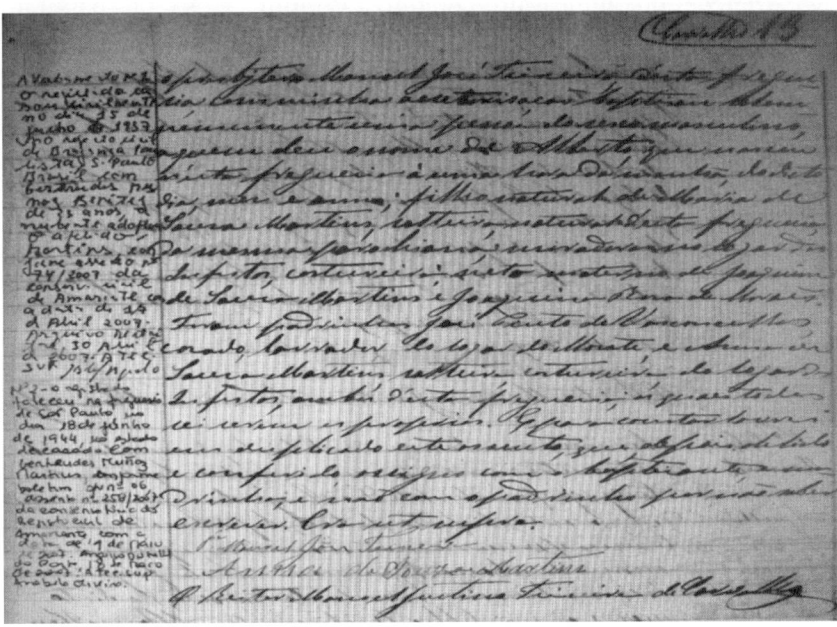

*Registro de batismo de meu pai, assinado por seu pai, o padre Reitor Manuel Justino Teixeira de Carvalho e por sua tia e madrinha Anna, mas batismo realizado por um padre de fora.*

Teixeira de Carvalho fez e assinou o assento do casamento, mas pediu ao presbítero Augusto José de Souza Gomes que o celebrasse, com o seu consentimento de pároco. Sem declará-lo, julgou-se interditado novamente. Tanto no batismo de meu pai quanto no casamento de minha avó, evitações que indicavam o quanto a vergonha e os tabus passaram a presidir a vida dos envolvidos na história de meu pai.

Nos dois casos, a interdição expressa a diversidade e o antagonismo entre o carnal e o sagrado e, portanto, a inconciliável duplicidade em que o Reitor de Santiago de Figueiró se colocara ao violar o voto de castidade e mesclar na sua mesma pessoa realidades antagônicas. Preferia não ampliar a extensão da violação cometida, negando-se a ministrar o sacramento do batismo ao filho carnal e o sacramento do matrimônio à mulher com a qual tivera relação carnal. Em relação a eles, seu sacerdócio estava parcialmente suspenso, colocado entre parênteses. Suas mãos não os abençoavam como sacerdote, embora talvez pudesse abençoar como pai e não sei se o fez algum dia. Nessa interdição, vivia uma espécie de maldição do duplo e da duplicidade, a identidade partida, no antagonismo interior que passara a viver desde o momento em que fecundara uma mulher da aldeia. A relação hostil com meu pai era repúdio tardio da carnalidade e da violação de que meu pai fora o fruto e a vítima.

Embora o pároco anotasse que não havia impedimento para esse casamento, os vários Vasconcelos que se mesclaram, real e simbolicamente como padrinhos, com os Souza Martins, em várias ocasiões, sugerem que entre o jovem João e a já madura Maria havia alguma relação de parentesco, ainda que remoto.

Além de Anna, terceira filha de meus bisavós, e além de minha avó Maria, nascida em 4 de julho de 1864, nasceram ainda: Emília Rosa de Souza Martins, aparentemente a primogênita, em 4 de fevereiro de 1862, Manuel de Souza Martins, em 29 de março de 1869, e Albina de Souza Martins, em 18 de maio de 1871, que, casada com Albino Ribeiro, também emigraria para o Brasil, já com filhos adolescentes e adultos, dentre eles Manuel Ribeiro, que se casaria com minha tia Isaura, sua prima-irmã, meio-irmã de meu pai, filha do Pai João e da Mãe Maria.

*Pia muito antiga de água-benta para persignação dos fiéis na entrada da igreja de Santiago de Figueiró. Nela se benzeram, durante séculos, meus ascendentes pelo lado paterno.*

No assento de batismo de Manuel de Souza Martins não consta que tenha casado nem consta seu falecimento, atualizações que os párocos faziam, embora nem sempre com regularidade, o que me faz supor que também emigrou. Emília faleceria em Figueiró a 18 de agosto de 1944, algumas semanas depois da morte de meu pai aqui no Brasil.

No assento de batismo de Emília, em 1862, consta que seu pai, meu bisavô, era oficial de barbeiro. Mas, dois anos depois, no assento do batismo de minha avó, consta que ele era mestre-pedreiro, cuja letra firme, correta e delicada me impressiona, quase um bordado, de cujo traço eu veria heranças tanto na assinatura de Anna, no assento de batismo de meu pai, quanto na que meu pai deixou num velho livro do século XIX, que lhe pertenceu. No geral, pais e padrinhos de Figueiró eram analfabetos ou, então, assinavam os documentos com letras incertas e tremulantes. Curioso, no entanto, que minha avó tenha permanecido analfabeta, ainda que tivesse por padrinho de batismo o mestre de instrução primária das Infestas. No assento de batismo de meu pai fico sabendo, ainda, que minha avó era costureira e também o era Anna. Na verdade, minha avó tecia e bordava panos de linho, um artesanato que foi e ainda é característico do lugar. Tecida por minha avó, guardo ainda uma toalha lindíssima, que é um belo exemplar das chamadas artes menores, tecida e bordada em linho branco. Numa ponta, está bordado na própria tessitura, em relevo, "Amizade"; na outra, "Lembranca", com o cê sem cedilha. Sob as palavras, também bordadas em relevo, representações da videira, produto característico da localidade, de agricultura voltada para a produção do vinho verde: cachos de uva, folhas de parreira, gavinhas. São frequentes nos registros da paróquia a indicação de que as moças eram fiandeiras, tecedeiras ou costureiras.

À medida que virava as páginas dos manuscritos da Paróquia e as lia, fui tendo a sensação de um retorno físico às eras e fatos ali registrados, como se estivesse testemunhando de vista as relações descritas na típica caligrafia dos séculos XVIII e XIX, as mais recentes do próprio punho de meu avô sacerdote. Os reitores de Santiago de Figueiró eram cuidadosos no registro da qualidade social de seus paroquianos, forte indicação da mentalidade estamental de quem segurava a caneta para fazer os

*Missal Romano, de 1879, usado nas missas de Santiago de Figueiró no tempo de meu pai, de sua mãe, de sua madrinha e de suas tias.*

*Dois detalhes da toalha de linho tecida por minha avó paterna, em Portugal, provavelmente no fim século XIX, típico artesanato das mulheres de Santiago de Figueiró ainda hoje.*

assentos. A mesma persistente mentalidade na concepção de qualidade social do velho que me falou na bondade do fidalgo quando me levou até Pedrinhas.

O padre Manuel Justino Teixeira de Carvalho anotou várias vezes, ao longo de décadas, a qualificação de filho-família ou de filha-família ao lado do nome de padrinhos, pais, noivos que o eram, nas muitas décadas em que ministrou os sacramentos a seus paroquianos e em que fez os respectivos assentos. Destacava a origem nobre de uns poucos moradores do lugar. Quando batizou Carlos Babo, em 1882, filho de mãe nascida no Rio de Janeiro, futuro prócer republicano em Portugal, vítima política da monarquia e, mais tarde, vítima do salazarismo, anotou que o pai era capitalista. Nascia uma nova classe, sucessora da pequena nobreza local. Alguns paroquianos são ressalvados como proprietários, anotação que fez uma vez em relação ao meu bisavô Joaquim. Nesse grupo, que logo se percebe ser o grupo socialmente médio de Santiago de Figueiró, estavam também uns poucos negociantes e os artesãos, como o oficial de pedreiro, o carpinteiro, o alfaiate, o barbeiro. Ao que parece, um degrau abaixo, pouquíssimos indicados como lavradores, jornaleiros e criados de servir. E um grande número sem qualificação indicada. Mas não faltou também que, em dois casos, pais de noivos fossem definidos cruamente como mendigos, um indício de que as posições sociais não eram fluidas, cada um carregando marcas sociais definitivas, como também ocorria com os filhos naturais e os expostos.

Esse sistema de classificação social documenta, numa aldeia completamente à margem do mundo moderno, que se anunciava e se expandia no século XIX, a crise da então arcaica sociedade portuguesa, latifundista, monárquica e católica. E nos casos radicalmente opostos de Carlos Babo e de meu pai, contemporâneos e praticamente vizinhos, respectivamente, o nascimento de uma nova sociedade e a decadência da velha sociedade. O incesto simbólico do padre Manuel Justino (como o de Amaro em *O Crime do Padre Amaro*, de Eça de Queirós) e sua permanência residual como pároco da mesma aldeia por quase oitenta anos expressam justamente o imobilismo autodestrutivo próprio de toda decadência social e histórica.

Claramente alinhadas com aquela classificação social, estavam as gradações da alfabetização. A pequena-nobreza constituía um grupo minoritário de famílias, como se vê pelas proporcionalmente pouquíssimas referências aos filhos-família. São várias as indicações de que o próprio Reitor vinha de uma delas. Todos eles donos de uma caligrafia impecável, o sobrenome duplo fixado no papel em letras firmes, quase sempre grandes, elegantes, a redação correta, como a do próprio padre. Pouquíssimos os alfabetizados do grupo intermediário que, como meu bisavô Joaquim e minha tia-avó Anna, tinham letra parecida com essa, ligeiramente menor, com algumas indicações de quase imperceptível tremor, coisa de pessoas que não escreviam regularmente. No grupo seguinte, os pouquíssimos que tentaram assinar o nome, mal conseguiram redigir, e o fizeram completamente fora da linha, apenas uma parte do nome antes de completar o sobrenome. E, com eles, os numerosos analfabetos de analfabetismo atestado pelo padre.

Definido como oficial de barbeiro, em 1862, quando sua primogênita nasceu, como mestre-pedreiro, em 1864, quando minha avó nasceu, e definido novamente como oficial de barbeiro, em 1890, quando faleceu, meu bisavô teve, no caso das duas profissões, designação ainda das corporações de ofício já extintas. Era alfabetizado e manejava bem a escrita. Estava no grupo subalterno mas diferençado que o distanciava de jornaleiros e criados de servir. No batizado de minha avó, teve por compadre o mestre-escola das Infestas e sua irmã e teve em Anna a filha alfabetizada. Que minha avó e sua irmã Anna fossem devidamente qualificadas como costureiras, nos registros da paróquia, reforça essa condição de família no estrato diferençado dos artesãos.

O casamento de minha tia-avó Albina, vai na mesma direção. Casou-se com Albino Ribeiro, um carpinteiro competente que legou sua profissão a todos os filhos homens e a quase todos os muitos netos que teve, já no Brasil, na melhor tradição do corporativismo profissional pré-capitalista, da profissão como herança. Nesse sentido, a relação socialmente desigual no casamento de minha avó com João de Sampaio e Vasconcelos, um criado de servir, analfabeto como minha avó, um jovem de 23 anos casando com uma mulher de 32 anos de idade, provavelmente seu parente distante, pode ter decorrido de um arranjo de conveniência em que o noivo ascendia socialmente e a noiva se redimia da condição de mãe solteira. Criado de servir, nesse caso, pode significar que meu avô era aprendiz do ofício de carpinteiro, pois carpinteiro seria no Brasil. Ela tomava estado e, na condição de mulher muito mais velha do que o marido, inaugurava um matriarcado de que vi indícios não só no tratamento de Mãe Maria, que a ela se dava, como também no lugar que ocupava à mesa dos grandes almoços de família, sentada à cabeceira, meu avô como coadjuvante à sua direita, na lateral da mesa comprida.

A alfabetização de Anna, artesã, foi uma anomalia no cenário social dos registros paroquiais que li, o que fez dela uma mulher diferente e também ela liminar numa sociedade local em que os registros raramente mencionam o sobrenome da mulher, dando por assentado que é ele o do pai ou o do marido. Mulher que, no entanto, firmou o assento do batismo de meu pai com letra bem cuidada e grafia correta. Com a diferença de que, diversamente da grafia adotada pelos párocos em relação ao Sousa, grafou-o com "z" e não com "s", do mesmo modo que vários signatários de condição humilde e de nome José, e que puderam fazê-lo, assinaram-se "Jozé", como se fizera nos documentos cartoriais portugueses e brasileiros até o século XVIII. Minha tia-avó, legou a meu pai essa maneira de grafar o sobrenome, provavelmente uma herança corporativa da família de artesãos, quando alfabetizados o eram segundo uma mentalidade caligráfica antiquada em relação à dos filhos-família devidamente situados na cultura do século XIX.

Anna faleceria em Caramos, Concelho de Felgueiras, no distrito do Porto, em 24 de fevereiro de 1938, com 71 anos de idade, aparentemente solteira, sozinha e pobre, na mesma região de Santiago de Figueiró, nos mesmos dias em que minha mãe me concebeu.

\* \* \*

Em fevereiro de 2009, retornei a Santiago de Figueiró, acompanhado da Heloisa e do Padre Jerônimo, amigo de longa data. Fui, basicamente, para fotografar os lugares da memória da família paterna. Graças à

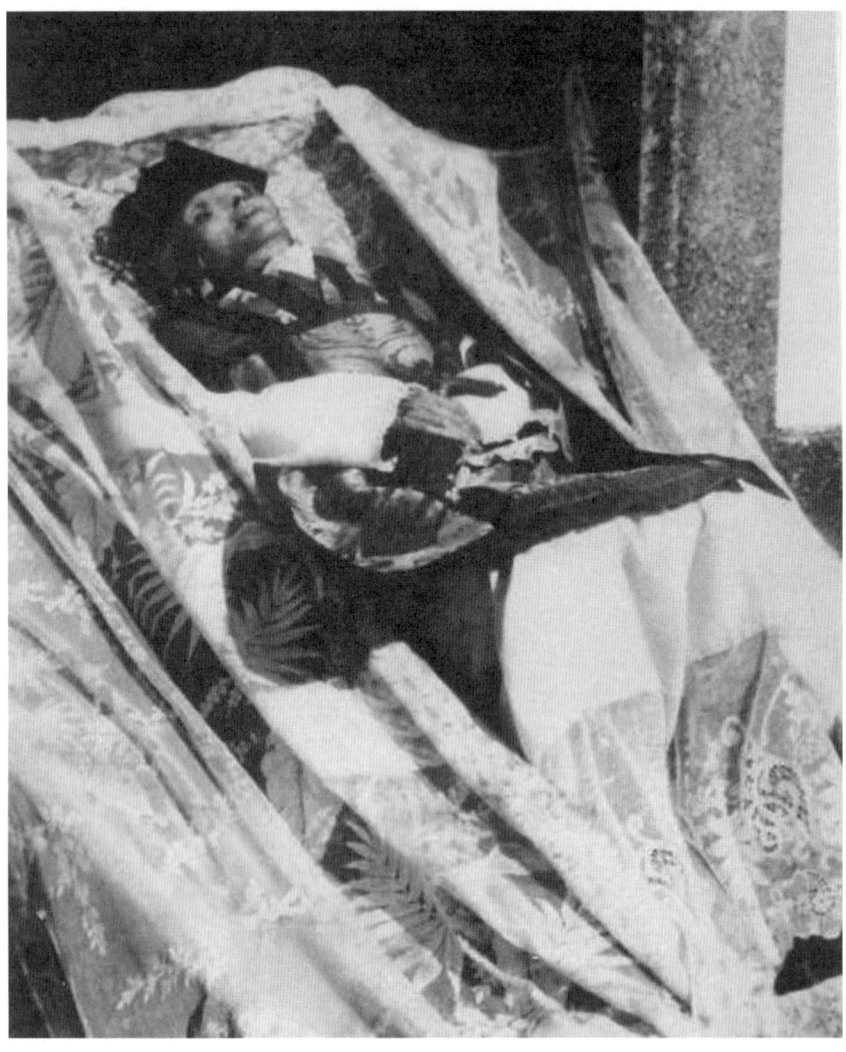

*O Padre Reitor Manuel Justino Teixeira de Carvalho, com os paramentos sacer-*
*dotais, no dia de sua morte, em 1957, já centenário, em Santiago de Figueiró, em*
*cujo cemitério foi sepultado.*

boa vontade da zeladora, conhecemos a igreja barroca, bonita e bem conservada, com seu piso de madeira recoberto de portas dos túmulos em que por mais de duzentos anos foram sepultados os moradores do lugar, muitos deles meus parentes. Também conhecemos o cemitério, de 1879, onde tantos outros parentes estão sepultados. Atrás da casa paroquial muito antiga, provavelmente do século XVII, a zeladora mostrou-nos uma casa recente que serve como sala de velório e é, também, um pequeno museu, com um órgão do século XIX, missais dessa época, antigos estandartes de Santiago, o mata-mouros, e uma parede com fotografias de antigos párocos. A primeira foto, é a de um padre morto, em seu caixão, devidamente paramentado com o barrete, a estola, a sobrepeliz, segurando um crucifixo com as mãos cruzadas sobre o ventre. O cadáver está de olhos abertos. Uma etiqueta diz que se trata do padre reitor Manuel Justino Teixeira de Carvalho, falecido em 1957, com mais de cem anos de idade, que foi pároco de Santiago de Figueiró por 78 anos. Foi assim que conheci meu avô, o pai de meu pai, o estranho acaso de minha origem.

# 2
## Encontro na Estação Victoria

O ENCONTRO COM MEU primo Amálio, numa manhã de domingo, em agosto de 1973, na Estação Victoria, em Londres, abriu para mim uma página desconhecida e inesperada da história de minha família materna. Era a página dos silêncios e rupturas decorrentes da emigração para o Brasil, para a lonjura dos cafezais, em endereço tão vago que só por milagre uma carta chegava ao destino. Era a página do envolvimento da extensa parte da família, que ficara na Espanha, na Guerra Civil, na facção republicana e comunista dos Rojos, sua participação na luta, seus mortos e prisioneiros. Além do longo período de marginalização social e política, de conformismo compulsório, imposto aos vencidos. Foi um encontro, para ele e para mim, carregado de significados. Ao fim do qual, na noite daquele dia, foi liturgicamente marcado pelo presente que me deu, o volume da obra completa de García Lorca, seu bem mais precioso, presente que lhe dera um dia nossa tia Rosaura, com os guardados de seu salário de operária, prima de minha mãe.

– Excuse me. Are you Mr. Manso, please?

Amálio pendurou a bengala num dos braços e me abraçou demorada e comovidamente. Abraçados, ele chorava e eu também. Alguns dias antes nós nem sabíamos da existência um do outro. Naquele abraço e naquelas lágrimas, o primeiro reencontro de família, sessenta anos depois da separação em 1913, quando nem ele nem eu éramos nascidos. No quase final daquele ano, meus avós maternos e os filhos embarcaram em Gibraltar, no navio francês Aquitaine, para uma segunda e definitiva emigração à América, dessa vez ao Brasil, agora como imigrantes subvencionados pelo governo daqui para trabalhar nos cafezais paulistas. Não tinham de seu mais do que a roupa do corpo, um pelego de carneiro, precário cobertor de crianças, que sobrara de prévia e frustrada emigração para a Argentina, pelego que conheci, e uma bomba de prata para o chimarrão, bebida a que meu avô se afeiçoara no Pampa.

Era o tipo de gente que os traficantes de mão de obra, pagos pelo governo brasileiro e pelo governo de São Paulo, recrutavam nas áreas pobres da Europa do Mediterrâneo, e outras regiões empobrecidas, para exportá-la como força de trabalho para as fazendas paulistas de café. Vinham sem rumo, sem saber qual era o destino, muitos dos quais nunca haviam provado uma xícara de café, bebida de sociedade, de cafés chiques, de gente gráfina nas grandes cidades europeias.

Temi não encontrá-lo naquela manhã de domingo na Estação Victoria. Ao chegar à cabeceira da plataforma que ele indicara e procurar o bistrô em cuja frente ele sugerira que nos encontrássemos, localizei a plataforma mas não o bistrô. Percorri a estação inteira, antiga e enorme, de um lado para o outro, e nada. Felizmente, a imensa estação estava quase vazia naquele horário.

Fui até o quiosque de jornais e revistas, que havia perto do local indicado, e perguntei ao jornaleiro, um senhor já de uma certa idade, se sabia onde o bistrô ficava. Contei-lhe que havia marcado encontro naquele lugar com um parente que eu não conhecia. Muito solícito e simpático, ele saiu lá de dentro e me apontou a porta fechada de uma loja, não muito distante, e disse que era lá. O bistrô não existia mais. Agora ali era outra coisa. Mas, se marcara um encontro lá, a pessoa me procuraria ali, explicou-me ele, didaticamente, ao perceber que eu era estrangeiro.

Eu havia chegado um pouco cedo, em função do horário do trem de Brighton para Londres. Estava participando de um seminário internacional sobre reforma agrária na Universidade de Sussex, em Falmer. Levantara bem cedo, pois havia poucos trens de Falmer para Brighton e de lá peguei o primeiro trem para Londres, onde Amálio trabalhava há vários anos, num restaurante.

Dias antes, quando finalmente consegui falar com ele, por telefone, depois de me indicar o bistrô, acrescentou, em espanhol, que estaria vestindo "una camisa azul con lunares blancos". Quando um senhor baixo, mancando um pouco, usando uma bengala para se apoiar, vestindo uma camisa azul com bolinhas brancas, parou ali por perto fui até ele e lhe perguntei em inglês:

– Desculpe-me, o senhor é o senhor Manso?

Amálio era meu primo em segundo grau, neto mais velho de Juan, o irmão mais velho de minha avó materna, María Benítez Jiménez. Pouco antes de viajar para a Inglaterra, em 1973, para participar de um seminário de seis semanas na Universidade de Sussex, com uma bolsa do British Council, localizei um velho envelope de carta procedente da Espanha, numa das gavetas lá de casa, que tinha no verso o endereço do remetente. Nós praticamente não tínhamos contato com a família que ficara na Espanha, em 1913.

Era o endereço de meu primo Fernando, irmão mais jovem de Amálio, que chegara a trocar correspondência comigo num curto período do início dos anos 1950. Alguém havia encontrado um endereço nos guardados de meus avós e finalmente, quase por acaso, consegui localizar aquele primo em Madrid, onde sua família tinha uma padaria na Carretera de Aragón, que é hoje extensão da Gran Vía, uma das ruas principais da cidade. Depois, ficamos sem contato.

Só em janeiro de 1958, após uma viagem ferroviária e solitária para a Bolívia, atravessando São Paulo, Mato Grosso e toda Bolívia, com dezenove anos de idade, eu descobriria que sabia falar espanhol e bem ("bem" foi o que disseram os que me ouviam). Sem saber e nunca ter falado essa língua, de fato eu a aprendera ouvindo meus avós quando, com meu irmão, ia passar as férias escolares com eles lá na roça. O meu espanhol saiu fluente e fácil quando tive que conversar com pessoas que não entendiam o português.

Arrisquei-me a escrever para Fernando, em espanhol, pouco antes da viagem de 1973, para dizer-lhe que nessa minha primeira ida à Europa, se pudesse, tentaria organizar meu itinerário de modo a fazer uma parada em Madrid e poder visitar e conhecer meus parentes de lá. Mas não recebi nenhuma resposta.

*Meu primo Fernando Manso Benítez (primeiro da fila), em fotografia tirada em Madrid, que me enviou em 1956, quando, 43 anos depois da imigração de meus avós maternos, a terceira geração da família, de lá e de cá, entrou em contato pela primeira vez.*

*Província de Santa Cruz (Bolívia). Ao fundo, o monte El Chochis. Trem em que viajei, em janeiro de 1958.*

Porém, já na Inglaterra, numa das cartas de Heloisa, veio junto a resposta de meu primo. A família não morava mais na Carretera de Aragón. Um antigo vizinho da família, que ainda morava lá, fizera com que minha carta chegasse até eles. Fernando me disse, então, que tinha um irmão, Amalio, que morava e trabalhava em Londres há muitos anos. Deu-me o telefone de seu trabalho e insistiu para que eu o procurasse.

Amalio convidou-me para um café antes de tomarmos o ônibus para sua casa. Estávamos muito emocionados com o encontro e surpresos com a recíproca descoberta de que existíamos. À medida que caminhávamos descobrimos que não tínhamos o que conversar. Nós não nos conhecíamos. Éramos apenas parentes separados por sessenta anos de distância, pelo oceano e por muitas interrogações. Íamos tateando, indagando. A conversa, enfim, chegou ao ponto: o que estávamos fazendo ali? O pranto, por que o pranto? Eu abraçara nele e ele em mim, três gerações depois, os laços da família que a pobreza e a emigração dividira para sempre, emigração que a pobreza da Espanha andaluza espalhara por vários países do mundo. Eu abraçara nele os irmãos de minha avó que eu conhecera em seus olhos antigos quando, na cozinha de sua casa de pau a pique, chão de terra batida, no bairro do Arriá, no hoje município de Pinhalzinho, entre Bragança Paulista e Socorro, nos raros momentos em que podia sentar-se, sentava-se sobre o alqueire, o caixote que servia para medir cereais, e meditava em voz alta. Os olhos atravessando a porta sempre aberta, em direção às plantações e ao morro lá longe, perguntava-se, no silêncio calmo daquela casa branca e pequena onde vivia há muito tempo:

– Donde estará mí Juan? Donde estará mí Miguel?

Eram seus irmãos. Havia, ainda, Catalina, a mais nova, e Curro, ou Francisco. Juan Benítez, o avô desse primo que eu encontrava agora, ainda estava vivo, em Madrid, quando minha avó se fazia essas perguntas. Morreria aos 104 anos de idade, depois de atropelado por um caminhão e de ter sido levado ao hospital, onde lhe deram alguns pontos na cabeça ferida. Espanhol de sangue quente, que nunca tinha estado num hospital, levantou-se e arrancou os pontos, para ir embora para casa. Morreu da infecção resultante. Minha avó morreria em 1963, com 94 anos de idade, treze anos depois de meu avô. Minha mãe faleceria em 2005, com 92 anos de idade, quando eu já estava escrevendo estas memórias.

Depois do café, tomamos um ônibus para o bairro distante em que morava. Fomos trocando informações, apresentando cada membro da família, mortos e vivos, estabelecendo os nexos do parentesco. Ele conversava comigo como se eu tivesse deixado a aldeia ancestral no dia anterior e houvesse muita coisa a contar em relação ao que ocorrera entre um dia e outro. Estaria apenas ligeiramente desatualizado. Para ele, o estranho era eu, "o que saíra", o visitante, não ele, "o que ficara", o visitado. No encontro com meu primo Amalio, em Londres, revivi a sensação que sempre tivera, em casa de meus avós maternos, de que nascera e chegara no meio de uma conversa. Aos poucos, desde pequeno, fui me dando conta de que a vida não começara comigo e de que eu embarcara no meio do caminho. Era uma sensação estranha de ser um intruso, um ser inevitável.

Mesmo minha mãe, quando se reencontrava com os pais, em sua casa na roça, mudava de comportamento, voltava a um tempo anterior, recolocava-se na teia das relações de família e de amizade, como se tivesse recuperado um pedaço de si mesma, que ficara para trás quando se casou e migrou para a cidade. Mas sua volta era, num certo sentido, também, o retorno à trama relacional dos ausentes, de gente que ela não conhecera, mas que continuava viva e presente nas conversações cotidianas da família, gente que, embora não estivesse em casa naquele momento, era como se estivesse para chegar, porque de fato nunca se ausentara.

Na casa dos avós, eu tinha às vezes a sensação de ser um estranho. Isso acontecia, também na casa dos avós paternos e era o que eu sentia quando meu pai ainda estava vivo. Hoje tenho clareza quanto ao fato de que o estranhamento era próprio da condição de imigrantes de meus quatro avós. Condição que impunha rupturas definitivas aos ausentes, que ficaram lá atrás, mas que continuavam habitando o imaginário dos que migraram, orientando lealdades que só tinham sentido porque os que ficaram e os que partiram moravam de fato no coração de todos. Conversavam entre si tendo em conta a presença imaginária dos outros. Minha busca naquela manhã de 1973, em Londres, era a busca de meu lugar nessa trama parental, um jeito de inteirar-me da conversa familiar que havia começado antes de que eu nascesse, para saber quem de fato era. Em 1976, no momento em que conheci Elo, neta de Catalina, irmã mais moça de minha avó, ouvi dela esta interrogação significativa, dirigida a meu primo Fernando: "Y que nos toca este?" Mais ou menos isto: o que é que temos a ver com esse aí?

Curioso mapa da vida o mapa da família. Porque, na conversa com meu primo, tudo tinha que convergir para aquele final de 1913, aí pelo mês de novembro, quando meus avós decidiram emigrar novamente para a América. Desembarcariam em Santos, na manhã de 5 de dezembro. No colo, vinha minha mãe, de três meses de idade.

Toda a família vivia numa aldeia à beira do Mediterrâneo. Ali, desde o final do século XV, é o limite entre o mundo cristão, até lá empurrado pelos Reis Católicos, e o mundo muçulmano. Mundos que de vários modos se entrecruzam desde então. Dali, em dias claros se vê a África na distância e na distância se vê também o rochedo de Gibraltar. Foi de Gibraltar que embarcaram eles, onde navios de várias bandeiras recebiam emigrantes que saíam clandestinamente da Espanha para a América do Sul. Teria sido mais fácil embarcar em Málaga, capital da província, não muito longe. Mas a emigração subvencionada pelo governo brasileiro estava proibida pelo governo espanhol. Tentava reter a sua mão de obra barata para cultivar os latifúndios andaluzes em condições servis.

Minha avó e meu avô eram de duas aldeias vizinhas. Minha avó nascera em Estepona, uma aldeia de pescadores. Ainda muito pequena, logo depois de nascer sua irmã Catalina, morreu minha bisavó, María Jiménez Jiménez. Meu bisavô, Juan Benítez López, estava frequentemente fora de casa. Era um pequeno comerciante de vinhos. Com uma tropa de mulas ia comprar e buscar vinhos na fronteira com Portugal. Lugar de muita pobreza, os próprios irmãos passaram a cuidar de Catalina, a recém-nascida. Na casa, só havia vinho e pão e a pão e vinho a mantinham. Segundo minha avó, Catalina viveu suas primeiras semanas embriagada. Molhavam o pão no vinho e o davam para a criança lamber sempre que chorava. Minha tia Catalina sobreviveu e conheci seus filhos e netos na Espanha, anos depois.

Alguém, da vizinhança, preocupou-se com aquilo, meu bisavô longe, viajando, com a vida regulada pelas estações do ano. E foi falar com a Marquesa de Guadalmina, dona da companhia açucareira que empregava quase todos os habitantes do povoado vizinho de San Pedro de Alcántara. Explicou-lhe que uma mulher havia morrido "nel pueblo" e deixara crianças pequenas e sozinhas, o marido ausente. Os três mais velhos, Juan, Miguel e Curro, podiam se arrumar. Mas havia as duas meninas muito pequenas, minha avó Maria e minha tia-avó Catalina. A marquesa mandou que lhe trouxessem as duas, olhou-as bem e disse que ficaria com minha avó. A outra era pequena demais e ainda urinava na cama, foi seu argumento, dito assim, cruamente, na frente de minha avó, que se lembrava disso frequentemente. Que alguém da aldeia cuidasse dela.

Se a palavra criada se aplicava a alguém, era a minha avó. Muito criança, servia para brincar com os filhos da marquesa, era o brinquedo deles, como se fosse um animal de estimação. Contou-me ela, certa vez, que eles brincavam de toureiros com ela e ela era o touro, uma indicação significativa do lugar dos pobres no imaginário das crianças no mundo das relações desiguais. Na escravidão brasileira, os meninos brancos brincavam de senhores de escravos com os meninos negros, desde cedo exercitando o mando. Também ajudava na cozinha. Era criada, por ter sido amparada para se criar, e era criada por ter sido recebida para servir.

Guardou refinamentos dessa convivência estranha, entre a sala senhorial e a cozinha. Lembrava-se de palavras e frases em francês, poucas, que pronunciava corretamente, de maneira elegante. Lembrava-se de um lema sob o brasão da porta da casa dos marqueses: "A Castilla y a León nuevo mundo dió Pinzón". A casa fora dos descendentes de Pinzón, um dos descobridores da América. Minha avó se lembrava, também, de que os marqueses e os reis da Espanha se visitavam, dizendo-o assim mesmo. De fato, como verifiquei depois, o Marquês de Guadalmina, grande empresário, era íntimo da família real.

Recordava-se com ternura dos meninos da marquesa, que a tratavam como criança, pois crianças eram. Essa ternura que às vezes amarra o destino dos servos aos senhores. Quando minha avó já era mocinha foi a marquesa visitada pela mãe de meu futuro avô. Sabia que na casa havia

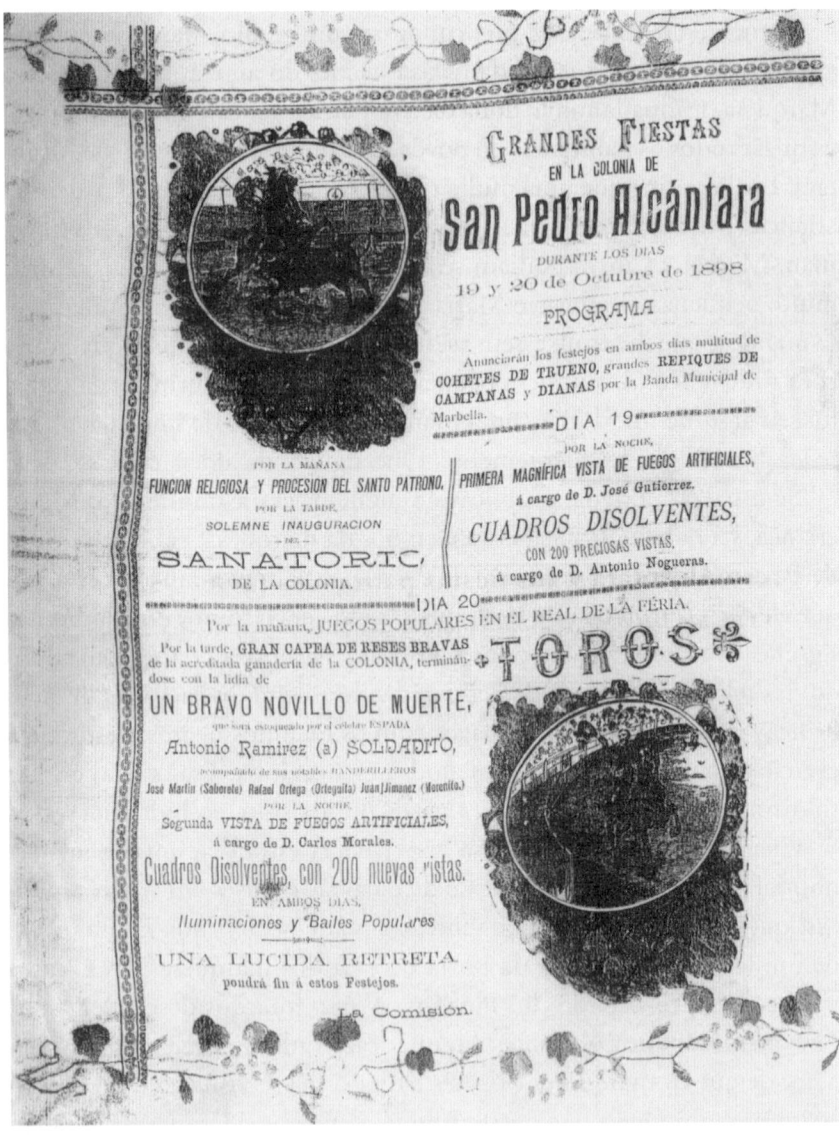

*Cartaz de propaganda das festas da Colônia de San Pedro de Alcántara, de outubro de 1898, quando meus avós maternos já eram casados e ali ainda viviam, antes da primeira emigração, para a Argentina (Fonte: Juan Andrés Gómez Duarte [coord.],* San Pedro de Alcántara – Recuerdos de um Pueblo y Su Patrón, *Hermandad de San Pedro de Alcántara, 2005).*

uma das criadas, uma moça pobre e solteira, em idade de casar. Pedia à marquesa que permitisse que minha avó se casasse com seu filho, Pepe. A marquesa concordou e o casamento se fez. Mas minha avó continuou trabalhando na casa, passando roupa, até que a marquesa percebesse que estava grávida. Foi, então, dispensada. Explicou-lhe a marquesa que não queria que seus filhos vissem uma mulher grávida e começassem a fazer--lhe perguntas a respeito. Eles eram aproximadamente da idade dela!

Minha avó pouco mencionava seus pais. Mal conhecera a mãe. No entanto, toda a família se manteve próxima, vivendo nas duas aldeias vizinhas. Sobretudo San Pedro de Alcántara, da jurisdição de Marbella, hoje uma praia frequentada por estrangeiros ricos, um dos pontos badalados da Costa do Sol espanhola. Mas ela se referia com profunda saudade a seus três irmãos homens, em frases curtas, meditativamente. Não sabia onde estavam e como estavam. Amalio me contou que Juan, o mais velho, permaneceu em San Pedro. Já casado e com filhas emigrou para a África, para o Marrocos espanhol, do outro lado do Mediterrâneo. Viveu lá um tempo. Minha tia Rosaura, sua filha, irmã da mãe de Amalio, que eu conheceria e com quem eu conversaria alguns anos depois, lembrava-se da hostilidade dos marroquinos. Com justiça, dizia ela, pois era a terra deles. Acabaram voltando à Espanha e depois da Guerra Civil foram para Madrid, acompanhando minha tia Isabel, irmã de Rosaura, que se casara com o pai de Amalio, Fernando. A situação adversa das famílias que se opuseram a Franco e ao fascismo, como a minha, estendeu-se por anos e foi, provavelmente, um dos fatores que contribuíram para que, na medida do possível, continuassem vivendo sob o mesmo teto.

Eu conheceria, em Málaga, alguns personagens da crônica familiar que, de armas nas mãos, participaram da Guerra Civil. Dois deles eram filhos de Catalina, irmã de minha avó, um dos quais ainda era quase adolescente quando pegou em armas. Presos com o fim do conflito e a tomada do poder por Franco, ficaram longo tempo em campo de concentração. Um deles morreria convictamente comunista. Um terceiro sobrinho de minha avó, Miguel, comandou um grupo de combatentes nas serras andaluzas. Foi capturado e recolhido à Plaza de Toros, de

Madrid, com milhares de outros presos políticos. Foi torturado, arrancaram-lhe as unhas com alicate durante a tortura. Acabou condenado à morte, mas enlouqueceu antes da execução da sentença e morreu. Minha tia Isabel, mãe de Amalio, visitava-o na prisão e acompanhou o seu martírio. O marido de tia Isabel também participou da guerra. Contava ela que todo fim de dia tinha que levar a marmita de comida para ele. Saíam as mães e esposas à procura de filhos e maridos pelos campos de batalha, perguntando se haviam visto fulano, se sabiam onde se encontrava sicrano. Nas casas de família, estava a retaguarda corajosa das mulheres que assistiram a Espanha cobrir-se de sangue, morte, dor e luto.

Na padaria, de que os pais de Amalio viviam, em Madrid, também tiveram problemas. O pão estava racionado e havia um pavoroso controle policial de sua distribuição através das cartelas de racionamento. Mas havia fraude por parte dos consumidores. Enganado por alguém, Fernando, o pai de Amalio, que vendera a esse alguém mais pão do que o autorizado, foi preso. Tendo participado da Guerra Civil, como combatente, contra Franco e os nacionalistas, foi tratado não só como responsável pela fraude, mas também como inimigo, ameaçado de fuzilamento. Isso custou longas peregrinações de minha tia à polícia, para implorar pelo marido, submetida a humilhações que ela preferia não mencionar. Já muito idosa e esclerosada, viu-a meu irmão, ao visitá-la, delirando, dizendo o que ficara guardado tanto tempo.

Na memória da fração da família que veio para o Brasil, a Guerra Civil não existiu. A família daqui não tinha a mínima ideia do que fora, como fora e por que fora. E menos ainda, que parentes muito próximos se arriscavam e sofriam nas trincheiras e derramavam o sangue por uma causa que os daqui não conheciam. A já escassa correspondência que vinha da Espanha cessou antes do conflito, que ocorreu mais de 20 anos depois da vinda, perdidos, ainda por cima, em lugar distante, onde não havia correio. Ali escassas cartas chegavam por intermédio de conhecidos e amigos que, no povoado de Pinhalzinho, cediam nome e endereço para recebê-las, geralmente o dono da venda. De modo que a separação e a distância atenuava vínculos de parentesco e elos de sentido. Quando, algum tempo antes de morrer, minha mãe ganhou do governo espanhol uma passagem, que não pediu, para conhecer sua terra e sua família, encontrou em Málaga com o primo que se mantivera comunista e ficou horrorizada com o que entendia ser uma adesão ao maligno, na perspectiva de sua visão das coisas dominada por uma religiosidade exaltada e conservadora. Foi à Espanha para descobrir, no fundo, que o parentesco no mundo moderno já não repousa nos vínculos e nas obrigações do sangue, as muralhas da família vencidas pela supremacia das ideias e das convicções, do lado dele, mas também do lado dela, nas evoluções ideológicas opostas. As ideias se legitimam segundo suas circunstâncias sociais e históricas.

Meu avô materno, José Muñoz Morales, não tinha uma família grande. Eram apenas ele, uma irmã e os pais, Pedro Muñoz Martín e Blasina Morales Guerrero. Fui saber que essa irmã de meu avô existira quando já era adulto, sem sequer saber-lhe o nome. Foi quando minha mãe me contou que sua tia, jovem ainda, "se desencaminhara" e fora expulsa de casa pelo próprio irmão, meu avô. Nunca mais tiveram notícia dela. Meu avô tinha memória de sua ascendência árabe e muçulmana e eventualmente a mencionava. Os valores que orientavam sua vida tinham a marca clara dessa origem. Aí, também, as ideias punem a vida, no doloroso banimento dos que os acasos da existência diferenciam ou desviam da rigidez, muitas vezes cruel, da tradição.

Era patriarcal e ambicioso, apesar de pobre. Deixou na memória de minhas tias Isabel e Rosaura, sobrinhas de minha avó, do grupo que permaneceu na Espanha, que o conheceram quando retornou da Argentina, a imagem de que procurava aparentar mais do que era. Foi essa ambição que o moveu, já casado e com filhos, a emigrar e que agora o trazia de volta, numa nova emigração para a América do Sul, para começar uma nova busca. Minha avó guardou uma lembrança muito boa dos anos que passaram na Argentina, onde lhe nasceram vários dos dez filhos que teve. Era um país rico e moderno, a economia fundada no trigo e na carne, que abria perspectivas para os imigrantes que chegavam constantemente.

Desistir e retornar à Espanha para reemigrar foi algo que sempre lamentou porque, no vai e vem, a família acabaria reduzida à miséria.

Mas meu avô era atirado, como se dizia, irresponsável, como sugeriu minha mãe em duas ou três ocasiões, porque desapegado das raízes. Já estivera, sozinho, no Marrocos espanhol, tentando ganhar a vida. E cada migração era mais uma na sua busca difusa, arrastando a família para o meio da incerteza, expressão do inconformismo em face das condições de vida na Andaluzia latifundista, pobre e mística.

San Pedro de Alcántara, com a usina de açúcar do Marquês de Guadalmina, atraiu migrantes de outras regiões. A não proliferação do sobrenome de meu avô, naquela área, diferente do que ocorreu com o sobrenome de minha avó, é a indicação de que sua família para ali migrara de algum outro lugar próximo. O oposto do que ocorreria com os Benítez de minha avó, até sobrinhos-bisnetos voltando definitivamente para a terra de origem, o corpo de um sobrinho-neto até mesmo para ali transladado anos depois de morto.

As marcas profundas das duas humanidades que se encontraram no casamento de meus avós eram visíveis nessas tendências opostas, a de querer ficar e a de querer partir, como traços ancestrais de personalidade, de visão de mundo e de compreensão da vida. Além disso, a tez morena e os olhos castanhos de meu avô eram claramente mouros de origem, como ele mesmo reconhecia, permanência de El-Andaluz, a grande pátria muçulmana que se estendera um dia pelo norte da África e pela Espanha e se adaptara na comunhão da cultura moçárabe. Já minha avó era branca, de olhos luminosamente claros. Pode-se rastrear até hoje nos descendentes de ambos, aqui no Brasil, uma linhagem morena e uma linhagem branca, cada um de seus filhos e filhas tendo por sua vez filhos, netos e bisnetos que se diferenciam pela cor da pele, uma espécie de emblemática recusa biológica da mestiçagem plena e definitiva. Todos, porém, vendo a vida e o mundo do mesmo jeito, com os mesmos valores, que essa foi a substantiva mestiçagem desses mundos desencontrados.

Com o trabalho duro, meus avós haviam comprado uma área de quatro chácaras em Lincoln, na província de Buenos Aires, e se dedicaram à criação de ovelhas. Tinham uns poucos empregados, além de minhas tias Mariana e Maria que, meninas ainda, ajudavam a pastorear os animais, montadas a cavalo. Minha avó se lembrava de ter que matar uma ovelha

*Vista da igreja de San Pedro de Alcántara, na mesma praça em que existe a casa que foi dos Marqueses de Guadalmina, onde minha avó materna foi criada quando ficou órfã de mãe. Incendiada durante a Guerra Civil, foi posteriormente restaurada (Fonte: Juan Andrés Gómez Duarte [coord.], op. cit.).*

73

a cada semana, com as próprias mãos, tirar-lhe o couro e carneá-la para alimentação da família e dos peões.

Dos filhos nascidos na Argentina, dois eram gêmeos. Meu avô estava no campo na hora do parto e quando chegou em casa as crianças já haviam nascido, dois meninos. Minha avó fizera o próprio parto, sozinha, cortara o cordão umbilical, limpara as crianças, as agasalhara junto a ela na cama e aguardou o retorno de meu avô e minhas tias no fim do dia. Com isso criou habilidade de parteira e aqui no Brasil, na roça, ajudou a nascer muitas crianças, quando não havia parteira por perto. Os dois meninos eram José e João. João faleceria pouco depois, sobrevivendo apenas meu tio Zé, uma das pessoas mais afetivas que já conheci, parecendo resumir e somar ao seu o afeto do irmão que se fora.

Meu avô bebia. E numa dessas vezes, embriagado, dormira no campo, ao relento, em pleno inverno. Ficou doente e o médico lhe disse que tinha um problema de coração, que viveria mais tempo se fosse para um país quente. Sugeriu que fosse para o Brasil. Ele, então, hipotecou as quatro chácaras de terra e com o dinheiro do empréstimo voltou com toda a família para a Espanha. Antes de emigrar para o Brasil, que também recebia imigrantes em grande quantidade todos os dias, resolveu retornar à Espanha para despedir-se dos pais. E só então viria para cá. Naquele tempo, emigrar para um país como o Brasil, diferente da Argentina das migrações golondrinas, temporárias, do trabalho bem pago na colheita de trigo, era partir para sempre. Era uma espécie de antecipação da morte. A memória de meus avós era, sobretudo, memória dos que ficaram, como se tivessem morrido ou se perdido pelo mundo, ausentes que permaneciam, no entanto, numa teimosa esperança no reencontro.

Com o dinheiro que sobrara dos terrenos hipotecados na Argentina, tentou estabelecer-se por conta própria em sua aldeia, numa tentativa de ficar. Minha avó abriu uma pequena padaria. Já velhinha, lembrava do trabalho duro de carregar e abrir os sacos de farinha de trigo para fazer o pão. Ela cuidava sozinha de tudo. Meu avô decidiu comprar um pequeno barco de pesca, que batizou com o nome de "San Pedro de Alcántara", o nome de sua aldeia. Minha avó sempre mencionava esse fato para explicar a pobreza da família, com base numa crença de sua aldeia

*Meu tio Zé, irmão de minha mãe, com seus netos, em sua casa de roça no bairro
da Cachoeirinha.*

*Meu avô materno
em foto tirada
na Argentina
antes de 1913 e do
retorno à Espanha,
argentinizado
no vestuário e na
aparência. Antes,
portanto, da
emigração definitiva
da família, para o
Brasil.*

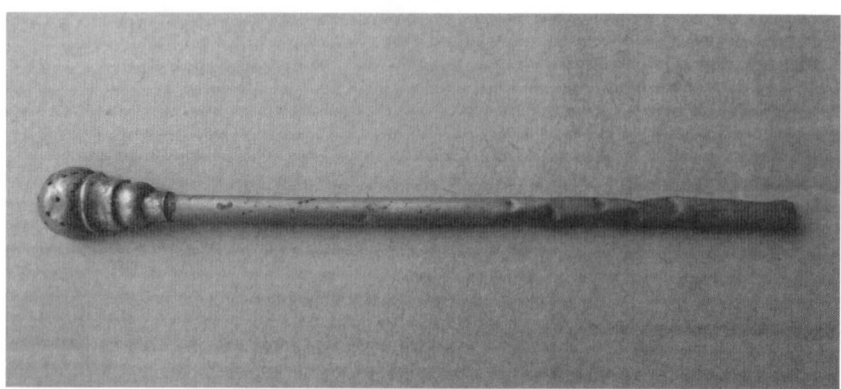

*Bomba de chimarrão que meu avô materno usava na Argentina. Um dos poucos
objetos que sobraram no inventário de sua pobreza: migrou com ele da Argentina
para a Espanha e da Espanha para o Brasil.*

de pescadores: os pescadores são pessoas condenadas a ser pobres, como os apóstolos, pescadores de Nosso Senhor. Faziam uma vã tentativa de não reemigrar. De fato, perderam tudo. Acabaram sendo aliciados por recrutadores a serviço da emigração para o Brasil, foram para Gibraltar e ali embarcaram para Santos, engrossando a procissão dos miseráveis que seriam levados para as fazendas de café de São Paulo.

Conheci um pouco das circunstâncias dessa história quando, aos onze anos de idade, tentei fotografá-la no terreiro de seu pequeno sítio no Arriá, em 1950. Pela morte de meu avô, como era costume, pôs luto fechado e de luto fechado manteve-se até o fim da vida. Era o luto que substituía o luto cinzento que adotara antes nas vestes em memória dos cinco filhos, crianças e adolescentes, que foram ficando pelos caminhos da vida, em sepulturas que nunca seriam visitadas na peregrinação existencial a que a família estava condenada. Manteve, de maneira sutil, a estranha concepção de que com a morte do marido a mulher devia segui-lo. Dizia sempre que apenas esperava que baixasse a terra na sepultura de meu avô para também partir. Dizia isso com uma serenidade conformada, de quem já cumprira todos os deveres da vida: sobrevivera, procriara, criara os filhos que Deus permitira e agora, serenamente, reconhecia que seu tempo terminara. O que deixava os netos tristes e apreensivos.

Era uma avó muito amada de todos nós, tratada com muito carinho, o mesmo carinho que nos dedicava a todos. Esse anúncio nos doía e muito. Mas revelava a concepção de mulher que presidira sua existência, desde muito criança. Com a morte da mãe, fora transformada em brinquedo dos filhos da marquesa e, ao crescer, em serva doméstica. Ali casou com o noivo que a escolheu, que ela provavelmente não conhecia. O mundo de meus avós era um mundo de rígida divisão do trabalho entre marido e mulher. À mulher cabiam todas as funções da casa. Ao marido, as funções fora da casa, no trabalho da roça. Ela era um complemento do marido. Com a morte dele, sua vida perdia sentido.

Dela me lembro, enquanto viveu em sua própria casa, levantando ainda no escuro da madrugada e rachando lenha no terreiro, para as necessidades do dia, o café da manhã, o almoço e o jantar. Manteve os costumes de sua aldeia de cultura andaluz. Sua casa de pau a pique, de taipa de sopapo, já bem antiga, de telhas-vãs, era impecavelmente branca. Tinha, permanentemente, nos vários cômodos, o som da mamangava-negra e gorda que zumbia, de um lado para outro, construindo pacientemente sobre a parede ou sobre uma das travessas de madeira, a sua casa-canudo de barro cinzento.

Ela mesma colhia sapé, formava um feixe, macetava uma das pontas, de modo a fazer a brocha da pintura. Ia a um antigo mangueiro de porcos, não longe da casa, e recolhia a tabatinga, o barro branco, que dissolvia em água, na consistência certa, um pouco cremosa. Era a tinta branca com que pintava sua casa a cada seis meses, nunca mais de um ano se passava entre uma caiação e outra. Pintava a casa por dentro e por fora. Isso incluía o fogão de taipa, imenso, e também o chão de terra batida. A tabatinga como que cimentava qualquer rachadura que houvesse na parede e deixava o chão como se fosse um cimentado. E tudo era varrido diariamente com um maço de vassourinha, a planta que na roça se usa para fazer a vassoura doméstica. Tudo ficava muito branco. Menos uma faixa de cerca de um metro de altura ao redor da casa, pintada com barro vermelho, para disfarçar o barro que espirrava do terreiro na parede em dias de chuva.

Sua casa branquinha era muito parecida com as casas de sua aldeia quase moura, que conheci bem mais tarde. Esse era também o costume da população antiga do bairro do Arriá. Um indício de heranças ibéricas e árabes que contribuíram para formar a cultura caipira. Aliás, ali no Arriá não se dizia bolso e sim gibera, corruptela caipira de algibeira, do árabe. Lembro bem do cheiro da casa. Do lado de dentro o cheiro do barro seco do pau a pique, da tabatinga; do lado de fora, o cheiro das rosas pálidas da roseira agarrada à cerca de varas que separava o terreiro das plantações. Tenho no jardim de minha casa uma neta da roseira de minha avó. Ainda hoje posso sentir o perfume dessas rosas que, originalmente, descendem de uma roseira de Nhá Florinda, antiga escrava da Fazenda Velha.

Como meu avô falasse pouco e suas conversações com minha avó fossem monossilábicas, sempre estranhei aquele modo econômico de usar

*Meu irmão e eu no terreiro da casa de pau a pique de meus avós maternos, no bair-*
*ro do Arriá, em Pinhalzinho (SP), 1952. No vão da porta, a cadeira em que meu*
*avô costumava sentar, ao pé do fogo, nas frias noites de inverno da roça.*

*Cadeira que foi de minha tia Sebastiana, talhada a mão por um carapina de roça, madeira encaixada, sem pregos, assento de palha de milho trançada, no desenho e estilo do mobiliário colonial do século XVII. Tipo de móvel muito comum nas casas rurais da região do Pinhalzinho. Durabilidade das formas antigas na cultura material caipira.*

as palavras. Com muito custo fui compreendendo aquele modo antigo de ser casal e ser família. Na casa de meus avós havia muito afeto e muito respeito. Todos os netos lhes pediam a bênção à moda caipira, juntando as mãos, em gesto de louvado. Menos meu irmão e eu que, mais influenciados pela cultura portuguesa de nossos avós paternos do subúrbio, lhes beijávamos a mão direita, coisa que continuei fazendo pela vida afora em relação aos parentes mais velhos. Filhos, netos e noras os chamavam respectivamente de Mamá e Papá, na pronúncia dialetal da região de Andaluzia de onde vieram, nomenclatura do patriarcado ibérico, que se aplicava também a meus avós paternos, aos quais chamávamos de Mãe Maria e Pai João. Filhos eram, também, os filhos dos filhos.

O afeto de meu avô era um afeto prático. Tive consciência disso um dia quando meu irmão e eu acompanhamos nossa avó, como fazíamos em tudo, até a nascente de água, não longe da casa. Dessa água bebíamos e era ela utilizada para cozinhar. À direita de quem entrava na cozinha, havia uma trempe pequena, entre a porta e o fogão, onde ficavam as panelas de ferro de minha avó, os pratos e canecas de ágata, as colheres e umas poucas facas. Era todo seu trem de cozinha. Quando havia pessoas a mais na casa, o costumeiro prato de feijão com farinha de milho era utilizado ao mesmo tempo por duas ou mais pessoas, cada qual com uma colher. Essa forma compartilhada de comer atingia em primeiro lugar as crianças, reservando-se aos mais velhos o privilégio do prato individual. O feijão de minha avó era inesquecível, temperado com alho e gordura de porco, com bastante caldo para formar o virado com a farinha, uma comida bem caipira, muito saborosa, que ainda se come por lá e também no interior de Minas Gerais, ali perto.

Na parte superior da trempe, ao alcance da mão, mesmo das crianças maiores, ficava um pote caipira de barro cozido, no formato da cultura indígena antiga da região. Quando a água estava acabando, minha avó costumava carregar o pote na cintura até a nascente e o poço ao redor, enchê-lo e colocá-lo sobre uma rodilha na cabeça ou sobre o ombro para carregá-lo até a casa. Era uma água cristalina e levíssima, a única água verdadeiramente doce e saborosa que já tomei em toda a minha vida. Cercada por Amparo, Lindoia, Águas de Lindoia e Socorro, aquela é

*Cerâmica caipira, cuja forma, cuja artesania e cujos desenhos indicam nítida influência indígena, feita por Nhá Maria Mendes, de família muito antiga do bairro dos Mendes. Na trempe da cozinha de minha avó materna, havia um desses potes de água, muito comuns nas casas de pau a pique do bairro do Arriá, no Pinhalzinho, e dos bairros vizinhos da Cachoeirinha, da Rosa Mendes, da Fazenda Velha e dos Mendes.*

uma região de águas minerais, cujos hotéis são hoje muito procurados para estações de repouso e tratamento.

Estávamos ali com ela, enquanto enchia o pote, ajoelhada sobre uma tábua de apoio, quando levantou a cabeça ligeiramente e recuou com cautela, afastando-nos com um braço. Deu, então, um grito de pavor, como eu jamais ouvira, dela ou de quem quer que seja:

– Peeeepe! – chamava por meu avô.

Afastou-se lentamente sem tirar o olho da serpente. Imobilizados de medo, meu irmão e eu vimos a cobra que também viera para tomar água, do outro lado da nascente, e ao sentir a movimentação de minha avó, ficou paralisada, preparada para o bote. Só não se atirou sobre ela porque havia a água de entremeio. O pavor deixou essa imagem na minha memória. Vejo ainda a cobra nitidamente na beira da água, paralisada, olhando fixamente na direção de minha avó.

Meu avô saía de manhã e afundava no meio de suas videiras, resumo de sua vida, todo o pouco que conseguira juntar finalmente no término do vai e vem pelo mundo, fonte da sobrevivência da família. Ficava por lá podando as plantas, carpindo, entretendo-se. Não era longe, mas não era perto. Antes que a cobra desaparecesse ou atacasse, ele apareceu ao nosso lado com sua espingarda nas mãos, intuiu rapidamente qual era o perigo, viu a cobra e deu-lhe um tiro certeiro na cabeça, que se despedaçou na nossa frente. Mantinha a espingarda carregada, na parede da cozinha, perto da porta do quarto em que ele e minha avó dormiam. Era uma espingarda de chumbo, de carregar pela boca. Ficava na cozinha porque era o lugar de maior movimentação na casa e porque era também o lugar quase sem umidade, o que preservava a pólvora e permitia que estivesse em condição de uso a qualquer momento.

Correra da plantação para casa, para apanhar a espingarda, antes de chegar até nós, seguindo a direção do grito que ouvira. O grito era o seu nome e na entonação desesperada intuíra a gravidade do motivo, razão pela qual se armara antes, sem saber exatamente o que o esperava.

Pepe era o tratamento que minha avó dava a meu avô. Só ela o fazia. Um tratamento espanhol, comum em sua região. Pêpe e não Pépe. Apelido que também tenho entre meus parentes da Espanha. Vem de

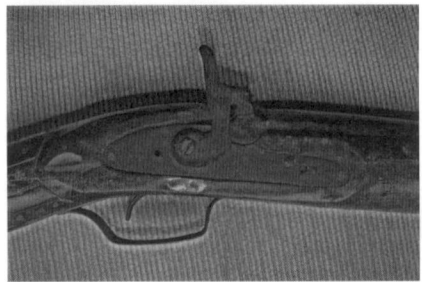
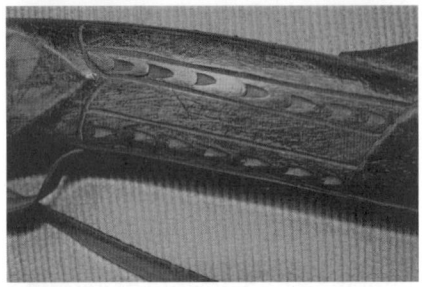
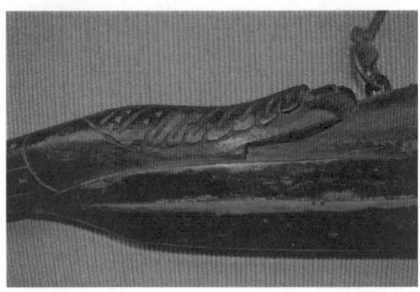

*Entalhes na coronha da espingarda caipira e antiga de meu avô materno, de carregar pela boca, feita artesanalmente por um armeiro de roça. Há nela esculpida uma figura antropomorfa, como se fosse uma carranca. Aparentemente, de inspiração africana, no formato do nariz e do penteado. Influência dos muitos escravos negros que houve nas fazendas da região. Via de regra, além da função decorativa, esses desenhos tinham funções mágicas, sobretudo na pontaria. Vi meu avô usá-la uma única vez, quando matou a cobra na nascente de água com um tiro certeiro, destroçando-lhe a cabeça.*

um missal católico antigo, ouvi na Espanha. Sempre que nele aparecia o nome de José, marido de Maria, seguia-se entre colchetes o "P.P.", que quer dizer "pai putativo" de Jesus, razão pela qual, na Espanha, todos os Josés são Pepes.

Acabei convencendo minha avó a deixar-se fotografar no terreiro de sua casa de roça, tendo por fundo o imenso e antigo pé de figo-da--índia, cujos frutos nos deliciaram tantas vezes. Eu havia comprado numa liquidação de grande loja do Brás, uma pequena máquina foto-gráfica, de plástico e de péssima qualidade, a única que podia ter com o dinheiro que ganhava como *office-boy* da Associação Comercial de São Caetano. As fotos nunca ficavam nítidas, pois eram feitas no "olhô-metro", como se dizia. Mas aquela é uma foto que vejo com os olhos da memória. Consigo vê-la com a nitidez que não tem e nos detalhes que outros não notam.

Ela havia insistentemente recusado que eu a fotografasse. Foi a úni-ca vez em minha vida que ouvi minha avó dizer um incisivo não a um neto. Eu quis saber a razão. Disse-me, então, que quando moça ainda, no retorno da Argentina à Espanha, prometera a si mesma que nun-ca se deixaria fotografar. Quando do batismo do barco de meu avô, ofereceu ele aos amigos uma grande festa. Mas proibiu minha avó de comparecer, ela que dava duro todos os dias, sozinha, na padaria. No entanto, convidada por uma amiga, foi espiar a festa furtivamente, de que participavam outras mulheres. Minha avó associou fotografia a festa e à exclusão social da mulher casada e com filhos, manifestação de machismo e opressão.

Sua resistência a ser fotografada tinha uma enorme importância sim-bólica. Excluía-se a si mesma dessa forma de memória de que fora in-devidamente excluída pelo marido um dia. A concepção muçulmana de meu avô em relação à mulher recebia uma resposta altiva de minha avó, que duraria praticamente a vida toda. Ainda tenho uma foto feita na porta da igreja de Bragança Paulista, de todos os participantes de um casamento de uma irmã de minha tia Rita, que por sua vez veio a se casar com meu tio Zé, em que meus avós foram padrinhos. Meu avô, já idoso, aparece na foto, junto com outras pessoas, mas minha avó não está lá.

*Minha avó materna no terreiro de sua casa, no bairro do Arriá, pouco depois da morte de meu avô, em 1950. Atrás, no barranco e no lado de baixo do caminho, os velhíssimos pés de figo-da-índia, comuns à beira dos terreiros das casas da região.*

Na minha foto, ela aparece contrafeita, mas resignada, na entrada do terreiro da casa, coberta do luto da morte recente de meu avô, vestida ainda como se vestiam as camponesas europeias de seu tempo de menina e moça. Anos depois, na casa de minha mãe, com uma câmera melhor, eu a fotografei lendo um livro. Quebrou-se, assim, o juramento autopunitivo, uma proclamação de ausência que bem revela o enorme simbolismo da imagem fotográfica para essas gerações antigas, quase contemporâneas do próprio nascimento da fotografia.

O passado tinha uma curiosa presença na vida desses meus antepassados tão próximos. Uma vez, sentei-me junto de Mamá e fui tomando nota dos nomes de parentes, seus pais e avós, e também seus contemporâneos. A memória de minha avó chegava ao século XVIII. Ela conversara, e de algum modo convivera, com parentes que já eram nascidos quando houve a Revolução Francesa e com pessoas que já tinham discernimento quando a Espanha foi invadida pelas tropas napoleônicas.

Nessas conversas ficava claro que em sua memória havia um arsenal de informações de natureza histórica. Ecos, sem dúvida, da convivência na casa dos Marqueses de Guadalmina e das conversações cotidianas que uma criança muito pobre e proveniente da camada social mais baixa podia ali ouvir. Mas não tocava nesses assuntos espontaneamente. Era como se nada tivessem a ver com ela. Bastava, porém, convidá-la a falar sobre certos temas que ela, pela via dos vínculos familiares, se lembrava de fatos e acontecimentos. Juntava o que ela conhecia, que era a crônica familiar e a trama do parentesco, com o que não era dela, a História, a história dos outros, dos que mandam, dos que podem, dos longínquos. Sua memória quanto ao próximo e ao distante, quanto a quem vem primeiro e a quem vem depois, quanto aos seus e aos dos outros, era bem dividida e bem demarcada, na imensa humanidade dos seus. Desde crianças, meu irmão e eu podíamos perceber esse nós nas numerosas pessoas, algumas já de alguma idade, que à sua porta, antes de entrar, juntavam as mãos para pedir-lhe a bênção.

Ela me surpreendeu, quando da inauguração de Brasília, oferecendo-me dinheiro, na verdade todo o pouco que tinha, para que eu fosse ver o nascimento da nova capital. Achei aquilo muito estranho, sobretudo porque me disse que era algo que eu não deveria perder. Para ela, era fato equivalente à aclamação de Afonso XIII como rei da Espanha, em 1886, no próprio dia do nascimento, filho póstumo de Afonso XII, e à sua ascensão ao trono, em 1902, marcada por festas no país inteiro, fatos da época em que minha avó estava entre o fim da adolescência e o casamento. A festa de Brasília foi interpretada por ela como a festa da inauguração do rei. Queria que ao menos um neto seu tivesse a oportunidade de se inteirar do que acontecia no grande mundo da história e não se fizesse ausente. Com base na história que conhecia explicava-me a história que desconhecia, dizendo-me que se tratava de um acontecimento único e de grande importância. Não fui nem podia ir, pois trabalhava, não podia faltar ao trabalho e não tinha a menor coragem de receber o dinheiro tão necessário à sua própria sobrevivência.

Se ela tivesse vivido muitos anos mais, teria ficado civicamente feliz por saber que aquele seu neto encontraria os reis da Espanha, Juan Carlos e Sofia, em 2005, numa pequena cerimônia nas Nações Unidas, no Palais Wilson, em Genebra, e com eles conversaria sobre o grave problema da escravidão contemporânea e do tráfico de pessoas no mundo moderno. O mesmo tráfico que trouxera nossa família para o Brasil.

Foi assim, também, que reagiu, com um surpreendente entusiasmo, à Revolução Cubana. Contei-lhe o que havia acontecido, que era uma revolução contra a dominação americana (que era de fato, quando aconteceu, uma revolução nacionalista). Estranhei muito que minha avó, uma mulher simples, confinada na roça, distanciada há quase meio século de tudo que acontecia no mundo, fosse tomada por mal disfarçado contentamento. E quis saber o porquê de sua reação. Queixou-se, então, amargamente dos Estados Unidos pela Guerra Hispano-americana, de 1898, motivada pela promoção da "independência" de Cuba pelos americanos. Para ela, a Revolução Cubana, ainda que tardia, era justo troco à independência daquele país, manipulada pelos americanos em nome de interesses próprios. Um fato de quando era muito moça!

A mais surpreendente reminiscência de minha avó estava em sua caligrafia. Meu primo Fernando, irmão de Amalio, quando finalmente o conheci, havia chamado minha atenção para o fato de que todos os

*Minha tia Sebastiana e meu tio Brás, irmão de minha mãe, no terreiro de sua casa de roça, em 1967. Seu nome vem da filiação simbólica com a mãe de meu avô materno: Blasina Morales Guerrero. Esses meus tios, por sua vez, deram o nome de Brasina à filha mais velha e de Brás a um dos filhos.*

89

*(Acima) Minha tia Rita e meu tio José, sobrevivente dos gêmeos nascidos na Argentina, antes do retorno da família à Espanha e da reemigração para o Brasil.*

*(À direita) Meu tio Pedro, irmão de minha mãe, e minha tia Isabel, no terreiro de sua casa, no bairro da Cachoeirinha. Atrás, meu primo Pedro, um dos muitos Pedros da família em tributo e deferência ao pai de meu avô materno, que se chamava Pedro Muñoz Martín.*

idosos da família tinham a mesma caligrafia. Eu já havia notado que minha mãe tinha a mesma caligrafia de minha avó. O que se compreende, pois fora alfabetizada por ela.

Eu havia guardado um bilhete que minha avó me deixara, certa ocasião, com uma pequena quantia de dinheiro, que dizia: "José, esto és para que compres un dulce". Ditei essa frase para minha mãe que a escreveu quase exatamente com a mesma caligrafia de minha avó. Quando, finalmente, conheci as duas já idosas sobrinhas dessa avó, filhas de seu irmão Juan, fiz a mesma coisa. Ditei-lhes a frase e pedi que a escrevessem num pedaço de papel. Mesmíssima caligrafia, mesmos tipos de maiúscula, mesma inclinação das letras, mesmos cortes. Na verdade, repetiam a caligrafia de um mestre-escola de seu povoado, que lá ensinara crianças pobres a ler e a escrever, em meados do século XIX. Maravilhosa sobrevivência de um professor de aldeia na memória caligráfica de seus alunos e descendentes. Um século e meio depois de suas aulas, minha mãe escrevia do mesmo modo que ele ensinara a escrever um dia pobres filhos de pescadores, ao som das ondas do Mediterrâneo, batendo na areia macia de San Pedro. A milhares de quilômetros e dezenas de anos de distância, o talhe elegante de sua letra dava vida a uma outra língua e assegurava a sobrevivência material de várias famílias: minha avó conseguira alfabetizar pessoalmente os filhos, já que na verdadeira transumância em que nasceram e cresceram não tiveram acesso à escola. Menos um, meu tio Brás, grande contador de histórias, que optou pelo analfabetismo. Era um analfabeto consciente e convicto, pois para ele o trabalho na enxada dispensava leitura.

Do mesmo modo, meu avô também tinha sua memória antiga: "Nosotros venimos de los moros", ouvi-o dizer algumas vezes, referindo-se à sua ancestralidade moura, confirmada pela cor de sua pele e por sua fisionomia. Única e boa herança que dele me ficaram. Tenho experimentado na pele essa ancestralidade. Com frequência, sou barrado em aeroportos europeus e alvo de inquirição até grosseira de oficiais de imigração, de policiais e de funcionários de alfândega, porque me confundem com árabe. Tenho uma pequena experiência como vítima de racismo. Mas, em duas ocasiões, na Itália e na França, fui confundido com árabe por árabes que se dirigiram a mim sorridentes e de braços abertos, falando sua língua, que, infelizmente, não entendo. No entanto, o legado de lembranças de meu avô materno foi muito pequeno. Lembro-me de que sua relação com os três filhos homens que sobreviveram foi de muita camaradagem. A conversa entre eles era, sem dúvida, uma conversa de pai e filhos, mas era também de companheiros de trabalho, como acontece nas famílias camponesas de todas as partes, em que os filhos desde muito cedo secundam os pais no trabalho duro e pesado.

Mesmo com minha tia Maria, a filha mais velha, posta a trabalhar com meu avô quando ainda era criança, pastoreando a cavalo as ovelhas de sua pequena *finca* na Argentina, a relação era a de uma companheira de trabalho. Era enorme a admiração de meu avô por essa filha, que tinha por ele verdadeira veneração. A ponto de que pôs minha tia para cavalgar o ginete na abertura de uma tourada, em San Pedro, a cavaleira que com sua lança colhe a chave que inicia o enfrentamento. Ela era uma menina e deixou espanto e admiração que perduravam entre meus parentes mais idosos quanto finalmente os visitei, sessenta anos depois, pela cavalgada com garbo e domínio do animal. Mais de uma vez vi e ouvi minha tia dirigindo-se a meu avô como companheiro de trabalho, o que também acontecia com meus tios Pedro, José e Brás, nascidos na Argentina. Ainda me lembro do grito de dor de minha tia, no momento em que meu avô morria na cama ao lado daquela em que eu e outros seus netos pequenos dormíamos.

Por sermos muito crianças e morarmos na cidade, a relação de nosso avô conosco era uma relação de silêncio afetuoso, mesmo sendo ele meu padrinho de batismo. Ele parecia ter dificuldade para conversar conosco, aparentemente por sermos muito crianças, mas também por sermos da cidade, falando uma linguagem bem diferente da dos outros netos. Diferente do que acontecia na nossa relação com o avô paterno, não conseguíamos nos dirigir a ele com a liberdade, a desenvoltura e a tagarelice próprias da relação netos-avôs. Sua disposição interativa dirigia-se quase que exclusivamente aos netos que já sabiam conversar como adultos e, sobretudo, que já trabalhavam com os pais. A língua afetiva que ele conhecia era a língua do parentesco com quem trabalha. Quando eu estava na metade do curso primário, para meu espanto dirigiu-se especificamente a mim para fazer uma queixa. Queria confessar-me sua mágoa pelo fato de meu pai ter-me registrado apenas com o seu próprio sobrenome português e não ter incluído no meu nome o seu sobrenome espanhol. Ele se chamava José Munhoz Morales. Acrescentou que, não tendo eu o seu sobrenome, não podia ser seu herdeiro.

De fato, tenho apenas o sobrenome de meu pai, que é também o sobrenome de solteira de minha avó paterna. Aqui de longe tento adivinhar que meu pai, nessa decisão (fez o mesmo com meu irmão) quisesse firmar sua solitária identidade familiar de filho de mãe solteira. Quis manter o nome acima da tormenta de sua vida, de filho natural, e defendê-lo com dignidade. Fiquei com pena de meu avô materno. Naquela altura, herança não me dizia nada, pois eu nem sabia o que era isso, além do mais, herança de pobre, pois éramos todos pobres. Mas fiquei aborrecido com aquela revelação de que não tendo o sobrenome de Papá, não podia também considerar-me seu neto pleno, mesmo sendo seu afilhado de batismo. Meus ancestrais vivos estavam reduzidos a três pessoas, sendo ele uma delas e a única do sexo masculino. Com aquela declaração, eu ficava órfão novamente. Ingenuamente, para remediar a situação, quando fui fazer minha matrícula no Grupo Escolar "Pedro Taques", de Guaianases (São Paulo, SP), em 1949, declarei por conta própria que meu nome era José de Souza Munhoz, acrescentando, portanto, o sobrenome desse avô e cortando metade do sobrenome de meu pai. O que me trouxe problemas mais tarde porque o nome do diploma não coincidia com o nome do registro de nascimento.

Uma segunda vez Papá se dirigiu especificamente a mim, para um recado direto. Sabendo que eu gostava de ler e de estudar, chamou-me para dizer que se eu fosse estudar medicina, quando crescesse, ele me daria uma motocicleta, para que eu fosse visitá-lo e visitar Mamá todos os fins de semana. Generosa mania de grandeza, pois ele não tinha recursos para isso nem tinha ideia de quanto custava uma motocicleta. A moto seria para mim o que o cavalo fora para minha tia Maria. Sempre lembro comovido daquela tentativa para trazer-me para perto dele na minha diferença urbana e de amigo dos livros. Seria um modo de conciliar distância e proximidade sociais, de encontrar caminho e abrigo permanente para o neto, que a cidade sequestrava da família, no afeto da casa caipira. Não tive resposta a dar, mas fiquei com aquela obrigação na cabeça. Era um pedido, numa família em que o pedido dos mais velhos era uma ordem. Eu não tinha a mínima ideia do que era estudar medicina. Sabia apenas que formava os médicos, aos quais eu tinha horror. Eram eles que receitavam injeções dolorosas, as vacinas, que receitavam o pavoroso lombrigueiro. Não me lembro de nada de bom recomendado por médico durante minha infância. Eu tinha medo da medicina.

O mesmo em relação à motocicleta. As motocicletas eram raras naquela época, grandes e barulhentas, pesadas. Além disso, a estrada de rodagem de São Paulo ao sítio de meus avós, no Arriá, era uma estrada de terra, cascalhada, tida como perigosa tanto na subida da Serra da Cantareira, na altura de Juqueri, como na subida da Serra das Araras, entre Bragança Paulista e Pinhalzinho, em vários trechos correndo à beira do precipício. Meus temores vinham, sobretudo, da experiência de viajar entre Bragança e o sítio nas jardineiras que saíam da estação, caminhões adaptados com bancos de madeira, as laterais abertas, a ribanceira ali do lado, ameaçadora.

A sugestão de meu avô, portanto, não tinha condições de frutificar. O terreno era adverso. Adverso, principalmente, porque ele, pelo visto, não tinha a menor ideia das condições em que vivíamos nem tinha a menor ideia de quanto um curso de Medicina estava distante da realidade de nossa família. Mas eram fantasias assim que empurravam o nosso destino. Sua morte, pouco tempo depois, em 1950, quando tinha oitenta anos de idade, de certo modo cercou-se de uma liturgia familiar que bem indicava a distância daquele sonho de pobre em relação ao que éramos de fato.

O telegrama chegou no fim da tarde em casa, em São Caetano, para onde voltáramos fazia poucos meses, depois de dois anos de moradia na roça, em Guaianases. Naquele tempo, telegramas eram passados nas estações ferroviárias. As ferrovias dispunham de uma rede telegráfica para seus próprios fins e agregavam um lucro extraordinário aos seus ganhos transmitindo telegramas particulares. Alguém foi do Arriá até a estação de Bragança, no caminhão de Mané Cardoso, vizinho, compadre e muito amigo de meu avô, e passou um telegrama para minha mãe, informando-a de que ele estava passando mal. Telegrama só se recebia em situação extrema e "passando mal" significava morte iminente.

Minha mãe correu à casa de meu tio Armindo, primo de meu pai, ali perto, cujo filho mais velho tinha o que se chamava então de "carro de praça". Foi tratada a viagem, para sairmos imediatamente, já anoitecendo. Pagaríamos depois. Meu tio foi junto com meu primo, para fazer-lhe companhia na volta. E na parte de trás fomos minha mãe, meu padrasto, meu irmão e eu. Viagem noturna, difícil, em estrada de terra, desconhecida pelo chofer, subindo serras. Era mais de meia-noite quando enveredamos pelo caminho vicinal que levava à casinha branca de pau a pique de meus avós. Meu primo decidiu deixar-nos ali, pois não havia como ir adiante. E retornou a São Caetano, mais cinco ou seis horas de viagem.

Fomos caminhando na escuridão. Um pouco adiante, na primeira casa do caminho, a moradora, velha conhecida da família, que ouvira o carro, nos esperava na porteira para fazer o primeiro relato sobre a saúde de meu avô. Estava ele com filhos e netos removendo enorme pedra de granito para refazer a pequena ponte que cobria o riacho próximo à porteira de seu sítio. Sentiu-se mal e fora para a cama, mandando chamar a família. Naquele tempo, as pessoas sabiam quando iam morrer, especialmente as da roça. Raramente erravam. E despedir-se dos parentes de sangue e dos próximos era um rito, cuja falta muitos temiam.

Éramos os últimos a chegar, mais de uma hora da manhã. A casa estava cheia: todos os filhos, noras, a maioria dos netos, ausentes os dois netos hansenianos que há anos haviam sido confinados pelas autoridades médicas no Sanatório Padre Bento, de Itu. Era uma noite muito fria. Todos na cozinha ao redor do fogão de taipa sobre cuja trempe meu avô costumava colocar sua cadeira de assento de palha de milho trançada, para se aquecer e conversar com minha avó. Esperavam o desfecho. Pedimos a bênção aos tios e tias e à minha avó, que estava em silêncio, pensativa, na meia-luz da lamparina de querosene, sentada num canto. Fomos ao quarto em que estava meu avô, o quarto de hóspedes, de parentes e de netos visitantes, o quarto em que ficávamos nas férias, que tinha duas camas, uma de casal e outra de solteiro. Ele nos deu a bênção, falando com dificuldade. Meu irmão, eu e mais alguém fomos acomodados na outra cama para dormir um pouco.

Acordamos com os gritos de minha mãe e de minha tia, encostadas na cama ao lado. Meu avô estava morrendo. Na mesinha rústica da cabeceira da cama um vidro de "Maracujina", o remédio que o dono da farmácia do Pinhalzinho receitara, pois era problema de coração. Um remédio calmante. Essa era a medicina paliativa de que dispunha a população de todos aqueles bairros rurais.

Morreu apegado a Nossa Senhora do Carmo, a santa de que era devoto, a patrona das almas do purgatório. A "Virgen del Carmen" é de forte devoção ainda hoje na sua região de origem, expressão de um catolicismo penitente, de fronteira cultural e religiosa, lugar de permanente incerteza entre o céu e o purgatório, lugar de cristãos muito próximos dos infiéis. Era como se aqueles espanhóis, nascidos à beira do mundo muçulmano, já nascessem condenados ao brando fogo purificador do purgatório que os tornaria cristãos somente após a morte. Mesmo depois de mortos, os pecadores continuavam pagando suas penas, protegidos pela benevolência maternal de sua advogada e mãe. Alguém lhe pôs uma vela acesa numa das mãos, para alumiar-lhe o caminho da eternidade, como é costume entre pessoas antigas, sobretudo da roça. Lembro apenas do rosto de minha avó, pensativa, as lágrimas correndo, ligeiramente brilhantes, contra a luz da vela. Ali se separavam, depois de uns sessenta anos juntos, dez filhos, cinco dos quais ficaram pelos caminhos nas andanças entre os continentes, mortos antes do tempo. Sua expressão era a de um doloroso desamparo e de resignação.

A vida os levara juntos até ali, destino final da Espanha pobre, que ficara tão longe. Partiram de Gibraltar no rumo da incerteza, como imigrantes subsidiados pelo governo paulista, no navio Aquitaine. Desde o século XIX, esse navio trazia os destinados aos cafezais de São Paulo. Minha tia Maria guardou na memória o nome do navio. Muitos anos mais tarde eu encontraria os documentos desse barco no arquivo do National Maritime Museum, em Londres. Mil e tantas pessoas viajaram

*Minha avó materna em 1958, no curto tempo em que morou em nossa casa da Rua Paraíba, em São Caetano.*

na terceira classe com o mesmo destino incerto, naquela mesma viagem, verifiquei depois no manifesto de desembarque guardado no arquivo do Memorial da Imigração. Ali, na lista, pessoas que durante um mês conversaram sobre o abismo de incertezas do Novo Mundo, comeram à mesma mesa, dormiram ao lado dos mesmos beliches, viveram as mesmas apreensões.

Quando consegui ler os registros de desembarque de minha família naquele dia distante, fiquei muito surpreso ao ver que foram arrolados como analfabetos. Surpreso porque eram corretamente alfabetizados. Depois me dei conta de que, ao se inscreverem para viajar para o Brasil, com passagem paga pelo governo daqui, muitos candidatos à emigração mentiam para o recrutador. O analfabetismo era valorizado. O Brasil não queria imigrantes que fossem para as cidades, letrados, gente potencialmente ambiciosa que o saber ler e escrever afastava da roça. Queria braços para a lavoura, gente que fosse para a roça tratar dos cafezais e colher café, só os braços, não a cabeça. Dizerem-se analfabetos aumentava a chance de conseguir a passagem gratuita, o alojamento na Hospedaria, o transporte por terra até a fazenda em que fossem trabalhar. Caso contrário, aumentava o risco de serem recusados, como acontecia com muitos. O analfabetismo era mérito num país de confinamentos sociais funcionais, verdadeira matéria-prima da economia primária e de exportação, marca e resquício de sua condição colonial.

Meu avô tinha um prazer enorme na leitura. Lia tudo que lhe caía nas mãos. Lá na roça chegou a ser assinante de um jornal de Amparo. Minha avó também gostava muito de ler, sendo a leitura mais disponível na casa a daqueles almanaques de farmácia, distribuídos anualmente, que traziam as fases da lua, informação essencial aos lavradores, e o nome dos santos de cada dia, informação essencial do calendário místico que lhes regulava a existência. Almanaques que guardavam de um ano para outro, para repetir leituras na escassez de livros e publicações. Mantinham em casa, como um bem precioso, grosso livro com informações técnicas sobre agricultura. Foi nesse livro que ele descobriu indicações de que era possível utilizar o óleo da semente de uva, em vez de sebo, para fazer sabão. Na casa de meus avós quase que só se comprava açúcar mascavo e sal. Tudo o mais era produzido lá mesmo ou era produzido por filhos, netos e netas. Uma vez por ano minha avó fazia as peças do sabão-de-cinza, o sabão-preto que usava para lavar roupa e louça. Usava o sebo como gordura e a cinza de seu fogão como substituta da soda cáustica, herança da ressocialização na cultura caipira.

Meu avô e minha avó ficaram entusiasmados com a nova possibilidade. Pareciam crianças prevendo como deveriam proceder, reexaminando o texto para não perder detalhes. É que anualmente meu avô também fazia uma pequena quantidade de vinho, mais para oferecer às visitas e ouvir os inevitáveis elogios. Engarrafada a bebida, sobrava a borra, constituída pelas cascas fermentadas e uma boa quantidade de sementes. As sementes eram então separadas e o restante da borra usado como adubo. De fato a experiência dera certo, produzindo um sabão mais leve. A ardente curiosidade de meu avô por técnicas agrícolas, passou a minha tia Maria, mas, sobretudo, a meu tio Pedro. E, por meio dele, a vários de seus descendentes. Um seu bisneto foi um dos pioneiros na agricultura de estufa na região da Bragantina, que fora aprender nos Estados Unidos, enviado por uma cooperativa. Esse trineto de meus avós, com parentes próximos, criou o que chama de agricultura em condomínio. Pelo menos quatro famílias são mantidas com muito bom nível de vida no minúsculo pedaço de terra que pertence a seus avós, meus primos Isabelita e Joaquim.

Somente a partir dos últimos descendentes de terceira geração de meus avós a condição social de membros da família começou a mudar e a mudança só se consolidou na quinta geração, quase um século depois da chegada ao Brasil. Todos os membros dessas cinco gerações trabalharam desde quando eram crianças, homens e mulheres, na roça ou na fábrica. Uma verdadeira servidão nessa demorada transição pelos meandros atrasados do capitalismo e da acumulação primitiva em direção ao mundo moderno. Tardio desembarque no porto da modernidade, por longo tempo apenas vista de longe.

Nesse lento trajeto houve de tudo, desde as múltiplas maldades que há em quem se sente à vontade para explorar e maltratar quem há gerações já era maltratado pela vida, essa covardia tão comum de se apro-

99

veitar dos frágeis, de minimizar-lhes ainda mais a condição humana, de inferiorizá-los para usá-los e até consumi-los. Minha avó lembrava-se vivamente de que ao se aproximar o navio do porto de Santos, uma senhora bem-vestida, da primeira classe, se acercou dela, puxou conversa, inteirou-se da história da família e dos propósitos da viagem. Minha avó confessou-lhe a apreensão de não saber para onde ir quando desembarcasse. Uma boa indicação, aliás, da insegurança em que os imigrantes eram mantidos para que sua dependência de informação facilitasse o manejo no desembarque, no envio para a Hospedaria em São Paulo e, posteriormente, sua remessa para as fazendas do interior. Sugeriu-lhe a gráfina, bondosamente, que ao desembarcar dissesse que a família queria ir para "el Hotel de Inmigrantes", em São Paulo, que poderiam se hospedar ali de graça, como se estivesse fazendo a meus avós um grande favor. Entregou, então, a minha avó um pequeno pacote para que lhe fosse restituído após passar pela alfândega. Muito agradecida, minha avó lhe fez o favor pedido.

Mulher rica sem escrúpulos, usando minha avó, pobre, sem recursos, cheia de filhos, para passar contrabando, coisa de que minha avó nunca se deu conta, até o fim da vida, extremamente agradecida à vigarista. A informação em troca do favor era sumamente desonesta. A família de meus avós vinha como família de imigrantes subvencionados. O destino obrigatório era a Hospedaria (e não Hotel) dos Imigrantes, no Brás, onde os que chegavam eram alojados por conta do governo. Ao desembarcar no porto e cumprir os trâmites oficiais, os imigrantes eram colocados em trem especial, da São Paulo Railway, e trancados, para que não desembarcassem em outro lugar que não fosse a estação privativa da Hospedaria. Tratava-se de impedir que fugissem. Mesmo da Hospedaria muitos escapavam, aliciados na beira da cerca da Rua Visconde de Parnaíba por traficantes que agiam em nome de fábricas ou de outros potenciais empregadores.

Ali minha família dormira sua primeira noite no Brasil. Dois ou três dias depois, como era da rotina, foi reembarcada para o interior, com baldeação em Campo Limpo, para a estação de Bragança Paulista, de onde o serviço de imigração tinha recebido pedido de mão de obra de

*Hospedaria dos Imigrantes, na Rua Visconde de Parnaíba, no bairro do Brás, em São Paulo, onde minha mãe e a família dormiram na sua primeira noite no Brasil, em 5 de dezembro de 1913. Na manhã desse dia haviam sido desembarcados do navio Acquitaine (abaixo), no Porto de Santos, vindos de Gibraltar.*

fazendeiros de café. Algumas horas depois, minha família se viu desembarcada e permaneceu na plataforma, sem saber para onde ir. Até que apareceu um fazendeiro, com um trólei, e lhe ofereceu trabalho numa fazenda distante. Era o destino final.

Algumas semanas depois, a filha mais velha de meus avós, Mariana, adolescente, morreu. Raramente pensamos a imigração em termos das mortes que durante ela ocorrem, os que morrem no mar, os que morrem como neste caso, na chegada, a família ainda sem âncora na terra de arrimo, mortos insepultos porque em relação a eles não se cumpriram os ritos apropriados e completos de sepultamento interior, de demarcação da espacialidade dos vivos e dos mortos. Os mortos sem definido e conhecido lugar de retorno para o pranto, sem o lugar da visita e da memória. Em casa, nunca se soube exatamente onde ela fora sepultada.

Com o tempo, foram parar na fazenda de um certo João Gomes, no bairro da Rosa Mendes, distrito do Pinhalzinho, de cuja família a minha se tornaria amiga para sempre. Era muito longe da ferrovia. Sempre se consideraram bem recebidos e acolhidos por aquele fazendeiro e sua família. Tanto que pediram para Marcos, seu filho, batizar minha mãe, de poucos meses, ao qual ela se referia, até o fim da vida, carinhosamente, como "meu padrinho Marcos". O compadrio estabelecia laços profundos e significativos entre fazendeiros e colonos, substitutos dos escravos libertos, na invenção da sociedade pós-escravista. Minha mãe era um bebê, levada para o cafezal e colocada dentro de um alqueire, uma caixa de madeira para medida de cereais, que tem esse nome, como se fosse um berço, pois toda a família trabalhava na limpa e na colheita do café, dos grandes aos pequenos. Não conheciam os perigos do novo país. Haviam arrumado um cachorrinho, que ficava por ali, em volta do berço improvisado, como babá da criança. Foi esse cachorro que lhe salvou a vida ao começar a latir repetidamente, como se estivesse acuando. Uma cobra aproximou-se da caixa. Atraídos pelos latidos, meus avós e meus tios correram até lá, a tempo de matar a cobra, mas sem tempo de salvar o cachorro que, mordido no focinho, morreu pouco depois.

Meus avós ainda tiveram duas filhas no Brasil. Uma morreu logo. A outra, crescidinha, tornou-se a irmã de idade e de brincadeiras de minha mãe. Debilitada, meu avô consultou um vendeiro, que também vendia remédios, que "receitou" um vermífugo para a menina. Tinha que ser escondido dentro de uma banana para que a criança o engolisse sem perceber, pois o gosto era muito ruim. Mas ela cuspiu a banana, que minha mãe pegou depressa e comeu, sem tempo para que minha avó a pegasse de volta e a desse para a criança. Ela botou para fora várias lombrigas, ao longo do dia, por ter tomado involuntariamente o remédio destinado à irmã. Pouco tempo depois a outra menina morreu em decorrência da verminose. Minha mãe carregou pela vida afora a dolorosa consciência de que os pais, sem recursos, haviam comprado o remédio para a mais frágil, mas não para ela. Ela sobrevivera porque "roubara" o remédio destinado a salvar a vida da irmã. Sem recursos, seus pais haviam feito uma escolha entre as duas filhas, optando por aquela que estava em maior risco.

O infanticídio involuntário existe dissimulado de vários modos na vida dos pobres. Quando, já aluno do curso de Ciências Sociais e trabalhava no setor de pesquisas de mercado de uma grande indústria de leite em pó, tive evidências do fato. Numa pesquisa sobre o consumo de leite por crianças pequenas, um fato revelador foi constatado no Nordeste, região em que os bebês eram submetidos a uma dieta pobre. Ali, era a única região do Brasil em que aparecia o popularmente chamado "leite do FISI" (Fundo Internacional de Socorro à Infância), um programa das Nações Unidas aparentemente motivado pelas obras de Josué de Castro sobre a fome. A pesquisa constatou que o leite recebido do programa da ONU era consumido pelo pai de família e não pelas crianças da casa, às quais se continuava dando o mingau de macaxeira, pouco nutritivo, uma das causas da mortalidade infantil. Justificavam-se as mães dizendo que a prioridade era a alimentação dele, que trabalhava, para que sobrevivesse e não viesse a faltar o produto de seu trabalho na alimentação da família. Uma consciência clara das insuficiências alimentares, do risco da morte e, sobretudo, escolha de quem deve viver e de quem pode morrer, de quem é necessário e de quem é supérfluo.

Minha mãe não fora a escolhida para viver. Carregou na memória essa dolorosa constatação, embora, certamente, nada de intencional, nesse sentido, tivesse motivado a opção de meus avós. Eles já haviam perdido vários filhos e era evidente a distribuição desigual da dor e do sofrimento em relação à morte de cada um, na mera constatação do rol de lembrados e de esquecidos.

A consciência de que não fora a escolhida teve enormes repercussões na personalidade de minha mãe. Já idosa ainda tinha um modo infantil e imaturo de lidar com muitos aspectos da vida, um modo autodefensivo. O que também se reconhecia no modo como seus irmãos a tratavam, como caçula e menina ainda, embora ela já tivesse filhos adultos, tratamento que também recebia de sua irmã Maria, que já era mocinha quando ela nasceu e que a tratava protetivamente, como se fosse sua segunda mãe. As sequelas ficaram no seu modo de agir, especialmente em relação a irmãos e filhos, como se estivesse permanentemente esperando ser lesada ou enganada. Ela deve ter ouvido as conversas que antecederam a compra do remédio, as considerações para decidir a quem dá-lo, tudo enfim que crianças pequenas ouvem e entendem, sem que os adultos percebam que estão sendo ouvidos e compreendidos. Provavelmente por isso agarrara a banana cuspida pela irmã e a pusera na boca. Não obstante, em relação a outros aspectos da vida, como quando ficou viúva, tenha sido valorosamente madura.

Um dos desdobramentos foi, sem dúvida, o permanente esforço para mostrar-se, sobretudo perante pais e irmãos, pessoa mais capaz do que eles. Sua opção de casamento, sua opção pela permanência na cidade após a morte de meu pai, suas tentativas fracassadas de trabalhar por conta própria, tudo podia ser interpretado como expressão da necessidade de mostrar-lhes que fizera bom uso da vida "roubada" da irmã.

Como aconteceu com muitos colonos de café, meus avós conseguiram fazer uma pequena economia com o dinheiro ganho na carpa e na colheita. Tiveram a sorte de encontrar alguém que precisava vender com urgência um sítio no bairro do Arriá e aceitava fazê-lo pelo pouco dinheiro que tinham. Era o sítio em que existe até hoje, reedificada, a Capela de São Sebastião, padroeiro do bairro. Mas quem vendeu não o fez com o consentimento de outros membros de sua família, o que provocou reações. Meus avós acabaram aceitando, em troca, outro sítio, ali

*Casamento de uma irmã de minha tia Rita, na igreja de Bragança Paulista, em 1929. Atrás da noiva, meu avô materno, padrinho, e à sua direita minha tia Rita, esposa de meu tio Zé. À direita da foto, entre o menino que segura o chapéu na mão e o menino encostado no pilar, meu tio Brás, de gravata listada. No fundo da foto, entre o homem de chapéu e a moça, minha mãe, adolescente, com dezesseis anos de idade.*

perto, na beira da mesma estrada vicinal e antiga que ia do Pinhalzinho para o bairro dos Mendes. Mas pouco depois meu avô sentiu-se tentado a vender o sítio em face do que supunha ser um bom negócio. Levou o comprador à sua casa para que minha avó assinasse os documentos. Recebeu um não solene. Ali ela pôs um basta à perambulação, à vida de cigano, à tentação do desenraizamento. E ali ficaram até o fim. Aquele era o último porto de desembarque. Ela, em particular, desembarcava da nau sem rumo da Espanha distante. Quando certa vez tentei descobrir nela os sentimentos que a ligavam à terra de origem, disse uma das poucas imprecações que dela ouvi, agora contra a Espanha, à qual nada devia. Da Espanha, herdara apenas a miséria e o êxodo. E soltou um palavrão em espanhol. Sentia-se lesada e órfã de pátria.

O bairro do Arriá era um bairro caipira muito antigo. Ali meus avós estabeleceram muitas relações de compadrio. Na noite do velório de meu avô, o terreiro e o pasto se encheram de gente vinda a pé e a cavalo de todo o canto, das serranias ao redor e de longe. Ele e minha avó tinham bem contados, 144 afilhados, o que quer dizer quase trezentos compadres e comadres. Ali, também, se diluíram a memória e os vínculos com a parte da família que ficara na Espanha. No começo, houve troca de correspondência entre os de cá e os de lá. Foi numa dessas cartas, como mencionei, a única que fora guardada, que achei o endereço da família já residente em Madrid, no início dos tenebrosos tempos de Franco.

Muito depois da morte de meus avós, soube que, há muitos anos, haviam recebido da Espanha uma carta dando notícia de que a irmã mais moça de minha avó, Catalina, solteira, tivera um filho com um homem da aldeia, sem ser com ele casada. Essa notícia deixara meu avô profundamente desgostoso. Cortou o relacionamento dos de cá com ela, até proibindo que minha avó mencionasse o seu nome. Fazia com a cunhada o mesmo que fizera com a irmã.

Nenhuma informação sobre o envolvimento da família na Guerra Civil espanhola chegou ao Brasil. Apenas no final da Segunda Guerra, minha mãe recebeu uma carta em que um dos filhos de Catalina, seu primo, pedia que os parentes daqui lhe enviassem uma carta de chamada para que pudesse emigrar para o Brasil, com passagem paga pelo governo brasileiro, pois estava passando por grande dificuldade. Aparentemente, ele não mencionou na carta, por cautela, que tinha sido preso e o mesmo acontecera com outros primos de minha mãe, em consequência da participação na Guerra Civil, do lado republicano e vermelho. Ela decidiu não responder à carta, pois, esclareceu-me quando eu já era adulto e a questionei por isso, a família daqui também estava passando por enorme dificuldade, logo depois da morte de meu pai e das atribulações do período da Guerra. Muita coisa se rompe com a emigração. Encontrei esse tio, nos anos setenta, em sua casa, num bairro operário de Málaga, já idoso. Mencionou com mágoa, justa aliás, a falta de resposta e a consequente recusa de ajuda dos de cá. O oceano que muitos atravessaram na imigração interpôs entre os que partiram e os que ficaram uma ruptura muito mais profunda do que o simples deixar o lugar de origem. A luta pela vida, nas famílias pobres, nem sempre é um sacramento.

No longo domingo que passei no pequeno e pobre apartamento, em Londres, em que viviam Amalio e seu amigo Pedro, também espanhol, trocamos histórias da família. Percorremos os dramas transcorridos dos dois lados do Atlântico durante tanto tempo, reconectamos relações para saber quem era quem no enredo que ia se abrindo diante de nós. Uma amiga dos dois, também espanhola, Pilar, se juntara a nós. Amalio era um excelente cozinheiro. Enquanto faziam uma enorme *paella*, temperávamos nossas lágrimas com um pouco de riso e de bom vinho espanhol. Foi um encontro pascal, de muita emoção, os mortos renascendo na narrativa e confraternizando com os vivos. Quando me dei conta, havia tomado um emocionado porre.

O almoço se estendeu pela tarde inteira. Era mais de oito horas da noite quando tomamos um táxi para uma volta por Londres a caminho da Estação Victoria, onde eu tomaria o trem de volta a Brighton. Antes, como disse, Amalio me presenteou com seu bem mais precioso, o volume das obras completas de García Lorca que lhe dera de presente sua tia Rosaura, irmã de sua mãe, primas de minha mãe. Amalio era escritor e grande leitor, embora vivesse de seu trabalho como empregado de um restaurante em Londres. Ali passara boa parte de sua vida para comprar um belo apartamento em San Pedro de Alcántara, nossa terra ancestral, muito bem mobiliado, de muito bom gosto e muito confortável, que conheci em 1976, com Heloisa e Veridiana, pois Juliana ainda não havia nascido. Ela nasceria no ano seguinte, imaginariamente concebida em San Pedro, como queria minha tia Rosaura. O lugarzinho dela também estava no nosso coração fazia tempo.

Quando Amalio se aposentou e retornou à Espanha, para morar ali, morreu logo em seguida sem desfrutar o motivo de uma vida inteira de trabalho duro e de muitas privações. Ficara, como tantos, no meio do caminho, como uma pedra polida que sinaliza as distâncias para os peregrinos da vida. Amalio passou por aqui, como tantos Benítez, os filhos de Ibn, que também é filho, o filho do filho, que é o que quer dizer esse nome, um ancestral árabe e muçulmano que em tempos idos dirigira suas orações a Alá na direção da Meca de Maomé e que deixou na cara de seus descendentes, como eu, a cor morena da gente de El-Andaluz.

# 3
## Iniciação ao medo

FICÁVAMOS ALINHADOS, SENTADOS em dois compridos bancos de cimento, um grupo de frente para o outro, num dos lados do alpendre que cercava o pátio cimentado do externato. Na "cabeceira", numa das pontas, uma das madres, sempre a mesma, gorda, a cara redonda, imensa, o hábito preto, sentava-se numa cadeira, pegava as agulhas de crochê e a linha, ou então o bastidor do bordado, puxava os óculos para a ponta do nariz e se distraía com seu trabalho. Não podíamos conversar em voz alta nem podíamos sair do lugar e nada de brincadeiras no espaço intermediário entre os bancos colocados um frente ao outro. Era o nosso "descanso", depois do almoço. De vez em quando a freira olhava por cima dos óculos, examinando panoramicamente a todos, fixando-se em um de nós. Enrubescia, exaltava-se, e de sopetão lá vinha o berro já conhecido e esperado:

– Garibaaaaaldiiii!! Urrava, com forte sotaque italiano, pronunciando o ele como "al" e não como "au".

Tremíamos, temendo o puxão de orelha ou o castigo. Se algum ruído havia, cessava imediatamente, sem mais esta ou aquela. Achávamos que Garibaldi era um palavrão de freira, igual aos palavrões que os moleques maiores diziam na rua e começávamos a aprender, algo do tipo "filho da puuutaaa!" Tão palavrão era para nós aquela estranha palavra, que quando queríamos xingar alguém não era raro que gritássemos: "Garibaldi!", do mesmo modo que podíamos dizer "seu bobo!" ou algo pior. Meu irmão ainda hoje, já avô, carrega a cruz do palavrão da freira e de vez em quando solta um "Garibaldi!" em cima de alguém que, atônito, fica sem saber do que se trata.

A piedosa irmã vociferava, nos igualando, contra nós e contra o Giuseppe Garibaldi que via em nós, herói do *Risorgimento* italiano, que também lutara no sul do Brasil, na Revolução Farroupilha. Mas não era herói para ela. Na guerra da unificação italiana, o Papa perdera os Estados pontifícios para a Itália que nascia e seu poder temporal ficara reduzido ao pequeno território que é hoje o do Estado do Vaticano. Garibaldi era o demônio desse confisco, o inimigo do poder papal, logo, inimigo de todos nós ali naquela escola católica, longíssima de Roma e dos problemas do Papa. A raiva eclesiástica atravessara o Atlântico, como clandestina da fé e desabava sobre o ouvido inocente de crianças que nem haviam chegado aos cinco anos de idade. Só havia duas alternativas: ou se ficava do lado de Deus ou do lado de Garibaldi. Ela não sabia, mas nos ensinava política e ensinava quão tentador era o partido de Garibaldi. Tudo que havia de interessante e irresistível para fazer, por uma criança, era para ela garibaldino.

A fúria da vigilante freira não se limitava ao palavrão estranho. O palavrão era apenas a primeira instância daquele obeso tribunal da inquisição. Todos nós sabíamos que se a advertência não funcionasse, quem fosse pego em flagrante delito de sair do lugar ou de falar alto, podia ser levado para o "quarto escuro". Sabíamos vagamente que o tenebroso cômodo ficava lá nos fundos, um quarto sem iluminação, com caveiras, provavelmente de crianças lá confinadas e esquecidas. Imaginávamos. As próprias crianças se encarregavam, quando podiam conversar, de acrescentar ingredientes imaginários ao terror daquelas trevas. Todos tinham ouvido falar do tal recinto, que era a própria antessala do inferno e da perdição. Mas não me lembro de ninguém que tivesse estado lá, o que só aumentava o meu medo. Quem esteve não contou a ninguém.

Coube-me um dia a pena de ficar sabendo onde era e como era. Não me lembro do motivo. Só me lembro da freira possessa, rubra de raiva, o sangue querendo sair pelos olhos, me agarrando com toda a força. Eu tinha cinco anos de idade. Meu irmão e eu apenas havíamos chegado ao colégio, tardiamente em relação ao início do período escolar, porque minha mãe precisava trabalhar e não havia ninguém com quem pudéssemos ficar. Estávamos cheios de medo, lançados repentinamente para fora da vida doméstica e uma vida intensamente familiar e protegida, expostos àquele mundo disciplinado, cheio de regras que não conhecíamos, implícitas, agressivas, autoritárias, impessoais. Com a morte de meu pai, em 1944, o clima de afeto da casa e da família ficara para os intervalos da vida, no começo da noite, nas breves duas horas e pouco entre sair do colégio e dormir. Creio que reagi impulsivamente a uma advertência ou a um puxão de orelhas muito forte, forma comum de advertência no colégio. Um dia minha mãe até descobrira que na parte de trás de uma das minhas orelhas havia uma ferida, que sangrava, cortada pela unha da madre nos castigos frequentes. Foi tomar satisfações.

Não tenho certeza, mas devo ter-lhe dito nada menos do que "filha de qualquer coisa!", que era o meu inocente equivalente do seu "Garibaaaaaldiii". Se ela podia, por que é que eu não podia? Para as crianças de minha idade todos os palavrões eram equivalentes. Sabíamos que havia alguma coisa a mais no palavrão usado quando, em consequência, apanhávamos. Eu não tinha, obviamente, a menor ideia do que era uma puta e menos ainda do que era um filho ou filha da puta. Com as surras fui aprendendo apenas que era uma agressão indevida, que deixava as pessoas muito ofendidas e muito bravas.

Senti as mãos gordas da freira agarrarem meus braços e me vi sendo arrastado por ela, como um saco de batatas, no meio das outras crianças, assustadas, enquanto eu esperneava e resistia, tendo sobrado para ela alguns pontapés.

– Vou te pôr no quarto escuro, Garibaaaaaldiii! Você vai ver o castigo que vou te dar! Vou te deixar lá!

Com uma das mãos tirou da cintura uma chave e abriu a portinhola de um pequeno quintal que ficava atrás de uma gruta em que havia uma imagem de São José, e dava para o pátio. O meu onomástico, de costas, não podia me proteger nem eu esperava tanto. Naqueles minutos já me havia dado conta de que ultrapassara os limites da obediência servil que se esperava de todos nós. Estávamos ali para aprender a ser mansos, subservientes, dóceis. E não propriamente educados. Lá fui eu,

resistindo e esperneando, sem colaborar nem um pouco com os propósitos educativos da madre, arrastado até a porta de um quartinho, que
destrancou e literalmente me jogou lá dentro, trancando-me depois.
Era escuro. Lembro de ter batido as costas no que me pareceu ser um
pedaço de madeira. E doeu.

Eu estava aterrorizado. Agachei-me, chorando, com os olhos fechados para não ver as caveiras das crianças, de que os outros falavam.
Estranhei que ninguém tentasse me agarrar. Não senti nenhuma mão
ossuda tentando me apanhar pelas costas ou pelo avental ridículo, de listas azuis. Por sim ou por não, a curiosidade me fez abrir apenas um dos
olhos, devagar. Assim, arriscava um olho só. Se notasse qualquer coisa
do que me disseram, fecharia o olho de novo. Achava que não vendo,
não seria visto, ou que vendo metade corria apenas meio risco. Quando
abri, finalmente, os olhos e me acostumei com a escuridão, vi que era
um quarto pequeno, com enxadas e ferramentas. E fui me dando conta de que era onde o jardineiro guardava as ferramentas de seu uso, no
pequeno jardim lateral do pátio do colégio, ladeando a gruta do santo.
Parei de chorar. Mas chorei de novo à medida que o tempo ia passando
e não aparecia ninguém para me tirar dali. E se eu fosse esquecido lá?
Meu irmão certamente diria a minha mãe o que acontecera quando ela
chegasse no fim da tarde. Ela não ia me deixar ali. Para mim, minha mãe
era o limite protetor e seguro, o abrigo

Creio que foram me tirar de lá no fim do dia, na hora da saída. De
fato, eu tinha sido esquecido pela freira. Naquele dia não tive nenhuma
oportunidade de dizer o que vira aos outros meninos. Mas no dia seguinte, ninguém me perguntou nada, acostumados com a naturalidade
daquilo. E, por medo arraigado, ninguém quis saber como era o quarto
escuro. Ao já sabido teria acrescentado outros terrores, como aquela
foice de ceifar que eu vira lá, muito parecida com a das ilustrações da
morte, uma caveira segurando uma ceifadeira, e que o jardineiro usava
para cortar o mato. No confronto com a materialidade física das coisas,
a força viva dos significados de uma simples ilustração era enorme para
uma criança como eu. Naquela época, diferente de hoje, as imagens
eram apenas supletivas, especialmente para as crianças, por isso mesmo

dotadas de um poder mágico que ia do fascínio ao terror. Mesmo os cromos de santinhos, coloridos e delicados, assustavam porque, sabíamos todos, não eram imagens de pessoas desta vida. Depois, mais tarde, as imagens se banalizariam e o real que poderia ser tocado, lambido, cheirado se tornaria uma espécie de reminiscência confusa.

Não sei se o meu prestígio, que era nenhum, aumentou um pouco pela suposta valentia de ter xingado a freira e depois enfrentado as trevas do quarto escuro. Provavelmente, não. A garotada toda já estava integrada e entre eu e a freira, entre Garibaldi e o Papa, ganhou o Papa e o modo de viver no mundo que o Papa supostamente preconizava. Acho que fiquei malvisto, o que me obrigou a uma rendição tão ampla quanto possível. A pedagogia do terror funcionou. Era preferível não pagar um preço como aquele por insubordinações evitáveis. O quarto escuro era bem pior do que a sala em que ficávamos confinados a maior parte do tempo, ao redor de uma mesa grande. Mas aparentemente ficou claro que a freira e eu tínhamos agora um segredo em comum: só nós dois sabíamos que o quarto escuro era uma trapaça. Eu não poderia mais ser ameaçado, pois já não tinha medo. A pedagogia do opressor só funciona enquanto há medo e não há razão.

Os dias no externato eram melancólicos em todos os sentidos. Não tenho dele nenhuma boa lembrança. Era um jardim da infância. A maioria das crianças vinha da baixa classe média local, raramente da classe operária como meu irmão e eu, gente que queria educar, sobretudo, as filhas. No jardim da infância havia meninos e meninas. No primário, só meninas. Os meninos, depois do jardim da infância, iam para a escola paroquial, dos padres, ali perto. Além dos vários indícios que diziam quem era menino ou menina, tínhamos que usar a marca decisiva, um avental meio parecido com esses camisolões de hospital: brancos com listas verticais finas de cor azul, para os meninos, e com listas verticais cor-de-rosa para as meninas. Uma vestimenta muito idiota, para dizer a verdade nua e crua.

Ruim, mesmo, era a comida. O almoço das crianças era unicamente arroz e feijão. O arroz tinha um gosto ruim de cebolinha, um tempero sem graça quando desacompanhado de outros, especialmente no caso do feijão. Até ali eu fora educado na culinária caipira de minha avó materna, do feijão temperado com alho e misturado com farinha de milho. E também na culinária portuguesa de minha avó paterna. Nas duas casas o feijão tinha um gosto forte, não aquele feijão italianizado, de sabor de macarrão, da cozinha das freiras. Não era raro que a comida estivesse "passada". Compreende-se que fosse difícil cozinhar para as crianças que almoçavam no colégio, cerca de trinta. A madre-cozinheira não cozinhava o nosso almoço todos os dias. Cozinhava mais do que o necessário e punha o que sobrava na geladeira de madeira e antiga em que, para manter o frio, eram usados grandes blocos de gelo, entregues de porta em porta, a cada tantos dias pela Companhia Antárctica. Provavelmente misturava comida nova com comida velha para não perder os restos.

O certo é que tanto o arroz quanto o feijão, quase sempre, chegavam à mesa ligeiramente azedos, difíceis de comer. A coisa chegou a um ponto em que passei a me recusar a comer aquilo. Minha mãe foi informada e a única providência que conseguiu tomar foi comprar todos os dias um pouco de mortadela para adicionar ao almoço. Solução ruim, porque a mortadela, depois de horas na lancheira, também perdia o sabor e ficava com um gosto azedo. E mortadela com arroz e feijão, sejamos francos, é comida de penitente. Aparentemente, outras crianças se queixaram aos pais, mas nada podia ser feito. A não ser pelo pai de dois alunos que ficaram imortalizados na memória de todos nós. Um era bem gordo e outro era magro. As crianças se referiam a eles como o gordo e o magro. O pai era açougueiro.

Naquela época as pessoas usavam a banha de porco para cozinhar. Era assim na minha casa. Quase não se usava o óleo comestível. Óleo de oliva, importado, era um luxo inacessível na alimentação cotidiana. Existia o óleo de caroço de algodão, mas as pessoas resistiam a ele, porque era sinal de pobreza e de empobrecimento, um sinal de perda em relação aos hábitos. A população operária do subúrbio viera majoritariamente da roça e preservava o quanto possível seus costumes. A banha de porco era um deles. Normalmente, as donas de casa compravam toucinho no açougue, separavam o couro, e derretiam a banha, conservada depois em boiões de louça de barro vidrada, com tampa, de onde se retirava o necessário para o tempero e as frituras.

O pai do gordo e do magro começou a separar o couro do toucinho que vendia, guardar na geladeira e mandar um pacote para o externato de vez em quando. O couro era picado e colocado no feijão para cozinhar junto. Sempre cabia um pedaço de courinho, como dizíamos, a cada criança. E a comida mudava completamente de sabor.

Fomos parar lá porque, com a morte de meu pai, minha mãe tinha que voltar a trabalhar. Ela fizera uma tentativa de nos deixar com meus avós, que moravam na casa em frente da nossa. Isso durou parte do segundo semestre de 1944. Mas o arranjo de ficar com a avó já não deu certo. Começamos a sair à rua e brincar na rua e eu particularmente comecei a ficar malcriado com ela. Minha mãe fez uma primeira tentativa de nos colocar na creche da Fábrica de Botões Aliberti, a dois quarteirões de casa, na mesma rua, onde havia trabalhado antes, logo depois de casada, e onde tentara voltar a trabalhar nas primeiras semanas após a morte de meu pai. A creche era para os filhos de operários. Quase por caridade nos aceitaram, assim podíamos ficar lá o dia inteiro. Em vez de creche parecia um hospital. Ali ficavam os bebês e umas poucas crianças muito pequenas, todos bem cuidados, cujas mães estavam trabalhando. Compreende-se até a relutância em nos aceitarem, especialmente a mim. Eu estava com cinco anos, quase seis, bem distante da idade de creche.

Combinei com meu irmão que fugiríamos. No segundo ou terceiro dia já estava claro que na hora da volta dos operários do almoço, o portão grande da fábrica era aberto para que eles pudessem entrar em grande número e passar pelas chapeiras para marcar o ponto. Havia uma rua interna na fábrica, continuação da Rua José do Patrocínio, a mesma em que morávamos e em que moravam nossos avós, ao lado da Carpintaria Paratodos, dos primos de meu pai. Do lado esquerdo de quem entrava ficavam as chapeiras, num cômodo de acesso ao interior da fábrica, e do lado direito numa casa, com jardim e uma cerquinha, ficava a creche. Como não éramos típicos e a creche não tinha um esquema para nós dois, éramos deixados meio à vontade enquanto as funcionárias cuidavam das verdadeiras crianças de creche, os quase bebês. Almoçávamos lá mesmo, uma sopinha rala para crianças muito pequenas. Só faltava a mamadeira.

Ficamos sapeando por ali, como quem não quer nada, nos aproximamos do portãozinho, que abrimos como se estivéssemos apenas olhando o movimento dos operários, nos misturamos com eles, calmamente, e ao chegarmos ao portão da fábrica, disparamos em direção à casa de nossa avó, um pouco adiante. Alguém começou a gritar que estávamos fugindo e um grupo de operários nos alcançou meio quarteirão adiante e nos levou de volta. Voltamos carregados e esperneando. Naquela tarde, a direção da creche comunicou a minha mãe que não tinha como manter-nos lá. Foi o que nos levou ao externato católico, solução penosa para minha mãe, pois era escola paga. Em casa, nós mal tínhamos o que comer.

No externato, o controle era tão grande que sobrava pouco espaço para a transgressão. Transgressões eram as inocências bem intencionadas que não se encaixavam na rígida definição de permitido e proibido. Aquele era o lugar menos comprometido com a liberdade, a inventividade e a criatividade, tudo coisa de Garibaldi. As madres não estavam sozinhas em sua concepção autoritária da vida. Também em nossas casas persistia o substrato de uma cultura antiga que definia esses atributos, tão próprio das crianças, como "fazer arte". Um atributo que tinha sido um dia coisa de trabalhador, de artesão, de gente considerada então inferior e desigual, e era agora coisa de criança arteira, insubmissa e até malcriada.

No fundo, nossas famílias vinham do grande mundo dos simples, que era essencialmente o mundo da ordem aparente e da transgressão real. Entre si, os adultos falavam com orgulho das crianças arteiras. Mas esse orgulho tinha que ser ocultado das crianças, para que elas não se sentissem apoiadas em suas artes e passassem dos limites do pouco tempo que as famílias de trabalhadores tinham para elas, mães e pais sempre ocupados com a sobrevivência da família.

Os antigos provavelmente já não se lembravam disso. Mas "fazer arte" era atributo de pessoas que "tinham parte com o diabo", o maior dos arteiros, como os alquimistas e os artesãos de todos os ofícios, os que davam forma às coisas. De certo modo eram pessoas liminares e perigosas.

Em São Paulo, e em todo o Brasil, até o século xviii, os artesãos, os que tinham ofícios mecânicos, os que faziam arte e trabalhavam com as mãos, embora não fossem escravos, os antecessores reais do operariado, eram interditados para as funções de membros das câmaras municipais, as funções do mando político, contaminados pelo caráter suspeito de seu ofício. Não eram, portanto, classificados como "homens bons", os únicos habilitados para as funções públicas. Isso dá bem a medida do limbo em que viviam. Esses preconceitos antigos, já eliminados do mundo dos adultos, em particular no subúrbio operário, persistiam nos estereótipos relativos aos imaturos, numa escancarada definição da infância como momento de marginalidade e liminaridade, sem legitimidade própria e sem atributos ativos e positivos. Ser criança era uma espera. De certo modo, a criança arteira era vizinha do demo, e ali no externato, do bando de Garibaldi.

Certamente, foi esse Garibaldi interior de todos nós que deu uma ideia garibaldina um dia a mim e ao meu irmão. No pequeno saguão de acesso ao corredor das salas de aula, em altura acessível às crianças, havia um simpático Menino Jesus, de aparência serena e amiga, louro, de olhos azuis e faces rosadas, com as mãos juntas, estendidas, em forma de concha. No meio das mãos juntas, havia uma fenda na qual as crianças podiam colocar uma moeda, cujo peso fazia com que o santinho agradecesse com um movimento, como se estivesse inclinando a cabeça. Na verdade, era um caça-níquel bento, que recolhia em dinheiro e devolvia em surpresa infantil, uma troca muito conveniente e muito desigual. Uma única vez tive uma moeda de verdade, de um tostão ou dez centavos, que fui levar para ele. Para mim, aquilo era muito dinheiro. Com um tostão era possível ir até a diretoria na hora do intervalo e comprar três balas de cereja da madre Firmina, já velhinha, que as guardava numa compoteira. Havia crianças que quase todos os dias deixavam ali, nas mãos de Jesus, a sua moeda. Curiosamente, os mais ricos, ao darem mais, supostamente tinham mais a agradecer do que os mais pobres, que são os que tem mais a pedir.

Não sei como, apareceram lá em casa umas rodelas de aço, do tamanho e da espessura de uma moeda, restos de perfurações feitas em chapas por alguma das fábricas da redondeza. Meu irmão e eu provavelmente as havíamos achado nos monturos formados pelos detritos industriais nos terrenos baldios das proximidades de nossa casa, um dos quais no meio do caminho entre a casa e o externato. Brincávamos com elas formando desenhos no chão, por meio de vários arranjos. Também as usávamos como se fossem dinheiro, imaginando-as moedas de verdade. Foi aí que tivemos a ideia garibaldina de levar conosco ao colégio uma das rodelas para colocar nas mãos do Jesus Menino. Como não tínhamos dinheiro e ele era criança, achamos que ele gostaria de receber um dos nossos brinquedos catados no lixo. Pois ele agradeceu como fazia habitualmente, sinal de que entendera a nossa intenção. No dia seguinte, levamos nova rodela e a colocamos nas mãos dele. E ficamos ali, embevecidos, até que ele terminasse completamente de fazer a vênia de agradecimento e só então fomos para a sala onde passávamos a manhã ou a tarde.

No terceiro dia, a mesma madre da vigilância lá do alpendre, a carcereira do quarto escuro, apareceu na sala, interrompeu os trabalhos e disse que tinha uma coisa muito feia para nos contar. Estava indo de sala em sala para fazer a denúncia daquele pecado e nos advertir de quão próximo do inferno estava o pecador responsável por aquilo. Um de nós estava tentando enganar nada mais nada menos do que o próprio Menino Jesus, colocando nas mãos dele rodelas de aço que não eram dinheiro. "Dinheiro falso!" – bradou ela. Só o diabo podia pensar em enganar o próprio filho de Deus, ainda menino como nós. Que o culpado se declarasse para ser devidamente castigado.

Entendi logo que o negócio só podia ser comigo e meu irmão. Entre aceitar os critérios da madre ranzinza e aceitar os critérios do meu coração, fiquei com os do meu coração. O Jesuscristinho do saguão sabia perfeitamente que éramos nós quem púnhamos lá as rodelas de aço, até porque ficava nos olhando fixo. Tanto que nos agradecia. Se ele sabia tudo, não era necessário que a madre viesse exigir que o "culpado" se denunciasse. E sabia que o fazíamos por ter pena dele, sempre sozinho naquele canto triste da escola, ficando só e no escuro durante a noite, quando as freiras iam dormir no andar de cima. Não estávamos tirando nada dele. Estávamos dividindo com ele o nosso brinquedo, precioso brinquedo, ainda que achado no lixo, coisa de monturo e ferro velho, mas do qual gostávamos. Por que haveríamos de ir para o inferno, só porque não tínhamos dinheiro para colocar ali? O pecador não foi descoberto. Mas este pecador aprendeu que os motivos dos adultos são tão estranhamente diferentes dos motivos das crianças. Aquela freira adulta, preocupada com dinheiro e dinheiro de crianças, não podia compreender o fato básico e essencial que em nossa imaginação o Menino Jesus era criança como nós, e não adulto como ela. A madre não sabia imaginar, fugira da criança que um dia fora.

Nesses desencontros eu já vinha aperfeiçoando meus critérios de autoproteção, como fazem todas as crianças. Critérios que podem parecer muito idiotas ao lado dos critérios dos espertos adultos. Quando meu pai ainda estava vivo e, portanto, antes que meu irmão e eu fôssemos para o externato, um dos critérios idiotas foi o de me fingir de galinha quando estava de fato, sei hoje, mas não sabia então, roubando pêssegos do pessegueiro da vizinha. No fundo do quintal lá de casa, havia um galinheiro de ripas. Parecia-me uma gaiola grande. De dia as galinhas ficavam presas numa parte do quintal separada por uma cerca também de ripas. Ficavam por ali ciscando, comendo sementes, comendo o milho que lhes era jogado e comendo minhocas, que havia muitas. De noite, elas mesmas se recolhiam ao galinheiro, coberto de telhas. Era ali que havia o ninho para botarem ovos.

A construção era em ripas verticais, de uns seis centímetros de largura cada uma, havendo, entre uma e outra, um vão de largura igual. Ficava rente ao quintal da vizinha, bem lá no fundo. Havia um poleiro bem feito, também de ripas, no qual eu podia facilmente subir e chegar bem perto do teto. Do lado da vizinha, encostado, um maravilhoso pessegueiro frutificou, galhos entrando para dentro do galinheiro. Um belo dia entrei ali, subi no poleiro e fiquei olhando o primeiro pêssego maduro daquela árvore, a boca salivando. Enfiei o braço fino pelo vão das ripas e com grande satisfação consegui pegar o pêssego. Lembro de ter ficado com ele na mão por um momento que me pareceu longo e de soltá-lo. Pensei muito. Enfiei a mão de novo e o pêssego estava ali, tranquilo, à espera de que eu o pegasse. Puxei-o e ele veio. Eu o comi ali mesmo. No dia seguinte, ou dois dias depois, voltei lá e havia outro pêssego à minha espera. No terceiro dia, voltei lá novamente. Quando agarrei um dos pêssegos, ouvi a voz de dona Carmela, a vizinha, um tanto brava, severíssima, uma voz de repreensão:

– Muito bonito, hein?! O que você está fazendo, aí?!!

Não conseguia vê-la por entre os galhos e folhas do pessegueiro e não sabia exatamente onde ela estava. Ainda fiquei agarrado ao pêssego por um momento e finalmente o soltei. Ela insistia de lá, cada vez mais brava. O que eu estava fazendo era bem claro: estava segurando o pêssego. Mas o tom da voz, a tocaia, a severidade me diziam que era outra coisa e que eu me revelava ali diferente do que pensava ser. Naquela época os adultos tinham a mania, especialmente quando falavam com as crianças, de usar palavras que tinham um significado para dizer exatamente o contrário desse significado. Hoje sei que era um recurso de dominação, manipulação e intimidação; uma estupidez educativa. Era um modo de dizer: "sou eu quem manda na palavra". Para uma criança, "muito bonito" queria dizer muito bonito, nada mais, nada menos. Mas ao usar um tom autoritário e inquisitivo no emprego da expressão, para dizer o contrário do que expressava, dizia também quem tinha poder sobre a palavra e sobre o destinatário da palavra. O "muito bonito" dos adultos queria dizer "muito feio". Era o jeito de dizer à criança quanto estava longe do bonito a coisa feia que estava fazendo.

Assim, desde pequenos, aprendíamos a conhecer o mundo do duplo sentido, que era basicamente o nosso. Quem manda é que decide o que quer dizer o que estamos ouvindo. Portanto, em vez da palavra e da fala serem formas compartilhadas de comunicação, como dizem que é, e para isso nos ensinavam a falar, se tornavam, nesse uso, formas unilaterais de comunicação. Não era o ouvinte quem interpretava o que estava ouvindo. Porque o objetivo não era fazê-lo ouvir, mas ouvir e baixar a cabeça. A repreensão era um chicote verbal. Uma criança não podia fazer isso com um adulto nem sabia como fazê-lo.

Dona Carmela disse algo como "vou já contar pra sua mãe!" Encolhi o braço delinquente e me encolhi todo no alto do poleiro. "Ela vai pensar que é uma galinha bicando o pêssego", imaginei comigo, sem me dar conta de que no caso a galinha era excessivamente grande e precisava de um pescoço descomunal para chegar até o pêssego. Pensei até em caca-rejar para reforçar o fingimento. Felizmente, não o fiz. Se tivesse feito, certamente estaria carecendo de terapia até hoje, desde o momento em que cheguei à vida adulta. Eu não podia sair dali e correr para casa, lá na frente. Aí ela me veria e me enfrentaria cara a cara. Para mim o problema estava nisso. Fiquei ali encolhido um longo tempo, até que ela desistisse e voltasse para dentro de casa.

Achei injusta aquela cobrança. Os pêssegos ficavam ali vários dias sem que ninguém se interessasse por eles. É verdade que minha cons-ciência me dizia que havia uma cerca entre os pêssegos e eu. Cerca já queria dizer muita coisa na vida de crianças ainda muito pequenas. O problema de dona Carmela não era que eu comesse os pêssegos de seu quintal; era ser dona deles. Era que minha mão pequena atravessasse a cerca de seu quintal. A ponta de alguns galhos de seu pessegueiro até entrava pelas frestas das ripas do galinheiro, portanto, do "meu lado" da cerca. E eu já tinha aprendido na rua uma regra que a molecada citava o tempo todo, sempre que cobradas por questões assim: "Achado não é roubado, na porta do mercado."

A rua tinha suas regras de direito, é bom não esquecer. E aquilo não era mero folclore. As regras do "teu" e do "meu", do ter, do achar, do usar, eram regras claras para as crianças, regras que elas consideravam justas. Isso tinha muito a ver com o fato de que os trabalhadores adultos largavam suas coisas por aí, no indefinido entre o desprezado e inútil, de um lado, e o jogado fora, de outro, relutantes entre se desfazer de coisas de que não necessitavam e mantê-las para algum uso eventual. Para as crianças, "ser dono" era usar e consumir e zelar ciumentamente pelas coisas possuídas. Mas nas carências do mundo operário de então, as coisas relutavam em ir definitivamente para o lixo, o que só ficava claro quando jogadas nos terrenos baldios, verdadeiros territórios livres das garimpagens da molecada. O "nunca se sabe se vou precisar disso" criava um terreno de ambiguidade em relação a coisas inúteis e parcialmente descartadas que era também o terreno difuso da concepção infantil de propriedade: nos bairros operários as crianças não só eram secundárias como destinatárias do secundário e inútil.

O pessegueiro estava no meio de um quase matagal. Que mal havia se eu pegasse um pêssego por dia?! Eu não era guloso. Afinal, minha mãe estava sendo generosa com a família dela e de outros vizinhos durante aquele período da guerra. Exercitava seus amplos conhecimentos de lavoura. Como não havia pão, a não ser o pão azedo de cevada, plantou mandioca no quintal inteiro. Quando as raízes se formaram e a mandioca ficou em ponto de ser arrancada, enviava mandioca àquela vizinha, e às outras, quase que regularmente, sem nada cobrar, como era próprio da economia de vizinhança do subúrbio proletário, baseada na troca espontânea e na reciprocidade. Isso, qualquer criança intuía. Além do mais, minha mãe tinha uma cabra no fundo do quintal, de onde vinha o nosso leite. Ela também mandava o leite à vizinha, que tinha uma filha pequena, de minha idade. Descobriu depois que a vizinha tinha nojo daquele leite e o jogava fora. Se minha mãe repartia com ela o leite que nos faltava, por que ela não podia repartir comigo o pêssego que eu desejava? Ela nunca viera bater em nossa porta para nos oferecer pêssegos. É verdade que em casos de doença os vizinhos se ajudavam e ela nunca se furtou a isso. Eu a vi mais de uma vez lá em casa, com outras vizinhas, cozinhando, lavando roupa ou limpando a casa em ocasiões assim.

Mantenho viva a lembrança daquela minha infantilidade, de tão ridícula que era. Mas hoje sei que ela me permitiu uma descoberta que se transformaria numa espécie de estratégia de vida. Os adultos ficam confusos e até em pânico quando, ao ser cobrada como adulta que não é, uma criança age como criança. O grande erro de muitas crianças é o de agir como os adultos esperam e querem que ajam, como adultos em miniatura. Porque ao fazer isso, a criança joga no terreno do adulto, em desvantagem. Nele, o adulto conhece as regras, porque as fez. Porém, os adultos raramente de fato conseguem compreender o infantil das razões de uma criança, raramente conseguem entrar com autenticidade numa relação que pede fantasia, teatro, simulação. Quando fingem entrar no mundo da criança, mal disfarçam que é fingimento e se tornam ridículos, geralmente fazendo uma vozinha de criança que aumenta ainda mais o ridículo, reduzindo tudo a miniaturas, como se o mundo da criança fosse um mundo liliputiano: casinha, carrinho, trenzinho, papelzinho, caderninho, livrinho, brinquedinho, pipizinho, merdinha. Só que a criança não está fingindo! E seu mundo é um mundo de coisas proporcionalmente grandes e não pequenas. Na cabeça da criança, o carrinho com que brinca é um carro grande e possante. A boneca é um bebê mesmo. Diferente da regra do adulto, a regra fundamental do mundo da criança é a de que a regra precisa ser continuamente reinventada, no próprio curso do relacionamento, na relação social em andamento. No fundo, as crianças já nascem pós-modernas. É adulto quem não consegue fazer isso, quem não consegue imaginar, inventar e fazer das regras um jogo de gato e rato e, portanto, um ato de recíproca construção da relação social, de partilha, compreensão e propriamente amor. No meu tempo, adulto era quem sabia mandar ou obedecer, dependendo do lado da sociedade em que nascera. Todo adulto deveria ler *Alice no País das Maravilhas* e *Alice do Outro lado do Espelho*, de Lewis Carroll, um adulto que conseguiu pensar como criança e, no fundo, descrever o refinado pensamento da criança, posta todo o tempo dos dois lados do espelho. É adulto quem se deixa aprisionar pela busca de coerência num mundo essencialmente incoerente, quem não tem consciência da trama de contradições que a sociedade é. Por isso, justamente, a alienação social é um atributo dos adultos e não das crianças.

É evidente que uma criança não tem condições de raciocinar sobre tudo isso nem tem condições de fazer escolhas com base nesse arrazoado. No entanto, os critérios do pensamento infantil ficam na memória de todo adulto, como documentos referenciais de arquivo, como contraponto de certo modo crítico dos dilemas e das orientações do adulto. Quando nos lembramos do que fazíamos quando éramos crianças, fazemo-lo em função dos momentos do adulto, de nossa relutância em aceitar como absolutos os modos de pensar e agir do adulto. E até rimos da criança que fomos para rir do adulto que nos tornamos. O pensamento de uma criança é um pensamento prático, balizado por aquilo que ela teme ou quer. Criança não é quem obedece ao adulto. Criança é quem entende ou intui o que o adulto quer e adere ou se defende, se se perceber ameaçada, inventando pautas de conduta. Sem dúvida, o adulto é dono da pauta dominante, mas não é dono das contradições da pauta que cria e impõe. É a inocência e a ingenuidade da criança que lhe permite ver no mandonismo do adulto as contradições que propõem a conduta alternativa que esteja mais de acordo com aquilo que ela quer ou entende. Por isso mesmo é que há crise de gerações, pois ao se tornar adulta a pessoa leva consigo o mundo que inventou e que sua geração inventou, em diálogo transgressivo, mas a salvo da pauta que constitui o legado da geração anterior.

Esse é o jogo, foi minha impressão desde cedo. Acho que isso marcou muito a minha personalidade, porque tive que ser criança em condições adversas e autodefensivas, o que não é comum. Insistir na condição de criança era um trunfo, uma vantagem, mesmo quando já parecesse descabida. Perdi a infância muito cedo e me mantive criança até muito tarde. Decifrar logo a expectativa do outro, que sempre se pensa a mais, e propor a relação no a menos, onde o outro pensa que está em vantagem, mas não entende o jogo, é um recurso de sobrevivência na adversidade. Pobre faz isso todos os dias e a melhor expressão dessa teatralidade autoprotetiva está nas, às vezes até muito bem elaboradas, encenações que mendigos fazem para conseguir uma esmola nas ruas.

Nessa mesma linha de compreensão das coisas, muito cedo percebi como o segundo lugar é muito mais importante do que o primeiro lugar. O segundo lugar é o verdadeiro prêmio pela paz de espírito que traz ao supostamente vencido, dando-lhe condições de fazer o que quer e o que gosta de fazer segundo seus propósitos, seus interesses e seu modo de ser e não segundo a ansiedade reguladora dos que, equivocadamente, pensam que no mundo há lugar para que só uma pessoa seja competente, feliz e digna. O primeiro lugar atrai iras, competição, ódios, ímpetos de destruição. O infeliz que se destaca acaba se transformando em alvo da pequenez humana. O primeiro está permanentemente ameaçado e tenso, levado ao desespero para manter o seu suposto primeiro lugar, mesmo quando já não tem condições de fazê-lo, pois o primeiro lugar é, na imensa maioria das vezes, meramente transitório e ocasional. O primeiro lugar acaba sendo mais um castigo do que um prêmio.

Enquanto isso, o do segundo lugar é poupado, quase ninguém presta atenção nele, quase ninguém quer tirar dele o que tem, encarado como se fosse um coitado por não ter conseguido o primeiro lugar em alguma coisa. Com isso, consegue viver em tranquilidade, fora do foco das ambições alheias, não raro tratado como tolo e até pouco inteligente. Fica protegido contra o que há de pior em muitos relacionamentos humanos e acaba fazendo bem o que sabe fazer, tirando do que faz muito mais prazer do que quem brigou pelo primeiro lugar ou briga permanentemente para chegar até ele ou nele ficar. O primeiro lugar, precisa se confirmar todos os dias, em meio ao assédio dos competidores, às expectativas dos circunstantes, à inveja dos frustrados, à admiração dos conformados.

Lutar desesperadamente pelo primeiro lugar, em qualquer âmbito, já é um sinal de burrice, sobretudo porque é opção autodestrutiva. Existe um único primeiro lugar, enquanto os segundos-lugares são, de certo modo, todos os outros. Sobretudo porque esses múltiplos segundos-lugares nos dão a oportunidade de revermo-nos, coisa que o primeiro lugar não dá. O primeiro lugar é um cárcere, que cerceia e mutila. Muito mais tarde, já professor na Universidade de São Paulo, no momento difícil da ditadura militar e da destruição da autoridade acadêmica pela cassação política de professores mais antigos e de competência reconhecida, essa concepção proletária da vida e do modo de viver salvou minha carreira. Nas várias e reiteradas vezes em que fui gratuitamente vítima de rasteiras e deslealdades dos que achavam que ali só havia lugar para eles, de que o oxigênio do mundo dava apenas para uma pessoa respirar, respondi trabalhando mais e estudando mais, pelo prazer do trabalho intelectual e não pela ambição da notoriedade. Foi o modo de evitar que minha autoconfiança declinasse. Sempre fiz com gosto e empenho o que me coube fazer, mesmo o que é considerado insignificante e até mesmo o que os outros recusam, e nunca aceitei que me impedissem de ter paixão pelo meu trabalho e por minhas obrigações.

Não raro, obrigações que assumi no lugar de colegas que as recusaram, porque as consideraram inferiores ao alto conceito que tinham de si mesmos, tornaram-se marcos no meu progresso intelectual. Nunca tive medo da cultura da migalha, a cultura dos pobres, pois desde muito pequeno aprendi, como ocorreu com boa parte de meus amigos de infância e de adolescência, que o que cai da mesa dos outros no nosso prato, é porque uma decisão maior destinava aquilo a nós e não a eles. Temos, por isso, que aceitar o que nos cabe desse modo moralmente instrutivo e intelectualmente edificante, para podermos recusar a sujeição que menospreza e aniquila. É nesse plano que se propõem os desafios da vida. O que não me impediu de ser criativo e ousado e de tomar iniciativas quando a oportunidade se apresentou. Era e é o meu modo de recusar a cultura pequeno-burguesa e reacionária da competição destrutiva e injusta, cheia de angústias e temores. A cada desafio respondi com a publicação de um artigo ou de um livro. Enquanto outros acumulavam frustrações, acumulei os resultados do meu trabalho e, sobretudo, o imenso prazer de criar e descobrir, como é próprio da ciência, que é o que importa, em especial num cenário e num momento muito pouco propícios. Estamos aqui para fazer a nossa parte e não para que os outros se façam às nossas custas ou cresçam à custa da nossa humilhação. No fundo, essa minha opção tem sido divertida e instrutiva.

Fingir-me de galinha foi realmente muito idiota. Mas sei hoje que, agindo assim, não permiti que a vizinha me questionasse em nome de sua própria moral e de seus próprios valores. Do mesmo modo, fingir que não era comigo, apesar da invocação de imensos poderes contra o pecador que tentara enganar o santinho do saguão, foi um modo de agir segundo o que me parecia certo, embora tomado por terrível culpa depois dos "esclarecimentos" da freira. E se ela tivesse razão? Mas que alternativa tinha eu numa situação em que os poderes do próprio céu eram invocados contra a enorme fragilidade de crianças que apenas sabiam brincar, numa instituição e numa sociedade em que o brincar era tolerado como expressão de um defeito, de uma formação incompleta para a condição de adulto? Estávamos ali para que a nossa infância fosse combatida e debelada.

Esse era um lado essencial da cultura operária naquele distrito fabril. A criança já nascia na expectativa familiar do adulto que seria, considerada patrimônio braçal e salarial da família, ajustada e enquadrada. Contou-me minha mãe, pouco antes de morrer, que, na segunda-feira em que nasci, em 1938, às 8h30 da manhã, meu pai pegou-me nos braços, logo em seguida, diante dela, da parteira e de meus avós, e disse que

*Minha primeira fotografia, tirada no início de 1939, todo empetecado, como se fazia com os bebês de então. Não obstante, apenas meia hora depois de nascido, com o destino já decidido por meu pai, que o anunciou à família, o de que eu faria o curso primário e, quando completasse onze anos de idade, iria trabalhar na carpintaria de seus primos. Sendo José, eu seria carpinteiro. No subúrbio operário, as crianças já nasciam para o trabalho.*

eu seria carpinteiro. Tão logo terminasse o curso primário e chegasse aos onze anos de idade, eu iria trabalhar na carpintaria de seus primos, ali perto de casa, para "aprender um ofício", o ofício de carpinteiro, o mesmo ofício de São José e de uma boa parte de minha família paterna. Eu tinha apenas alguns minutos de vida e meu pai já estava me arrumando emprego e profissão! Como se nascer criança fosse uma anomalia da natureza e um fardo a ser carregado pelos pais. Ter um ofício e a perspectiva de um ofício desde cedo trazia aos pais de então a tranquilidade de que a vida dos filhos e dos netos não seria arrastada na pobreza histórica e biograficamente tão próxima e tão visível. Para o trabalhador daquela época, pobreza era não ter profissão e, portanto, a perspectiva de não ter um trabalho honrado.

Aquela solidão do Menino Jesus me tocava certamente muito mais do que a qualquer outra criança do externato. O saguão em que ele "morava" era a poucos metros da estreita porta de entrada e saída do colégio, a porta da rua. A porta interior do saguão de acesso ao prédio, ali onde ele ficava, estava sempre aberta naquela direção. Aquela porta para a rua ganhou uma força tal nas minhas preocupações que é pouco provável ter tido essa relevância para outra criança a não ser, talvez, meu irmão.

Quando no final do dia tocava o sino anunciando que íamos para casa, meu irmão e eu nos juntávamos àquele imenso número de crianças que se aglomeravam, barulhentas, na saída para encontrar mães e pais que vinham buscá-las. Antes que o portão fosse aberto, olhávamos pela larga fresta que por baixo nos permitia ver os pés das pessoas que se aglomeravam do lado de fora. Rapidamente aprendemos a identificar os sapatos de nossa mãe, diferentes dos outros. Os outros pés eram de pessoas bem calçadas, sapatos limpos e bonitos. Os sapatos de minha mãe eram sempre feios, invariavelmente cobertos do pó de um dia inteiro caminhando pelas ruas de São Paulo e do subúrbio para vender a louça de barro da fábrica em que trabalhava. Os sapatos, tipo mocassim, logo se deformavam pelo muito caminhar. Era um privilégio que ela usasse aqueles sapatos tão peculiares, tão pobres, tão maltratados, pois podíamos identificá-los logo.

Aberto o portão, às 17 horas, regulado e controlado por uma das freiras, havia uma grande alegria no reencontro de filhos e geralmente mães, após a separação de um dia inteiro no caso de vários, como meu irmão e eu. Abraçavam-se, gritavam, e saíam contando alvoroçados e felizes o que havia acontecido no dia. Rapidamente, o número de crianças diminuía e em menos de dez minutos não havia mais do que três ou quatro esperando os pais retardatários. Quando já não houvesse pais do lado de fora, a freira trancava o portão, para abri-lo quando uma mãe um pouco atrasada tocasse a campainha.

Era raríssimo que minha mãe estivesse entre as mães do primeiro momento. Geralmente, ela era a última a chegar. Ficávamos ali, no que já era o escurecer, olhando ansiosos por baixo do portão para ver os pés tão esperados. Do portão, de vez em quando eu olhava lá dentro do saguão o Jesus Menino, pequeno, que também parecia esperar a mãe dele, olhando em direção à saída. Era muito solidário com ele, que me dava a impressão de ser um órfão, como eu e meu irmão.

Eu tinha um medo enorme de que minha mãe sofresse um acidente ou morresse e não viesse buscar-nos. Alguns dias depois da morte de meu pai ela foi até a fábrica em que ele trabalhara, na Vila Pompeia, e pediu ao patrão o emprego que havia sido dele. O patrão relutou, porque era preciso saber escrever bem e ela escrevia mal. Nunca fora à escola. Mas ficou com pena dela e lhe deu o emprego. Um acidente de bonde que meu pai sofrera, durante o trabalho, poucos meses antes de morrer, que o levara à decisão de fazer a cirurgia, de que decorreria sua morte, ficou muito forte na minha cabeça, pelas consequências que teve na vida da família. Eu temia que minha mãe também caísse de um bonde ou fosse atropelada e não pudesse vir buscar-nos. Meu irmão e eu espichávamos o olhar para aquela fresta, olhando fixa e demoradamente para a nesga de calçada que dali se via, o coração batendo mais forte sempre que ouvíamos passos de alguém e uma decepção grande quando era alguém que passava e não ela.

Nós nem éramos mais considerados os últimos pelas madres. Últimos eram os derradeiros a serem recolhidos pelos pais não muitos minutos depois de aberto o portão. A freira apenas dizia para não ficarmos ali, para sentarmos no banco de cimento no alpendre e esperarmos o toque da campainha quando minha mãe chegasse. Ela se recolhia, porque havia as orações comunitárias e o jantar que era cedo. Às vezes fazíamos isso, quando a demora era muita, frequentemente de pelo menos meia hora e algumas vezes até de uma hora. A noite ia caindo e ficávamos olhando para o pátio vazio que na obscuridade, parecia imenso, ouvindo os talheres do refeitório ao lado, ambos famintos e amedrontados. Uma única vez, a madre Luísa, a única cujo hábito era inteiramente branco, a cozinheira, veio até nós e trouxe um bolinho para cada um. Já estava escuro.

O externato foi apenas um tópico na descoberta da apreensão e do medo como dados rotineiros da vida. A morte de meu pai nos deu, a meu irmão e a mim, compreensão suficiente do que era o desamparo resultante da orfandade. A existência do pai nos tinha dado uma segurança muito grande, um pai alegre, trabalhador, cheio de amigos, passeador, familista, o pai da nesga de doce memória afetiva de minha infância. Sua morte, porém, foi-nos revelando em pequenas coisas o quanto estávamos expostos ao estranho e ao desconhecido e o quanto estávamos sozinhos.

Meu irmão e eu conhecemos precocemente a cultura do medo com a qual, mais cedo ou mais tarde, se familiarizavam as crianças das famílias dos trabalhadores do subúrbio. A guerra mal tinha acabado e seus resquícios de medo ainda estavam por toda a parte. Durante a guerra, vivêramos o grande medo dos blecautes, as luzes todas apagadas, espiões da polícia em todo canto, o risco de prisão e deportação de estrangeiros como minha mãe e meu pai. Havia, também, o Capa Preta, um encapuçado que se aproveitava da escuridão obrigatória e saía pelas ruas perseguindo as moças que retornavam do trabalho e dizem mesmo que atacando-as. Os pais, imprudentemente, assustavam as crianças que escapavam para brincar na rua durante o dia, dizendo-lhes que iam acabar sendo pegas pelo Capa Preta.

Vestidos com o avental e a lancheira a tiracolo, meu irmão e eu íamos sozinhos, de manhã, para o externato, que não ficava propriamente longe de casa. Minha mãe tinha que terminar as tarefas de casa e sair para o trabalho. Em linha reta, era uma distância de três quarteirões, mas tínhamos que quebrar esquinas e dar voltas até chegar lá. Havia dois caminhos possíveis. Minha mãe preferia que fôssemos pelo roteiro mais calmo, de pouco ou nenhum movimento: na esquina da Rua José do Patrocínio com a Rua Paraíba, atravessávamos o campo do Corintinha, um imenso terreno baldio, entrávamos na Rua Pernambuco, que terminava na Rua Antônio Prado, rua paralela à ferrovia. Seguíamos por ela até a Rua Manuel Coelho e andávamos mais um quarteirão até a porta do colégio.

Raramente se encontrava alguém pelo caminho. Todo o quarteirão entre a Rua José do Patrocínio e a ferrovia tinha uma única casa, a do conserva da Light, construída embaixo dos fios de alta tensão que por ali passavam. Do lado esquerdo ficava a imensa Fábrica de Louças Adelina, velha construção industrial, com paredes de tijolos aparentes. Ali só se ouvia o ruído abafado de máquinas, dia e noite. Do lado direito ficava extenso muro da casa rica e ajardinada do diretor da fábrica de velas. Já na Rua Antônio Prado, em seguida à casa, a própria fábrica de velas. No quarteirão seguinte, um grande terreno baldio, onde acampavam os circos que eventualmente visitavam São Caetano e onde os donos da fábrica de vidros despejavam os cacos do vidro rejeitado. Ali fomos pela primeira vez a um circo. Até lá as ruas eram de terra. Depois, era só dobrar à direita, na Rua Manuel Coelho, atravessar a rua, movimentada, e já estávamos no portão do externato. Eu com cinco anos de idade e meu irmão com três.

Aos poucos esse trajeto foi se revelando um trajeto sombrio e a dar medo. O primeiro grande medo foi quando, a alguma distância da porta da fábrica de velas, nos demos conta de que na direção contrária vinha vindo da estação ferroviária uma numerosa boiada, ocupando toda a largura da rua. Foi a única vez que vi uma boiada no centro de São Caetano. Provavelmente, era uma vacaria, já que por ali não havia frigorífico, mas havia várias chácaras de criadores de vacas que, em carrocinhas, distribuíam leite nas casas todos os dias de manhã. Os animais estavam espalhados pela rua. Vinham tangidos por dois boiadeiros a cavalo, de botas, chapéu quebrado na testa, relho na mão e laço no estribo. O medo veio também daí. Era assim que se trajava o laçador de cachorros, o violento homem da carrocinha, que de vez em quando fazia incursões inesperadas por ali, laçando com precisão os cães que estivessem na rua, arrastando-os impiedosamente e jogando-os pelo ar para dentro da gaiola. Todos sabíamos: aqueles cachorros iam virar sabão. A molecada toda tinha medo e raiva do laçador, às vezes, de dentro das casas, atirando pedras nele. Os pais contribuíam para o medo com as ameaças disciplinares:

– Se você ficar na rua, a carrocinha vai te levar!

Por aí também vinha a ideia de que o poder, de que a carrocinha era um instrumento, não fazia diferença entre criança e cachorro, uma boa indicação do lugar da criança na mentalidade da época e do lugar que na mentalidade suburbana e operária tinham os vagos, os que não trabalhavam, os que passavam o dia na rua, perambulando, sem ter o que fazer, como era o caso das crianças logo que chegavam à idade de escapar para a rua e de se agregar ao bando da chamada molecada. Cabia à criança, portanto, decidir se era gente ou era bicho e gente era o manso e obediente.

Segurei meu irmão pela mão e corremos, na tentativa de chegar até a porta da fábrica, onde havia um pequeno grupo de operários. Chegamos perto e nos encostamos na parede, em pânico, chorando. Os operários perceberam o nosso pavor e nos abraçaram, tentando nos acalmar, até que o gado passasse.

Muito rapidamente, nos dois anos seguintes, descobriríamos que aquele era um lúgubre recanto, que crianças e adolescentes não frequentavam nem percorriam à noite, e os adultos evitavam, embora não o dissessem. O casarão era cercado de jardins, com grande varanda e várias janelas, cujo terreno se prolongava pela Rua Pernambuco. Uma casa completamente diferente de todas as outras casas da região, que eram casas de trabalhadores. Diziam que era assombrada, que a cabeça degolada e viva de um homem aparecia todas as manhãs sobre o caixilho de uma das janelas, contemplando a rua.

Eventualmente, no jardim da infância, as crianças recebiam o básico da alfabetização, da numeração e das contas. Mas, para piorar as coisas, minha mãe não queria que eu me adiantasse na escolarização e fez uma solicitação formal nesse sentido à idosa e simpática madre Firmina, diretora do colégio. Foi ela quem me disse isso quando a procurei para mostrar coisas que eu havia escrito e que indicavam que estava apto para ir para a escola primária. Acabei entendendo que minha mãe queria que eu ficasse o mais perto possível da idade de meu irmão, para que ao menos pudéssemos cuidar um do outro, em sua ausência no trabalho e em nossa solidão na vida. Um Peter Pan proletário. Lembro-me de ter tentado alfabetizar meu irmão, com o que eu sabia, para que ele me acompanhasse e não eu a ele, para que ele crescesse depressa. Fiquei empacado naquela indefinição, já parcialmente alfabetizado, porque então teria que sair do externato e transferir-me para a escola dos padres. Isso significaria ficar sozinho em casa o resto do tempo, tendo que lidar com fogo para esquentar minha própria comida ou ficar na rua, fazendo molecagem.

Nesse cenário conventual tudo que quebrasse aquela interminável e aborrecida repetição de dias era mais do que bem-vindo. De vez em quando, ainda que raramente, algo quebrava a rotina. Fui beneficiadíssimo por uma dessas novidades. Um dia, uma das freiras foi à sala em que eu estava e me levou para a sala das meninas do curso primário, da turma da manhã. Explicou-me vagamente que iam ensaiar uma peça de teatro, coisa que eu não tinha a menor ideia do que fosse. Colocaram-me lá na frente das meninas, que sorriam para mim. Fiquei feliz. Achei que havia sido escolhido para aquela coisa diferente porque era bonito. Lavei a alma, pois em casa o bonito era meu irmão. Aos poucos, porém, fui me dando conta de que minha escolha não tinha nada com boniteza. Era o menino mais velho disponível na escola, já estava, finalmente, no primeiro ano primário, na escola dos padres. Só permanecera no externato porque minha mãe foi convencida pela madre que eu poderia ficar lá toda manhã e lá almoçar, indo sozinho, depois, do almoço para a escola paroquial, a três quarteirões dali. De tarde, eu voltaria para pegar meu irmão e levá-lo para casa.

Foi muito interessante. As meninas cantavam uma música bonita, em coro, creio que se chamava *Barcarola*. Eu tinha que cantar em solo alguma coisa bem simples e curta. A parte mais interessante foi a nossa ida para o palco do salão paroquial da igreja matriz para um ensaio final. Na noite da nossa apresentação consegui entender finalmente qual era o meu papel, pois me vestiram de caipira. Eu seria um pescador. Deram-me vara e anzol e lá fiquei eu fazendo a minha parte, sem nunca ter pescado. A verdade é que nada pesquei naquela noite: não me tornei popular nem entendi propriamente o que tinha ocorrido.

Foi a mais rápida carreira da história da música e do teatro. Durou poucos minutos. Pena, porque minha mãe não teve nem mesmo a possibilidade de entrar para ver a peça. Ela foi informada de que só poderia entrar se pagasse o bilhete de entrada, muito caro, pois era um espetáculo beneficente. E o dinheiro lá em casa mal dava para a comida. Junto com minha tia Emília, prima-irmã de meu pai, foi me levar e ficaram as duas no sereno, do lado de fora, ouvindo os aplausos, tentando adivinhar o que acontecia, esperando a peça terminar para me levar para casa. O auditório estava cheio. Não havia, porém, lugar nem para a mãe nem para a tia de um dos "artistas" no encerramento de "sua carreira teatral", logo no primeiro ato. Uma carreira que acabava antes de começar, felizmente. Eu fui péssimo ator naquela noite: achei tudo aquilo muito sem graça, só tinha menina. Eu gostava mesmo era de palhaço de circo, único artista que admirava e queria imitar.

Quase tudo tinha remendo no subúrbio. Também as carreiras teatrais: se uma porta se fechava, acreditávamos que geralmente outra se abria. Também tinham remendo as casas pintadas por "seu" Simão, a cada tanto tempo, e os sapatos, as roupas, que podiam ser remendados. E a própria vida apertada. O clima de "o pai dele morreu" foi sumindo aos poucos. De um modo ou de outro, todos ali tinham algum remendo na vida, alguma adversidade que fora vencida com trabalho e resignação. Minha mãe também decidiu remendar sua vida, imaginando que com isso remendava igualmente a nossa. Decidiu casar-se novamente. E escolheu um operário das fábricas Matarazzo, seu velho conhecido, também da região do Pinhalzinho, que viera para a cidade em busca de vida melhor. É muito estranho lembrar do casamento da própria mãe. Houve doces, um arremedo de festa. Ela parecia contente depois dos muitos meses de luto.

Choveu um pouco. Era um dia cinzento. Crianças na rua gritavam, ao passar pela porta de casa, "Sol e chuva, casamento de viúva" ou "Chuva e sol, casamento de espanhol". Aquilo me mortificava, pois minha mãe se enquadrava nos dois casos. Toda a vizinhança sabia que minha mãe ia casar-se de novo. O fato de que o casamento entrasse nos ditos da molecada dá bem uma ideia dos comentários domésticos sobre a viúva que se casava apenas um ano e meio depois da morte do marido. Mas, lembro de vizinhas ajudando e dando conselhos a minha mãe quanto ao leito conjugal. Na miséria em que estávamos, ela relutava em desfazer-se da cama de casal do casamento com meu pai. Teria que comprar outra. Com que dinheiro? O noivo não tinha o menor recurso nem se manifestava. Uma das vizinhas sugeriu que ela trocasse apenas as roupas de cama, talvez o colchão. E que envernizasse a cama de novo. O custo seria menor.

Havia alguma restrição mágica a que a viúva acolhesse no mesmo leito do falecido marido o novo esposo. Muito tempo depois compreendi a importância simbólica do leito do casal nos resquícios camponeses da cultura operária de então. O leito conjugal era tido como lugar de primícia, lugar inaugural da família e da vida, que não podia nem devia ser contaminado com os resquícios da morte do marido anterior. Aliás, minha mãe acreditava piamente que meu pai morrera antes do tempo porque na hora do casamento, na igreja de Bragança Paulista, um caixão de defunto saía para o cemitério, depois de receber a bênção do padre. Achou aquilo de mau agouro.

Nenhum parente de meu pai compareceu, o que já era um sinal bem claro da ruptura, ainda que não completa, entre eles e nós. Tornamo-nos um pouco distantes. Meu avô paterno gostava muito de minha mãe e sempre a tratou com muita atenção e apoio. Procurou aproximar-se de meu padrasto. Ao lado da escada de saída da sala de sua casa, pouco usada, a dos enterros, havia um exuberante pé de fumo. Sabendo-o da roça, perguntou a meu padrasto se sabia preparar as folhas de tabaco e fazer o fumo de corda. Tinha aquela planta ali e sempre desejara aproveitá-la. Ele não fumava, mas tinha muita curiosidade de conhecer o método, os procedimentos. Meu padrasto disse que sabia como fazer. E foi lá durante vários dias colher as folhas, distribuí-las numa espécie de estaleiro para chegarem ao ponto certo de murcha e evitar fungos, depois foi torcendo-as e juntando-as, para em seguida trançá-las e deixá-las curtir e enxugar após pingar o mel-de-fumo. Meu avô ficou impressionado com o resultado. Em troca, ensinou-lhe a fazer vinho. Morávamos no meio de algumas das grandes fábricas da região. O principal movimento da rua era de manhã e à tarde, quando os operários iam ou vinham das fábricas próximas. Mas a roça ainda morava na mente de muitas pessoas como eles. E no quintal.

Meu padrasto acabou saindo da fábrica Matarazzo. Ele e minha mãe decidiram dar aproveitamento a um pequeno lote de terra que havíamos herdado de meu pai e dois lotes ganhos ou comprados por preço simbólico de meu avô e dos primos de meu pai, terrenos localizados em Guaianases. Quando terminei o segundo ano primário, em 1947, nos mudamos para lá. A roça do coração e das limitações de meu padrasto se impôs à nossa vida.

A mudança era de fato um dos desdobramentos das várias mortes sintetizadas na morte de meu pai e coroada na morte altamente simbólica de sua mãe, minha avó, dois anos depois. Não era apenas a morte de pessoas próximas e amadas, mas era também a morte da casa matriarcal, na cessação dos almoços de família entrelaçados com o calendário litúrgico católico, os distanciamentos decorrentes, a desativação de cômodos e objetos da casa. Lembro com tristeza da reunião de minha mãe com minhas tias no quarto de meus avós para repartir as coisas dessa casa, roupas e móveis, poucos dias depois do enterro de minha avó. Uma fogueira no quintal, enquanto isso, queimava papéis e fotografias. Entendi o significado profundo da morte da Mãe Maria quando vi o fogaréu devorando o que dela restara, o que documentava que ela existira, e as mulheres da família repartindo os objetos de sua matriarcal liturgia cotidiana. Nem os santos escaparam. Eram os despojos de sua memória, sua segunda morte.

Guardo comigo uma preciosa peça daquela partilha, a toalha branca de linho, que já mencionei, tecida por minha avó. Assim como as flores de minha avó, sua casa também foi murchando. As casas das famílias trabalhadoras do subúrbio eram muito mais do que residências. Eram seres vivos, verdadeiras instituições que propunham e demarcavam a concepção de que a vida não é apenas um modo de habitar, mas também um modo de viver e de conviver na centralidade social da casa, sobretudo a casa fortemente simbólica dos avós.

# 4
# A arca encantada

"Seu" Francisco estendeu a mão e mostrou: no conjunto das linhas, duas linhas diferentes das outras que se cruzavam formando uma cruz perfeita. Nascera assim, disse ele, quando um dos adultos comentou que aquela podia ser uma cicatriz. "Olha", acrescentou, correndo o dedo da outra mão por cima da cruz, "é natural". O grupo de pessoas que ali no terreiro de casa o rodeava esticou o pescoço para ver melhor o sinal. Meu irmão e eu ficamos na ponta dos pés para disputar com os adultos um vão de espaço naquela aglomeração e também ver o sinal daquele milagre de nascimento.

Já não lembro de como foi tomada a decisão que o trouxe para a casa em que agora morávamos, no que fora um dia a Fazenda Santa Etelvina, caseiros da chácara de um engenheiro alemão chamado Frederico, que residia em Itaquera. Fazia pouco tempo que havíamos mudado do nosso barracão de madeira e pau a pique ali perto. Nem lembro dos detalhes de como o pessoal da distante vizinhança se inteirou de que ele se encontrava em nossa casa. Era a primeira vez que gente das redondezas vinha nos visitar, na verdade visitar o curandeiro. Espalhara-se a voz de que um benzedor estava lá. A casa em que morávamos era das mais distantes, oito quilômetros longe da estação de Guaianases, na Estrada de Ferro Central do Brasil, uma estação a meio caminho entre São Paulo e Moji das Cruzes. Além disso, ficava a um quilômetro da estrada de rodagem de terra que da estação levava até o bairro da Terceira Divisão, por onde é hoje o bairro de Cidade Tiradentes, bem longe. Da estrada até em casa, ia-se por um caminho vicinal. Não havia nenhum vizinho próximo. Vivíamos praticamente isolados.

Sei que minha mãe um dia decidira visitar esse benzedor, que morava sozinho a alguma distância da estação de Quinze de Novembro, ou Parada 15, num casebre despojado, rodeado de outros casebres iguais. Era um loteamento desses muito comuns na periferia de São Paulo, em que o proprietário dava cinco mil tijolos para quem comprasse um lote, suficientes para construção do chamado cômodo e cozinha. Fui com ela e meu irmão e foi conosco para mostrar o lugar a pessoa que lhe tinha dado notícia do benzedor. Era uma mulher de quem as crianças não gostavam, sempre enfezada, o rosto tenso de pessoa sofrida. Morava num alto, a uns cinquenta metros da estrada principal de terra. Nunca soube o nome dela. A criançada a chamava de Jararaca. Éramos uns dez meninos e meninas, moradores ao longo da estrada, de famílias de sitiantes, chacareiros e caseiros, que voltávamos juntos do Grupo Escolar "Pedro Taques", na Rua da Estação.

Eu levava quase duas horas caminhando para chegar em casa. Ao longo do caminho a criançada enfrentava diariamente quatro medos certos. Como saíamos da escola ao meio dia, sempre corríamos o perigo de chegar na descida para a Passagem Funda no momento da explosão diária de dinamite na pedreira enorme e antiga que havia e ainda há naquele lugar, de onde era extraída brita para forrar a base dos dormentes da ferrovia. Um operário ficava na beira da estrada, bem longe do local da explosão, e gritava tão alto que podia ser ouvido longe:

– Foooogo!

E salve-se quem puder. Por isso, a criançada preferia pegar um caminho secundário, entre uma mata baixa e um pasto imenso, para sair adiante do ponto de perigo, perto da vila dos operários da pedreira, na beira do rio. Era uma volta enorme. Tinha a vantagem de que, na época certa, os pés de araçá ficavam carregados, o que adoçava o nosso bico com as frutas agridoces. Por aqueles pastos, de vez em quando, morria gado ervado ou mordido de cobra. A notícia corria muito depressa. Não era raro encontrar grupos de mulheres carregando latas ou bacias com pedaços de carne do animal morto. Havia ali uma lei não escrita, um velho costume, de que gado ervado ou mordido de cobra pertencia aos pobres. Para abrir, cortar e repartir o animal em mutirão não era preciso permissão do dono. Apenas as vísceras eram abandonadas, por conta do veneno. Ficavam para os urubus. Do restante se aproveitava tudo, até os chifres. Serviam para fazer polvarinhos, com um tampo de madeira de caixão de defunto, conseguida com o coveiro nas exumações de algum cemitério. Isso dava poderes à pólvora ali guardada, tornando certeiros os tiros com ela disparados, expressão de uma certa consciência da caçada como interação com a morte e sua captura pelo caçador na peça mágica. Meu padrasto tinha um desses.

Morriam, também, cavalos e burros. Sempre tinha alguém que corria a cortar rabo e crina, vendidos a fábricas de pincéis. Sabia-se quando e onde havia animal morto quando um urubu solitário começava a voar em círculo, bem alto, no fundo do céu azul, sobre o mesmo ponto, e outros começavam a juntar-se a ele, rodeando e baixando devagar, até pousarem. De perto, é uma ave muito feia, enorme. O animal ficava ali apodrecendo, empestando o caminho com o fedor que tirava o apetite. Apesar do ataque dos urubus, a carniça permanecia ainda por umas boas semanas, até que a carcaça ficasse completamente limpa. Num ponto ou noutro sempre se podia encontrar caveiras de animais, pontilhando de branco o verde enferrujado dos pastos. As caveiras de boi ou vaca, espetadas num pau na entrada do terreiro das casas de roça, serviam para bloquear o mau olhado de quem chegasse. Ainda há muitas por aí.

Mas havia também cenas bonitas. Um dia paramos todos naquele desvio da estrada a uma distância prudente, para admirar o potrinho que acabara de nascer, sendo lambido pela égua, fazendo esforço para se levantar, sem o suporte das pernas ainda frágeis, a mãe empurrando--o com o focinho, para ajudá-lo. Ali do lado, a placenta ainda era bem visível. E por muitos dias seguintes continuamos a fazer aquele caminho só para ver o animal crescendo, andando sobre as próprias patas. Parávamos para apreciar e comentar o seu desenvolvimento, apontando com o dedo algum sinal que ainda não fora visto. Ele pertencia à nossa geração.

Mais adiante enfrentávamos o perigo verdadeiro. Pouco além da Passagem Funda, começavam as terras do homem mais rico e poderoso do lugar, um fazendeiro, que era tratado como "coronel", Saturnino Pereira, como os antigos coronéis de roça. Ele era dono do armazém de secos e molhados que atendia quase que toda a extensão da estrada, que passava perto de sua casa. No meio de sua fazenda ficava a Capela de Santa Cruz, uma devoção antiga e forte, do tempo dos jesuítas, disseminada em todo o entorno de São Paulo, nos aldeamentos que reuniam os indígenas capturados e descidos do sertão já nos séculos XVI e XVII. Aquela era região tributária do antigo aldeamento de São Miguel de Ururaí e de vários modos elementos da cultura missionária jesuítica ainda estavam vivos por lá. A capela ficava longe da casa, na beira da estrada, no lugar mais bonito de todo o trajeto, perto de uma bica d'água e de um curral grande, coberto de telhas, onde o gado se abrigava e refrescava nos dias de calor.

Era nessa capela, todo começo de maio, nos três primeiros dias do mês, dedicados à Santa Cruz, que se realizava a única festa popular e religiosa de toda aquela região, a única devoção verdadeira que por ali se conhecia. Vinha gente de longe, muitos a cavalo. Acampavam nos arredores, pois era festa dia e noite. Havia pau de sebo, leilão de prenda. Mas havia sobretudo muita carne. O "coronel" Saturnino mandava matar boi e distribuía carne fartamente. Fingia supor que cada um pegava seu pedaço e ia para o braseiro fazer o seu churrasco. Só que depois de fartos de churrasco, como acontecera comigo e com meu irmão, continuava-se indo à fila pegar carne para levar para casa, para os que ficaram e tinham vergonha de ir à festa só para comer. Fome de carne gruda na gente para sempre, é uma fome insaciável, uma perseguição incômoda, uma lembrança que fica no estômago e não na cabeça. Eu tenho essa fome até hoje.

Nesses três dias, Saturnino vivia só para a festa. Mesmo que acontecesse o pior, ele não estava disponível, apesar de ser o subdelegado de polícia de Guaianases, a delegacia muito longe, lá perto da estação. Foi o que minha família descobriu quando numa tarde de domingo nossa casa foi atacada a tiros: cerca de 21 tiros contamos, de algum modo confirmados pelos cartuchos encontrados num lugar alto, no meio do mato, de onde os disparos foram feitos. Saturnino foi logo explicando que nos dias da festa de Santa Cruz ele só estava disponível para a festa. Nunca soubemos exatamente o que aconteceu. Tiro por ali sempre se ouvia. Geralmente, nos domingos, caçadores vindos de São Paulo, batiam as matas caçando veados, que havia muitos. Ao menos uma vez, quando brincava à beira de uma lagoa que separava a nossa roça da mata próxima, vi do outro lado um veadinho tomando água tranquilamente. Ele estava em paz, era dia de semana.

Mas percebemos que não era um caçador porque os tiros acertavam a copa do coqueiro que havia na beira do terreiro e iam baixando. Era uma ameaça, no mínimo uma advertência. Meu padrasto armado de espingarda, e imprudentemente meu irmão e eu, saímos rastejando pelo meio do bananal que tínhamos, na direção de onde vinham os tiros, o chumbo estalando nas bananeiras, pouco acima das nossas cabeças. Estávamos sendo vistos e não víamos. Meu padrasto disparou um tiro. Mas, num caso assim, sua espingarda era inútil, de carregar pela boca, espingarda de chumbo, de dois canos. Finalmente, os tiros cessaram e conseguimos chegar ao local de onde vinham, sem descobrir ninguém. Só encontramos os muitos cartuchos dos tiros disparados.

Não tínhamos vizinhos, propriamente. Entrando pelo meio do mato, no fundo do nosso terreno, e caminhando bem meia hora, chegava-se a um estranhíssimo lugar, que eu reconheceria muitos anos depois em filmes japoneses com cenas de aldeias camponesas. Uma longa estrada, ladeada de granjas, retornava em paralelo, emendando-se nos extremos, ao redor de um vale. Íamos ali, de vez em quando, para comprar ovos trincados, muito baratos. Aqueles granjeiros produziam ovos para o mercado de São Paulo. A compra era negociada por gestos, já que eles só falavam japonês. Eram simpáticos e acolhedores, sempre sorridentes. Mas os muitos cães pastores, amarrados durante o dia, latiam furiosos e assustavam. Alguém disse que reconheciam os estranhos pelo faro, distinguindo o odor diferente dos não residentes na colônia, resultado da alimentação completamente diversa. Nessas ocasiões éramos convidados a entrar nas casas, muito diferentes das nossas casas caipiras. Eram casas simples. O convite para entrar se devia a que moradia e granja formavam um complexo. As casas serviam também como depósito das caixas de ovos, de ração e de ferramentas. Os japoneses tinham adiantos que nos deixavam boquiabertos. Suas galinhas botavam dois ovos por dia, enquanto as galinhas caipiras botavam um ovo só. É que para eles, a granja era uma fábrica de ovos. Com ração abundante e acendendo lampeões de querosene em certo momento da noite, "enganavam" as galinhas e as "faziam supor" que o dia amanhecera de novo para fazê-las botar um segundo ovo.

Numa chácara a um quilômetro de casa, ou pouco mais, caseira era também uma família de japoneses. Fiquei amigo das duas filhas do casal, já moças. Quando tinham que ir à estação de Guaianases fazer compras, elas me esperavam logo de manhã, para irmos juntos. Preferiam não ir sozinhas. Chegaram a tentar me ensinar algumas palavras em japonês. Riam muito com a minha pronúncia completamente atrapalhada. Nunca fui além do arigatô que, descobri muito depois, era palavra portuguesa estropiada pela pronúncia japonesa, herança deixada no Japão, séculos antes, pelos missionários portugueses. Quer dizer "obrigado" e vem do português "grato". No ano novo convidaram minha família para o almoço. Foi estranhíssimo, aquela família de caipiras, que nós éramos, sentada na sala da casa. A reunião era presidida pelo pai das moças, sentado à nossa frente, que ia insistindo para que comêssemos isto e aquilo. As mulheres foram servindo uma grande e maravilhosa variedade de comidas, muito delicadas. Não ficavam na sala. Só nós comíamos. O chefe da casa mostrava uma grande satisfação com a nossa gula, o nosso deslumbramento diante de alimentos que não conhecíamos, nunca havíamos visto. Era um banquete cheio de refinamentos na comida e nos modos.

Tratava-se de um ritual de acolhimento e amizade, que não entendíamos de maneira apropriada. No nosso código caipira, teríamos que oferecer-lhes um almoço equivalente, matar uma leitoa que não tínhamos, frangos que não tínhamos. Era visível a preocupação de minha mãe, ao sairmos de lá, com a impossibilidade de retribuir por aquilo que era uma enorme deferência, um rito cheio de significados incompreensíveis. Nunca conseguimos fazer a retribuição. Nossa pobreza aumentava o tamanho da distância vicinal, justamente porque inviabilizava o cumprimento da maioria das normas roceiras de vizinhança e convivência com os vizinhos, próprias aliás da cultura caipira.

Nossa origem parcialmente urbana desfigurara completamente a cultura caipira de meu padrasto e de minha mãe. Quando se volta para a roça, vimos ali, não se volta de fato para lugar nenhum, privados da valorização das regras de reciprocidade, tão fundamentais para todo caipira digno desse nome. A cidade funciona como detergente de quase tudo que diz respeito à cultura da dádiva e da troca, aos rituais próprios da sociabilidade e da solidariedade camponesas. Isso não teria acontecido se meu padrasto tivesse conseguido reconstituir ali uma economia autárquica, propriamente caipira, em vez de ter orientado todos os seus esforços em direção ao mercado, que ele conhecia muito mal e com o qual não sabia lidar.

Havia muitos japoneses também em Itaquera, ali perto. A maioria não falava português e tinha pouco contato com os brasileiros, sobretudo pela diferença dos costumes, como naquele almoço de ano novo. Mas entendíamos que os japoneses eram pessoas muito respeitosas e delicadas, pelo jeito de receber o estranho, pelo jeito de falar. Uma vez apareceu, perdido, quando ainda morávamos no nosso barracão, um japonês bem vestido, de terno e gravata, que falava português. Parou para conversar e tomar um copo de água. Perguntou se comíamos samambaia. O terreno, cuja mata fora recém-derrubada e queimada, estava cheio de samambaias, de brotos revirados e avermelhados, muito macios. Estranhamos. Aquilo para nós era mato, erva daninha. Ele, então, ensinou minha mãe a preparar esse alimento: corta-se o broto tenro, lava-se e refoga-se com óleo, cebola, sal e tomate. Experimentamos. É saboroso e parecido com o quiabo, mais macio, porém.

Um dia, chegando à estação de Guaianases logo de manhã, a caminho do Grupo Escolar "Pedro Taques", onde eu estudava, testemunhei, boquiaberto, descalço, calças curtas, camisa simples, um estranhíssimo ritual entre japoneses. A estrada de terra que vinha do Iguatemi e da Fazenda Santa Etelvina terminava bem na frente da estação ferroviária, numa longa descida. Ali se abria um pequeno largo, também de terra, em que havia um bar. À direita de quem descia, no alto do barranco, uma pequena venda.

Fui chegando e vi que um estranho séquito saía de dentro da estação. À frente um senhor de certa idade, de fraque e cartola. Atrás, os outros membros da família, os homens vestidos do mesmo modo, as mulheres vestidas de modo muito elegante, com quimonos, creio. O chefe da família fez uma profunda vênia na direção da estrada. Olhei e vi que atrás de mim vinha outra família, vestida do mesmo modo, cujo chefe se adiantou e fez a mesma vênia. Cada um, de seu lado, andava alguns passos na direção do outro e fazia novas vênias. Assim foi até as famílias se encontrarem, conversando alegremente em japonês.

Eu estava presenciando uma cerimônia, cujo sentido nunca desvendei. Aparentemente, eram famílias de noivos encontrando-se para o casamento no cartório do registro civil, ali perto. Algo que nunca vi nem veria na cidade, fui ver naquele fim de mundo, no encontro da estrada com a rua da estação e também rua da escola. Guaianases era um pequeno povoado de pouco mais de meia dúzia de ruas, iluminadas à noite por lampiões de querosene. Era como se aquelas pessoas tivessem saído de dentro de um filme japonês em preto e branco, ali na minha frente. Fiquei com a maravilhosa impressão de que havia um lado solene na condição humana que se erguia acima daquele que eu conhecia e era o meu, o de arrastar-se um dia após o outro apenas para começar o dia seguinte.

No caminho entre nossa casa e a escola, ou na volta, não era raro que houvesse algo inesperado, nem tudo tão surpreendente e belo como aquilo que acabara de ver e que parecia tão duradouro apesar dos poucos minutos transcorridos, dois ou três. Aquelas pessoas haviam saído do outro lado do mundo, imigrando para o Brasil. Tentavam, tanto nas granjas que eu visitava quanto ali naquela cerimônia inesperada, preservar seu mundo, não permitir que ele fosse corroído pelo despojamento da sociedade rústica de seu encravamento, sociedade que resumia séculos de opressão e privação. Era o que nos fazia próximos e distantes dos japoneses, em grande número concentrados naquela região, produtores não só de ovos, mas de caqui, de pêssego. Foi ali que comi um caqui pela primeira vez na minha vida, fruta da qual eu nunca ouvira falar.

No caminho da escola ou de casa nem tudo era amenidade assim. Aquele caminho era uma travessia por dentro do que restava de um

Brasil que se nutria ainda dos restos do cativeiro, longe da civilidade da roupa de rigor e das vênias profundas de respeito pelo outro, do sentido profundo e ritual do decoro.

A estrada atravessava, como disse antes, a fazenda de criação de gado do "coronel" Saturnino. O gado daqueles pastos era manso. Menos uma vaca mocha que se enfezava com crianças. De modo que quando atravessávamos o mata-burro, pouco além da Passagem Funda, e entrávamos na fazenda, voltando da escola, a primeira coisa era diminuir a algazarra e a conversa em voz alta e ficar atentos para ver onde o gado estava reunido. Podia estar o longe que fosse, quando a vaca ouvia a bulha da criançada, mexia as orelhas na direção do grupo como que para ouvir de onde vinha, levantava a cabeça e ficava na espreita. Não era sempre, mas de vez em quando lhe dava nas ventas de sair a galope em nossa direção. Mesmo sem chifres, vinha com a cabeçorra encolhida, pronta para derrubar a vítima.

Não havia nada combinado. Mas as duas ou três vezes em que a mocha disparou sobre nós mostraram que tínhamos em comum a consciência dos lugares de refúgio. Na direção oposta à da estação, havia o primeiro mata-burro da fazenda, não muito longe da casa do "coronel" Saturnino. E um quilômetro, ou pouco mais, adiante, havia o segundo mata-burro, perto da casa da Jararaca, a senhora que era muito mal--humorada e vivia com a família num pequeno sítio. Praticamente, no meio, ao lado da Capela de Santa Cruz, havia o curral, que servia ao menos para tourear a vaca. De modo que quando ela nos ouvia, olhava firme e mexia as orelhas, lá longe, no meio do pasto, apertávamos o passo ou então corríamos em direção a um desses pontos. No geral dava certo, o grupo do lado de lá do mata-burro dizendo insultos à mocha, fazendo careta e até mostrando a língua. A vaca olhava enfezada, mas não recuava enquanto a criançada não se distanciasse.

Não sei o que causava mais medo. Se a mocha ou o eucaliptal mais adiante, que beirava a estrada de um lado e tendo do outro lado a mata fechada. Diziam alguns meninos e meninas, com ares de sabedores dessas coisas, para terror de todos nós, que ali no meio da plantação de eucaliptos, não longe da estrada, existia um corpo-seco. Plantação de eucalipto dá medo. É geralmente sombria e silenciosa dos ruídos costumeiros da mata, pois evitada pelos passarinhos. Só o sopro da brisa zune por ali, suave, procurando a saída. Falavam do cadáver insepulto de pessoa que a terra recusara. Não adiantava sepultar, que a terra devolvia. Isso acontece com quem um dia bateu na própria mãe. Ficava ali na cova aberta, mumificado, mas vivo, assombrando as pessoas, nem morto nem vivo. Naquele trecho se falava pouco, olhando dos lados, até sair na casa de umas meninas do grupo, num encontro de estradas, lugar aberto e iluminado. Pouco adiante, ficavam outras duas meninas e, uns passos à frente, um garoto.

Dali em diante eu ia sozinho, último da caravana e o aluno que morava mais distante da escola. Era um trecho limpo, a mata já derrubada de um lado e, em boa parte, do outro, uma chácara grande, bonita, conhecida como Chácara do Munhoz, uma família rica de São Paulo, dona de banco, que ali passava alguns fins de semana por ano. Tinha piscina, a primeira que vi na vida. No lado oposto, em tamanho bem menor, ficava a pequena chácara de um rude e simpático alemão, que ali vivia com a mãe, velhinha, que não falava uma única palavra em português. No fim da chácara começava um caminho vicinal, que, à direita, um quilômetro adiante, ia dar em nossa casa. Era tudo mato. Não havia nenhuma casa, nenhum morador nas proximidades.

Nunca senti nenhum medo naquele trecho. Logo ao sair da estrada, eu atravessava um córrego e subia o primeiro morro, ladeado por um taquaral espesso, até bonito. Não tive medo até o dia em que, distraído, já estava no meio da subida, quando ouvi um barulho forte das taquaras se batendo, como em dia de ventania, e de algo caindo lá de cima, pelo meio das folhas, estalando tudo. Quase caiu na minha cabeça: bem na minha frente despencou um lagarto dos grandes, devia ter bem uns quarenta centímetros. Caiu de barriga, achatado, como um jacaré, o rabo abanando bravo, o focinho na minha direção.

Creio que levou um susto tão grande quanto o meu. Devia estar dormindo no alto dos bambus, tomando o sol do começo da tarde, ou procurando ovos de pássaros para comer, e se assustou ou perdeu o equilíbrio. Corri de volta para a estrada, olhando para trás a cada instante, tomado de pavor. Tanto quanto eu corria para um lado, o lagarto corria para o outro. Parei e fiquei pensando. Não tinha coragem de retomar o caminho por onde ele correra. E se ele estivesse lá adiante? Ou, de novo, lá em cima? Voltei para trás.

Retornando para a casa do último menino do grupo, havia outro caminho, abandonado, que ia dar quase na entrada do sítio, pouco mais de um quilômetro adiante. Arrisquei-me. O caminho atravessava por outro imenso eucaliptal, já antigo, muito sombrio. Não era raro que a brisa soprasse pelo meio das árvores, balançando as copas, produzindo o som irregular das folhas das pontas se tocando, um barulho como de chuva. E quando vinha um golpe de vento mais forte, um sibilar tênue corria por dentro da semiescuridão. Era um caminho sujo, como se dizia, mal conservado, o capim da beirada reclinando sobre a trilha e encobrindo a passagem.

Eu tinha muito medo de cobra. Ninguém sabia o que havia por baixo daquele capim. Eu ia à escola descalço. O sapato de que dispunha era um sapato quase novo, que ficara para mim quando meu pai morrera alguns anos antes. Como meu pai parara de crescer aos doze anos de idade, em virtude de ter caído de uma oliveira, usava sapatos de criança. Mas esses sapatos herdados, que já serviam nos meus pés, eram para ocasiões especiais, de que só houve duas: o enterro de meu avô paterno e a cerimônia de término do curso primário, em 1949, no grupo escolar.

As poucas vezes em que tive que fazer aquele trajeto, fiz em disparada, dando saltos grandes, na esperança de que se por acaso pisasse numa cobra já estaria tirando o pé imediatamente para o salto seguinte. Bobagem. Bote de cobra é muito rápido, mais rápido do que velocidade de moleque. Aquela volta era bem de um quilômetro e tanto. Eu chegava ofegante à cancela de arame farpado do sítio. Até porque usava o recurso tolo de cantar bem alto, para assustar meu próprio medo, já informado de que as cobras são surdas. Sobre cobras, aliás, eu já aprendera várias coisas: uma, a de que as venenosas têm rabo curto e as "mansas" têm rabo fino e comprido; outra, que cobra tem cheiro de peixe, porque, "tendo escamas", pertence ao mesmo grupo dos peixes.

Juro que mais de uma vez deixei de pisar em cobra por ter sentido o tal cheiro de peixe, sinal de que havia uma por perto, que depois ficava visível. Na verdade, cobra não tem cheiro de peixe, que eu saiba hoje, pois nunca me meti a cheirar uma. Mas o que me livrou de acidentes mais de uma vez foi o fato de andar sempre com o olho pregado no chão onde pisava, alternando para os galhos de árvores da beira dos caminhos. E também o fato de que, na roça, logo aprendi a diversificar minha percepção de cores na multiplicidade de tons que há na terra, nas árvores e nas folhas. Muitos animais peçonhentos se mimetizam nas folhas verdes ou nas folhas secas e distinguir tons de uma mesma cor é decisivo para não sofrer um acidente. Graças a esse aguçamento de percepção deixei de passar embaixo de uma árvore em que uma cobra se confundia, se mimetizava como é comum nos bichos, com um dos galhos. Bati o olho e pude vê-la, enroscada no galho, bem por cima do caminho. Era uma caninana. Uma criança da roça tem uma percepção visual e auditiva infinitamente mais aguda e refinada do que qualquer criança da cidade. A cidade é muito menos rica em cores e tons e também em sons, apesar de barulhenta. As cores e os sons da roça são variados, delicados e refinados enquanto que os da cidade são poucos e grosseiros.

Todas essas dificuldades para chegar à casa em que morávamos dá bem uma ideia do esforço que a distância pedia para aqueles vizinhos que cada vez mais ali chegavam no começo da noite ou nos domingos à tarde para os benzimentos de "seu" Francisco. As pessoas eram atendidas na pequena varanda da casa e se ajeitavam ali ou no terreiro.

Cada um trazia um problema diferente. Perguntados, quase todos diziam ter também muita dor de cabeça. "Seu" Francisco recebia ora o espírito de um "Pai" João ora o de um "Pai" José, negros velhos. Pegava um copo de água, colocava na boca do copo um pano de cozinha bem dobrado e virava sobre a cabeça da pessoa. Bolhas de ar subiam em direção ao fundo do copo, enquanto ele fazia preces e dizia que estava "tirando" a dor de cabeça da pessoa, como todos podiam ver. Aquilo quase que curava a suposta dor de cabeça dos demais. Aquele "poder" de "seu" Francisco dava uma sensação de alívio em todos, que se refletia no relaxamento dos rostos.

Outro modo de aliviar os padecimentos de todos nós, usado por "seu" Francisco, era benzer a pessoa impondo as duas mãos sobre a cabeça. Benzimento que terminava com um canto triste e monótono do espírito de preto velho que o possuía, acompanhado de gestos de "tirar" algo da cabeça da pessoa e jogar fora, para o meio da escuridão, na direção do mato, nunca para o lado de dentro da casa:

– Eu vô carregá
p'as onda du má.

Mas "seu" Francisco não estava ali só por isso. Não tenho muita certeza, porém acho que minha mãe fora com a Jararaca procurá-lo porque acreditava que meu padrasto estava com algum encosto. Meu padrasto era um caipira autêntico, pele azeitonada, zigomas salientes, sobrenome antigo. Era completamente analfabeto. Eles se conheciam desde adolescentes, do bairro do Arriá, na Bragantina, onde moraram. A mãe dele morrera cedo, de desgosto, dizia o povo do lugar, porque parece que o marido, Nhô Galdino, "arrumara outra". Embora se desse bem com o pai, Lazinho, meu padrasto, nunca o perdoara pelo fato.

Era um caipira silencioso. Quase não falava. Não me lembro de uma única conversa inteira entre nós dois durante os muitos anos em que vivemos na mesma casa. Era monossilábico, quase sempre acompanhando a fala do outro com um "é" meditativo, a cabeça fazendo sinais de concordância. Não tinha por meu irmão e por mim nenhum apreço. Nem nós por ele, apesar de nossos esforços de crianças para tê-lo como substituto de nosso pai, que falecera muito cedo. As muitas tensões que ele trouxera à família rapidamente desfizeram nossas ilusões nesse sentido.

O casamento de meu pai com minha mãe, em 15 de junho de 1937, fora casamento de conveniência de meus avós maternos, que não queriam que minha mãe casasse com alguém como Lazinho, o filho de um homem conhecido por não gostar de trabalhar. Lá no Arriá, quando faltava comida em casa, Nhô Galdino pegava a bandeira de São Benedito e saía pedindo esmola para o santo, do qual era bandeireiro. Só que o santo era ele e todos sabiam disso. Meus avós eram imigrantes espanhóis profundamente identificados com a valorização do trabalho, como também acontecia com a população autenticamente caipira dos bairros rurais ao longo do ribeirão do Pinhal. Mas um homem que vivia de esmolas, ainda por cima enganando o santo, já era demais da conta.

Minha mãe conhecera meu pai da maneira mais esquisita. Fora, na roça, mordida por um cachorro louco. Aquilo era morte certa. Foi levada, creio que por um dos meus tios, a cavalo até a estação de Bragança, na Estrada de Ferro Bragantina, muito longe, mais de uma hora de jardineira quando houve jardineira, muitas horas a cavalo. Acompanhada de sua irmã, minha tia Maria, viajou dali para a estação de Campo Limpo, perto de Jundiaí, onde fez baldeação para a São Paulo Railway e de lá foi para a Estação da Luz, de onde a levaram para o Instituto Pasteur. Levava consigo, num saco, a cabeça do cachorro, que as pessoas achavam que era o "documento" e prova de que os médicos precisavam de que o cachorro estava mesmo louco. Isso deve ter sido lá pelos começos de 1937 ou fins de 1936.

O Pasteur tinha um abrigo para as muitas pessoas que vinham do interior para se vacinarem contra a raiva, em doses repetidas por muitos dias. Lá se encontrava também em tratamento, por ter sido arranhada por um gato louco, a esposa de um primo de meu pai. Parece que naquela época vários membros da família estavam à procura de uma noiva para ele, pois meu pai, um homem de mais de quarenta anos de idade, ainda estava solteiro. Nessa altura, minha mãe tinha 23 ou 24 anos. Haviam tentado fazê-lo casar com uma cunhada, viúva de um seu irmão, o que não dera certo.

Minha futura tia Amábile, então, armou um encontro, sem que minha mãe soubesse, embora ele certamente estivesse sabendo. Convidou-a a passar o domingo com a família dela, em São Caetano, já que minha mãe ficava sozinha, com os outros pacientes, no abrigo do Instituto. Houve um almoço na casa de minha futura tia-avó Albina. Meu pai logo se interessou por minha mãe. Mas nada falaram de namoro e muito menos de casamento. Terminado o tratamento, minha mãe retornou à casa dos pais no Arriá. Trocaram correspondência, coisa, aliás, muito difícil, pois não havia correio na região. As cartas iam aos cuidados do dono de um armazém de secos e molhados em Pinhalzinho e dali alguém as recolhia e entregava na casa de meus avós. Um dia, de repente, meu pai apareceu por lá, de carro alugado, e foi direto ao assunto: pediu minha mãe em casamento.

Meu avô, segundo dizem até mesmo os parentes que ficaram na Espanha, sempre quis ser mais do que era. Viu no homem da cidade, bem vestido e elegante, coisa que meu pai reconhecidamente era, a oportunidade de através da filha a família se diferençar daquele povo simples da roça, iguais a eles, aliás. Meu pai ficou de voltar, dando tempo para a moça pensar. A moça foi na verdade pressionada pelo pai e acabou se conformando, porque também ela, como ficou claro ao longo da vida, sempre se esforçou para ser mais do que era. Casou contrariada, mas casou, e foi morar na casa dos meus avós paternos, em São Caetano, praticamente reduzida à condição de uma serva doméstica. Mas foi ali que ela aprendeu o pouco que conseguiria assimilar sobre o que é a vida urbana e os costumes suburbanos, que mesclam roça e cidade, carregados de resíduos de cultura camponesa e caipira.

Pouco mais de um ano passado do falecimento de meu pai, minha mãe encontrara Lazinho, seu conhecido do Arriá, que também migrara para a cidade, morava numa pensão da Vila Bela e era operário braçal nas Indústrias Matarazzo, relativamente próximas de nossa casa, do lado de lá da linha do trem. Antes disso, passado o luto pesado, ela chegara a ser objeto de interesse de um simpático forneiro da Fábrica de Louças Adelina, a dois quarteirões de casa, parece-me que português. Pelo trabalho na proximidade do fogo tinha a pele completamente vermelha, quase como se lhe tivessem passado urucum no corpo. Esse namoro não deu certo. Para evitar as murmurações e para desconforto de meus avós maternos, minha mãe decidiu casar com o antigo conhecido da adolescência, sujeito estranhíssimo e problemático como o tempo mostraria.

Como tantos migrantes vindos da roça, ele não se adaptava à fábrica. Não sabia ler nem escrever, não tinha profissão e estava condenado ao trabalho braçal. Na Fábrica de Rayon fazia trabalhos insalubres, tinha fortíssimas dores de cabeça que praticamente o enlouqueciam e infernizavam a nossa vida, numa tensão permanente e até assustadora. Certa vez, pouco tempo depois de casado, decidiu matar-se, num começo de noite, quando todos já havíamos ido dormir. Trancou-se na cozinha, que agora tinha a parede e a porta que faltavam quando meu pai era vivo, moeu vidro de garrafa, misturou com a comida e começou a comer. Minha mãe se deu conta e lá fomos nós chorar e bater na porta, que dava para o quintal, implorar para que não fizesse aquilo. Foi um custo convencê-lo.

Descobriu-se que tinha sinusite. A penicilina era uma novidade e o médico receitou-lhe não sei quantos milhões de unidades, que era como mediam as suas doses. Milhões de unidades numa espécie de pozinho branco flutuando num líquido escuro em garrafinha hermeticamente fechada. Quando muito tempo depois eu mesmo tive que tomar penicilina, descobri o quanto a injeção era dolorida. Mas o que teve um efeito incrivelmente benéfico na saúde de meu padrasto foi mesmo a palavra "milhões". Ele se gabava para conhecidos e visitantes de que a doença era tão grave que o médico receitara não sei quantos milhões de unidades do antibiótico. Algo como remédio de macho para doença de macho. É muito curioso como pobre se compraz em doenças graves, que o tornam o centro de multiplicadas atenções e ritos de deferência, gravidade que mesmo não sendo verdadeira pode ser suposta na complicação e na raridade do medicamento. Quanto mais caro e mais difícil de achar, melhor.

Para acomodar a situação, minha mãe tomou o que para meu irmão e para mim foi a pior decisão de nossas vidas. Meu pai, quando solteiro, havia comprado um pequeno terreno na Fazenda Santa Etelvina, em Guaianases, então Lajeado, uma fazenda do século XIX, quando o dono resolveu dividi-la em chácaras e sítios e vender os lotes. Na verdade, pela localização as terras praticamente não valiam nada. Também meu avô e os primos de meu pai compraram terrenos no lugar, bem próximos uns dos outros, que ficaram perdidos no mato.

Meu padrasto sorria apenas quando divagava a respeito de um retorno à roça. Lembro de uma noite, na casa de sua irmã, no bairro da Fazenda Velha, em Pinhalzinho, em que a família dele, que era paupérrima, mais minha mãe, passaram a noite fabulando ao pé do fogo sobre um idílico e fascinante (e fácil!) retorno à roça, em terra própria, o que iam cultivar, a energia elétrica que seria produzida numa queda d'água da terra que presumivelmente alguém queria vender e meu padrasto e minha mãe queriam comprar. Foi a única vez em que o vi feliz e calmo.

Só que nós não tínhamos dinheiro e ainda havia muitas prestações para pagar o terreno da casa em que morávamos, construída por meu pai pouco antes de morrer. Mas o diabo entrou no meio e inspirou os dois a formarem uma chácara nos terrenos herdados na Santa Etelvina. Mata Atlântica virgem, tudo estava por fazer, da derrubada da mata até a construção do barracão em que moraríamos. Meu avô paterno, com pena de minha mãe, deu-lhe a escritura do terreno que possuía naquela localidade, comprado na mesma ocasião em que meu pai comprara o seu, e mandou que ela a registrasse em seu nome. A duras penas foram compradas tábuas e telhas e meu padrasto mesmo se deslocou para lá para construir um barracão de dois cômodos, piso de terra batida, onde moraríamos.

Lembro com desgosto do dia em que fui até lá pela primeira vez, com minha mãe e meu irmão, numa visita em que ela levou alguns gêneros básicos para meu padrasto. Pegamos o trem em São Caetano, baldeamos no Brás para um dos arruinados carros de composição da Central do Brasil, vidros quebrados, sujos, malcuidados, em contraste com os limpos e bem cuidados carros da antiga São Paulo Railway. Depois de uma hora de viagem no trem lotado, chegamos a Guaianases, uma vila minúscula. E começamos a caminhar pela estrada de terra que saía da frente da estação. Longa caminhada de quase duas horas, pouquíssimas casas pelo caminho, quase não se via gente.

Para minha mãe, não era nenhum problema que meu irmão e eu viéssemos a fazer sozinhos, em horários diferentes, ele com sete e eu com nove anos de idade, aquela longa caminhada todos os dias para ir ao Grupo Escolar, perto da estação, onde no fim das contas nem conseguimos vagas de imediato. Acabaríamos tendo as vagas meses depois, ele no vespertino e eu no matutino. Para ela, que nunca fora à escola, precariamente alfabetizada em casa, a escola era uma fantasia fácil como aquele fantasioso retorno de meu padrasto à roça.

Quando vi o barracão, não acreditei que moraria naquilo. Nossa casa, em São Caetano, era bem simples: quarto, sala e cozinha. Mas era casa. E para mim, casa de roça era casa de pau a pique, barreada, branca e limpa, como a de minha avó materna. O barracão tinha chão de terra batida, mas para economizar madeira e alargar a construção, meu padrasto deixara frestas enormes entre uma tábua e outra, quase da largura de uma ripa. Logo que mudamos, as violentas chuvas de verão daquela região, chuvas de vento, atravessavam a casa de um lado para outro, ensopando toda a roupa de cama e tornando o sono impossível. Cada vez que armava tempestade, meu irmão e eu ficávamos aterrorizados, sentados na cama, um ao lado do outro, esperando o pior. Só então passei a ter medo de raio.

Um medo que não era descabido, como descobriria nos meses seguintes. Nas duas vezes em que fui à sede da Fazenda Santa Etelvina, bem longe de casa, vi, preocupado, perto do terreiro, velho e alto eucalipto que um dia fora torado e queimado por um raio. As marcas estavam bem lá, o tronco enegrecido. E um dia, na escola, quando consegui uma vaga no Grupo, um raio caiu tão perto que fez o prédio tremer e nos deixou a todos em pânico. Caíra a mais de um quilômetro dali, sobre a pequena e modesta casa, na beira da estrada por onde eu passava todos os dias, de um senhor que ficava com os filhos pequenos enquanto a esposa ia diariamente para São Paulo, trabalhar, só voltando à noite. Ele abrira uma janela durante o temporal, estava enxugando um prato: morreu na hora, diante das crianças, sem um único vizinho nas proximidades para socorrê-las. O povo dizia que fora o brilho do prato que atraíra o raio, perigo que havia também nos espelhos, uma crença provavelmente tupi, infiltrada na cultura caipira: tudo que diz respeito à luz e ao brilho pertence aos fenômenos de mesma categoria, fenômenos que se atraem, do raio ao fogo, ao brilho da mica e aos brilhos em geral. Coisas de Tupã, dono do fogo.

Ali onde iríamos morar, praticamente não havia nada. De nosso, só o barracão de tábuas, já pronto. Tudo por fazer: derrubar a bela mata nativa, fazer a queimada, destocar, preparar o terreno, plantar. Meu padrasto estava fazendo tudo sozinho, com uma disposição espantosa. Depois que já havíamos mudado para os dois cômodos do barracão, um dos quais servia de cozinha, ele decidiu agregar mais um cômodo, para ser uma cozinha de verdade. Não havia mais dinheiro para comprar tábuas e telhas. Com uma incrível competência, desbarrancou o terreno, ampliando o terreiro do barracão. Esperou a lua minguante, foi ao mato e cortou a madeira necessária, de diferentes grossuras e tipos, para fincar os esteios, colocar as travessas, armar com varas, taquaras e cipó a trama de pau a pique que receberia e suportaria o barro, amassado e misturado com bosta de vaca e de cavalo pra não rachar, catada nos pastos longe de casa. Cortou o sapé, espalhou-o no chão em espessura menor do que a que teria na cobertura do cômodo. Quando o sapé estava enxuto, colocou-o em camadas sucessivas sobre a armação do teto. Depois do cômodo coberto e do barro amassado, fez a taipa de sopapo e foi cobrindo e alisando a parede vermelha. Lá dentro socou o chão para ficar bem apiloado e fez de taipa o fogão. A bem da verdade, esse cômodo feito com primorosa técnica caipira era o único cômodo seguro da casa, onde não havia goteira nem chovia dentro. Era onde nos escondíamos em dia de temporal.

Vizinha ao nosso terreno, havia uma chácara bem-formada, com muitas fruteiras, dois tanques de água interrompendo o córrego que por ali passava. O dono era um engenheiro alemão, Frederico, homem muito educado, falava pouco, muito magro, olhos incrivelmente azuis. Nas proximidades do córrego fez uma casa de barro, mas com técnica europeia, barro misturado com pedras, teto coberto de telhas. A casa ficava num quadrado grande, cercado de ciprestes. Na parte de trás da casa havia uma plantação de flores, principalmente palmas-de-santa-rita de várias cores e ao lado desse jardim, dentro de outro quadrado de ciprestes, uma plantação grande de ameixas. Pela encosta do terreno, em direção ao alto, havia um grande número de pereiras e de pés de mexirica-cravo. No alto do morro, uma grande casa de alvenaria, com forro e assoalho, três quartos, um deles bem grande, corredor, varanda e cozinha com fogão grande de metal, portas na cozinha para o quintal e para a varanda.

Na casa do alto, morava uma família de caseiros, casal e vários filhos pequenos. Mas o homem não pegava na enxada, nem mesmo conservava as fruteiras já adultas. Um belo dia, resolveu ir embora, e deixou

*Eu, minha mãe e meu irmão, em trajes domingueiros, quando já morávamos na chácara de Guaianases, do engenheiro alemão Frederico, que fez a fotografia, em 1948. O único luxo de minha mãe era o de colocar uma gola de renda sobre o vestido comum e habitual, em ocasiões especiais, um costume entre as mulheres mais simples, na época. Nessa foto, usei pela primeira vez os sapatos nº 32, que eram usados por meu pai, quando morreu. À escola, eu ia descalço, para não gastar os sapatos.*

a casa vazia. Meu padrasto foi conversar com o alemão, que costumava passar sozinho alguns fins de semana lá. Morava em Itaquera. Pediu o emprego de caseiro em troca da moradia. Cuidaria das plantas e plantaria feijão e milho. Frederico aceitou. Mudamos logo, o que melhorou enormemente nossas condições de habitação. Meu padrasto cuidava da chácara e tocava sua própria lavoura nas terras que eram nossas, cerca de um hectare, ali ao lado. Além disso, desmatou outro lote nosso, também ao lado da chácara, cerca de meio hectare, e plantou quatrocentas bananeiras. Era do que pretendia viver.

Na varanda dessa casa é que "seu" Francisco recebia as pessoas e conversava antes de entrar em transe e receber um dos espíritos. Ia benzendo o povo que aparecia em casa, sempre à noite. Logo depois de escurecer, começava a chegar gente, entrando no bate-papo já iniciado, tudo muito informal. "Seu" Francisco também entrava na conversa e tudo não parecia mais do que uma conversa de roça ao pé do fogo.

De repente, em um momento qualquer ele parecia ter dificuldade para respirar, inspirava fundo várias vezes, tremia o corpo inteiro, revirava os olhos e entrava em transe. Num suspiro mais fundo, se transfigurava. E se acalmava. Já não era ele mesmo. Era um dos espíritos que costumavam nele baixar, geralmente um dos dois pretos velhos, antigos escravos. "Pai" João era alegre, um pouco brincalhão, fazia perguntas sobre o dia a dia, as doenças, as dificuldades da vida, dava conselhos, impunha as mãos, benzia, cantarolava algum canto antigo da senzala. "Pai" José era mais formal, mais "especializado", tratava de questões mais complicadas, como herança, dinheiro, bens, propriedades, enganações de uns para privar os outros do patrimônio a que tinham direito. "Pai" José raramente aparecia. Até estranhávamos quando vinha ele e não "Pai" João. As vozes eram diferentes. "Seu" Francisco era branco.

"Pai" João não tinha nada de especial a dizer àquela gente, pobre, cheia de esperanças em algum grande milagre que lhes resolvesse todos os problemas. Mas ninguém dizia nada sobre isso a ele, que achava serem de saúde os problemas daqueles romeiros. Isso meu irmão e eu ouvíamos aos pedaços, aqui e ali, porque basicamente não fazíamos parte daquele grupo, só de adultos. Éramos espectadores. De vez em quando, "Pai"

João se lembrava de nós e "benzia as crianças", impondo a mão direita sobre nossas cabeças, fazia uma ou outra pergunta e voltava para os adultos, sempre preocupados. Ali não havia risos nem alegria, a não ser a disfarçada alegria do ajuntamento. Os dias se repetiam. Já sabíamos de cor o que ia acontecer, a não ser a inesperada vinda de "Pai" José.

Meu irmão e eu tínhamos um certo medo de "seu" Francisco. Dormíamos no mesmo quarto que ele, pois no outro dormiam minha mãe e meu padrasto. Nós dois tivemos que nos acomodar numa única cama, um dormindo na cabeceira e outro nos pés da cama, enquanto "seu" Francisco se acomodava na outra cama. Era um homem de bem, tranquilo. Porém, fumava demais, creio que dois maços de cigarro por dia, comprados por mim, com dinheiro de minha mãe, quando voltava da estação de Guaianases todos os dias. Deitava e continuava fumando. Nós dois mal fechávamos os olhos, amedrontados. Ele acordava durante a noite para fumar no escuro. Mesmo quando dormia era aparelhado por um dos dois espíritos e começava a falar sozinho com suposto sotaque de preto velho, dizendo coisas sem sentido até adormecer de novo.

Numa das noites, "seu" Francisco deixou a todos alvoroçados. "Pai" João disse que ali tinha sido uma fazenda com muitos escravos no tempo de antigamente, o que parecia ser verdade pelas características da sede da Fazenda Santa Etelvina, bem longe de casa, onde eu já estivera. Que o senhor batia muito nos negros e escondia libras esterlinas. Por ali, em algum lugar, ele havia enterrado um baú cheio de reluzentes moedas de ouro puro. Aquilo foi juntar a fome com a vontade comer. Nós todos sorrimos, é claro, sobretudo porque "Pai" João sabia onde o malvado tinha enterrado a arca. Mas não ia dizer a ninguém, porque sabia que muitos ali já estavam "coviçando" aquele ouro. E isso era tentação de Satanás. Enquanto houvesse "coviça" o ouro não ia aparecer, mesmo que ele quisesse contar.

Naquela noite, quando foram embora, estavam todos felizes e os vi sorrindo pela primeira vez. Em casa, minha mãe e meu padrasto também sorriam, como se todos os nossos problemas tivessem acabado. É claro que meu irmão e eu acreditávamos piamente naquilo e também nós imaginávamos o que íamos ter quando o ouro fosse repartido.

Ao voltar a si, "seu" Francisco quis saber o que tinha acontecido. Foi-lhe, então, contada a história do baú enterrado, cheio de moedas de ouro. Mas ele não mostrou entusiasmo. Disse que podia ser mesmo, mas que de nada adiantava saber a história. As pessoas são sempre muito ambiciosas e por isso o ouro dessas arcas costuma ficar invisível. Isso nos ajudou a desenvolver um esforço de dissimulação de nossas ambições. Tanto entre os de casa quanto entre os visitantes. Ninguém falava nada do ouro mas os olhos brilhavam mais forte todas as noites. Meu padrasto até deixou no jeito uma foice e um enxadão. Não era por cobiça, mas por prevenção. Vai que o negro velho resolvesse contar onde estava o ouro.

Os dias se passaram naquela angústia muda, na rotina de benzimentos, perguntas, exortações. Lá no meio de uma das sessões, bem tarde da noite para os costumes da roça, pelo menos umas nove horas, "Pai" João mudou subitamente de assunto e disse que naquela noite ia mostrar onde estava a arca enterrada. E saiu da varanda da casa, falando a língua de negro velho, rezando e convidando "meus fïo" para irem atrás dele. Saíram todos sem hesitar no rumo do comprido caminho que levava até a porteira da chácara. Meu padrasto catou foice, enxadão e pá, pôs nas costas e lá se foi. Alguém levava um farolete de pilhas para iluminar o caminho. E nos largaram lá, sozinhos, meu irmão e eu, a casa com as janelas e portas escancaradas, as lamparinas de querosene acesas, tudo ao deus-dará. O grupo todo estava em verdadeiro transe.

Olhamos um para o outro e, "pernas pra que vos quero", disparamos pelo escuro até alcançar o grupo que em êxtase ia descendo pelo caminho, quase todos descalços, como nós. Abriram a porteira de arame farpado. Ali era uma encruzilhada. Seguindo em frente, entrava-se no imenso e escuro eucaliptal, pelo caminho vicinal, pouco usado, que ia sair na estrada de rodagem, lá adiante. Logo depois da encruzilhada, "seu" Francisco parou à beira do mato. "Pai" João, então disse, "meus fïo, é aqui". No meio daquele silêncio completo, ouvia-se apenas os muitos barulhos da mata, os muitos viventes noturnos cuidando de sua vida. A luz insuficiente estava dirigida para o chão e se refletia fraca nos rostos das pessoas, nos olhos brilhantes fixos naquele ponto, a respiração contida, como se a ambição também contida fosse, por qualquer barulho humano, acordar o demônio, que tornaria invisíveis as moedas reluzentes que o fazendeiro sovina ganhara à custa de seus cativos e ali escondera.

Aquilo tinha muito sentido. Já em pequeno eu aprendera que nunca se deve contar os frutos de uma árvore, as flores de uma planta, as favas de um pé de feijão, as espigas de um pé de milho. Nem mesmo apontar--lhes um dedo para contá-los ainda que em silêncio: secam, morrem antes de maduros, caem, perdem-se. Porque contar evidencia ambição, que é pecado, o cálculo como raciocínio do mal, de quem quer acumular, de egoísmo, sovinice, o oposto dos valores da religião. A quantidade e o cálculo como instrumentos do maligno que negam a natureza divina própria dos frutos da terra, frutos que existem para saciar o homem e não para enriquecê-lo, existem como dádiva e não como dinheiro, como produtos do suor próprio e não do suor alheio. O ouro e a moeda como máxima expressão dessa inversão da natureza, como subversão da criação, o homem contra Deus. Decididamente, naquela cultura, Deus não era weberiano.

Com um graveto, "Pai" João fez uma cruz no chão. Meu padrasto, então, roçou o mato à beira do caminho e em volta do sinal sagrado, cortou vários arbustos, encostou a foice de lado, cuspiu nas mãos e agarrou no cabo do enxadão com vontade. Demarcou um trecho grande do terreno, com a cruz precisamente no centro. Ninguém tinha dito nada, mas aquela demarcação sugeria o tamanho da arca que ele havia imaginado, do tamanho de um baú de madeira, revestido de lata, abaulado na tampa, que havia lá em casa e nas casas de gente pobre, como nós. Ele esperava encontrar muito ouro, pois era muita gente para reparti-lo. E começou a cavar. Alguém segurava o farolete. As pessoas mal respiravam. Só ouvíamos o som do enxadão rasgando a terra, que era removida e jogada de lado. O tempo ia passando. Ninguém dizia nada. "Pai" João apenas resmungava para si mesmo, o buraco ia ficando fundo.

A cada tanto tempo, meu padrasto media em palmos a fundura da cova. "Pai" João dissera que a arca estava a sete palmos do chão (um metro e quarenta), que era também a fundura para sepultar os mortos. Naquele tanto ficava o limite dos mundos. Ali começava o lugar da morte, das transmutações, da passagem do que se vê para o que não se vê. Quando a escavação chegou a cinco palmos, "Pai" João começou a ficar inquieto e disse que estava sentindo que ali tinha alguém que só pensava em ouro e que isso era perigoso. Comecei a pensar em outra coisa, para desviar o pensamento. E tenho certeza de que todos os outros fizeram o mesmo. Quando a cova chegou a seis palmos, o enxadão bateu em alguma coisa diferente, e fez um barulho abafado. "Ah! Meu Deus", disseram alguns. O espírito alertou de novo para o perigo da ambição, da cobiça, como ele dizia. Meu padrasto continuou cavando, agora com mais cuidado para não meter o enxadão na arca e no ouro. Quando imaginou que havia chegado aos sete palmos, mediu de novo e de fato tinha chegado à medida prevista pelo negro velho. Havia medo no rosto de todos. Mas o som abafado continuava a cada batida do enxadão, como se houvesse algo em baixo. Quando se cava a terra e não há nada em baixo, o som é outro, duro e seco, quase sem eco, mesmo num buraco fundo. Disso todos sabiam.

— Mais dadonde era pra começá a contá os parmo? – perguntou meu padrasto.

— Tem que sê dadonde começa a terra, ué! As fôia num conta. Ele disse que era sete parmo de terra! – explicou uma mulher com sabedoria.

Meu padrasto continuou a escavação um pouco mais e achou uma raiz profunda, que era a causa do som abafado. Um "aaah!" exprimiu o desapontamento de todos. Uma vez removida, o som oco desapareceu de vez.

"Pai" João anunciou, então, que a "coviça" tinha encantado o ouro de novo, por isso nada fora encontrado e a cova já estava com oito palmos. Agora, nunca mais ninguém iria achá-lo. Tinha desaparecido para sempre. E desencostou de "seu" Francisco numa sacudida de corpo, num tremelique como diziam as crianças, sem dizer adeus.

Começamos a voltar para casa. Na encruzilhada, os visitantes se despediram de nós. Era possível na escassa luz da lua ver-lhes o rosto abatido. O que também devia estar acontecendo com o nosso. Íamos todos voltar à realidade da vida dura de todos os dias, dos pés no chão, mesmo no inverno úmido e frio, a cavar a terra, plantar o milho, semear o feijão,

colher o pouco que garantia o almoço e a janta e saciava aquela fome
insaciável que eu sentia, sempre com a impressão de que faltava algo
na comida do meu prato. Fiz regime para emagrecer antes de engordar.

No dia seguinte, ninguém veio para se benzer e "seu" Francisco anunciou que estava de partida. Ia voltar para seu barraco na Parada Quinze.
Em casa, de vez em quando, o assunto do encanto voltava. Quem naquele grupo teria desejado as libras esterlinas ali enterradas, tão perto das
mãos de todos e tão longe ao mesmo tempo? Imaginávamos possíveis
culpados. Quando voltamos para São Caetano, tempos depois, aquele
buraco enorme ainda estava lá. A terra não fora recolocada. Deve estar
lá até hoje aquela cova do encantamento.

É provável que ainda vaguem por ali os vultos inseguros das almas
penadas que não foram libertadas naquela noite, gemendo suas penas
no meio da brisa e da escuridão, as que foram arrastadas para o penar
sem fim por esse um que enterrara o ouro por ali. Se havia confiança no
encontro do ouro enterrado, também havia medo. Nosso silêncio estava
espantosamente cercado por aqueles muitos ruídos e pequenas luzes da
mata no meio da noite. Mas não era medo desses de sair correndo. Era
medo da proximidade do invisível. Nunca cheguei tão perto dele, tão
perto do limite, tão perto do outro lado, o lado das coisas e dos entes que
povoam a noite e as sombras e que estão ali, em ajuntamento, porque
isso a gente sabe desde pequeno. Sabíamos de vários modos que, guiados
pelo espírito repentinamente sisudo do "Pai" João, estávamos no limiar
do mundo visível dos vivos e do mundo invisível dos mortos. O limiar
das transfigurações e das incertezas, dos duplos que há no mistério do ser
dividido em corpo e alma. Sabíamos que encontrar e desenterrar o ouro
era também o único modo de libertar as almas penadas que o ouro enterrado da cobiça e da avareza costuma aprisionar indevidamente neste
mundo, aqueles que já pertencem ao outro, o fazendeiro e quem mais
o tivesse acompanhado no gesto de usura e sovinice. Era, sobretudo, o
modo de nos libertarmos a nós mesmos daquela vidinha sem horizontes
e sem certezas.

Elas estavam ao nosso redor. Quem poderia dizer que aquela miríade
de pisca-piscas verdes era mesmo de muitos e curiosos vagalumes intri-

gados com a invasão de sua noite por aqueles estranhos filhos de Deus, cavoucando na beira da mata, no meio da escuridão? Quem negaria que eram as luzes relutantes dos que, por falta da luz plena da graça divina, vagavam por ali na interminável espera do dia em que, finalmente, libertados de sua terrena e transitória condição, seguiriam caminho? Ninguém. E o mesmo para os muitos outros brilhos esvoaçantes que nos cercavam, os ruídos, chiados, cricris, gritos, assobios, pios, lamentos da multidão de seres invisíveis que povoa a mata e o ermo. Quem poderia dizer que não eram gemidos da alma condenada pela ambição, a maldade, a sovinice de quem fora um dia senhor daquelas terras e senhor dos escravos que as cultivaram, senhor de suor injusto e de liberdade alheia convertidos em ouro pelo vergão da chibata e o suplício do tronco, falando a língua travada da boca cheia de formigas dos que fizeram os outros sofrer, os cativos que ali penaram? Ninguém.

# 5

# A cachorra "Lembrança"

São seus olhos grandes e bonitos que me vem à mente em primeiro lugar quando meu pensamento sobrevoa, sem querer ficar, aqueles tempos de Guaianases. Chamava-se "Lembrança". É minha única saudade dali. Lembro dela e ainda ouço o canto do sabiá-laranjeira, lá longe, no começo do fim da tarde, último canto de um pássaro, o nevoeiro caindo sobre as plantas e sobre a terra. Antes de acabar, o dia ficava cinzento e frio. Depois era o silêncio e a noite. Nessas horas, eu gostava de ficar sentado na calçada de tijolos do terreiro da frente da casa olhando o vazio que se acabava ali perto, dentro da neblina. "Lembrança", deitada ao lado, as patas dianteiras esticadas, onde repousava a cabeça, também olhava o nada, pensativa. Parecia indagar-se sobre aquele cenário de ausências: nenhum pio, nenhum som, nenhuma imagem, nada para ser visto, ouvido, admirado, perseguido. Eventualmente, o vulto das árvores aparecia tênue lá adiante, para desaparecer em seguida. O som do silêncio é admirável, um som que a gente não esquece, só o coração latejando aqui dentro do peito.

Esse precioso silêncio representava o descanso do espírito, a neblina fria umidecendo o rosto. Era bom. Mas, mudar para a roça trouxera a mim, e creio que também a meu irmão, muitos problemas. Quase tudo o que eu sabia, deixou de valer. Tirante o que eu aprendera na escola e ficara na memória, o restante era inútil. Não tinha mais desejar bom ano, no dia de ano novo: não havia para quem. Lá no subúrbio, eu tinha medo do Capa Preta, que não era propriamente um ente sobrenatural. Era um encapuçado que no tempo da guerra atacava mulheres e, dizia-

-se, roubava crianças, como mencionei antes. Ali na roça não tinha Capa Preta. Mas em compensação tinha uma porção de outras coisas que eu não conhecia e também causavam medo. Pensando bem, a terra estava recoberta de bichos peçonhentos, plantas nocivas, insetos perigosos, estrepes que abriam feridas que podiam arruinar, reimar, inflamar e matar. Maior o perigo ainda porque andávamos descalços, mesmo para ir à escola, bem longe. Tinha também as coisas invisíveis, justamente as que pedem mais conhecimento e mais coragem. O perigo estava em toda parte. A terra estava cheia de mistério.

Havia necessidade de conhecer tanta coisa que eu não sabia. Por sorte, aprendera, de ouvir dizer e de experiências fragmentárias, um bocado de coisas na casa de meus avós maternos, no Arriá, nas casas de meus tios, com minhas primas e meus primos. O aprendizado das manhas das cobras foi fundamental para não pisar nelas nem passar debaixo delas quando enroscadas nos galhos das árvores. Aprendi a vê-las antes que me vissem.

Minha cultura infantil suburbana e minha visão de mundo tinham, é verdade, uma extensa base rural e agrícola, ambiguamente polarizada entre o campo e a cidade. Nessa cultura, as palavras são muito importantes e o falar é um modo importante de socializar, nos esbarrões da língua na intolerância vocabular dos urbanos. Na escola paroquial, em São Caetano, um dia dona Olga, a professora do segundo ano, me escolheu para que eu explicasse o que fazia logo cedo, depois de me levantar. Não falei que ia ao banheiro urinar, porque achei que era feio. Comecei então pelo "lavar a cara" no tanque de lavar roupa no quintal. Ela me interrompeu e disse: "Cara, não! Cara é de cavalo. Rosto!"

Fiquei confuso e envergonhado quando as outras crianças riram, porque lá em casa, e em toda a minha família paterna, as pessoas também tinham cara e não rosto, uma palavra para mim estranhíssima e até difícil. Também as pessoas iguais a nós, os vizinhos, a molecada, falavam "cara" para se referir ao rosto: a conveniência de ter vergonha na cara era uma recomendação frequente, a cara suja era um reparo comum, quebrar a cara era uma ameaça constante. Pois levei muitos anos para me dar conta de que, sendo de uma família portuguesa, e de uma classe social inferior, eu ouvia português popular e não brasileiro chique. Até então, padeci a vergonha decorrente da consciência de que minha família falava um português repreensível. E, em português popular, cara é o nome que se dá ao que em brasileiro chique é rosto. Com tempo e relutância minha cara foi se transformando em rosto.

No Arriá eu também aprendera uma porção de palavras que não se usava no subúrbio, mas que foram úteis na minha nova língua, que tinha que conhecer e falar em Guaianases. "Tapera" era o nome das coisas arruinadas, o rancho, a casa, o lugar em que existira casa e roça. Fui aprendendo a língua nheengatu que restava no dialeto caipira, naquela região tão próxima de antigos aldeamentos da Conquista e da redução dos índios descidos do sertão, que eram os de São Miguel e de Nossa Senhora da Escada. Num dos lotes que fizeram parte do nosso pequeno sítio, justamente o que meu pai comprara, ainda coberto de mata antiga, havia sinais de que ali vivera gente há muito tempo. Coberto de mata, tinha um barranco demarcando um terreiro já ocupado pela mata e árvores de espinho, como limoeiros de limão-vinagre, sinal de que ali houvera casa muito tempo antes. Aquilo era uma tapera, palavra de língua tupi, como eu descobriria depois. Na cidade não tem tapera. Havia também a tiguera, roça já colhida, ainda que recente, que também não tinha no subúrbio, mesmo nos quintais agrícolas como o de nossa casa. Ou a pacuera, as entranhas, as tripas, as fissuras, o que ainda sangra daquilo que está morto. A língua nheengatu ainda persiste, em fragmentos, na roça.

Além disso, na roça toda criança tinha que saber a classificação das plantas nativas, especialmente aquelas que existem aos pares, as mansas e as bravas. Era o caso do juá, que dava em todo canto. Tinha o juá-manso e o juá-bravo, amarelo, este mais abundante do que aquele, espinhudo, a fruta amarela imprestável. Diferente do juá-vermelho, docinho, de uma doçura sem graça, mas que atraía as crianças materialmente privadas, como éramos, de acesso a doces. Imperdível era o araçá, espalhado pelo campo vizinho da mata, uma frutinha bonita, entre adocicada e um pouco azeda, por dentro parecida com a goiaba branca, mas bem menor. Achar um pé de araçá era uma sorte. Era um arbusto que podia ser encontrado no campo, nos pastos.

De vez em quando meu irmão e eu nos metíamos pelas beiras de mato, à procura de frutas, sobretudo o maracujá-roxo ou maracujá-do--mato, muito saboroso, a flor lindíssima e enigmática, com os símbolos da paixão de Cristo, a coroa, os cravos, as cores da dor, que eram o branco, o roxo e o amarelo, flor parecida com a do maracujá-amarelo, cultivado, que hoje em dia se encontra na feira, muito menos saboroso. Por isso, não foi propriamente surpresa descobrir que nos países de fala inglesa o maracujá tem o nome de *passion fruit*.

Decepção das grandes foi descobrir que o belo caraguatá, que ali existia em abundância, não serve para comer e até queima a boca, tão ácido que é. Dá no meio de uma touceira espinhosa parecida com a do abacaxi, só que muito maior. Lá no meio nasce o cacho enorme, as frutas bem amarelas e grandes, lindíssimas. São boas para fazer xarope. E só.

Essencial foi saber coisas como a existência da aroeira-mansa e da aroeira-brava, muito parecidas entre si. Havia muita aroeira lá em Guaianases, nos matos e mesmo na beira dos caminhos. Aí foi meu padrasto quem lembrou à minha mãe, e nós ouvimos e aprendemos, que a aroeira-brava é tão maligna que só de parar embaixo de sua sombra a pessoa fica com a pele toda empolada, inflamada, ardendo, vermelha. Por distração, foi o que aconteceu com ele logo nas primeiras semanas da nossa nova residência. O que só pode ser curado com banho de água de cozimento das folhas da aroeira-mansa, o seu contrário. Esta última, aliás, é encontrada com alguma frequência nas ruas de São Paulo, como árvore decorativa, pois não cresce muito e é bonita.

Uma das primeiras coisas que aprendi na roça é que na natureza e na cultura tudo tem o seu contrário. A vida é um embate cotidiano entre o benigno e o maligno, entre o visível e o invisível, entre o que faz bem e o que faz mal, entre o que é do bem e o que é do mal. São pares distintos entre si que se combinam num sistema de antagonismos reguladores da vida e do viver. É no conflito dos contrários que se repelem que está o equilíbrio e está a vida. Se a vida se desequilibra, é preciso reequilibrá-la invocando o suposto contrário do causador do desequilíbrio.

Esses opostos não existem apenas idealmente. Eles se manifestam em coisas, como plantas e animais, e em símbolos, nos ritos. Onde o oposto

*Vista da povoação do Lajeado Novo, em 1918, mais tarde Guaianases. No meu tempo de criança, em 1948. o cenário era o mesmo, não havia mudado. A linha que atravessa horizontalmente o meio da foto é a Estrada de Ferro Central do Brasil. O caminho, do lado de lá da linha, que vai para a direita, paralelamente e em ângulo agudo, era a rua em que ficava o Grupo Escolar "Pedro Taques". No terço superior direito, em ângulo reto em relação à ferrovia, perdendo-se no horizonte, a estrada da Passagem Funda e da Fazenda Santa Etelvina, que eu percorria diariamente para ir e voltar da escola.*

não é identificado ou não é conhecido, ele é imaginado ou inventado. É que o antagônico pode não ser visível, pode estar oculto. Portanto, é preciso intuí-lo, adivinhá-lo imaginariamente e descobrir, ao mesmo tempo, as causas da sua invisibilidade. Daí a dinâmica adaptativa dessa cultura, que se ajusta com facilidade a inovações, até mesmo técnicas, completamente distantes do mundo caipira.

De diferentes modos, experimentei como isso funciona. Vivi minha infância numa época em que as verminoses eram endêmicas e o adulto comum tinha um conjunto de critérios para identificar em crianças e adultos a ocorrência das parasitoses e até mesmo identificar o parasita mediante simples observação do comportamento da pessoa. Fome excessiva, sobretudo de doces, era lombriga na certa.

Nesse caso, o mal era combatido alimentando-se o verme com o contrário do desejado. O fedorento e repugnante óleo de erva-de-santa-maria era a medicação comum ministrada às crianças ao menos uma vez ao ano. É feito de um arbusto que se encontra em toda parte. Com os sintomas do parasita, tive que tomar o remédio, o que implicava num jejum de doze horas, justamente para que o verme se alimentasse exclusivamente do óleo tóxico e morresse. Mas de fato não botei nenhuma lombriga.

No dia seguinte ao do jejum, de manhã bem cedo, tomei o café preto com farinha de milho, que passara a ser o nosso café da manhã, e ia sair para a escola, oito quilômetros adiante. Meu padrasto me chamou e me deu uma moeda e disse que, como eu lhe dissera que o remédio não tivera efeito, era para eu tomar no bar do largo da estação, perto da escola, uma dose de *fernet*. Era amargo e muito ruim, mas mataria com certeza os vermes que haviam resistido ao vermífugo.

Fiz isso e tomei a dose horrível daquela coisa escura. O dono do bar, desonesto, não teve o menor escrúpulo em servir a uma criança de nove anos de idade uma dose de bebida alcoólica, só pelo dinheiro. Meia hora depois, em plena aula, desmaiei. Foi um corre-corre, a escola sem recursos, a professora sem saber o que fazer. Só me lembro de ouvir uma voz distante de um dos meninos dizendo "Ih! Morreu!" Quando acordei, estava na sala dos professores, com várias pessoas ao meu redor, fazendo-me massagem com álcool nos pulsos e na testa. Fiquei por ali ainda um pouco. Deram-me um chá. Quando a professora achou que eu estava melhor, perguntou se algum dos alunos sabia onde eu morava e se podia acompanhar-me até em casa. Eu era o aluno que morava mais distante do grupo escolar, oito quilômetros. Um dos meninos, Nelson, que morava na fazenda do "coronel" Saturnino, na Passagem Funda, na metade do meu caminho, ofereceu-se para me acompanhar até em casa. Ele foi um bom amigo. Apesar de criança, já era empregado da fazenda. E foi quem me acompanhou, tempos depois, autorizado pelo patrão, até Itaquera, quando fui levar o nosso cavalo tordilho para ferrar.

Mais tarde, um rapaz que morava com a família num casebre perto da estrada, a mais de um quilômetro de casa, ficou muito doente. Um menino, seu vizinho, fazia parte do nosso grupo de crianças que geralmente voltavam juntas da escola. Por meio dele, fomos acompanhando a agonia do moço. Já haviam chamado uma benzedeira e tinham lhe oferecido vários chás. Sabia-se, pelos sinais, que ele tinha solitária, a mais terrível das lombrigas, porque difícil de remover, pois fica grudada na tripa de sua vítima. Não melhorava de jeito nenhum. Até que alguém recomendou que lhe dessem querosene para beber, justamente o antagônico que faria a bicha desgrudar das tripas do doente. Nossas casas eram iluminadas à noite por lamparinas de querosene, de modo que em todas elas havia o combustível. Deram-lhe o "remédio". Dois dias depois o rapaz morria.

A lógica dos duplos tinha outros desdobramentos no sistema de pares da cultura caipira. Como a professora me socorrera, me havia dado um chá e designara alguém para me acompanhar, fez por mim algo excepcional. Isso era esperado entre parentes e vizinhos e mesmo aí alguma forma de retribuição era necessária.

No caso da professora, porém, a história já era outra. Ela não fazia parte do meu mundo. A relação dos alunos com a escola era uma relação formal, mesmo que houvesse nela algum conteúdo afetivo, como costuma haver nesses casos, sobretudo dos alunos em relação aos professores. Comentei o fato em casa, com minha mãe, no fim de semana, e ela e meu padrasto confirmaram que era preciso retribuir ao gesto de bondade de Dona Alexandrina.

Expliquei-lhes que um dia a professora havia dito na sala de aula que se alguém encontrasse alguma orquídea no mato, ela gostaria de tê-la. Ali onde morávamos, apesar do desmatamento e da enorme plantação de eucalipto não muito longe de nossa casa, ainda havia muita mata, restos da maravilhosa e diversificada mata original. Nosso sítio fora aberto na mata nativa, lindíssima, aliás. Só quem teve o privilégio de conviver com a mata nativa, vivendo ao lado dela, a menos de dez metros, pode entender a força de sua presença imaginária em nossa cultura, em nossa bela e ingênua concepção da natureza. Quando vejo as ilustrações antigas dos livros dos viajantes sempre me digo: "Eu conheci isso!" E não posso deixar de ver nelas o verde de tons radicalmente variados mesmo que sejam ilustrações em preto e branco. O verde da mata grudou para sempre na minha imaginação. A aguada de que nos servíamos, numa grota abaixo da casa, era devidamente protegida pela mata densa, os troncos cheios de parasitas dependuradas. Mas nenhuma flor, nada propriamente bonito.

No caminho da escola havia alguns restos de mata desse tipo. Havia orquídeas e várias trepadeiras, um conjunto de plantas que aprendemos a identificar com o nome genérico e nem sempre correto de parasitas, todas, para nós, equivalentes entre si. Quando a professora falou em orquídea traduzi imediatamente para parasita. Eu havia visto na mata do morro em frente ao morro em que morávamos uma imensa bromélia, muito bonita, a mais bela nas matas próximas de casa. Comentei em casa que aquela era a planta que expressaria a minha gratidão e deixaria a professora muito feliz. Pobre tem a mania de retribuir com mais do que recebeu. É uma questão de honra. Esse mais nem sempre é verdadeiro, até por falta de meios. Então, o tamanho da retribuição substitui simbolicamente o impossível "mais", o muito passa a equivaler ao pouco que é melhor. O auxílio mútuo não se compensa pela equivalência e sim pelo acréscimo em relação ao recebido, de modo a criar no outro a consciência de um débito, para que a instituição não morra, mas se mantenha no permanente débito e no permanente crédito. Não é casual que na roça e na boca dos antigos, também na cidade, a expressão "devo muito a fulano ou a fulana" seja expressão corrente, difuso débito nunca pagável, ainda que dele recolha o credor juros vitalícios, que não raro entram no crédito de seus descendentes.

Foi preciso que meu padrasto tirasse a bromélia para mim, atrelasse o tordilho à carroça do alemão e levasse a bromélia até a escola. A professora quase desmaiou de susto, em meio a uma roda enorme de alunos da escola espantados com o espanto da professora. Ela entrou em pânico e não escondeu o tamanho do problema que eu lhe estava causando. Comentava em voz alta, que não era preciso, que ela havia pensado numa planta pequenininha. Como faria ela para levar "aquilo" para casa? Ela morava na Vila Carrão, uma hora de trem desde Guaianases, a estrada de ferro nem permitiria esse tipo de transporte, mais meia hora a pé até sua casa, sem contar o problema que seria transportar "aquilo" da estação até em casa, talvez contratando um carroceiro.

Meu desapontamento foi maior do que o susto dela. Esperava um elogio pelo meu esforço e de meu padrasto, um agradecimento que me daria a oportunidade de dizer-lhe com fingida modéstia que o agradecido era eu. Ela frustrou o meu teatro da gratidão, tão importante para nós que vivíamos na roça e que tínhamos do mundo a ideia de um grande e belo sistema de trocas fingidamente equivalentes, mas obrigatoriamente desiguais. Eu queria que a minha bromélia lhe parecesse maior do que o socorro que me dera. Não queria ficar lhe devendo nada, esse era o ponto. Ela é que teria que ficar devendo a mim. Daí a desigualdade da retribuição.

Não sei como ela se saiu, pois nunca mais tocou no assunto comigo. Nem mesmo perguntou por minha saúde. Deve ter pensado que eu fora à escola bêbado no dia em que desmaiara, pois devia estar cheirando à bebida alcoólica quando ela me socorreu. Pobre é assim mesmo, pinguço desde criança. Gente irresponsável! É o que ela deve ter pensado. Mal sabia ela como as coisas eram complicadas na vida das crianças que frequentavam suas aulas, preparadas com competência e dedicação de professora jovem e sonhadora.

Havia também o reino animal, como diziam os livros usados no primário. Mas reino animal ali era para valer e temer. Bicho dava medo logo de cara. É verdade que no Arriá, meu irmão e eu havíamos aprendido a ter uma relação de respeito com a natureza. Minha avó materna tinha uma amizade engraçada com os animais. A égua se chamava Neca (de Maneca, Manuela), que, com precisão, na hora de comer o milho vinha do pasto diretamente para a porta da cozinha, enfiava a cabeça dentro e se minha avó estivesse num dos quartos, relinchava para chamá-la. Um cabrito, que conheci quando ele e eu éramos pequenos, se chamava Vicente. Mas a parte mais interessante era com os macacos saguis. Eles viviam em bando na parte alta do terreno, onde meu avô conservara extensa mata nativa. No meio da mata havia uma árvore imensa e muito antiga. Era lá que os macaquinhos faziam sua algazarra, facilmente ouvida em casa. Percebiam quando minha avó estava sozinha e saíam da mata, atravessavam o pasto e chegavam até à beira do terreiro gritando para ver se conseguiam alguma banana para comer. Ela se entendia bem com eles e ria quando falava dessa estranha amizade entre gente e bichos.

Minha avó permitia que os netos brincassem de caçar passarinhos na arapuca, colocada no terreiro, à beira da cerca de taquaras que protegia o pomar. Atraídos pelas frutas, havia por ali, sempre, pássaros lindos, especialmente canários-da-terra e canários-do-reino, sanhaços, avinhados, bem-te-vis, cantando, fazendo uma algazarra enorme. Fazíamos facilmente as arapucas de taquara e com paciência conseguíamos apanhar um canário ou outro, ou um tico-tico. Mas era proibido apanhar curruíra e cuitelinho ou beija-flor, minúsculos e delicados pássaros sagrados, um cor de chocolate, puxando para o laranja, e outro verde-azulado e furta-cor, passarinhos de Nosso Senhor, como nos ensinavam. Aprisionar ou matar um deles era impensável, atraindo de Deus castigo certo e severo, desses castigos que perduram, que se arrastam na sucessão de infortúnios ao longo da vida. Mesmo atirar neles uma pedra por brincadeira, era desgraça na certa. Aprendi a vê-los como delicada presença divina em nossa vida, um sinal de que Deus existe, como nos diziam.

Mas meus avós e todos os moradores daquele bairro caipira eram, sem precisar do conceito, o que hoje se chama de ambientalistas. A mata era devidamente preservada, pois eles sabiam que dela dependia a água limpa, a caça, as plantas úteis, os pássaros que levam sementes de um lado para outro, o equilíbrio da natureza. Mesmo a lenha provinha unicamente dos galhos derrubados pelo vento, o chamado pau seco. De modo que o pássaro que caísse na arapuca era unicamente para que o olhássemos de perto, para ser solto em seguida. Havia exceções: algumas vezes achávamos ninhos de passarinhos, casos em que minha avó fritava os ovinhos, coisa do tamanho de uma moeda, para brincarmos de comer ovo frito. Se pescássemos os pequenos guarus do seu riacho era com a condição de que os limpássemos para que ela os fritasse e nós os comêssemos. Nada de apanhá-los para deixar que morressem. Se era para admirá-los, poderíamos muito bem fazê-lo da beira do córrego, através da água limpíssima, quando ela fosse lavar roupa.

Dos insetos que chateavam e muito no sítio de Guaianases, o pior era o carrapato. Tinha muito. O carrapato comum, de tamanho médio, não era o problema maior. Logo que picava e se fixava na pele, a vítima começava a sentir coceira e ardor. Com mais de um dia, era só passar a mão no local e já dava para sentir a bolinha cheia de sangue. Importante era aprender a tirá-lo, pois do contrário saía o corpo e ficava grudada na pele a cabeça com o ferrão, o que podia inflamar o local. Às vezes era preciso passar álcool antes, o que ajudava que ele se soltasse. O mais recomendado era misturar álcool com fumo de corda macetado. Esse era o recurso imprescindível quando se tratasse do carrapato-estrela, aqueles grandes que atacam os cavalos e burros, formando uma bola quase do tamanho de uma azeitona. Esse carrapato, depois de saturado, se solta naturalmente, para se reproduzir. Curiosidade de criança logo leva a perguntar por que é que o carrapato incha do sangue chupado. É que o carrapato, dizem na roça, não tem ânus e, portanto, não elimina o seu alimento que é o sangue. Não é raro que gente também seja atacada por esse tipo de carrapato. Acordei um dia com um grande incômodo na pálpebra de um dos olhos, coceira e muito ardor. Passei a mão e senti como que uma pele solta. Fui olhar no espelho e lá estava o enorme carrapato grudado. Devido à localização, foi um custo removê-lo, o que deixou o local bastante irritado.

Mas praga das pragas é o abominável carrapato micuim, miudíssimo, também conhecido como carrapato-pólvora, que ataca em bloco. Juntam-se em bolotas que podem chegar ao tamanho de uma bola de gude e geralmente ficam elas presas e ocultas sob as folhas da vassourinha, um mato comum nos pastos, muito usado para fazer a vassoura doméstica na roça. É só um animal ou uma pessoa roçar na planta em que haja uma dessas bolas que os carrapatos grudam na pele ou na roupa e se espalham imediatamente pelo corpo. A coceira se espalha junto. A saída é correr para casa, tirar a roupa, sapecá-la sobre o fogo e esfregar o corpo com álcool e, se possível, álcool e fumo, bem esfregado, para que os insetos desgrudem. Correm de preferência para as dobras do corpo e as partes de pele mais macias, como a virilha e o escroto, tornando a vida impossível enquanto não são completamente removidos. A coceira dura dias, chega a virar ferida.

Uma simpatia que se faz para evitar o ataque do inseto é colocar um galho de vassourinha atrás da orelha. Mas quem faz a tal simpatia, como eu fiz muitas vezes, já entende o suficiente de carrapato justamente para evitar as vassourinhas na caminhada pelo pasto, embora ele possa estar bem alojado no próprio capim. O uso mágico do ramo da vassourinha provavelmente promove uma aliança da pessoa com o carrapato, já que é a planta "dele", imunizando a vítima potencial contra o seu ataque. Pois ele precisa do diferente para se alimentar e não do igual. Também aí opera a lógica dos contrários. O galhinho atrás da orelha restitui o homem à natureza, simbolicamente, anula os conflitos entre um e outra, e nessa identidade o protege contra o seu antagônico, enganando-o.

Foi uma sorte ter aprendido com meus primos a distinguir o que é animal peçonhento do que não é. Um dos primeiros aprendizados foi quanto a distinguir cobras mansas e cobras peçonhentas, as de rabo comprido e as de rabo curto. Por sim ou por não, o principal aprendizado era o de evitar as cobras, fugir delas e não ficar esperando para saber em que categoria classificá-las. Em Guaianases, vi menos cobras do que no sítio de meus avós, é bem verdade.

Mas havia outros animais, que rodeavam por ali. O que mais assustou foi um tamanduá-bandeira, imenso, o rabo abanando. Estávamos, meu irmão e eu, trepados num dos muitos pés de ameixa, no pomar atrás da casa do Frederico, disputando as frutas com os passarinhos. Escolhíamos as mais maduras e mais doces, portanto. De repente, desviei o olhar para outra ameixeira próxima e, igualmente distraído, estava de pé, apoiado no tronco, o tamanduá enorme. Provavelmente, estava passando a língua comprida pelos galhos para comer as formigas que em carreiro subiam na planta. Dei um grito. Meu irmão e eu disparamos em direção ao morro que levava até em casa. Mal deu para olhar para trás e ver o bicho correndo na direção contrária para entrar na mata próxima, abanando o rabo peludo que, de fato, parece uma bandeira.

Ao pé do morro em que ficava a casa de caseiro de Frederico, em que morávamos, havia duas lagoas artificiais, a água do córrego represada por açudes. Às duas lagoas, acrescentou meu padrasto outra em nosso sítio, que era vizinho, tendo de um lado o bananal que ele plantara e de outro lado a mata virgem. Aquilo virou um criadouro de sapos. Mas virou, também, um criadouro de rãs. Algumas vezes, meu padrasto ia à noite aos açudes caçar rã e nos levava, mais porque o seguíamos do que porque nos desejasse por perto. Com o nosso barulho, rãs e sapos pulavam do açude para a água e adeus caçada. Era preciso ir em silêncio pelo aterro para flagrar as rãs.

De qualquer modo, aprendemos facilmente a fazer a distinção entre rã e sapo, a rã bem escura, com fortes estrias nas costas e não tão grandes quanto os sapos. Bastava jogar nos olhos da rã a luz da lanterna de carbureto que ela ficava paralisada. Depois, com a forquilha, era fácil espetá-la. Uma caçada dessas rendia um bom almoço de carne branca e delicada, muito saborosa. Mas fui me distanciando dessa comida fina em consequência da má impressão que me ficava na preparação da rã para fritura. Era preciso limpá-la, tirar-lhe a pele, temperá-la com limão. Já morta e limpa, com o sumo do limão e o sal ela começava a se mexer, a encolher e esticar as patas. A má impressão vinha também do quanto a rã aberta e limpa é parecida com um corpo humano. Com o tempo me dei conta de que só comia carne de caça porque tinha uma enorme fome de carne. É impressionante o que o ser humano é capaz de comer quando tem alguma carência alimentar.

Mas isso não era nada perto da içá torrada na frigideira. Aí por setembro ou outubro havia a revoada das içás, a formiga-mãe das saúvas, abdômen grande e cheio de ovos. Onde ela cai, em minutos faz um buraco e penetra na terra, onde forma um novo formigueiro. A saúva era a praga da lavoura lá no pequeno sítio. De vez em quando era chamado o pessoal de um serviço especializado da Prefeitura de São Paulo que vinha para combatê-la. Traziam foles, em que na ponta de saída do ar, de cada um, acoplavam um recipiente em que punham brasas, enxofre e formicida. Depois, em cada buraco de formigueiro que iam descobrindo injetavam a fumaça e ficavam observando. Onde saía fumaça em diferentes pontos do terreno, iam lá e o tapavam. Com isso, saturavam as "panelas" das formigas, os formigueiros, com a fumaça venenosa e extinguiam tantos formigueiros quantos podiam.

Meu padrasto queria as formigas mortas, mas queria a içá viva, uma contradição que vinha do fundo dos tempos, da época dos jesuítas: a formiga morta era coisa de branco da época da Conquista; a içá viva era coisa dos tempos pré-cabralinos. Superposição de culturas, junção que fez do caipira o ser culturalmente híbrido que é. Quando chegava a época da revoada, dava a meu irmão e a mim uma caçarola e mandava que saíssemos pelo terreno localizando as içás que caíam, extraíssemos-lhes o abdômen com um graveto e o colocássemos na panela. Tudo tem que ser feito muito depressa, pois as içás desaparecem na terra rapidamente. Depois lhe levávamos a caçarola com grande número de abdomens de içá, que ele torrava imediatamente e comia com uma gula que lhe vinha dos ancestrais indígenas. Era banquete esperado, de um dia só por ano, que se sobrepunha ao feijão com farinha legado pelos conquistadores, no apetite amansado para o trabalho servil. Perguntou se queríamos provar o alimento para ele requintado. Meu irmão provou e disse-me que era bom: tinha gosto de manteiga, iguaria rara, aliás, na nossa mesa de brancos residuais e pobres.

Lá na roça tinha, também, muita sabença, utilíssima, relativa a almas penadas, corpos secos, boitatá, curupira, saci-pererê. Foi bom saber disso porque o nosso cavalo tordilho volta e meia amanhecia com a crina do pescoço trançada. Arte do saci, que gostava de montar a cavalo e deixava o animal cansado quando a gente precisava dele de manhã. Na verdade, fiquei sabendo muito mais tarde, eram os morcegos que atacavam o animal à noite para chupar-lhe o sangue. Enquanto o faziam, ficavam mexendo na crina com as patas, que acabava trançada, embaralhada. Diferente do subúrbio, o mundo da roça não era feito só de coisas naturais, como as que podiam ser lidas num livrinho escolar que eu tinha, chamado de *Lições de Coisas*. É que na cidade quase que só existem coisas que a gente vê. Quando muito, há resquícios do mundo rústico e antigo, como o mau-olhado, que no meu tempo causava muitas doenças e desconfortos, sobretudo em crianças.

Útil a sabença rústica porque na roça tem as coisas que a gente não vê, mas existem. Eu quase diria que é metade e metade, se não for mais. Para viver ali é preciso aprender a conhecer e reconhecer tanto as coisas visíveis quanto as coisas invisíveis. Minha mãe sabia muito sobre coisas invisíveis, de quando ela era criança na roça, no Arriá. Mas algum tempo depois de voltarmos a São Caetano ela se tornou crente e renegou tudo. Não se lembrava de mais nada e não raro dizia que nunca tinha dito aquelas muitas histórias que a ouvi contar tantas vezes, com tanta convicção. Histórias de que eu gostava muito, que não estavam marcadas pela distinção adulta e protestante entre real e imaginário.

Adulto é mesmo um bicho muito complicado. Um dia diz uma coisa e no dia seguinte diz outra. E acha que está sempre certo. Vale a última versão. Tem que ser coerente nem que seja em conflito com a própria memória e as próprias convicções íntimas. Talvez por isso a memória dos adultos, com o passar dos anos, se torne cada vez mais fraca. Fraqueza de memória tem muito de conveniência. Adulto tem que parecer coerente todo o tempo, coisa que qualquer criança sabe que é falso e tolo.

A lógica que organiza a mentalidade infantil é especialmente verificadora de incoerências, razão das perguntas embaraçosas que crianças podem fazer aos adultos. Razão, também, para que a educação formal na escola e a educação informal na família trabalhadora seja em boa parte uma educação para o esquecimento, uma educação adaptativa que desconhece a riqueza cultural e humana da experiência infantil.

Boa parte da pobreza educativa de nossas escolas primárias e médias vem da destruição da cultura imaginativa de crianças e jovens e da tradição dos adultos, de que elas são, como eu fui, testemunhas e aprendizes. No caso dos trabalhadores, basicamente porque toda a cultura popular é drasticamente impugnada pela cultura dominante. Aliás, a Sociologia contribuiu poderosamente para desqualificar o saber dos simples ao instituir uma escala de valoração em favor do moderno e do racional em algumas de suas orientações teóricas. O que tem efeitos danosos nas muitas formas de uso do conhecimento sociológico nas chamadas políticas públicas. A cultura popular não é tudo, mas é rica e é muito. Não se trata de sacramentá-la como a cultura por excelência, até porque eivada de referências e orientações pré-científicas e mágicas, as chamadas crendices, em desacordo com os conhecimentos e os recursos atuais, sobretudo no que se refere à preservação da vida. Mas se trata, certamente, de não desconhecê-la, de dialogar com ela e ter competência antropológica para isso, pois ela contém uma lógica mais rica e abrangente do que a lógica linear e escolar. É nesse diálogo que há lugar e caminho para a criação cultural enraizada, em pertinente e necessário conflito com a cultura da cópia, a cultura do papagaio, que repete o que os outros dizem sem saber o que está dizendo.

A repressão cultural dos adultos urbanos, em particular dos professores, atrapalhava-me muito quando era criança. Eu tinha que acreditar em alguma coisa, tinha necessidade de credulidade, sobretudo porque aquele mundo roceiro era um mundo cheio de mistérios a decifrar e povoado de seres invisíveis, cujos perigos era necessário imaginar. O saber caipira é fundamental para que cada um possa administrar os medos cotidianos, que não são poucos, para que possa identificar e compreender os sinais de desordem no mundo. É um sistema de conhecimento que ordena e domestica a desordem e a põe numa relação compreensível com o mundo natural e inteligível. É um saber que revela o sentido do que não tem nenhum sentido aparente e que, por isso, amedronta.

A cultura caipira é praticamente o oposto da cultura urbana típica. Nela tudo está ordenado e explicado. Qualquer coisa nova que apareça tem que ser situada e explicada. A cidade é o lugar das coisas inexplicáveis. A cidade é kafkiana. Ninguém teme o desconhecido, porque o desconhecido "não é meu problema". A cidade é sobretudo a realização da cultura da indiferença, da afirmação das particularidades inteligíveis e funcionais, dos recortes e fragmentos. É o lugar em que vivemos não como pessoa, mas como pedaço, como indivíduo, como ser que não se completa.

Não é a cultura caipira apenas uma coleção de dados culturais, um elenco de informações folclóricas sobre um modo de ser, de viver e de pensar que discrepa do que é "oficialmente" válido. É também um método de interpretação, uma chave para explicar mistérios antigos e decifrar mistérios novos. Mesmo pessoas de fora, quando chegam, são situadas, definidas e decifradas pelos que as recebem e por aqueles com os quais devem conviver. Tudo tem que estar no cosmos de que o caipira é o centro. Nada pode ficar sem lugar e sem explicação. O oposto da cidade porque nela a maior parte das coisas e das pessoas é desconhecida e inexplicável. Se na roça prevalece a totalização, o pressuposto de que o mundo é um todo, na cidade prevalece o fragmentário, a concepção de que o mundo é uma coleção de fragmentos, não é um todo. Quando muito, é uma soma de pedaços. É uma espécie de abismo aberto sobre o desconhecido e instável. O outro é conhecido superficialmente. A cidade é o lugar em que existe a categoria do "conhecido de vista", aquele que vemos sem interagir com ele, sem conhecer-lhe a voz, os sentimentos, o caráter, coisa que não acontece na roça nem pode acontecer porque o modo de vida não comporta insuficiências.

Na cidade, o invisível é anômalo, crendice, ignorância, incultura, perturbação do saber racional e prático. Mas, lá na roça, a metade invisível é integrante e constitutiva da metade visível. Muitas vezes, a metade visível é regulada e dirigida pela metade invisível. Sobretudo porque é na metade invisível que está o tempo, que se poderia chamar de tempo social. Um tempo constituído pela convergência de temporalidades de datas diversas e orientações opostas. O encontro do desencontro. É no invisível que está o passado e é no invisível que está o futuro. O passado "não era": o passado se manifesta no presente, vale-se de coisas e fatos do presente para anunciar-se, para dizer que foi e não obstante ainda é. O tempo flui de outro modo.

Diferente da nossa memória urbana, acúmulo de um passado banido, cujo tempo é o ontem, a memória das populações caipiras e sertanejas é uma memória viva. Não é mera recordação, mas passado no presente sem deixar de ser passado e sem deixar de ser presente. As almas penadas são do passado. Porém, são penadas porque insistem em permanecer no presente e conviver com os vivos. Essa é a sua pena, o seu penar. Castigo é viver fora do tempo próprio e viver, portanto, destituído de temporalidade e finitude. Diferente do que ocorre no mundo urbano, em que o passado é a pena e o penar e a finitude é motivo de sofrimento. Na cidade, viver no passado e orientar-se pelo passado estigmatiza as pessoas que tem essa referência, o que torna a vida, especialmente dos velhos, uma vida não raro de silêncio e solidão.

Nossa consciência moderna e, portanto, urbana e de elite, é a consciência da negação plena e absoluta do passado. Como já sugeriu Max Weber, ela é regulada pela ficção de um progresso interminável, o anseio de futuro, pela quase desesperada necessidade de antecipação do amanhã. Já não vivemos plenamente porque o nosso presente é um presente mutilado por sua negação interior. Além do que, o passado fica confinado num departamento de refugos e inutilidades, de restos, muitas vezes chamado de memória e não raro associado aos velhos, aos que essa mesma mentalidade classifica como lentos e incapazes de acompanhar os passos do progresso e das mudanças. A Sociologia consagrou esse ponto de vista e fez dele um de seus dogmas. É o que empobrece a análise sociológica de uma sociedade como a nossa, marcada fortemente pela persistência de relações sociais e de concepções antigas, pela coexistência de tempos de diferentes datações.

Permanecer no presente como pena e castigo dos que são do passado não é a única diferença de temporalidade do mundo rural em relação ao urbano. Na roça, o passado não é simplesmente o que foi. É também e sobretudo o tempo do já vivido, o tempo da experiência de vida e do conhecimento. O passado é o núcleo mais consistente do saber rural. É o livro, o manual de instruções, o repositório do que é preciso saber para viver no presente.

Ao contrário da cidade, na roça o presente não anula, não despreza, não desqualifica nem teme o passado. A Sociologia, fruto do urbano e do moderno, trata o passado como persistência indesejada quando isso ocorre, como perturbação do curso da sociedade, como anomia e como problema social. Portanto, atribui ao passado, presente na consciência e na prática cotidiana das populações rurais, um significado que ele não tem e uma disfunção que não é verdadeira. Esse passado agrícola e camponês não é fechado ao tempo que flui, ao presente e ao progresso. As populações rurais são as maiores vítimas do progresso, não raro dramáticas e até trágicas vítimas do progresso. O que é facilitado justamente porque estão abertas a ele. Diferente dos urbanos, e dentre eles os sociólogos, hermeticamente fechados ao passado, que exorcizam com preconceitos que só não são tolos porque são eficazes e cumprem funções sociais e políticas na constituição da modernidade.

A principal chave de socialização dos imaturos no campo é justamente a assimilação dessa peculiar concepção de tempo, que é própria da roça. Não é estranho que no dialeto caipira, a variação dialetal do português falado por populações que foram até o século XVIII falantes da língua brasileira, a língua nheengatu ou língua geral, ainda existam muitas palavras em que o passado está no substantivo e não no tempo do verbo. É o caso das já mencionadas tapera, tiguera, pacuera e, também, quirera, ibirapuera, itaquera, aquilo que tendo sido ainda é, sendo outra coisa, diversa da que foi. Já na cidade, as coisas transformadas mudam de nome, porque são inteiramente outra coisa, uma coisa nova. Elas nada retêm de sua própria história, a história de sua gênese e transformação. O atual é apenas produto e não produção social, processo, história.

Na roça é frequente que a coisa nova receba um nome que diz que ela já é outra coisa de uma coisa que já foi, da coisa que foi antes e que não obstante continua sendo, como no caso do que é denominado por essas palavras. De certo modo, porque as coisas, como as pessoas, levam consigo uma certa carga de destino, um vir a ser que as faz velhas e novas ao mesmo tempo. O que é próprio de uma cultura em que não há finitude nem desaparecimentos. Há transformações. Uma cultura em que a morte, mesmo a das pessoas, é relativa, mais rito de passagem de um estado a outro e mesmo de um mundo a outro. Por isso mesmo, a morte não implica abandono. Nela, o ser não é perecível e em termos absolutos isso quer dizer muita coisa no modo de pensar e de viver de crianças e adultos. Na roça o ser não é apenas um corpo que pensa e trabalha enquanto está vivo e que desaparece quando morre, porque a vida está ainda no imaginário e na memória.

O futuro, o que virá, também está presente no presente. Não se derruba a mata, não se constrói a casa nem se faz a roça, não se caminha, não se viaja, sem ler os sinais, as premonições e os presságios do que virá depois do agora. Não aprendi muita coisa sobre isso, porque era criança. Mas aprendi o suficiente. Na roça, o futuro chega à criança como informação preparatória de que ele existe. Mas ele tem pouca importância prática na vida infantil porque é criança quem ainda tem a vida regulada por um imaginário de indistinções, de não-classificações. O futuro é, sobretudo, dos adultos, porque o futuro é prático. Cheguei a ver minha avó materna acelerar o arranjo da casa numa manhã e a preparar-se para receber visita simplesmente porque uma enorme e bela borboleta azul entrou em sua cozinha de pau a pique. E de fato, no meio da tarde minha mãe inesperadamente chegou, vinda de São Caetano. Era tão real aquele aviso que ela chamou alegremente meu irmão e a mim para vermos a borboleta e tomarmos ciência da informação contida naquele prenúncio de visita, como se a borboleta pousada sobre a parede branquíssima de sua cozinha fosse um recado vivo, uma funcionária dos correios e telégrafos trazendo uma carta, tão real era o presságio. Daquele momento em diante, sua rotina foi alterada e tudo que fez a partir dali levou em conta a chegada próxima da visita anunciada. Preparou-se, preparou a casa, preparou almoço de visita.

Minha avó materna era particularmente competente na leitura dos sinais da natureza, as informações que ela carrega para se anunciar. Quando terminavam as férias e tínhamos que retornar a São Caetano, a rotina era sempre a mesma. Cerca do meio dia passava na estrada de terra a jardineira alaranjada, dos Granato, vinda de Socorro, com destino a Bragança Paulista, onde tomávamos o trem da Bragantina para Campo Limpo e ali fazíamos baldeação para o trem que vinha de Jundiaí. Na casa de meus avós não havia relógio. No entanto, tudo funcionava na hora. Logo depois do almoço, que era de costume muito cedo, ela ia para a porta da cozinha e olhava o céu. "Ainda é cedo", dizia. Olhava o sol e por sua posição no céu regulava o tempo de sua relação com o mundo. Numa das espiadas, finalmente dizia: "Podemos ir, está na hora. Mas hoje o ônibus está um pouco atrasado. Ainda não ouvi o ronco do motor dele passando na Cachoeirinha". Era um bairro distante. Só ela conseguia ouvir o eco desse ruído que vinha lá de longe, da montanha, por onde passava a estrada. Tínhamos uns bons quinze minutos de caminhada até a estrada de rodagem. Nunca perdemos o ônibus e nunca esperamos mais do que uns dez minutos até que ele chegasse. Era assim, também, que ela, e no geral todos ali nas redondezas, podiam dizer se ia chover, quando ia chover e até quanto ia chover, mesmo que a chuva fosse no dia seguinte. Saber antecipadamente da chuva era fundamental para recolher e proteger o feijão espalhado no terreiro, para secar, antes da surra de vara que separaria os grãos das favas. Se não, o feijão molhado mofava, brotava e se perdia.

Do mesmo modo, lá em Guaianases, ficamos apreensivos um dia em nossa casa porque logo de manhã ouvíramos um dolorido e prolongado uivo de cão, bem longe, anúncio da morte de alguém conhecido e próximo. Foi uma manhã de silêncio e ansiedade. Aquele uivo demorado golpeava a gente por dentro, fúnebre, agourento. Mesmo assim, meu irmão e eu fomos pescar guarus num córrego que atravessava o caminho de casa e ficava bem perto da estrada de terra que ia para a estação. Levamos peneira e lata para transportar os guarus vivos e depositá-los nas águas de uma das lagoas que ficavam no sopé do morro da casa em que morávamos. Uma boa intenção, sem dúvida, que nunca dera certo. Os guarus vivem em pequenos cardumes em águas muito limpas. Podem ser vistos e recolhidos com facilidade. Ao que parece, dificilmente sobrevivem em águas turvas, como as das lagoas do sítio. Estávamos assim empenhados em recolher os peixinhos, raramente maiores do que dois centímetros, quando um carro parou lá na estrada. Por acaso, Miguel, marido de minha prima Nena e meu padrinho de crisma, parara ali para pedir informações sobre o local em que vivíamos, sem nos reconhecer de imediato. Era o final da manhã. Achamos que era uma visita, algo muito raro em nossa casa. Ao chegarmos em casa, ele disse que não era visita, que viera de São Caetano para nos dizer que meu avô paterno, o Pai João, havia morrido no início daquela manhã.

Havia outros sinais, como a revoada do siriri, que anuncia chuva, ou o halo largo e brilhante em torno da lua, que faz o mesmo anúncio, como também o fazem as folhas viradas das árvores: quando a parte de baixo da folha se volta para cima é claro sinal de que vai chover, especialmente a folha da embaúba. A natureza se transtorna e se transforma antecipando o que vai acontecer. Sinais que se aprende a ler desde pequeno.

Na roça é preciso saber ler esses muitos e complicados sinais que alertam as pessoas para mudanças e ocorrências iminentes, que avisam o presente sobre o que está vindo, que desocultam parcialmente e indicialmente e antes da hora o que ainda não aconteceu. Aí entram também os sonhos, que anunciam simbolicamente o que virá e é preciso saber ler esses símbolos para entender o diferente em relação à rotina. E sempre há quem saiba reconhecê-los e interpretá-los. Ou os sonhos por meio dos quais os mortos se comunicam com os vivos, mandam recados, mandam informações protetivas, alertam para perigos, tranquilizam. Ou, até mesmo, anunciam mortes próximas, modo de suavizarem a travessia dos que vão partir e aliviarem o peso da alma dos que ficarem, sabendo que seus amados transitarão entre comunidades conhecidas, que o lado de lá não é o vazio nem a solidão.

Não só o passado se alastra pelo presente através de designações e classificações, mas também o futuro se anuncia no presente, emite sinais antecipadores, indícios do que está para acontecer. A vida se desenrola num cenário de tempos entrecruzados, uma armação de certezas plenas e incertezas apenas parciais, raramente as incertezas absolutas e destrutivas, neurotizantes, do urbano, a menos que o mercado invada súbita e intensamente as condições econômicas e o modo de vida dos que vivem no meio rural, destruindo tudo, mesmo as certezas consolidadas.

A água usada na casa do barracão era colhida numa grota ali perto, do lado de baixo da casa. Como todo caipira, meu padrasto tinha noções arraigadas de questões ecológicas. Ao fazer a derrubada da mata, para a primeira roça e o terreiro da "casa", deixara intacta toda a mata natural ao redor da nascente a que se chegava por um carreiro estreito e íngreme. O lugar era lindíssimo, muito fresco, com uma grande variedade de plantas nativas, próprias dos nascedouros de água. Uma planta

entortara quando era jovem e ao virar árvore transformou-se numa espécie de trave por cima da nascente, voltando a crescer verticalmente.
Ao redor da nascente, havia sempre sinais de patas de aves e animais,
que pareciam preferir tomar água ali e não num córrego muito limpo
que havia uns trinta metros abaixo onde desaguava o filete da nascente.
Meu padrasto conseguia identificar todos os animais e todas as aves que
andavam por ali, simplesmente olhando as marcas deixadas no barro
ao redor: tatu, veado, cachorro-do-mato, paca, ouriço, além de frango-
-d'água e outras aves. No tronco torto que atravessava por cima da água,
havia claras marcas de unha de onça, de jaguatirica. Provavelmente, ela
também vinha beber água ali e aproveitava para almoçar ou jantar os
outros frequentadores do bebedouro. Às vezes, à noite ouvíamos o seu
"miado" e uma vez ao menos percebemos que ela rondava pelas beiras
do barraco, esturrando.

Não dormíamos em paz, meu irmão e eu, tentando nos acostumar
a tantos sons e ruídos que não conhecíamos, tentando compreendê-los
e identificá-los a partir dos raros comentários de nosso padrasto. Os temores acabaram quando nos mudamos para a bem construída casa de
alvenaria da chácara do Frederico.

Com a mudança, resolveu meu padrasto, trazer lá da região da Bragantina, seu pai, já idoso, e sua madrasta, para morar conosco, ocupando o barracão que deixáramos. Ele não fora muito chegado ao trabalho e
menos ainda o era na velhice. De modo que seria de pouca valia. Como
mencionei antes, era bandeireiro de São Benedito no Arriá. Quando
faltava o "de-comer" em casa, saía de casa em casa do bairro rural com
a bandeira do santo, arrecadando esmolas. Tinha uma espécie de trato
com o santo: um não se metia na vida do outro, de modo que a esmola
servia para que ele fosse levando a vida. E para o santo sempre sobrava
alguma coisa, embora ninguém saiba até hoje sob que forma.

Tirando os hansenianos abandonados pela família, que pediam esmola para sobreviver, geralmente comida servida no prato separado que
para isso havia em todas as casas, não existiam esmoleiros na roça. Quem
por algum motivo estivesse passando necessidade, era quase sempre por
motivo de doença e incapacidade para o trabalho de plantio ou colhei-

ta. Nesses casos, os próprios vizinhos tomavam a iniciativa de fazer o mutirão e prover para que aquela família não ficasse em privação de algo. Não havia esmoleiros basicamente porque não havia motivo para não trabalhar, pois trabalho havia para quem não fosse preguiçoso, era o argumento mais comum.

De modo que Nhô Galdino, definido à boca pequena como preguiçoso, tinha vergonha de esmolar. Mas a vergonha passava imediatamente se a esmola fosse solicitada em nome do santo. Sagaz e experimentado, escolheu logo um santo que ali no Arriá ninguém gostava de contrariar, São Benedito, santo preto cheio de luxos e exigências e também vingativo. A veneração dos brancos por São Benedito era medo. O santo fazia parte do imaginário invertido pelo qual na roça os brancos ou branqueados se punem pelo cativeiro imposto um dia aos negros.

A vinda do casal para Guaianases não representava propriamente uma ajuda e sim duas bocas a mais para serem sustentadas por minha mãe, pois era ela quem mantinha a casa. Foi ainda preciso pagar a mísera mudança dos dois, pois eram muito pobres. Com a mudança vieram três inesquecíveis preciosidades – a cachorra Lembrança e seus já crescidos filhotes, Cuitelo e Malhado.

Em pouco tempo, o casal desistiu de ficar e voltou para o seu canto, lá no Pinhalzinho, deixando conosco os três cachorros, especialmente porque Lembrança era muito boa de caça. Para meu irmão e para mim, tínhamos ao menos com quem brincar e conversar, pois meu padrasto era um homem calado, raramente tinha o que dizer ou o que perguntar. Ele não sabia lidar com sua paternidade postiça, nem se esforçava, um indício a mais de que o casamento fora decisão de minha mãe e não dele. Nunca fizera nenhum esforço para nos incorporar na família que, com o casamento, supostamente ele constituíra. Sempre se comportou como se tivéssemos entrado indevidamente em família alheia e sempre nos tratou como se fôssemos demais em sua vida. Por sorte ou por azar, ele e minha mãe não tiveram filhos, embora ambos fossem ainda moços.

Rapidamente os três cachorros se acostumaram com a casa e se afeiçoaram a meu irmão e a mim e nós a eles. Lembrança era uma mãe incrível. Os filhotes já eram grandes e ela não os repudiava. Sua maior demonstração de afeição por eles ocorreu no dia em que lhes trouxe parte de uma caça. Meu padrasto tinha saído com ela para caçar veado. Ela farejou um, não muito longe de casa, acuou o animal e meu padrasto atirou, mas o animal conseguiu escapar. No entanto, a cachorra sumiu. Não retornou naquela noite. No meio da manhã seguinte foi vista, vigilante, num canto de mato, ao lado dos filhotes que comiam um pedaço do veado. Ele fora provavelmente ferido. Ela o perseguiu até que ele caiu morto. Devia ser um veado novo. Ela arrancou-lhe um pedaço e trouxe para as crias.

Era muito inteligente, quase humana. Numa das vezes em que meu irmão e eu voltávamos do armazém da estação, onde tínhamos ido fazer umas poucas compras a pedido de minha mãe, num sábado, Lembrança não veio encontrar-nos, como fazia. Ao pressentir a nossa chegada, no alto do caminho do morro fronteiro, do outro lado do córrego, já nos identificava, latia e latindo ia ao nosso encontro. Seu latido era diferente quando se tratasse de pessoa conhecida ou de pessoa desconhecida. Naquele dia ela latiu, mas não foi nos encontrar. Perto do terreiro da casa, que ficava num alto, lá estava ela, latindo, dando voltas, vindo até nós e retornando para lá, os olhos graúdos brilhantes, o rabo abanando. Até que percebemos que ela havia encurralado um pobre tatu-bola no meio dos três paus de uma embaúba. Ela acuara o tatu naquela direção de modo que, com sua casca dura e movimento lento, ficou preso, sem poder ir adiante nem voltar, porque ela o acuava por trás. Foi o nosso almoço no dia seguinte.

Tinha um faro incrível. Numa noite, logo depois do jantar, ouvimos seus latidos, vindos do mato próximo. Meu padrasto identificou pelos latidos:

– É tatu! – pegou um enxadão e um farolete e foi na direção de onde vinham os latidos. Fomos atrás. Lá estava ela, latindo na direção de um buraco. Olhava para nós, olhava para o buraco e latia. Podia ser lagarto. Mas meu padrasto examinou cuidadosamente os sinais ao redor do buraco, o monte de terra próximo e interpretou:

– É tatu e o buraco é fundo. – Na terra próxima à cova havia sinais das unhas do animal.

Começou a cavar na tentativa de alcançar o bicho. De vez em quando enxugava com a manga da camisa a fronte suada. Meu irmão e eu estávamos pouco interessados no tatu, enquanto um de nós dois segurava o farolete. Mais interessados estávamos nos inúmeros pequenos e estranhos insetos que esvoaçavam por ali ou rastejavam sobre a terra macia retirada do buraco, sem contar o conhecido vagalume, dando cabeçadas para se libertar quando capturado. Diferentes dos muitos insetos diurnos que conhecíamos. O concerto de uma imensa variedade de ruídos era cadenciado pelo tímpano da terra sendo escavada. Uma fascinante lagarta fosforescente, reluzindo gomos vermelhos e verdes, arrastou nosso olhar em direção à escuridão. Nunca mais vi um bicho parecido.

– Põe a luz aqui! – gritou nosso padrasto, já furioso com a derrota provável e a luz que tremelicava com a nossa distração e falta de empenho na caçada. Não conseguiu alcançar o animal. O tatu venceu. Pelo monte de terra do lado de fora da toca já dava para perceber que o buraco era fundo. O almoço do dia seguinte foi o costumeiro feijão com arroz e salada de repolho cru.

Lembrança era também muito valente. Certa vez, numa caçada, acuou um ouriço, que encheu de espinhos seu focinho e sua cara, espetados profundamente. Apesar da dor, ela manteve o animal acuado. Nos três dias seguintes, foi a carne das nossas refeições e meu último interesse por carne de caça. A carne do ouriço é preta e muito dura e o sabor não é agradável. Meu padrasto teve que usar um alicate para arrancar espinho por espinho da cara sofrida de Lembrança. A cada puxada um gemido de dor, um ganido. Meu irmão e eu ali do lado torcendo por ela. Depois, teve a cara lavada com salmoura, permaneceu dois ou três dias de cabeça baixa, os olhos tristes, aceitando com agrado o carinho que lhe fazíamos na cabeça e no pescoço.

Era uma cachorra muito afetiva, como os filhotes. E sempre atendia o chamado para caminhar por ali, quando íamos catar frutas ou simplesmente excursionar pelas proximidades. Latia, corria, voltava e enfiava-se no meio de nossas pernas, latia para qualquer barulho no mato, pulava e mordia as moscas que a incomodavam quando tinha bernes. Era uma criança, aquela bela cachorra vermelha, cor de terra, vira-lata, que conversava com os olhos. Cuitelo e Malhado a acompanhavam nessas brincadeiras. Formávamos um bando.

Finalmente, chegou o dia de deixar a roça e voltar para São Caetano depois de dois anos vivendo entre parênteses, praticamente na solidão e no silêncio quebrado apenas pelos pássaros, pelos sons dos muitos insetos, pelos latidos da Lembrança e suas crias, pelo sussurro da brisa de fim de tarde deslizando pelo meio das árvores e das plantas, abanando folhas e flores. Um espantoso silêncio de voz humana ficaria para trás e para sempre.

Um caminhão foi buscar a nossa mudança. Não era muita coisa. Uma cama de casal, duas camas Patente, de solteiro, um guarda roupa, uma cômoda, uma mesa de cozinha, um guarda-comida, duas ou três cadeiras. Eram todos os nossos haveres. Nem fogão tínhamos, pois o velho fogão de lenha que ali havia era do dono da chácara. Papéis, o diploma e os cadernos escolares de meu falecido pai, um dos raros elos materiais com ele, sobretudo porque havia ali sua letra elegante em cadernos de exercício, ficariam para trás para serem queimados por quem viesse a ocupar aquela casa.

Mudança de pobre é assim mesmo. Muita coisa fica para trás, pois o espaço de uma moradia é sempre insuficiente. Caminhão carregado, subimos para a carroçaria, aboletados de qualquer jeito no meio da tralha. Dos três cachorros, só o Cuitelo foi embarcado. O caminhão desceu lentamente a estrada estreita e sem vizinhos e subiu o morro fronteiro em direção à estrada de rodagem, um quilômetro adiante. Lembrança nos seguia, desconfiada.

Quando o caminhão entrou na estrada e ganhou velocidade ela se deu conta de que ia ser abandonada com o outro filho, o Malhado. Disparou atrás, não do lado, como fazem os cachorros que acuam carroças, caminhões e automóveis. Corria atrás, em desespero, os olhos grandes e brilhantes arregalados, tentando alcançar o caminhão. Foi ficando para trás e se dissolveu na poeira de sua própria cor numa curva da estrada. Lembro ainda daqueles olhos, daquele adeus, de ter chorado por dentro e pedido a Deus que cuidasse dela e do Malhado. Ela era esperta, gostava de crianças, ali naquela vizinhança muito espalhada, de gente simples e boa, acabaria encontrando alguém que cuidasse dela e dele. Nunca mais nos veríamos.

Muitos anos depois eu me daria conta de aquela viagem nos levava, sobretudo a meu irmão e a mim, para dentro de um outro momento da vida. Algum tempo depois, eu estaria trabalhando, acomodando no meu corpo de criança o adulto do trabalho. Só pararia formalmente de trabalhar 53 anos depois, 44 dos quais contribuindo para o sistema previdenciário, quando me aposentasse como professor da Universidade de São Paulo após 38 anos de docência.

Lá atrás, com os olhos vivos de Lembrança, ficava também para sempre a minha infância, que fora pouca. Foi o momento de minha última fantasia infantil: de repente, a Lembrança, que eu já não conseguia ver, foi reaparecendo no meio da poeira que o caminhão levantava. Vencendo a distância, começou a voar suavemente como um pássaro vermelho, cor de terra, e veio vindo até se esconder e se agasalhar no calor do meu peito, onde eu a guardo até hoje. Todos os dias eu a afago, rememorando em silêncio nossos feitos antigos de crianças e cachorros, para ver seus olhos grandes brilharem de novo, agradecido por ter impedido que nos dias de silêncio e solidão, daquela quadra de verdadeiro exílio, meu irmão e eu nos esquecêssemos de que éramos crianças.

# 6

# Moleques de rua

A INFÂNCIA SE CONSTITUÍA pela mediação dos resíduos do mundo adulto. Além disso, criança era uma das sobras da casa ou, ao menos, o duplo ser que vivia vidas complementares e opostas, a da ordem e a da desordem, ao mesmo tempo, em casa e na rua. Era na economia da rua que crianças e adolescentes exercitavam a sua competência para criar e reinventar a partir dos restos materiais e dos restos de conhecimento da vida adulta, as sobras da casa e as das fábricas. Havia uma socialização parcial dos imaturos a partir desses resíduos, um aprendizado autodidático até perigosamente além do limite do socialmente correto e da própria vida, o que ficava claro nos acidentes e nas mortes descabidas de crianças na rua e fora de casa. Não tantos, mas suficientes para agregarem sua incerteza à vida de todo dia.

Fazendo as contas, tantos anos depois, fico surpreso com a complexidade da economia que existia na cabeça das crianças e nas relações econômicas infantis no subúrbio. A economia do moleque de rua parecia ingênua e confusa, mas não era, pois apoiada num expressivo sistema de classificação de coisas e atos. Entrava tudo que os outros desprezavam. As fontes materiais da nossa economia eram o lixo, os refugos e restos de matéria-prima jogados pelas fábricas nos terrenos baldios e até no próprio leito da rua, sem cerimônia, como faziam a Fábrica de Louças "Adelina", na Rua Pernambuco, e a fábrica de baquelite, na Rua Pitagoares. Com grande facilidade vasculhávamos com as mãos latas de lixo e monturos e transformávamos pedaços em coisas, coisas em brinquedos e até em dinheiro, vendendo metais no depósito de ferro-velho de um sovina das vizinhanças. De um modo ou de outro, o dinheiro sempre estava residualmente presente, ainda que nos minguados tostões, duzentos réis, quinhentos réis, raramente mais que isso. Apesar de já serem os tempos iniciais do cruzeiro, calculávamos tudo nos valores da moeda antiga, o mil-réis. Além do que, na economia da criança tudo tem utilidade, porque tudo existe não no que é vendido e comprado ou no que apenas é, sem qualificativo, mas no que é imaginado.

Quando fomos para Guaianases, deixáramos para trás um modo de vida suburbano e infantil que tinha essa própria e estranha economia. No retorno, a ela voltávamos, pois lá na roça a economia das crianças era de subsistência, sem dinheiro. O máximo de dinheiro que vi, durante certo tempo, naquele período de degredo, foi o tostão que todos os dias, durante um tempo, uma senhora portuguesa muito pobre, que era caseira de uma chácara, me dava para jogar no bicho em seu nome.

A criançada a chamava de Badaioca. Para meu espanto, descobri, não faz muito, que não era uma palavra inventada a esmo. A palavra "badalhoca" existe no dicionário! E quer dizer exatamente o que os moleques queriam dizer quando assim a chamavam pelas costas, como se fosse nome próprio: suja e pendente, equivalente de resto e de lixo. Era uma designação cruel, provocada pelo desleixo e pela sujeira de sua pobreza, um pouco maior do que a de todos nós. Ela caminhava com dificuldade, balançando o corpo de um lado para o outro, rendida pelos muitos anos da vida em que vinha sendo, também, verdadeiro burro de carga. E era uma mulher muito suja, mesmo para os padrões de escassa higiene ali do mato. "Badalhoca", que vem de badalo, quer dizer cardina, a posta de sujeira que gruda no pelo e fica pendente de certos animais, como os carneiros, e que balança quando caminham. Lá naqueles cafundós, ao que tudo indica, conhecia-se o segredo das palavras, as raízes e matrizes do português antigo e do nheengatu. Era só aparecer o objeto e a palavra ressuscitava, perfeita, do imenso depósito linguístico do povo da roça. Até as crianças faziam isso naturalmente, como nesse caso. "Badaioca" é palavra portuguesa dita com sotaque nheengatu.

Ela ficava na porteira logo cedo. Quando eu passava, me dava o tostão e narrava o sonho que tivera naquela noite. No geral, ela não sabia os números dos bichos do jogo. Nem eu. Naquele tempo, esse jogo não era ilegal. Havia um chalé de jogo do bicho, como se dizia, na rua da estação, quase ao lado do posto policial. Eu narrava o sonho da Badaioca para o apontador, ele pensava um pouco e, com grande "ciência", o interpretava para achar o número do bicho correspondente ao que fora sonhado. E sentenciava: "É cavalo!" e punha lá no papelzinho o número 11; ou "É macaco!" e apontava o 17; ou "É borboleta!" e anotava o 4; ou "É vaca!" e marcava o 25, o último número daquele zoológico imaginário. Ela sempre me pedia para jogar na dezena, do primeiro ao quinto, coisa que eu não tinha a menor ideia do que fosse. Sei apenas que no papelzinho vinham marcados vários números e não só aquele do sonho.

Uma única vez ela me disse para jogar no burro porque havia sonhado com um parente que tinha as características desse animal. E lá foi o número 3 para o papel do jogo. Era mais que óbvio que as pessoas dali, como acontecia comigo, quando sonhavam com bichos era com os bichos de lá mesmo, que nem sempre existiam no jogo do bicho, cuidando o bicheiro de fazer as adaptações: se o sonho era com lagarto, ia para o papel o 15 do jacaré; se era com ouriço, podia ir o 5 do cachorro ou o 14 do gato, dependendo de outras informações contidas no sonho; se era com o tamanduá-bandeira, podia ser o 23 do urso; se era com mulher vaidosa, podia ser o 19 do pavão; se era com homem trabalhador, podia ser o 8 do camelo ou o 21 do touro, se fosse forte; se era com criança irrequieta, quase certo que era o 17 do macaco; se era com gente mansa, valia o 7 do carneiro; com pessoa traiçoeira, era o 9 da cobra; com "doutor" era, muito significativamente, o 1 do avestruz, que enterra a cabeça no chão para não ver, versão popular da justiça cega e da isenção. Para cada sonho, havia uma adaptação, de modo a traduzir o sonho num dos vinte e cinco números do jogo do bicho.

O homem do chalé fazia o jogo e me dava o papelzinho, que eu entregava a ela quando voltava da escola. No dia seguinte, a mulher me dava mais um tostão e me pedia para verificar qual o bicho que dera no sorteio anterior. Quando eu voltava da escola, lá estava ela à beira da estrada, me esperando, para saber o resultado de sua aposta e recolher o comprovante do jogo daquela manhã. Acho que o jogo corria pelo final da tarde do dia da aposta. Eu lhe entregava o comprovante do jogo e lhe dava a informação diariamente repetida: não havia ganho nada. Eu, naquele leva e trás inútil, constrangido por ter que dar-lhe, todos os dias, a mesma má notícia.

Como retribuição, às vezes me oferecia um sanduíche, que eu guardava na bolsa ou na patrona e depois jogava no mato, sem nenhuma vontade de comê-lo, por mais fome que sentisse, e sentia. A única vez que tentei, porque a fome era muita, o salame estava rançoso. É que uma vez por semana ela ia ao entorno do Mercado Municipal de São Paulo e recolhia, do monte de lixo, alimentos vencidos que os comerciantes jogavam fora. Voltava sobrecarregada de comida para casa, até mesmo pão amanhecido, mendigado nos bares próximos. A origem da comida todos sabiam, pois as próprias filhas contavam, como se fosse uma coisa natural. Era o que ela, com imensa generosidade, me oferecia, pois todo favor tinha que ser pago, de algum jeito, algum dia.

Ao voltarmos para São Caetano, após o tempo de Guaianases, voltávamos para a ingênua economia infantil do cofrinho de louça, onde os parentes colocavam raros tostões e quinhentos réis. O meu era um galo encardido, que nunca ficou cheio e por isso nunca precisou ser quebrado. Rapidamente, eu aprendera a tirar as moedas de dentro dele, contrariando o que os adultos pretendiam, que era me transformar numa pessoa econômica, capaz de valorizar o dinheiro. Não havia, obviamente, mesada nem existia essa palavra no vocabulário da pequena coletividade de crianças, cujos cenários de brincadeiras eram a rua e os terrenos baldios que ainda existiam nas proximidades de nossas casas. Em minha casa, mesada seria uma quimera, naquela apertada economia doméstica, em que uma criança podia levar uma surra se gastasse indevidamente quinhentos réis ou cinquenta centavos.

Uma das memoráveis surras que levei de minha mãe, em 1947, já antes da ida para a roça, foi, justamente, por ter comprado três livros infantis com o dinheiro que ela me dera – doze cruzeiros – para comprar a *História do Brasil para Crianças*, de Viriato Correia. A professora, Dona Olga Montanari de Melo, havia levado os alunos para uma visita ao Museu do Ipiranga. Voltei de lá fascinado com tudo o que fiquei conhecendo naquele dia. Tudo que eu havia lido nos livros escolares e ouvido nas aulas era real. Os objetos do Museu o demonstravam: canoa de bandeirante, adornos plumários de índios, cadeirinhas de sinhás que foram um dia carregadas por escravos. Eu havia visto esse livro na vitrina da Papelaria "Ao Carioca" e perguntei-lhe se o livro me ajudaria a aprender mais sobre o que vira. Ela disse que sim. Respaldado por essa opinião da professora, convenci minha mãe a me dar o dinheiro, que era realmente muito para ela. Deve ter feito enormes sacrifícios para juntá-lo, até mesmo economizando na comida durante o trabalho na rua, geralmente um sortido ou prato-feito quando tinha que almoçar fora. Acompanhei-a uma vez em seu trabalho, quando também conheci a fábrica para a qual trabalhava: numa venda de esquina, ela comprou um pedaço de pão, uma lata de sardinhas e uma cebola, que comemos juntos. Foi o nosso almoço. Quando cheguei à papelaria, fiquei sabendo que o único exemplar do livro já fora vendido. Gastei, então, os doze cruzeiros comprando três livros infantis, daqueles bem infantis, em que a capa era recortada no formato de um bicho. Um deles era o de um gato. Ela não entendeu e ficou furiosa com o desperdício em livro não recomendado pela professora, o gasto de um dinheiro que lhe custara privações maiores do que as costumeiras. A duras penas, tive que revender a vizinhos os três livrinhos, nos quais eu já escrevera, orgulhosamente, meu nome a tinta, por muito menos do que por eles pagara, e devolver-lhe ao menos parte do dinheiro gasto.

Aliás, os pais tinham um elaborado sistema de crenças para impugnar impulsos de consumo. As crianças pediam um tostão para comprar balas e vinha a resposta de que balas estragavam os dentes. Ou, então, que doce tirava o apetite, depois a criança não comia comida de verdade, emagrecia, ficava doente e até podia morrer. Comida era arroz e feijão, mais feijão, comida forte, do que arroz, luxo e comida fraca, como se dizia.

A iniciação econômica das crianças, no subúrbio, no tempo de meu pai ainda vivo, se dava com as trocas próprias do dia de ano novo. Primeiro de janeiro era o dia por excelência da economia infantil, um dia inaugural, um dia simbólico na coleta de preciosos recursos. As famílias já esperavam a vinda das crianças da vizinhança logo cedo (e tinha que ser muito cedo), mal amanhecia o dia. Havia famílias que já deixavam num recipiente qualquer o punhado de moedas para isso.

Aparentemente, os votos de bom ano de uma criança estranha à família, e dar-lhe uma moeda em retribuição, no dia de ano novo, logo de manhã, era de bom augúrio, trazia sorte, abundância e prosperidade àquela casa e àquela família para todo o ano que se iniciava. Muitas crianças levantavam bem cedo para percorrer as casas. Particularmente propiciatório era o primeiro voto de uma criança nesse dia. Era, também, a oportunidade de ganhar a maior moeda. À medida que se aproximava a hora do almoço, o valor das moedas diminuía, reduzido quase que só aos desdenhados tostões ou cem réis ou dez centavos, pois as duas moedas coexistiam. Na hora do almoço desse dia, o ano novo já era ano velho. Já não valia ficar distribuindo votos a vizinhos e conhecidos.

Havia meninos que batiam à porta das casas já às seis da manhã, para despertar o dono ou a dona, para que aquele voto fosse a primeira coisa ouvida por eles no dia e no ano. A primeira dádiva era particularmente significativa e podia até se materializar numa moeda de um cruzeiro, aquela bela e pesada moeda amarela de um cruzeiro, com o mapa físico do Brasil de um lado e o número um bem grande do outro. Meu irmão e eu, ainda pequenos, às sete horas já estávamos batendo palmas à porta dos vizinhos. Na rua, as crianças se agrupavam, meninos num grupo, meninas noutro. Organizavam-se, para evitar que todos batessem à mesma porta no mesmo momento.

As casas não tinham campainha. A criança, sozinha ou com mais um ou dois (nunca em grupo maior), batia palmas no portão de entrada. Na maioria das vezes vinha a dona da casa, como se não soubesse de nada.

— Sim? – dizia ela meio alto, fingidamente, lá do extremo do corredor lateral, que quase sempre dava na cozinha e no quintal.

— Bom ano novo!! – gritava o menino ou a menina.

— Espera um pouco! – respondia ela lá do fundo. E voltava com um tostão, que era o comum; ou a moeda amarela de duzentos réis que deixava a criança mais contente; ou cinquenta centavos, um verdadeiro presente. Ou, mais esperada e rara, a nova moeda de um cruzeiro. E devolvia: "– Feliz ano novo!"

Nesse meio tempo outras crianças estavam batendo em outros portões. E só se ouvia "feliz ano novo" pra cá e "bom ano" pra lá. A cada tanto a turma toda se reunia no meio da rua para ver quanto cada um havia arrecadado, fazer comparações, ver quem estava mais rico e quem ainda estava pobre e, sobretudo, trocar informações sobre as casas que davam menos e as casas que davam mais. Uma coisa era certa. Nas casas mais pobres o máximo que cada um conseguia era um chocho:

– Feliz ano novo pra você também!

Aquilo desapontava, sobretudo porque as outras crianças, que ficavam à espreita, de longe, caíam na gargalhada depois.

Nesse dia, havia doações de exceção. Meu irmão, mais novo que eu, era exceção. Bem na frente de nossa casa, do outro lado da rua, ficava a casa de nossos avós paternos, como já mencionei. Meu avô era padrinho de batismo de meu irmão João Alberto, cujo primeiro nome é homenagem a ele. E minha avó era a madrinha. Lá íamos nós gritar os votos no portão da casa dos avós, sem entrar lá dentro, como se fôssemos estranhos, como faziam as outras crianças da rua. Era um rito de alteridade, mesmo em relação à família e ao que era familiar. Daí a necessidade de ficar do lado de fora e fazer-se de estranho. Sabíamos perfeitamente abrir o portão e correr para a cozinha de minha avó, o que fazíamos todos os dias e até várias vezes por dia. Alteridade, também, em relação à própria criança, que não agia em nome próprio, mas em nome da entidade dos seres inocentes e benéficos, como os anjos, que ela personificava apenas uma manhã por ano e apenas enquanto fosse criança. O augúrio tinha que vir de fora da casa e não de alguém que se identificasse como de dentro. E de fora da casa para reafirmar a alteridade essencial ao caráter de troca do rito.

Era um rito de revitalização da comunidade arcaica que ainda existia oculta nas relações de vizinhança do subúrbio operário. A troca de augúrio e dádiva, pela mediação do estranhamento, tecia a rede simbólica de relacionamentos e a interdependência entre as famílias que eram vizinhas. Afirmava, além do mais, o caráter sacerdotal da inocência e da criança e, portanto, sua missão renovadora no mundo envelhecido pelo trabalho, pelo pecado e pela materialidade da vida. De certo modo, eram as crianças que, nesse rito, demarcavam o território da vizinhança. Era expressão de uma relação de troca entre o que era familiar e visível e o que não era familiar nem visível, o de dentro e o de fora. Ritualmente, as crianças reinventavam a sociedade nesse dia inaugural.

Só as crianças podiam cumprir essa função, de certo modo mediadora e sacerdotal. Os adultos já estavam impregnados de todas as interdições que os privavam da inocência e da pureza e, assim, da qualidade de virginal e novo. Privados, portanto, da competência simbólica para a função inaugural, numa época em que o ano ainda era claramente cíclico, demarcado por momentos religiosos e celebrativos que propunham o contínuo recomeço da vida e ao mesmo tempo o seu caráter passageiro. Nessa alteridade estava a força mágica da criança, que nenhum de nós compreendia. O caráter ritual das demarcações precisas dessas visitas é que me disse isso mais tarde. Quando já adulto tive condições de responder as perguntas que me fizera na infância para saber, por exemplo, o motivo de não entrarmos na casa dos avós nesse dia de manhã, como sempre fazíamos, livremente, para pedir a bênção e, portanto, desejar-lhes bom ano lá na cozinha. Tinha que ser lá no portão, do lado de fora da casa e seu território.

Meu avô já sabia que o afilhado ia aparecer e vinha com a mão no bolso. Para meu irmão, muito mais dinheiro do que para mim. Para ele podia ser até mesmo uma nota de dez cruzeiros ou dez mil-réis, como aconteceu uma vez, o que deixava meu irmão todo prosa. Para mim, moedas. Para mim, metade ou menos, para deixar bem marcada a diferença ritual que havia entre nós dois, o que me deixava muito desapontado. Aliás, havia enorme diferença simbólica entre nota e moeda. Nota era da economia dos ricos e moeda da economia dos pobres. Criança desconfiava disso desde cedo. Claro, ambos recebíamos as devidas bênçãos. Depois, em casa, recebia a explicação de que o Pai João era padrinho do meu irmão e não era meu padrinho. Meus padrinhos eram os pais de minha mãe. Por isso, me chamo José, em homenagem a meu avô materno.

Na repetição dos nomes, de geração em geração, os trabalhadores oriundos do mundo rural e camponês reafirmavam o sentido de continuidade ao longo do tempo no interior das famílias, o batismo como ritual de ampliação e afirmação da paternidade nos padrinhos e nos avós. Mas também ritual de alianças e de estabelecimento da precedência do simbólico em relação ao carnal. Meu irmão se chama João Alberto também por causa de meu pai, que se chamava Alberto. No duplo nome do filho, meu pai fez com seu pai postiço, meu avô, uma aliança, tornando--o pai simbólico de seu filho e, portanto, tão pai quanto ele, além de ser pai de seu nome. Era uma forma de transformar o padrasto em pai, numa cultura em que o simbólico tinha mais sentido do que o carnal. Esses procedimentos tinham grande força na afirmação da continuidade da família, a instituição mais importante no mundo dos trabalhadores daquela época. Visto de hoje para ontem, era já uma forma de enfrentar a desagregação da família extensa que, nos bairros e no subúrbio operários, constituídos de imigrantes e migrantes desenraizados, tendia à pequena família nuclear.

A diferença de tratamento que meu irmão recebia de meu avô tinha a ver com o outro lado do ritual. Ao recompensar, em meu irmão, de maneira quantitativamente especial e diferente o mensageiro do bom augúrio, cumpria um rito paralelo de reconhecimento da paternidade simbólica de sua condição de padrinho, de pai substituto e provedor, portanto, de familiaridade oposta ao estranhamento representado por todas as crianças nesse dia. A doação especial, e não simplesmente troca, procurava reparar a ruptura e a tensão que se propunham na relação de alteridade, e na prática de esperar no portão o dono da casa. E que se propunha, também, na relação entre visível e invisível, num caso que, normalmente, era de duplo parentesco, o da relação entre avô-padrinho e afilhado-neto. Sendo a dádiva maior do que o suposto na mera troca, sobrepunha ao ato a sua negação na desigualdade da dádiva e no que é o caráter desigual da relação entre o padrinho e o afilhado, que é a proteção e a doação. Um contrarrito que documenta o propriamente ritual nos festivos cumprimentos das crianças nesse dia.

A excepcionalidade da dádiva do padrinho em relação à oferecida às demais crianças, aos "estranhos", anulava o estranhamento, acolhendo o afilhado na natureza afetiva e parental da relação mais profunda e sa-

grada, a da paternidade do batismo, uma relação que era precedente e
não podia ser rompida ou dissimulada pelo rito do augúrio inaugural do
ano. Na relação padrinho-afilhado havia uma territorialidade subjacente, mais ampla que a doméstica porque o afilhado era de dentro mesmo
quando vivia fora, em outra casa. É significativo, nesse sentido, que os
filhos não fizessem os votos aos próprios pais nem deles recebessem a
moeda da troca ritual. Meu irmão, e todos com vínculos como o dele
com o padrinho, era imprestável para o rito do augúrio e para a encena-
ção que lhe dava sentido. Sobre ele pesava o bloqueio de, na condição
de afilhado, ser sempre, simbolicamente, de dentro, impossibilitado de
ser de fora, mesmo ritualmente. O padrinho estava obrigado a doações
plenas, amplamente discrepantes da concepção esmoler da dádiva aos
portadores dos votos de bom ano e com isso tornava explícita a interdição do afilhado para que seus votos produzissem os efeitos esperados. A
relação entre eles era outra. A retribuição com o bom augúrio por parte
da criança não constituía troca, nesse caso, porque apenas expressão de
obediência e vassalagem, um dever e não uma doação. Caso contrário,
a condição de padrinho no avô seria anulada. Filho simbólico do avô,
meu irmão se situava, quanto ao rito, plenamente no lado do simbólico e não podia representar a relação de alteridade entre o cotidiano e o
simbólico, no ritual inaugural de um ciclo de temporalidade cósmica,
de ruptura, portanto, do tempo linear da vida cotidiana.

Só uma vez passamos o ano novo com nossos avós maternos, que
moravam na roça, no bairro caipira do Arriá. Invariavelmente, meu
irmão e eu éramos levados para lá depois das festas de fim de ano, para
ficarmos com eles na duração das férias escolares. Não havia lá na roça
o costume de dar dinheiro às crianças nesse dia, até porque o dinheiro
era de fato muito escasso. Dar dinheiro, assim, era esmola e esmola só se
dava para esmoleiros ou para os bandeireiros que apareciam na entrada
do terreiro ou na porteira pedindo uma esmola para o santo. A esmola
era aí oposta da troca, porque dispensava a retribuição. Primeiro de ano
nem existia na vida daquelas pessoas.

Ali os dias demarcatórios ainda eram os dias dos tempos coloniais,
quando o novo ano começava de fato no dia de Natal, tanto que no sécu-

lo XVI as atas da Câmara de São Paulo antecipavam a numeração do novo ano já para esse dia. Dia de agradar as crianças com alguma novidade era o dia de Reis, especialmente balas. Mas, principalmente, almoço de arroz com frango no lugar do costumeiro feijão com farinha de milho. Provavelmente, o rito era o mesmo, mas invertido na sua teatralidade. Ao invés da criança pedir para receber, os pais, em nome dos Magos, davam para se antecipar na oferenda que assegurava o bom augúrio da gratidão infantil. A inauguração do ano ficava por conta do próprio Cristo, no seu Natal. No dia de Reis é que a humanidade se propunha como agente interveniente e coadjuvante na veneração do Menino, reduzindo a recriação simbólica ao plano da religiosidade, não sendo a sociedade, senão indiretamente, o motivo do rito, como acontecia na cidade.

Os tostões arrecadados nas ruas do subúrbio podiam significar muito. As crianças nunca iam além das casas conhecidas. Ninguém se aventurava além do trecho de rua de sua casa, em seu próprio quarteirão, para não invadir território de outras crianças. Batiam na porta da casa de pessoas conhecidas. Por isso mesmo, essa arrecadação envolvia, na cabeça das crianças, uma dupla avaliação. De um lado, a avaliação menos importante, a de quem dava e de quem não dava algum dinheiro. Todos sabiam de antemão quem era "remediado" ou "pobre" no seu pedaço de rua. De outro lado, a avaliação das próprias crianças pelos adultos, medida nas moedas recebidas de cada família.

Havia pessoas passando por dificuldades severas. Após a morte de meu pai, era o caso de minha mãe e de uma vizinha quatro casas abaixo, ambas viúvas recentes, em grande adversidade. Tanto que no primeiro Natal após a morte de meu pai e a morte do marido da vizinha (um motorista de caminhão que morreu repentinamente de um ataque cardíaco, na estrada, quando levava uma carga para o Rio de Janeiro), que também ficara com filhos pequenos, ambas se associaram para comprar um único frango a ser repartido entre as duas famílias. Nosso galinheiro havia sido limpo por um ladrão-de-galinhas numa noite em que minha mãe ainda estava na fábrica, trabalhando, num dos dois empregos que tinha. Mas havia também uma espanhola, com vários filhos, que morava na casa mais pobre da rua e que passava por uma miséria grande, que a fazia uma pessoa sempre irritada com todos e muito agressiva com os vizinhos.

Nessas casas, as crianças preferiam nem bater, com pena da pessoa. Na prática, não bater à porta de alguém na manhã desse dia para os votos de ano novo era o reconhecimento de que aquela família não fazia parte da vizinhança. Isso deixava as crianças preocupadas, pois as crianças daquela casa faziam parte do grupo de rua, a molecada, cuja característica fundante era a da absoluta falta de distinções sociais. Também sentiam uma certa vergonha por não fazê-lo, já que a distribuição de votos de casa em casa tinha que ser desinteressada e não por motivação econômica. Naquela cultura já se sabia que o dinheiro era coisa do diabo. O que permite entender que os votos de bom ano promoviam a troca de nada por dinheiro, uma forma de lavagem espiritual e moral do dinheiro e de aprisioná-lo no mundo de Deus, como instrumento da vida e não como objetivo da vida. Quando recebiam de volta o "feliz ano novo pra você também", acrescentavam aquela casa na importante lista que mantinham na cabeça, a das pessoas em dificuldade, o que resvalava para os comentários domésticos e se difundia na opinião dos adultos e da vizinhança. Dava pena porque os filhos delas também faziam parte dessas troças infantis e também estavam por ali batendo à porta das casas, "dando feliz ano novo" para ganhar alguns trocados. Era de certo modo o meu caso e de meu irmão. É claro que corria uma outra classificação das pessoas com base na quantia dada, das "pão-duras" às "de bom coração".

Havia uma contrapartida importante na quantia que as pessoas davam. Como as crianças conferissem a todo momento quem dava quanto para quem, construíam, também, uma consciência individual e coletiva do apreço em que eram tidas individualmente pelos vizinhos. Comparadas as mesmas casas, crianças bonitas e pequenas sempre recebiam mais, o que deixava nas que menos recebiam a consciência dolorosa da feiúra e da recusa, o que não era verdadeiro nem justo. Não me lembro de uma única criança feia nas vizinhanças de casa. Aliás, nunca vi, de fato, uma criança feia. No entanto, havia uma gradação nos juízos de beleza, que os adultos nem disfarçavam, dirigindo a uns elogios que eram negados a outros. E isso qualquer criança entendia.

Particularmente sofrida era a situação de um menino ligeiramente manco, por isso arredio, da família mais numerosa e mais pobre da rua, que muito pequeno já estava trabalhando.

Meu irmão tinha o que minha mãe definia como cabelo bonito. Ela se esmerava em penteá-lo, fazendo ondas no penteado, como era moda difundida em fotografias de artistas em jornais e revistas, repercussão do cinema. Já o meu cabelo ela classificava como "cabelo espetado", ruim de pentear, que não aceitava as laboriosas "ondas". Tentar fazê-las no meu cabelo era tempo perdido. Por isso, meu cabelo era cortado rente ao couro cabeludo, ficando apenas uma franjinha na frente, que estava em moda, mas sumamente ridícula, tão ridícula como o terninho de marinheiro, que também cheguei a usar, quando meu pai ainda estava vivo e não havíamos entrado no regime de pobreza explícita.

Como meu irmão era menor e, portanto, nessa convenção, mais bonito, saía com vantagem no dia de Ano Novo. Além disso, era mais conversador e melhor relações públicas. Havia alguns outros galãs como ele, como nosso primo Valdir. E havia muitos de menor cartaz, como eu, tímido. As diferenças de tratamento não iam muito além do desapontamento. Muitos anos mais tarde, porém, notei que procurava manter uma relação de distância quanto a essas pessoas, mesmo parentes, fruto duradouro da ingênua injustiça dos adultos. Eles colheram o que semearam.

O dinheiro assim recebido era também avaliado do ponto de vista econômico. Quinhentos réis era o valor de um picolé no bar da esquina, um ideal bastante elevado de consumo, bem mais alto do que as balas de um tostão ou as de duas por um tostão, como era o caso das balas "Paulistinha", até hoje fabricadas. O máximo ideal de consumo da criançada era o sorvete de copinho, que custava um mil-réis ou um cruzeiro, no novo dinheiro ainda não assimilado nem pelas crianças. Era aquele copinho da mesma massa da hóstia da comunhão, branco, com uma generosa bola de sorvete. Esse era também o preço do ingresso no balcão (ou puleiro) do Cine Max, no domingo à tarde, metade do preço do ingresso na plateia, que custava dois mil-réis. Mesmo o ingresso de um cruzeiro era inacessível para gente como meu irmão e eu. Minha mãe não tinha a menor condição de nos dar esse dinheiro. Sabíamos que para ela representava muito: um cruzeiro correspondia a cinco passagens do bonde-camarão da CMTC, de que ela se valia para visitar os clientes da fábrica em que trabalhava como vendedora de louça de barro – potes, filtros e vasos.

Nossa economia infantil e ingênua, de fundo mágico, ficara suspensa durante os dois anos em que estivemos fora, em Guaianases. Quando voltamos a São Caetano, em 1950, após a temporada malsucedida de dois anos na roça e nos escassos meses que antecederam o começo de minha vida de trabalho, fomos morar numa casa da Rua Paraíba. Era uma casa herdada de meus avós, que terminava em ângulo reto no quintal dos fundos da casa que fora deles. Essa rua cruza a Rua José do Patrocínio, onde eu nascera e onde havíamos morado antes de ir para a roça. A molecada era a mesma, tributária da mesma esquina, ainda o mesmo ponto de encontro. A molecada, como dizíamos, já sem meninas no meio da história durante o dia, se reunia para fazer as primeiras barbaridades do fim da infância e do começo da adolescência. Na rua, os meninos não se definiam como meninos e sim como moleques. Era um modo de querer ser mais do que criança, o menino a meio caminho da condição de homem. Com as meninas não havia esse problema: ou eram meninas ou eram moças, nenhuma pressa para se tornarem adultas.

Uma dessas barbaridades envolvia ganhar dinheiro. Usávamos uma carriola que havia em nossa casa e em grupo saíamos catando ferro velho e garrafas vazias. Garrafas e litros vazios não eram encontrados por aí. Geralmente, eram reutilizadas em casa ou, então, usados na compra de bebidas, como os refrigerantes, ou álcool, de uso doméstico, acondicionados em garrafas, para não pagar o vasilhame. Mas cacos de vidro também podiam ser catados. Além disso, as crianças sofriam a concorrência do chamado garrafeiro, o comprador de ferro velho, que percorria as ruas periodicamente com uma carrocinha puxada a mão. Pagava por quilo. Levava uma balança de gancho e mola, muito suspeita, para pesar o que comprava dos adultos, pois aceitava também todo tipo de metal.

Portanto, sobrava pouco para nós. Dos quintais não vinha nada, esvaziados por esse concorrente, que acrescentava tostões no orçamento apertado de nossas mães. Restavam os terrenos baldios, onde alguns vizinhos jogavam lixo, o que tampouco era comum. Geralmente, o lixo doméstico era reaproveitado. Resto de comida ia para as galinhas, pois quase todo quintal tinha o seu galinheiro para os ovos e a carne do domingo. Ou então para os porcos, que alguns, contra as normas sanitárias da prefeitura, criavam em chiqueiros fedorentos no fundo do quintal. Jornais velhos, que podiam ser vendidos ao açougueiro, eram parcialmente reutilizados como papel higiênico e depois queimados uma ou duas vezes por semana, também no quintal.

Pouca coisa ia para os terrenos baldios. Aí, indústrias das vizinhanças jogavam o lixo do lixo, pois o que podia ser vendido ou reaproveitado o era. Mas criança achava coisas miúdas e preciosas. Além das latas, havia muitas coisas pequenas de metal, alumínio, bronze ou cobre. Lata fazia volume, dava trabalho, e o espanhol avarento da Rua Carlo Del Prete pagava apenas um tostão o quilo, dez centavos. Vidro tinha o mesmo preço, fazia volume e machucava. Alumínio, bronze e cobre, porém, valiam cinco cruzeiros o quilo. Quando muito conseguíamos cem gramas desses metais. Sempre tínhamos uma ideia de quanto íamos ganhar. Parávamos, pois, de "trabalhar" quando a olho sabíamos quanto valia a coleta. De fato, conseguíamos sempre, ao menos, entre mil e quinhentos réis e dois cruzeiros.

Lembro ainda do espanhol barrigudo e mal-humorado lá no fim do terreno que servia como depósito de ferro velho, embaixo de um puxado. Estava sempre sentado perto da balança, grande para a pouca coisa que tínhamos e certamente imprecisa para essa quantidade de refugos. Pesava o produto de nossa coleta de má vontade e antes que a balança se estabilizasse já dizia o peso. Roubava centavos de crianças! Tinha uma pança enorme, que até hoje associo à sovinice. Feitas as contas enfiava a mão no bolso e de lá tirava as míseras moedas do nosso esforço. Antes enfiava uma das mãos, de propósito, no bolso errado para dali retirar um enorme maço de notas dobradas ao meio. Fazia de conta que se enganara e enfiava a outra mão no outro bolso para escolher as poucas moedas que perfariam o valor do nosso trabalho. Esse teatro sempre nos dizia que, para ele, o que fazíamos não valia nada. Estava acostumado a fazer pagamentos grandes, em notas, pagamentos de verdadeiro trabalho e não de brincadeira de crianças, catadoras de lixo e de trocados.

Se a turma era grande e conseguíamos pelo menos cinco cruzeiros, o destino era a sorveteria e cada um saía com um picolé. Se o total chegasse a apenas mil e quinhentos réis o destino era também a sorveteria. Mas em vez dos picolés, comprávamos um maço de cigarros Coliseu, o pior e mais barato, o chamado "quebra-peito", apenas um cruzeiro e vinte centavos, e uma caixa de fósforos, que custava trinta centavos. Quando a quantia obtida na catação de ferro velho era maior, comprávamos algumas vezes um maço de cigarros Negritos, bem fininhos, em papel de alcaçuz cor de café, que tinha a peculiaridade de ser um papel doce. Além de mais caro, era um cigarro exótico que despertava receios naquele bando de candidatos a macho, pois dizia-se que aquele era cigarro de puta e de fresco. Mas era doce e nós éramos crianças. Fumávamos e mamávamos ao mesmo tempo o papel açucarado.

Dali seguíamos para o matagal, num dos terrenos baldios, na beira do campo do Corintinha, e numa pequena clareira fazíamos uma roda para fumar. Já havíamos preparado o terreno, afundando-o em cerca de trinta centímetros para que não ficássemos à vista dos passantes que, em vez de utilizarem a rua, encurtavam caminho cruzando o campo em diagonal. Os vinte cigarros eram divididos pelo número de participantes do mutirão. Se o número de membros do grupo na ocasião fosse ímpar, decidíamos o destinatário das sobras no "palitinho" ou no "par-ou-ímpar". E ficávamos ali, feito idiotas, fumando, fingindo gestos de adultos, fazendo pose, segurando o cigarro como se fôssemos fumantes de verdade, fazendo bico para soltar a fumaça. Tudo imitação malfeita, que terminava em gargalhadas e deboche. Ao fim da aventura, saíamos todos com enjoo, que o cigarro provoca nos inexperientes.

Não havia idade para participar das rodas de cigarro. Quem tivesse participado da catação de ferro velho, automaticamente participava do desfrute de seus resultados, cuja forma era decidida por consenso. Havia no meio crianças de cinco a seis anos de idade. A opção não era necessariamente pelo mais transgressivo, como fumar. Mas uma vez tomada a decisão, todos participavam. Criança de rua, ao menos no subúrbio operário daquela época, agia sempre como parte ativa do corpo coletivo constituído pela molecada. Era o que arrastava até os mais pequenos para a transgressão, como fumar ou roubar cana do chacareiro que cultivava a faixa de terra da linha de transmissão da Light.

No mesmo local, quando não havia cigarros a repartir, fazíamos uma roda de masturbação coletiva. O objetivo era verificar quem já estava ejaculando, pois a maioria ainda não havia chegado à idade própria e a rigor não tinha nada para mostrar. Era desses modos que exercitávamos nossa entrada no mundo dos adultos. Nós nos preparávamos para ser homens. A condição adulta nos chegava como imitação e teatro: sem ser, já fingíamos que éramos. Em casa, não se falava de sexo. Tudo que um moleque podia aprender sobre sexo era aprendido na rua, nas troças de crianças. Aos sete anos de idade, o menino já sabia o básico. Sabia, até, que relação com mulher podia engravidá-la e nesse caso o casamento era obrigatório e na polícia, o que freava nossa libido e nos impunha claramente limites. Alguém sempre conhecia alguém que casara forçado, na presença do delegado, depois de um estágio atrás das grades. Menina que "desse confiança" pra moleque já ficava com fama de puta naquele pequeno mundo em que desde cedo se aprendia que "lugar de mulher é na cozinha", e não na rua, a menina ao pé da mãe o tempo todo. Mas os pais continuavam falando em cegonha, numa ingenuidade inacreditável.

Todos nós nascêramos e éramos educados na cultura do trabalho, uma cultura de valores e regras precisos, bem demarcados. Ninguém tinha dúvida de que esse era o nosso destino, o trabalho e o adulto que trabalha. Para nossos pais, terminado o curso primário começava o tempo de trabalhar. Ir para o ginásio era um luxo até descabido em gente como nós, motivo de desdém e de um certo pouco caso, coisa de gente indevidamente pretensiosa. Até porque nem ginásio havia, a não ser o Américo Brasiliense, de Santo André, e alguns ginásios particulares que famílias de operários não podiam pagar.

Aqueles exercícios de precocidade sexual faziam parte de um grande elenco de atividades para corresponder à expectativa interiorizada de sermos adultos o mais depressa possível. E adulto de verdade era o operário. Não passava pela cabeça de nenhum pai ou de nenhuma mãe

*O primeiro, da esquerda para a direita, é meu irmão, com o uniforme do Corintinha, no terreno baldio que lhe servia de campo. Ao fundo, a Rua Paraíba. Atrás do gol a casa do maestro João Batista Negro, que regia a orquestra da Cia. Cinematográfica Vera Cruz; em seguida, a casa de Dona V.; após o terreno baldio, a casa de Dona Eduarda, benzedeira.*

*Remanescentes da molecada da Rua Paraíba, em São Caetano, no campo do Corintinha, em 1953. Nessa altura, os que haviam chegado à adolescência já estavam trabalhando nas fábricas da região, como eu. Ao fundo, a Rua Pernambuco e à direita a Rua José do Patrocínio. À esquerda, a fábrica de velas, a faixa da Light, a fábrica de água sanitária Cândida e a casa de minha tia Isaura, irmã de meu pai, depois demolida para o prolongamento da Rua José do Patrocínio.*

que seu filho, aos catorze anos, ainda fosse um menino. Chamar alguém de onze anos de idade de menino era enorme ofensa. Aos catorze anos um garoto já estava no trabalho. Muitas vezes, até mesmo antes, como aconteceu comigo. De moleque se passava a rapaz.

Ninguém negava nada a ninguém. Negar, como dar o teco de um doce ou a permissão de uma lambida no picolé, era estar fora do grupo e sujeito facilmente a agressão. Caso em que nunca um grupo batia numa única pessoa. Mesmo que todos estivessem contra determinado moleque, só um batia e com motivo forte. Os motivos eram pessoais, não grupais. O grupo excluía os egoístas, simplesmente não os convidando, evitando os indesejáveis ou deles se distanciando. Ser banido da molecada era doloroso. A antipatia transformava-se numa técnica social de evitação, lançando o excluído num limbo duradouro e penoso. O banimento podia durar um dia inteiro, o que para um moleque era muito. A vítima, por brio, acabava evitando a molecada e até desviando de caminho quando tivesse que ir a algum lugar ou não saindo de casa quando percebesse que o grupo estava na rua.

Quando algum desinformado lhe perguntasse por que não tinha ido brincar "ontem", recebia a informação de que "estava de mal com fulano". Nos mais pequenos, havia mesmo um gesto altamente simbólico para essa declaração de guerra: as duas mãos juntas, os dedos cruzados, atravessando os vãos e as mãos então, com os braços estendidos, viradas ao contrário na direção do outro e os dedos se soltando para simbolizar a ruptura. Esse gesto ritual proclamava o conflito e instituía a distância. O rito de reparação da ruptura era cruzar os dedos mindinhos, dobrados, em forma de gancho ou elo, cada parte estendendo a mão para enganchá-los e simbolizar o reatamento. Mas os já crescidos se recusavam a esses rituais, que perduravam como ritos de meninas. Tudo, então, se resolvia no faz de conta de que nada acontecera.

O retorno dos banidos dependia sempre de momentos propícios, uma demonstração de generosidade em caso de que alguém do grupo estivesse precisando de algo. Mas, no subúrbio operário, a sociabilidade infantil sempre dispunha de recursos de reintegração dos excluídos, tendente ao comunitário e avessa ao individualismo. Criança sozinha não tem como ser criança. Às vezes, servia de pretexto para trazer alguém de volta o número insuficiente ou ímpar de moleques disponíveis para uma partida de futebol. O punido, quando queria voltar, estava sempre por ali, o olho comprido na direção do grupo. Alguém gritava: "Oh! Fulano! Fica no gol, vai!" Como se estivesse pedindo um favor e o outro estivesse se fazendo de rogado. Sempre estranho que não haja diplomatas oriundos da classe operária e da cultura de rua.

Nos casos de tensão, o vocabulário era importante. Chamar o outro de "filho da mãe" podia até ser brincadeira. Mas "filho da puta" era briga certa e raivosa. O outro podia sair machucado se houvesse diferença de idade, de força, de tamanho. "Vá tomar banho" era outra reação de descontentamento, cujo uso dependia muito do tom em que a expressão era usada. Podia ser uma brincadeira se a expressão fosse usada com um sorriso. Se houvesse raiva em seu uso, a resposta vinha imediata: "Eu na água, ocê no ranho". "Responder", como nesse caso, vinha de respondão e não de dar resposta. Era uma medição de forças, um enfrentamento. Do mesmo modo que "filho da mãe" era quase um eufemismo para "filho da puta", "vá tomar banho" era a forma leve de "vá tomar no cu", uma ofensa pouco menor do que a ofensa à mãe, mas que deixava o outro alerta, pois geralmente depois desse xingamento vinha um pontapé. Pontapé era menor do que tapa e, por incrível que pareça, tapa ofendia mais do que soco. Soco era coisa de homem. Mas levar um tapa era uma ofensa: quem levava tapa era mulher adulta, do pai ou do marido. Mulher não levava soco. Se levasse, era caso de polícia, o que nunca acontecera nas redondezas. Nem tapa, que eu soubesse.

A molecada do subúrbio não vivia só de malfeitos, de fumar comunitariamente às escondidas ou de rolar na terra aos socos e pontapés. Havia as muitas brincadeiras grupais. De dia, só os moleques, não havia meninas. De noite, as meninas eram admitidas. É que aí o grupo se tornava "sedentário", o espaço da brincadeira reduzido aos limites do ponto de encontro. Mas pensando bem, nesta altura da vida, eram as meninas as donas do grupo noturno de brincadeiras da Rua Paraíba, pois eram elas que melhor conheciam as cantigas e eram elas que tomavam a iniciativa da brincadeira, os meninos sentados na calçada, de boca aberta, feito tontos. É verdade que os espaços eram diferentes de dia e de noite. De dia os moleques iam brincar no "campinho", um enorme terreno baldio, com área aproximada de meio quarteirão, onde os jogadores do Corintinha, o time de futebol de várzea daquelas redondezas, haviam tirado o mato, aplainado e drenado o terreno e colocado as traves, que os garotos e adultos chamavam de "gol".

O Corintinha, fundado pelos jovens trabalhadores da vizinhança em 1928, alguns dos quais eram meus primos, jogava geralmente nos domingos à tarde e eventualmente treinava no sábado. De modo que nos dias de semana o campo era usado pela molecada para jogar futebol. Como nunca conseguiam 22 jogadores, dividiam o grupo todo pela metade, desenhavam um campo imaginário dentro do campo amplo, usando pedras e pedaços de tijolos para simbolizar o "gol", e ali passavam a tarde jogando, complementando o jogo com as malvadezas próprias da idade. Se o grupo era ímpar, o sobrante se tornava o juiz. Se era par, todos eram juízes. Para tudo havia uma acomodação. As regras oficiais e adultas não inviabilizavam nada que a imaginação infantil não pudesse acomodar.

Uma das atividades grupais, aliás muito rara, era caminhar dois quarteirões e atravessar o arame farpado do linhão da Light, cujo terreno havia sido cedido gratuitamente a um chacareiro, e roubar cana para chupar. De vez em quando o dono da plantação usava uma espingarda pica-pau e dava tiro de pólvora e sal na bunda dos invasores. Era o que se dizia. Provavelmente, fez isso uma única vez, porém ficou a fama de que o fazia sempre, o que nos forçava a redobrar os cuidados na hora da aventura. Mas justamente a história do tiro de sal atiçava a molecada a "vingar-se" e a invadir o terreno, fazendo de conta que ia roubar cana só para deixar o pobre chacareiro furioso. Tentávamos provar para nós mesmos que éramos valentes e que "ninguém mandava em nós", uma afirmação que gostávamos de fazer e que fiz uma vez para minha avó, o que a deixou profundamente magoada. Como havia avisos de que era proibida a entrada, maior a curiosidade e maior a disposição para transgredir. Na verdade, os avisos eram colocados pela Light, dado o enorme perigo dos fios de alta tensão e o risco de que algum moleque tentasse subir numa das torres, o que era fácil, e morresse eletrocutado.

De qualquer modo, ninguém lembrava de alguém que tivesse saído com os quartos chumbados pelos grãos de sal dos tiros do chacareiro. Era lenda que a própria molecada refabricava, acrescentando-lhe horrores de aventura cinematográfica nas longas conversas de começo de noite das brincadeiras de rua. Fico admirado com o talento literário e inventivo daqueles contadores de histórias, uma tradição forte entre crianças. Talento que ia desaparecendo na adolescência com a conversão da criança em adulto e trabalhador. A escola formal, autoritária e disciplinadora da época, contribuía poderosamente para matar a imaginação da molecada e ajustá-la aos requisitos de medíocres lições de casa, meras repetições do que seu mestre dizia e mandava. Basta dizer que aritmética se aprendia decorando a tabuada, um livrinho mal impresso.

Era uma tortura: "duas vezes dois, quatro; três vezes três, nove; nove vezes nove, oitenta e um; cinco vezes zero, zero!" Porém, nunca ninguém nos explicou para que servia multiplicar um número por zero, pois para nós zero era zero, era nada. Um nada que nos aborrecia todos os dias, no começo da aula, quando a professora tomava a tabuada ao acaso, ralhando sempre que o aluno errava, dando-lhe, como castigo, uma reguada na mão, que já ficava espalmada para o caso de erro eventual. Reconheço, porém, que a tabuada (e as reguadas) fora eficiente método de aprendizado dos cálculos rápidos, o que nos armava contra as tentativas do espanhol do ferro-velho de nos enganar nas contas e nos ajudava na hora de saber quantos picolés podíamos comprar ou quantos cigarros cabiam a cada um na hora de repartir os frutos do trabalho comum.

Da última tentativa de invasão da chácara e do teatro de roubar cana, para irritar o chacareiro, não participei, pois já estava trabalhando. Mas levei um susto quando cheguei em casa, antes de minha mãe, e encontrei meu irmão com um enorme curativo na cabeça, parecendo uma crista branca, na direção da testa à nuca. Depois de muito perguntar e indagar da molecada fiquei sabendo que os garotos tinham entrado no canavial do homem e ele apareceu, creio que com a tal espingarda. Saíram correndo, mas um dos espinhos do arame farpado e enferrujado pegou no topo da testa de meu irmão e rasgou-lhe a cabeça de uma ponta a outra.

Com o rosto coberto de sangue foi conduzido pela própria criançada, assustadíssima e com medo de "ser presa" e "levada ao juiz de menores", ao único pronto-socorro do já município, onde foi limpo, recebeu o curativo e um bocado de pontos. Não me lembro qual o pretexto que ele usou para minha mãe, para se safar de uma surra, pois mesmo ferimentos resultantes de malvadezas não dispensavam a devida punição.

"Roubar" estava no elenco das atividades lúdicas da molecada, como nesse caso de roubar cana do chacareiro. A cana era o que menos interessava. O que interessava era o desafio, o risco e o triunfo de ter feito o pobre homem de bobo. A cana era apenas um subproduto da malvadeza.

A tentação do pequeno roubo vinha da facilidade de apanhar as coisas alheias, numa sociedade em que se supunha que todos eram honestos e trabalhadores. Ninguém era propriamente suspeito de desonestidade até que desse motivo para isso. Pequenos roubos, para a molecada, eram praticados como exercícios de esperteza, sobretudo se a vítima fosse adulta e hostil, puro exibicionismo em face dos demais. É verdade que isso acontecia muito raramente e o que eventualmente roubavam tinha para os moleques mais um valor simbólico do que material. Eram troféus. Não raro, eram coisas abandonadas pelos adultos, conservadas, porém, como coisas potencialmente úteis.

Naquela época, na casa dos trabalhadores, em geral as coisas eram apreciadas em primeiro lugar por sua utilidade e não por seu valor comercial. Mas a utilidade lhes era intrínseca, não cessava quando o objeto deixasse de ser utilizado frequentemente ou mesmo quando largado ao relento. Casas operárias tinham muita tranqueira, valorizadas pelos donos porque podiam ser úteis em algum momento, algum dia. Ninguém se atreveria a surrupiar as coisas propriamente irroubáveis, aquelas de utilidade e atualidade efetivas, aquelas que tivessem a indiscutível aparência de objetos em uso, sobretudo novos. Roubáveis eram as coisas com as marcas claras do abandono, "velhas", de reserva para atender a alguma emergência, situadas na indefinição de úteis ou inúteis, condenadas ao lixo ou não.

Aquela era uma sociedade em que uma culpa enorme e preventiva acompanhava a todos nós desde pequenos, mergulhados num mundo dividido entre o bem e o mal. Se a consciência do bem não era muito forte, a do mal, ao contrário era fortíssima. Sabíamos tudo que não devíamos fazer. O que podíamos fazer era o que sobrava desse verdadeiro manual de proibições que carregávamos na mente. Mas dependia de passos práticos para se manifestar. Não era dada *a priori*. Tinha que ser provocada.

Diferente do que ocorria e ocorre com os adultos, sempre vigiados, aos quais estava vedado moralmente refazer o malfeito, para que assumissem a culpa devida, com os consequentes danos à sua identidade, às crianças era lícito o reparo, o pedido de perdão mediante promessa de que uma falta não se repetiria. Na consciência de quem vivia e vive na fantasia do fazer de conta, como era e é o caso das crianças e de muitos adolescentes, esses atos constituíam uma modalidade de jogo que podia ser jogado várias vezes, cada uma de um modo diferente. Nesse caso, o autor podia re-fazer o que fora feito, fazê-lo de novo e de outro modo. O mal não era fixo.

Atos e fatos não têm para a criança a durabilidade que tem para o adulto. A ocultação e a mentira infantis são partes desse jogo porque são condições para re-fazer o já feito. A "verdade" do adulto não permite jogar, porque tudo é definitivo e acabado, não pode ser re-feito. Só lhe resta a alternativa da vergonha sem remédio, do arrependimento interior, da sujeição às concepções coletivas do que é direito e do que não o é, de aceitar a humilhação de reconhecer-se como frágil e errado, como pessoa que é menos do que deveria ser. Ou delinquir.

O sentimento do "nosso" e do "alheio" entre a molecada era apoiado na espacialidade das coisas. As coisas móveis faziam parte dos imóveis, que era a única instituição que conhecíamos. A casa de fulano ou a casa de sicrano ou a minha casa. Porque, para uma criança, é no espaço que o pertencimento das coisas pode ser conhecido e reconhecido e esse espaço é relativamente pequeno.

Para a molecada, roubo era a apropriação de algo que pertencesse a algum membro do grupo. As regras eram claras: quando se quisesse alguma coisa de alguém do grupo, pedia-se a ele. Nesse caso, se ele negasse, ficava mal visto. Havia entre nós uma certa cultura da partilha e, ao mesmo tempo, uma certa consciência de que as coisas tinham donos. Mas ser dono não justificava o egoísmo, sempre muito mal visto.

A apropriação de algo que pertencesse aos adultos e estranhos ao grupo, os que não tinham relacionamento com nossos pais, não era roubo, era diversão. Adulto era o adulto anônimo da loja, da venda, do caminhão de transporte, da Light que às vezes deixava na rua, de um dia para o outro, arruelas e peças de porcelana que estavam sendo usadas em reformas e consertos na fiação. Esse roubo demarcado e circunscrito era afirmação da criança que se defrontava por esse meio com a categoria abstrata dos adultos sem rosto, pois rosto era apenas o rosto conhecido das pessoas que encontrávamos no dia a dia, geralmente gente que tinha nome. O roubo infantil e juvenil pretendia ser apenas manifestação de competência adulta por parte de quem ainda não o era.

Desse modo, ruim, nos tornávamos lentamente adultos aos nossos próprios olhos, que era o que nos importava. Ríamos de nossas raras vítimas, por pura e maldosa diversão. Se nossos pais soubessem, no entanto, era surra feia na certa. Bastava aparecer em casa algo que não tinha origem certa e sabida e lá vinha o interrogatório severo e a recomendação de imediata devolução do objeto ao dono, com pedido de desculpas, o que não dispensava a tunda humilhante e dolorida. O que mais incomodava as famílias de trabalhadores era que algum de seus membros viesse a possuir algo por outro meio que não fosse o ganho com o próprio trabalho. O ter de modo impróprio era motivo de imensa vergonha.

Mesmo briga de crianças na rua tinha regras que passavam por dentro de casa. Nas famílias de trabalhadores, uma regra era a de que quando um menino fizesse arte, como se dizia, ou seja, fizesse algum malfeito, levava uma surra de cinto em casa. Ainda que o malfeito, como no caso da tentativa de roubo de cana do chacareiro, resultasse em ferimento do sujeito. Se apanhasse de alguém na rua, tinha duas alternativas: voltar lá e dar uma surra em quem o machucara ou levar outra surra em casa. Era bastante claro para todos nós: quem não tem competência para ganhar numa briga de rua, não se mete a valente, para não pegar fama de covarde e não envergonhar os pais, especialmente o pai. Porque apanhar injustamente de outro moleque e não reagir à altura, deixava o pai na obrigação de tomar satisfações do pai do outro. Era o que todos temiam, pois o bate-boca arruinava relacionamentos de vizinhança e tornava difícil o dia a dia dos moradores, sempre se encontrando na rua, na venda, na padaria ou na fábrica, âmbitos de convivência em que conflitos pessoais ou domésticos não deviam repercutir, pelos danos sociais consequentes na vida dos envolvidos.

Outra imprudência era a de atravessarmos a cerca da ferrovia e caminharmos pela margem da linha do trem até perto da estação do Ipiranga. Lá adiante atravessávamos também a linha e íamos tomar banho pelados nas muitas lagoas que havia na várzea, lagoas fundas, de onde no passado olarias e cerâmicas haviam retirado barro para fazer tijolos. Não dava nem mesmo para dizer "nadar", pois a maioria não sabia nadar. E, pior ainda, todos nós sabíamos perfeitamente que não se deve tentar salvar quem está se afogando, pois a vítima se agarra a quem estiver tentando ajudá-la e a puxa para baixo. Havia o risco de morrer junto com o outro. Portanto, era "cada um pra si e Deus pra todos", como nós próprios dizíamos com frequência.

Nossas excursões imprudentes às lagoas do Ipiranga, que eram bem longe de casa, terminaram quando um dos meninos do grupo morreu afogado. Íamos sempre em grupo. Mesmo assim, se acontecesse alguma coisa, nada havia para ser feito. Não havia casas nas proximidades, a estação ferroviária, onde sempre havia pessoas, era um pouco longe e raramente aparecia alguém por ali, a não ser nos domingos, já que na parte seca do imenso terreno plano havia vários campos de futebol de várzea.

Depois que o grupo voltou para casa, numa das excursões, o garoto resolveu retornar sozinho até lá para "nadar". Já era o fim da tarde. No começo da noite ele não havia aparecido em casa para o jantar, uma das casas nos fundos da Padaria das Famílias, na Rua Alagoas. Era um garoto pequeno, de uns nove anos de idade, que ninguém definiria como menino desobediente ou malandro. A mãe, desesperada, com a ajuda dos vizinhos, saiu perguntando se alguém vira seu filho. Sabia quem eram os amigos dele, foi bater nas respectivas casas, ninguém sabia de nada.

Até que o pai de um dos garotos assumiu atitude firme e a partir do próprio filho localizou e interrogou a todos a respeito do que haviam feito naquela tarde. Acabou descobrindo que os moleques tinham estado nas lagoas do Ipiranga e que o menino desaparecido também estivera lá. Alguém se lembrou vagamente de que, ao chegarem à Rua Pernambuco, saindo da linha do trem, perto de nossas casas, ele dissera que ia voltar. Como ninguém quisesse ir com ele, talvez tivesse decidido ir sozinho. Com ajuda da molecada, um grupo de adultos, com faroletes e velas, foi até a lagoa exata em que costumavam brincar. Saíram procurando, vasculhando, chamando. Com a ajuda de um soldado, acharam o corpo. O garoto foi encontrado não muito longe da margem. Estava todo sujo de fezes e alguém explicou que isso acontecia por causa do medo que a pessoa sente na hora de morrer em desamparo.

Estávamos acostumados à ideia de uma morte em que se morria cercado pela família, com a vela acesa na mão, para não morrer nas trevas e achar o caminho do céu. Com aquele menino não acontecera isso. Ele deve ter sentido medo porque percebeu não só que ia morrer, pois não sabia nadar, mas que ia morrer sozinho, sem ninguém para ajudá-lo na incógnita da travessia. Não só medo de morrer, mas medo de morrer diferente de tudo que ele e nós sabíamos a respeito da morte. Toda criança daquela época conhecia ao menos os rudimentos da cultura da morte, já que a morte estava muito presente em nossas vidas. Morria-se com facilidade, até porque a assistência médica era precária e disponível para poucos. Por isso, procurava-se estar o mais preparado possível para a eventualidade de que a morte viesse de repente.

Os acidentes eram mais comuns com os meninos, mais expostos aos riscos da vida aventureira de rua. As meninas viviam praticamente confinadas, protegidas das situações e cenários de risco. Ou ficavam dentro de casa ou eram autorizadas pelas mães a brincar com as amigas no portão de casa ou, ainda, eram autorizadas a brincar na casa das amigas. As meninas eram de dentro e os meninos eram de fora no espaço designado para crianças e adolescentes.

As meninas não só viviam quase reclusas dentro de casa, ao pé da mãe, aprendendo as prendas domésticas, como se dizia. Não era raro, aliás, que a menina, mal entrada na adolescência, aprendesse a bordar e começasse a fazer o próprio enxoval de casamento, tudo cuidadosamente guardado em baú comprado a propósito ou em gaveta separada de algum móvel da casa. Acabaria se casando com o primeiro namorado, ali mesmo da vizinhança ou da fábrica em que fosse trabalhar, namoro que começava anos depois de já prontos os lençóis do seu leito nupcial.

As famílias tomavam redobrados cuidados no contato de suas filhas com a molecada. À noite as meninas saíam à rua, que era de terra, para brincar com os meninos, brinquedos de roda, de passa-anel, cantigas infantis. Mas cautelosa e mal disfarçadamente vigiadas: de vez em quando aparecia uma das mães no portão da respectiva casa para avaliar o que estava acontecendo.

Para facilitar a vigilância e as próprias brincadeiras, o local escolhido todas as noites era bem em frente à lâmpada do poste da Light, a luz amarelada clareando o suficiente para que não se pisasse numa poça d'água ou em alguma imundície. Também para que fôssemos todos suficientemente vistos. Meninos e meninas se encontravam na única calçada de cimento que havia naquele trecho da rua. Era em frente a um dos salões da marcenaria que um espanhol instalara no que fora por muito tempo a fábrica de correias de couro de "seu" Chico, dono da melhor e mais bonita casa daquele pedaço da rua. De modo que podíamos sentar no chão ou no degrau que separava a calçada do salão, usando a porta de aço, de enrolar, como encosto.

Jantava-se cedo, geralmente às seis da tarde. Quando terminavam de jantar, as crianças avisavam, gritando, já saindo às pressas: "Manhêe! Vô brincá um poco!" E, zás, pra rua, para não dar tempo da mãe dizer não ou do pai ouvir. Quem chegasse primeiro batia com uma pedra no poste da Light, de ferro fundido, que fazia um som parecido com o de um sino. Era sinal de que já havia alguém na rua de terra, ladeada, dos dois lados, pelo esgoto que corria a céu aberto. Logo se juntava uma turma grande de meninas e meninos.

Os primeiros que chegavam começavam a conversa contando histórias fantasiosas de criança e o que hoje se chama de pré-adolescente. Infelizmente, não me lembro de nenhuma dessas histórias, narrativas que mesclavam fatos acontecidos com o narrador, por ele presenciados ou que lhe haviam sido contados por alguém de confiança, geralmente o pai ou a mãe. Quando os exageros começavam a ficar evidentes e a molecada começava a questionar ou ironizar o que estava sendo dito, logo vinha um incômodo "juro por Deus" ou "juro pela minha mãe". Ou a invocação de apoio do tipo: "Não foi, fulano?" "Ele viu!", acrescentava. E isso desencadeava um testemunho que modificava a história e a mergulhava em novas fantasias. Ou então: "Quero cair morto aqui, agorinha mesmo, se não for verdade!" Ou ainda "pode cair um raio na minha cabeça, se não for verdade". Malandragem: todos sabiam que no topo de cada uma das altas chaminés das fábricas das redondezas havia um pára-raio. De modo que jamais caíra um raio por ali. Mesmo que fosse para acertar um mentiroso.

Quando o número de presentes já era grande, alguém gritava: "Vamos brincar?" "De que?", perguntava outro. As meninas sempre vinham com o "De roda!" "Ah, de roda, não!", respondia quase sempre um moleque. "Então, de pegador!" O pegador tinha que, ao menos, encostar uma das mãos na criança que se escondia ou tentava escapar. Quando o pegador era menino, às vezes tratava de tirar proveito ao pegar menina, agarrando com as duas mãos ou passando a mão descaradamente, se fosse num canto mais escuro. E tinha que gritar "peguei!", para validar o ato. Não raro, a menina vítima desse atrevimento dava um tapa no espertinho e muitas vezes ia para casa. Para ela a brincadeira tinha acabado, o que tornava evidente o que acontecera. Isso fazia com que todos nós nos policiássemos para evitar transgressões como essa. Até porque havia uns poucos casos de irmão e irmã no grupo, o que acabava motivando briga de soco e xingamentos.

Por meio das sugestões e opiniões espontâneas se estabelecia o consenso e se escolhia a brincadeira. Acabava-se brincando não só de pegador, mas também de roda, de passa-anel, de cabra-cega, de adivinhar propostas enigmáticas: "o que é, que é: cai de pé e corre deitado?" "Chuva!", gritava alguém. Na roda, de mãos dadas, todos cantavam aos berros: "Senhora dona Sancha, vestida de ouro e prata..." Éramos inocentes, embora nem tanto. Não posso imaginar, hoje, crianças da mesma idade que tínhamos, de uns sete a uns doze anos, alguns já molecões, aliás de calça curta, brincando de roda e cantando histórias tão antigas quanto essa. A perda da inocência foi um dos sinais do advento da modernidade, os jogos substituindo as brincadeiras e o teatro popular antigo que nelas sobrevivia. Lá pelas oito e meia, nove horas, da noite, as mães começavam a aparecer nos respectivos portões e a gritar: "Fulano, fulana, está na hora! Vem pra casa!" Era a mãe quem aparecia primeiro. Se não fosse obedecida, aparecia já de cinto na mão a segunda e mais poderosa instância da justiça doméstica, que era o pai. Também apareciam quando o silêncio era prolongado, sinal de alguma molecagem ou bandalheira. Dentro de casa, os pais e os mais velhos ficavam conversando enquanto a louça era lavada e enxugada. Quem tinha rádio, ouvia rádio ao mesmo tempo. Mas o ouvido estava direcionado para a rua, para captar os significados de bulhas e silêncios e controlar as crianças.

As famílias se recolhiam cedo e às nove horas da noite quase todos já estavam dormindo. Havia gente que dormia às oito da noite. Só mais tarde, a partir da segunda metade dos anos cinquenta, com o aparecimento e a lenta difusão da caríssima televisão em preto e branco, as pessoas passaram a dormir mais tarde, depois das dez horas da noite. As crianças também foram desaparecendo da rua, ficando grudadas na TV até tarde. A televisão, aos poucos, roubou a infância de muitos, como o automóvel roubou a rua da criançada. Lesões insanáveis no modo como as crianças aprendiam a viver, imaginar e criar e a se tornar adultas. Uma revolução na socialização dos imaturos, que converteu a infância em infantilidade cerceada e submetida aos preceitos mercantis de um modo de ser pré-fabricado.

Os moradores levantavam cedo, às seis da manhã e até antes, os que tinham que tomar o trem para trabalhar no Ipiranga, na Mooca, no Brás, na Lapa, na Água Branca, ou em Utinga ou Santo André: as margens da ferrovia eram um rendilhado de fábricas e armazéns, de um lado e de outro. Hoje as ruínas desse tempo fabril e de trabalho febril podem ser vistas nas viagens de trem de uma ponta a outra da linha suburbana, de Rio Grande da Serra a Francisco Morato. Naquela época o subúrbio industrial ia mesmo da Lapa a Santo André, trecho bem mais curto do que hoje. Era aí que se concentrava a massa operária.

Nas brincadeiras de rua, durante o dia, os moleques também desenvolviam atividades criativas, pedagogos de si mesmos. O máximo de automatismo dos brinquedos mais modernos disponíveis nas lojas era o brinquedo de corda, como a corda dos relógios. Para não dizer que nenhum dos moleques tivera um brinquedo desses, o Zé Carlos ganhara um trem de corda dos pais. Os trilhos armados em seu quarto e aquele trem lindíssimo deslizando como o trem de verdade, que passava a cada quinze minutos ou meia hora a dois quarteirões de nossas casas. Um dos nossos passatempos era o de eventualmente ficarmos pendurados aos cabos de aço da cerca da ferrovia para ver o trem passar. Zé Carlos me deixou ver o seu trem uma única vez, que ficava a maior parte do tempo escondido em baixo de sua cama.

Meu primo Valdir, mais tarde, teve uma bicicleta. Único moleque a ter uma, ali nas redondezas. Generosamente, no campinho, deixava cada um dar uma volta para depois ficar em paz e em paz desfrutar aquele brinquedo maravilhoso que ninguém mais tinha. Para as crianças daquela época era clara a distinção entre brinquedo e brincadeira. "Brincar" queria dizer brincadeira, atividade lúdica compartilhada. Se brinquedo houvesse era sempre brinquedo para brincar junto com os outros. Para os meninos, a bola de borracha praticamente não tinha utilidade como uso individual. Com uma única bola brincavam duas dezenas de crianças. Se não houvesse bola de borracha fazia-se uma bola de meia, com meia usada, de mulher, recheada com trapos.

Havia também as maravilhosas bolas de gude, bolinhas de vidro para jogar fubeca. Embora cada um tivesse suas próprias bolinhas, era brincadeira que exigia a participação de vários, a disputa. Mesmo quem não as tivesse podia pedi-las emprestadas aos amigos. Quase todas as brincadeiras eram de competição ou de cooperação, caso das danças de roda. O próprio pião, jogado individualmente, era-o no confronto do desempenho não dos donos, mas dos piões: o que rodava mais tempo, o que rodava mais bonito e mais leve.

Praticamente não existiam ainda os brinquedos que brincam sozinhos e que as crianças ficam simplesmente olhando. As brincadeiras foram largamente substituídas por brinquedos-mercadorias que castraram a imaginação lúdica das crianças, alterando radicalmente a relação de prioridade entre brincadeira e brinquedo. Antes o brinquedo era um instrumento da brincadeira. Agora a brincadeira é um instrumento do brinquedo. Essa foi a grande mudança havida na infância urbana.

Com a participação das meninas, havia o jogo da amarelinha, cujo único instrumento era uma casca de banana. Brincar de casinha era brincadeira dominada pelas meninas, mas que comportava meninos nos papéis propriamente masculinos da fingida família dessa modalidade de teatro infantil. Era predominantemente brincadeira de crianças pequenas. Quando as crianças começavam a ficar crescidas, os meninos já começavam com bandalheiras, tentando tirar proveito das meninas. As próprias mães passavam, então, a desestimular essa brincadeira. Como se brincava de casinha na casa de alguém, as mães, quando consultadas, já vetavam o acesso dos de fora à casa. Para aquele grupo, a brincadeira morria.

A molecada fazia seus próprios brinquedos. Cada um ganhava um modesto brinquedo no Natal, que raramente durava o ano inteiro. Fazer os próprios brinquedos era um incrível trabalho comunitário, autopedagógico, mais criativo e livre do que qualquer coisa que qualquer um de nós pudesse ter visto numa escola. Aproveitávamos um grande número de resíduos encontrados no lixo das fábricas para improvisar brinquedos. Mas nossa mina de ouro era a marcenaria bem na frente de minha casa. Periodicamente, o dono amontoava os tocos e restos de madeira na entrada do portão da oficina para serem recolhidos e levados em caminhão não sabíamos para onde, provavelmente como lenha de padaria. Como um dos meninos era filho do dono, tínhamos permissão de escolher e levar conosco tocos de vigas, tábuas e sarrafos. Escolhíamos os que, em nossa imaginação, mais se pareciam com vagões ferroviários, caminhões e jamantas.

Tivemos um longo período de interesse pelo trem, nosso vizinho. Construíamos um único trem, periódica e coletivamente, numa das calçadas, usando as ferramentas que toda casa tinha: martelo, chave de fenda, serra. Lembro bem de nosso primeiro triunfo como engenheiros de sonho. Começavam a circular na Estrada de Ferro Santos a Jundiaí as primeiras e pesadas locomotivas elétricas. Decidimos fazer um trem elétrico. Cada um tinha uma informação técnica útil, ou imaginava algo compatível com um trem desse tipo. Usávamos também latas vazias de óleo, de massa de tomate e de leite condensado, neste caso para construir os vagões-tanque. Era fácil encontrar umas tiras de madeira de menos de um centímetro de diâmetro, nos montes de cavacos da carpintaria perto de casa, perfeitas para colocar dormentes e fabricar os trilhos.

Conseguimos construir numa das calçadas uma longa ferrovia. Com dinheiro de ferro-velho conseguimos comprar pilhas. Naquela época, as pilhas com revestimento de chumbo vinham protegidas por uma embalagem de cartão. Era, então, possível enfiar fios entre a capa e a pilha, para o contato entre o positivo e o negativo, o que facilitava enormemente a montagem, do brinquedo. Comprávamos também lâmpadas de farolete e pedaços de fio de cobre, que desencapávamos do revestimento ainda de tecido, para fazer o contato, além de um pacote pequeno dos pregos mais miúdos, pregos de sapateiro.

Antes, já havíamos reunido o maior número possível de carretéis de linha de costura, do mesmo tamanho. Descobrimos que, cortando o carretel de madeira no meio com uma serra ou uma faca de cozinha (e as mães sempre desesperadas: "Onde foi parar a minha faca?!" ou "Cadê o carretel de linha branca que eu ia usar?" – o carretel estava conosco, já em processo de transformação industrial) e virando as duas partes ao contrário, atravessadas por um eixo de madeira, tínhamos um perfeito jogo de rodas de trem, capazes de rodar sobre nossos trilhos de madeira. Esse era o ponto essencial. Depois, cada um ia montando uma parte do trem, a mais difícil das quais era a locomotiva. Nela instalávamos uma lâmpada de farolete, usando como soquete um fio de cobre enrolado, conectado a uma haste de metal que deslizava com o trem sob o fio de cobre, suportado por estacas de madeira, tendo numa ponta a estação de abastecimento de energia elétrica, que era de uma ou duas pilhas. Com tiras de latas fazíamos os contatos. Tudo unicamente para ver duas coisas essenciais: o trem rodar seguro sobre os trilhos, de luz acesa na tosca locomotiva. Um toco de pau que só era locomotiva na nossa imaginação, empurrado ou puxado por um dos moleques, servindo de "maquinista" um de cada vez.

Essa é apenas uma lembrança forte de muitas atividades de criação na rua, naqueles tempos em que ecoava, também no ouvido das crianças, o "trabalhadores do Brasil!", do Dr. Getúlio. O discurso era ingrediente difuso da ideologia do trabalho, que embalava crianças e motivava adultos, expressão das ideias que, popularizadas, cimentaram a transição do trabalho escravo para o trabalho livre. Todos ali eram filhos de imigrantes, que vieram para o Brasil atraídos por essa ideologia e as possibilidades de ascensão social que anunciava. Nossos pais eram operários e na verdade nossas oficinas a céu aberto eram escolas livres de exercício do aprendizado obtido todos os dias na conversa com o pai, à mesa, durante o jantar. Ou no domingo, quando muitos pais faziam serviços domésticos usando a caixa de ferramentas que havia em todas as casas. Da mesa caíam não só os farelos do pão, imediatamente comidos por um gato ou um cachorro, mas também os farelos da tecnologia guardados cuidadosamente na memória de cada criança. Mesmo quem, como eu, convivia com um padrasto silencioso, de poucas falas, desajustado na fábrica, distanciado da agricultura, que era seu mundo, sofrendo e muito na realidade operária que dele fazia o ignorante que não era, embrutecido pelo trabalho fabril pesado, de salário mínimo, aprendia.

Porque na rua era como no poema de Vinícius de Morais. Quem não tinha ensinamentos em casa, aprendia na rua, com a molecada, os amigos, os companheiros de brincadeiras: um filho de operário dizia e outro filho de operário escutava. Nem mesmo se tratava de que um ensinasse o que quer que fosse para o outro. Na rua não havia separação entre fazer e aprender, entre trabalhar e ensinar. Aprendia-se fazendo, observando, ouvindo, perguntando, sobretudo repartindo. A rua era uma escola. Assim como se repartia o doce e o picolé, no teco ou na lambida, se repartia a informação sobre modos de fazer o próprio brinquedo. Até porque o brinquedo só tinha sentido no brincarmos juntos. Aliás, brincar mesmo era fazer o brinquedo.

Havia um ciclo anual de brincadeiras, que mudava a cada estação. O período frio, seco e limpo de meados do ano era o tempo de fazer e soltar balões, mais fazer do que soltar. Fazer balão de papel de seda é muito complicado, era o brinquedo mais complicado. Qualquer coisa errada e o balão ficava pesado, não subia, entortava, pegava fogo antes de sair de nossas mãos.

Fazer balão era um desafio coletivo, muita gente olhando, dando palpite, fazendo perguntas. Primeiro, decidir as cores, decidir o formato (pião, mexerica ou de gomo), arrumar dinheiro para comprar o papel de seda, a goma-arábica e o breu-da-mecha. Depois, encontrar uma calçada de cimento nas redondezas, pois não eram muitas, ou então uma varanda, a calçada de acesso de uma casa, espalhar os papéis, colocar pedras em cima para que as folhas não voassem com a brisa, fazer as dobras certas nas folhas para cortá-las de maneira uniforme nos lugares certos e compor os gomos do balão, se fosse um balão-mexirica ou um balão-pião.

Porra!, esquecemos de comprar a cola. Lá ia alguém assaltar a lata de farinha de trigo da mãe, trazer um punhado, colocar numa latinha vazia, misturar com água e fazer o grude. Funcionava do mesmo jeito. Só deixava o balão um pouco mais pesado e demorava mais para secar. Depois, deixar o balão na casa do mais envolvido em sua fabricação, devidamente dobrado, para que secasse e bem. Dias mais tarde, o teste: correr pela rua para enchê-lo de ar, segurando pela boca de arame e jogando-o suavemente para cima, para que não rasgasse. Ele subia um tanto, virava de boca para baixo e descia suavemente. Aí era possível saber se tinha algum defeito. Se tivesse, só servia para brincar daquele jeito, não servia para soltar, para colocar e acender a mecha de breu e vê-lo desaparecer no céu. É pouca sabedoria?

E empinar papagaio, era brincadeira? Era e não era. Porque para brincar era preciso fazê-lo. Era papagaio mesmo, não tinha essa de pipa. Pipa é coisa de carioca, que se difundiu no Brasil inteiro graças à televisão. Pipa é a mãe! E pipa voa? O que voa é papagaio. Tá aí Gilberto Freyre que não me deixa mentir. Ele também fala em papagaio, em *Sobrados e Mocambos*. Só faltava essa, citar bibliografia para legitimar os nossos papagaios de rua!

Era uma brincadeira muito laboriosa, essa. Primeiro, era preciso catar latas para ganhar os tostões para comprar o papel e a linha. Não era só para fumar. E renunciar a doces e picolés. Depois, arrumar os pedaços de taquara seca para fazer as varetas, arrumar a cola. Fazer a armação na medida e na proporção certa, senão o papagaio daria cabeçadas, subiria e cairia de sopetão, muitas vezes quebrando. Era preciso saber um pouco de aerodinâmica e isso todo moleque sabia. E depois que tudo secasse, ir para o campinho, que tinha muito espaço, correr, fazer o papagaio subir e sentir na mão o enorme prazer de empiná-lo, de vê-lo dançar suavemente contra o céu azul, tomando cuidado para que não batesse nos fios de alta tensão da Light. Havia meninas que faziam papagaios e balões muito bem, para os irmãos, mas elas próprias nem empinavam papagaio nem soltavam balões, coisas de moleques.

Quando não havia recursos, fazíamos "capuchetas": um pedaço de jornal, fazendo juntar duas pontas, como um capuz, furando essas pontas, amarrando dois pedaços de linha e juntando os dois, como tirante, na linha de empinar. Elas subiam pouco, mas se houvesse alguma brisa, flutuavam e divertiam.

Do ciclo anual fazia parte a época de jogar pião. É verdade que, tirando os períodos secos de inverno para papagaios e balões, brinquedos que demandam a estação apropriada, as "estações" das outras brincadeiras eram inventadas. Bastava que alguém se interessasse pela bolinha de gude ou pelo pião que a moda logo se espalhava e se abria extenso período dominado por uma dessas brincadeiras. Depois de um tempo vinha o desinteresse e a moda passava. Jogar pião implicava habilidade, cálculo e destreza, o que se aprendia logo. Era imenso o prazer de sentir na mão o pião se desenrolando do cordão, cair no chão com precisão e força e sair rodando. Quanto mais rodasse, mais evidente que o dono era capaz. Ainda tenho saudade de um dos meus piões, de peso equilibrado, que rodava demoradamente, antes de tombar.

Operário? O operário nascia ali. Quando cada um de nós foi para a fábrica, como eu e meu irmão, já sabia manejar várias ferramentas, já conhecia vários princípios técnicos, já recebera a alfabetização industrial básica, ao pé da mesa, no fundo do quintal ou, principalmente, na rua. Sempre que escuto um desses piedosos discursos sobre crianças de rua dou graças a Deus por ter vivido na rua num tempo em que ela não era tema de discurso. Tenho sentimentos iguais quando ouço elaborados discursos pedagógicos para educar crianças que, se fossem esperar educadores e mandões da política educacional, estariam culturalmente mortas. Quando ouço discursos das altas cavalariças sobre o trabalho infantil, sem nenhum mergulho na complexa realidade do que é o trabalho para a própria criança, tenho pena de quem o faz. Provavelmente, não teve a menor chance de ser criança ao menos por um dia num país como este, bem diferente do país fantasioso de muitas mentes bem intencionadas. Porque uma criança não é um incapaz nem um tolo. Criança só pode existir como tal sentindo-se membro do grupo ao qual realmente pertence, o das relações cotidianas, com todos os seus problemas e dificuldades, suas alegrias, suas fabulações. Criança de estufa não é criança, é animal de estimação.

Ali no nosso canto, as famílias eram todas famílias de trabalhadores. Mesmo os poucos que trabalhavam por conta própria e até tinham alguns empregados, trabalhavam duro, de macacão. Os quatro ou cinco "ricos" daqueles vários quarteirões em que circulávamos eram trabalhadores por conta própria que tinham alguns empregados: um era dono de padaria, outro dono de marcenaria, outro fora dono da fábrica de correias, outro tinha pequena fábrica de porcelana e os primos de meu pai tinham a carpintaria. Os demais viviam de salário.

Algumas pessoas, como minha mãe, davam um duro incrível, trabalhando para uma fábrica. Tão incrível que logo nos primeiros tempos da viuvez trabalhou em duas fábricas, em dois turnos diferentes do mesmo dia, como mencionei antes. Desde muito cedo até às duas da tarde trabalhava numa fábrica. E das duas da tarde até às dez da noite trabalhava em outra fábrica, perto de casa. Eram os bons tempos do pleno emprego, muitas fábricas funcionando em três turnos. Além disso, recebia mísera pensão do IAPI, Instituto de Aposentadoria e Pensões dos Industriários, algo bem abaixo do salário mínimo, entre trinta e sessenta cruzeiros, creio que trinta cruzeiros mensais para cada filho, trinta sorvetes de copinho, um por dia. Quando arrumei meu primeiro emprego regular, criança ainda, aí por 1950-1951, como operário de uma fabriqueta clandestina, de fundo de quintal, que pertencia a um vizinho também operário, ganhando muito menos do que a lei mandava, eu recebia cem cruzeiros por mês.

Os adultos diziam e as crianças aprendiam que éramos "remediados".

Não nos definíamos como pobres. Trabalhador não é pobre, mesmo quando ganha pouco. "Remediados" porque aquelas pessoas todas, incluindo minha família, haviam sido educadas segundo o princípio de que só o trabalho dignifica. E quem trabalha não é pobre. Pobre é o desprovido de meios para sustentar a família. Pobre era quem precisasse da ajuda alheia, mesmo que não fosse esmola. O esmoleiro, como era chamado, era o sujeito que ficava de mão estendida em algum lugar, perto da estação ou na porta da igreja, para receber as moedas da caridade pública. Lá no subúrbio não existiam esmoleiros. Nem desses que batem de casa em casa nem dos que ficam de mão estendida à espera de um níquel. Os esmoleiros só começaram a aparecer em muito pequeno número já no final dos anos cinquenta, com as migrações de Minas, do Nordeste e do interior, quando começou o ciclo do excesso de mão de obra em relação às demandas da indústria. Nenhum daqueles trabalhadores, de fato pobres, se considerava pobre. Cresci aprendendo que ser chamado de pobre é um insulto. E que ter pena de alguém ou chamá-lo de coitado é outra ofensa. Desde muito cedo as crianças aprendiam que chamar o outro de "coitado" é um palavrão:

— Háh! Háh! Coitado! — dizia um moleque para o outro quando queria ofendê-lo, pondo em dúvida sua capacidade para reagir ou para fazer qualquer coisa de útil ou corajosa.

— Coitado é filho de rato, que nasce pelado! — vinha a resposta, na lata, como se dizia.

Ou, então, este outro xingamento, aplicado especificamente nos casos de pão-durismo ou sovinice, em particular quando alguém negava um teco de doce ou uma lambida no picolé ou no sorvete:

— Mindingo, morto de fome!! — "Mindingo" era o que tinha e não repartia, o que sonegava, e não o que carecia. Uma notável expressão do decoro do pobre, cuja dignidade não lhe permitia dar a ver a própria pobreza. Na linguagem da rua, "mindingo" era uma coisa e "mendigo" era bem outra. Esta designando o esmoleiro, aquela designando o amigo, o vizinho, o companheiro de brincadeiras na rua que se negava a respeitar, no contraditório mundo de disputas e partilhas, que era o mundo das crianças, a prioridade das regras propriamente comunitárias desse mundo. Até entre os adultos, negar-se ao cumprimento de regras básicas de partilha equivalia a confessar o caráter inconfessável: era ter de menos por ter se negado no fruto do trabalho e na condição social de trabalhador, fontes éticas da identidade de quem trabalha. A sovinice era indicação de uma carência, a carência de caráter.

O ter além de certo limite, por falta de generosidade, era o mesmo que o ter aquém de certo limite e, portanto, a negação da categoria social do ser por excelência do grupo de rua que era a de amigo. Um ideário que negava justamente tudo aquilo que muito mais tarde se tornaria o grande elenco de ofensivas categorias para definir níveis e "estilos" de pobreza, como "pobre", "marginalizado" e mais recentemente "excluído". As palavras-chaves do discurso desrespeitoso dos incapazes de pensar o mundo da pobreza não só como um mundo de privação, mas sobretudo como mundo de sofrimento digno, no qual ser submetido à vergonha de uma rotulação dessas significa a maior das violências e das privações: a da falta de respeito. Para a classe média e a elite fazedora de discursos sobre a pobreza, a pobreza é um estado social duradouro; para os pobres a pobreza é no mais das vezes uma situação social transitória, uma passagem, um transitar de uma condição a outra, mesmo que demore, até porque diferentes níveis de pobreza forjam transições que anulam categorias e definições. É que para o pobre viver é lutar. Para os discursadores e militantes de partidos sem sensibilidade antropológica e política em relação ao país em que vivem e ao povo que querem "libertar", só existe o fardo do passado e do presente. Para o verdadeiro pobre, aquele que não é a caricatura de pobre, o que conta é o amanhã. O pobre não suportaria viver sem esperança.

Por tudo isso, a cultura da rua era uma cultura cheia de alegria, mais humana, muito melhor do que a escola, sobretudo porque era ali que de certo modo vigia a utopia de que só o trabalho redime e de que o amanhã não poderá ser pior do que o hoje. Portanto, o depois tem grande probabilidade de ser melhor do que o agora. A rua era o território livre da fabulação utópica. A melhor frase na boca da molecada, quando algum adulto assomava à janela para nos repreender, por isto ou aquilo, um de nós gritava, libertariamente, sem pudor e sem educação:

– A rua é pública!!

# 7
# A margem

QUANDO VOLTAMOS A SÃO CAETANO, já estava claro que eu iria trabalhar. Tinha onze anos de idade e estudar não era objeto de conversa lá em casa. Fazer o curso primário era obrigação, mas continuar estudando era outra história. Meu padrasto, atirado ao deus-dará da vida, não opinava sobre absolutamente nada que dissesse respeito a mim e ao meu irmão. Ele era completamente analfabeto e sempre dava a impressão de que a escola era coisa de criança que se furtava às obrigações do trabalho. E trabalho para ele era o trabalho que ele sabia e podia fazer, o trabalho pesado da roça ou da fábrica.

Janeiro de 1950 se esgueirou dissimulado pelo ano inteiro e invadiu os meses do ano seguinte sem que eu tivesse notado alguma diferença. Um janeiro de incertezas e de indefinições, de uma incômoda falta de rumos para todos lá em casa.

Embora continuasse se reunindo na esquina, baseada nos mesmos costumes de antes da nossa mudança, a molecada da rua em parte já era outra. Alguns haviam começado a trabalhar, por terem alcançado a idade de fazê-lo. Outros tinham mudado dali. Novas crianças eram os novos moleques e a molecada mudara de cara e de jeito. Desejar bom ano às famílias e ganhar algumas moedas em retribuição já não acontecia. Por alguma razão, esse costume antigo do lugar desaparecera nos dois anos de nossa ausência. Se persistiu, quase não deu para notar. Eram os primeiros anos após o término da Segunda Guerra Mundial e de fato, com o tempo, muitas rupturas no modo de vida e nos costumes se tornariam visíveis.

O alegre e barulhento almoço de Natal de meus avós paternos terminara com a morte de minha avó. O último uso da mesa enorme no meio da sala fora para o descanso de seu caixão funerário revestido de pano roxo. De fato, terminara com a morte de meu pai. Nunca mais a família se reuniria ali. Meu avô desmontara a casa em 1946 e se mudara para um quarto na casa de minha tia Isaura, a um quarteirão dali, na Rua Pernambuco, de frente para a Rua José do Patrocínio, onde morreria em 1948. Meu irmão e eu também havíamos nos transformado, mais eu do que ele, porque eu era mais velho e já no final da infância propriamente dita. Em ambos, os dois anos de exílio em Guaianases, de silêncio a maior parte do dia, da falta de convivência com outras crianças da mesma idade, fora do horário escolar, mutilaram a nossa infância. Ele, na volta a São Caetano, ainda tentaria viver mais intensamente do que os outros a infância que ainda tinha pela frente. Eu, porém, já estava marcado pelo exílio. Tornei-me retraído, introspectivo e tímido. Isso, provavelmente, empurrou-me na direção dos livros e da leitura.

Rua e campinho foram se transformando num refúgio para a falta do que fazer. Logo comecei a trabalhar. Os primeiros anos após Guaianases são os únicos em relação aos quais minha memória é imprecisa. Não esqueci de nada, mas não sei exatamente em que ordem as coisas aconteceram. O tempo perdera o sentido, suas demarcações desapareceram. Lembro apenas do apito das fábricas, sempre o mesmo e sempre à mesma hora. Apito de fábrica nunca diz nada de novo. Anuncia apenas o que se repete, para nos lembrar que é hora do trabalho e que não adiantam os devaneios nem a utopia de um domingo eterno. "Quem não trabalha, não come", lembravam os mais velhos por qualquer motivo. Segunda-feira, muito cedo, era o primeiro de muitos momentos de lembrar dessa verdade incômoda. Aliás, o mal-estar da segunda-feira já começava na tarde do domingo.

As incertezas daquele janeiro do retorno ao subúrbio perduraram no conjunto de coisas puramente provisórias que tive que fazer ao longo daquele ano e do seguinte. Para complicar ainda mais o cenário de transição para o indefinido, meu avô materno morreu repentinamente em 1950. Tinha uns oitenta anos de idade. Outra referência mágica das minhas lembranças se acabava. O luto que minha avó materna estendeu sobre mim e meu irmão e sobre nós e sobre toda a família permaneceu por longo tempo. A morte de meu avô desmontava o cenário de felicidade familiar que eu vivera até então quando, com meu irmão, ia para a casa desses avós no bairro do Arriá, nas férias escolares do fim e do meio do ano. Minha avó ficaria sozinha. Meu primo Pedrinho, filho de meu tio Brás, que era da nossa idade, foi morar com ela, mas a casa parecia vazia sem a figura patriarcal e silenciosa de meu avô, sentado de noite ao pé do fogo.

No início de 1951, com minha avó já viúva, minha mãe teve a má ideia de arrematar, a prazo, a safra de uva de seu sítio, imaginando ganhar em pouco tempo o dinheiro de que precisávamos para pagar as perdas amplas da aventura de Guaianases. Perdêramos tudo na imprudência de não saber comercializar os produtos da roça. E ainda ficamos endividados, notas promissórias descontadas em banco, o funcionário do banco batendo na porta de casa todos os dias, a ameaça de protestá--las. Os irmãos de minha mãe temeram pelo pior, pois minha avó dependia exclusivamente daquele dinheiro para sobreviver ao longo do ano. Com pena, minha avó cedeu. Nos anos anteriores, quando meu avô ainda estava vivo, um comerciante do Mercado Municipal de São Paulo, sempre o mesmo, comprava toda a safra e pagava corretamente, de uma vez.

No novo arranjo, mediante pagamento de frete, um caminhão trazia a uva do sítio no Arriá para o Mercado Municipal de São Paulo onde, de madrugada, meu padrasto esperava a carga com outro caminhão alugado, fazia a transferência, passava em casa, me apanhava e entre cinco e seis horas da manhã estávamos montando a banca numa das feiras livres de São Caetano. O perfume adocicado da fruta me fazia sentir saudades do que estava na outra ponta e no passado: toda a família reunida na casa de meus avós para fazer a colheita, encaixotar a uva e carregar o caminhão, meus tios, meus primos. Era um ambiente de festa, de encontro familiar, de ajuda mútua, pois meus avós não tinham condições de enfrentar sozinhos aquele trabalho físico. Vender a uva na feira era chato e cansativo. Eu tinha que gritar oferecendo a uva, dizendo como ela era boa (e era mesmo!). De cada tantos que vinham provar a uva, deixando o cacho mutilado, só uns poucos a compravam. Depois da feira, na parte da tarde, eu ficava numa esquina com um carrinho de mão e várias caixas de uva para vendê-la aos passantes. Cansava e enjoava.

Como as feiras eram nos dias de semana, eles decidiram vender uva também no mercado municipal de Bragança Paulista. Íamos para lá no sábado, depois do almoço, e ficávamos toda a manhã de domingo trabalhando. Sempre que terminava a venda da uva, era possível dar uma volta pelas bancas. As mais fascinantes eram as que vendiam fumo em corda, de vários aromas. Mas havia de tudo. Meu padrasto e minha mãe pararam na banca de um seleiro, que vendia arreios, cabrestos, cangalhas, pelegos lindíssimos, relhos. Decidiram comprar um relho de couro cru, um rabo-de-tatu, verdadeira preciosidade artesanal. A tala com duas tiras largas de couro, costuradas juntas, tinha uns vinte centímetros de comprimento. Era esteticamente dividido em duas partes. A que ia até a tala, tinha pouco menos do que a grossura de um cabo de vassoura, dois terços do tamanho da peça, feita de tiras finas de couro cru, cuidadosamente trançadas. Era bem dura. A parte de cima era mais grossa do que essa, feita com o mesmo cuidado, adornos do próprio couro separando as partes, para servir como cabo. No fim, uma argola de latão ou de bronze prendia a peça a uma alça de couro curtido que o cavaleiro prendia no pulso. Uma verdadeira obra-prima do artesanato caipira mais refinado. Aquilo era para bater em cavalo de montaria.

Como já não estávamos na roça nem tínhamos cavalo, fiquei com a impressão de que a peça estava sendo comprada por sua beleza, como enfeite, pois tanto meu padrasto como minha mãe elogiaram muito a peça. Um prego foi colocado na parede da sala, perto da porta que separava a sala da cozinha de casa, em São Caetano, bem à vista de quem nela entrava, vindo da rua. O relho foi pendurado ali como se fosse um adorno da sala de visitas que era também o quarto em que meu irmão e eu dormíamos.

A primeira surra de relho mostrou a meu irmão e a mim o que é que ia ser enfeitado com aquela relíquia. Se a pena fosse por falta leve, apanhávamos com a tala, batida com muita força, o que deixava vergões terríveis nas pernas e nas costas. Se a pena fosse por falta grave, então o relho era invertido e apanhávamos com o cabo duríssimo de couro cru e a argola de metal. Nos dois casos, o relho era usado para dar pancada, como se fosse um porrete. Havia muita raiva no seu uso. Depois da surra vinha a caridade da salmoura para curar as feridas. Era assim que se punia os negros do eito no tempo da escravidão. Guardei esse relho comigo por muitos anos, sobretudo pela qualidade do artesanato e pela raridade da peça. Até que um dia decidi que o lixo era o melhor lugar para ele. Sua beleza artesanal sucumbira ao uso injusto e ao tempo, fora ressecando e perdendo a beleza, pois nunca quis cuidar dele, passando sebo para evitar que ressecasse. Ficaram os vergões da memória, que esses a salmoura não remove, nem se pode jogar no lixo.

Naquele tempo, e ainda hoje, havia pais que justificavam, com a pedagogia do relho ou do cinto, a transferência violenta e descabida, para os filhos, dos seus próprios sofrimentos cotidianos, as contrarie-dades experimentadas na fábrica. A vítima fácil e frágil era um meio de socialização das adversidades dos trabalhadores e dos pobres. A paciên-cia encurtava e os filhos pagavam pela paciência curta. Era significativo que as mães que não trabalhavam fora de casa procurassem acomodar as tensões domésticas antes da chegada do marido, quase sempre com a justificativa de que era preciso poupar o chefe de família de aborreci-mentos, pois "já trabalhava o dia inteiro". Era o meio de compartilhar o castigo do trabalho, de trazer a fábrica para dentro de casa e estender sua disciplina e sua prioridade vivencial e cotidiana até mesmo às crianças.

Meu padrasto preferia que minha mãe, e não ele, batesse em nós dois. E minha mãe também. Ele era muito violento. Era óbvio que decidiram comprar o relho porque, como estávamos crescendo, con-seguíamos facilmente escapar dela quando tentava nos bater com o ta-manco, o sapato, o cinto ou as mãos. O relho aumentava enormemente sua capacidade punitiva, muitas vezes injusta ou no mínimo exagerada. Entendi isso quando o marxismo vulgar dos corredores da Faculdade de Filosofia da USP me ajudou a interpretar aquilo como um episódio do desenvolvimento das forças produtivas da repressão doméstica, um aumento na capacidade de castigar dos adultos porque nós tínhamos nos tornado maiores e mais espertos. Surra para criança já não produzia efeito. Apanhávamos como quase adultos. Ou como cavalos desobedientes, mal amansados.

Para ser franco, o relho de certo modo humanizou os castigos a que éramos submetidos. Antes dele era a vara, disponível no quintal, nos matagais dos terrenos baldios próximos de casa ou lá no mato mesmo, na roça. Como não havia marmeleiros nem varas de marmelo em São Caetano nem em Guaianases, éramos surrados com as varas disponíveis, não tão flexíveis e que, por isso, machucavam mais. Vergão de vara é mais dolorido do que vergão de relho. Avanços técnicos, sem dúvida, na arte de amansar crianças.

A sova era modalidade comum de punição das crianças do subúrbio pelos pais. Associávamos a sova ao pão sovado, um pão muito macio cuja massa recebia uma sova do padeiro antes de ir ao forno. Também nós éramos amaciados desse modo. Numa casa dominada pelo silêncio, é compreensível que a educação das crianças não se desse pela palavra e sim pela força. As orientações de vida entravam pelos poros inflamados com as batidas da tala de couro cru, junto com a indignação das lágrimas que abriam o fosso entre as gerações, entre filhos e pais, na compreensão do que é justo e do que é injusto, do que é certo e do que é errado. À medida que a adolescência avançava e nós já trabalhávamos, as surras se revelavam cada vez mais descabidas, forma ignorante de impor-nos a já discutível vontade dos adultos, que se julgavam sempre com razão, embora nem sempre a tivessem. E se a tivessem não era o relho que a legitimaria. Aquilo ia dando um cansaço enorme de ser filho.

Nem todas as crianças do nosso grupo de rua apanhavam do jeito que ocasionalmente apanhávamos em casa. Mas de vez em quando era possível ouvir os berros dos meninos da vizinhança levando a sua dose de sova por algum malfeito. Os vizinhos não usavam relho, objeto estranho àquela cultura operária. Surra de pai era com o cinto, geralmente nos meninos e muito raramente nas meninas. Surra de mãe era de chinelo nos grandes e com a palma da mão nos pequenos. Tudo muito organizado e regulado. Esse era um código que qualquer moleque conhecia e bem. Aliás, a sova começava com o chamado para apanhar:

– Vem cá, seu moleque! Agora você vai ver!...

Esse "vai ver" significava basicamente "vai ver quem é que manda". Arte de criança era todo o feito que escapasse das regras duras que definiam quem mandava e quem obedecia. Era tão somente invasão do querer que definia o campo de autoridade dos mais velhos, especialmente de pai e mãe.

A cultura da sova continha em várias gradações os critérios da pedagogia doméstica. Mesmo pais que não batiam nos filhos, e havia vários, não eram imunes às regras da violência entre pais e filhos. O tom de voz da mãe já prenunciava do que se tratava quando uma criança, que geralmente estava na rua, era chamada. Quando o pai chamava era para ficar preocupado e, dependendo do tom de voz e da quantidade de palavras, era para ficar muito preocupado. Um simples "vem cá" dito em tom firme significava o pior. Não era incomum que o menino assim chamado deixasse o grupo que brincava, o rabo entre as pernas, como se dizia, perguntando em voz alta:

– O que foi que eu fiz?!

Ora, ninguém dissera que havia feito alguma coisa. E muitas vezes ia descobrir o motivo da surra só depois de levá-la. Ou porque fosse inocente ou porque eram tantas as causas prováveis que podia ser qualquer uma, raramente todas. A gravidade da coisa podia se revelar já quando o moleque chegasse ao portão e era puxado para dentro pela orelha. Lá ia o infeliz gemendo:

– Ai! Ai! Aiai! – era o cântico sofrido e cômico do malfeitor, a orelha usada como se fosse um cabresto. As mãos paternas tinham mil e uma utilidades.

Surra sem motivo deixava marcas profundas na alma. Levei uma dessas algum tempo depois da morte de meu pai, antes do segundo casamento de minha mãe. Logo após o casamento com meu pai, ela comprara uma máquina de costura Singer, seu bem mais precioso, de que ela sempre se orgulhou e que conservou com grande cuidado até o fim da vida. A máquina tem mais de setenta anos. No local em que entrava a agulha havia uma espécie de caixa de metal em que ia um pequeno recipiente para a linha de coser. Um dia minha prima Nena, que já era moça, filha de minha tia Maria, e que estava morando com minha avó paterna, a Mãe Maria, na casa em frente, para fazer-lhe companhia, veio até em casa e retirou da máquina esse recipiente que lhe seria útil para fazer um bordado. Antes de sair avisou-me que o estava levando e o devolveria depois, para o caso de que minha mãe perguntasse por ele.

Mas eu estava brincando na calçada lateral da casa e mal prestei atenção no que ela dissera. Dias depois minha mãe foi costurar alguma coisa e não conseguiu: faltava aquela peça. Perguntou-me se eu a pegara e eu lhe disse que não. Nem me lembrei do recado de minha prima. Ela insistiu. Quis saber onde eu a pusera. Certamente eu a havia apanhado para brincar e esquecera em algum lugar. Nem lhe passou pela cabeça que uma criança de cinco anos não tinha a menor condição de tirar a peça de dentro da máquina.

E como eu era o mais velho certamente era o autor do malfeito. Levei uma surra tremenda, daquelas em que se chora para dentro ciente da enorme injustiça da sova. Bateu com vontade. Ela estava muito furiosa. Já trabalhava no lugar de meu pai para nos sustentar e chegava em casa com muito pouca paciência para adversidades como aquela. Tinha que ter um culpado e mais de uma vez o culpado fui eu, dois anos mais velho do que meu irmão. Chorei muito, choro de soluçar, como era de meu direito, pela dupla dor que sentira: a dor física e a dor da injustiça.

Só dias depois minha prima veio trazer a peça e a entregou diretamente a minha mãe, explicando alegremente que a tinha levado dias antes e em que a tinha usado. Depois que ela se foi, minha mãe veio me pedir perdão pela surra. Usou essa palavra, o que me deixou perturbado. Nunca imaginei que adultos tivessem que pedir perdão por algo, pois até então meu entendimento era o de que os adultos não são injustos nem cometem erros. Foi a única vez em que o fez. Depois disso nunca mais me pediu desculpas pelas várias vezes em que exagerou ou errou na intolerância crescente. Nem a meu irmão. Algumas horas antes da morte (morreu, dormindo), com quase 92 anos de idade, beijou minha mão e pediu desculpas por tudo e pelo trabalho que dera ao longo da vida. Mandou recado semelhante a meu irmão.

Acabou aceitando a normalidade da injustiça, vítima que se tornara de tantas injustiças, tão mais graves, na violência do segundo casamento e nos longos anos de claramente injustas relações de trabalho: quando precisasse, pela primeira vez na vida, de afastamento médico, muitos anos depois, após quase quarenta anos de trabalho na mesma fábrica, descobriria que não tinha nenhum direito, não fora registrada nem fizera a firma sua contribuição previdenciária. Teve que recorrer ao sindicato para tentar a regularização da situação e assegurar aquilo a que tinha direito, como o afastamento médico, por causa da saúde, e a aposentaria.

Isso lhe custou inacreditáveis humilhações. Já não podia nem adiantava fazer o que sempre fizera, continuar saindo pelas ruas de São Paulo para vender a chamada louça de barro nas casas de comércio especializadas. A fábrica rasgava os pedidos e não fazia as entregas. Com isso, negava que tivesse trabalhado, procurava caracterizar abandono de emprego e se isentava de pagar-lhe o salário. Por recomendação do advogado do sindicato, passou a ficar de pé o dia inteiro na porta da fábrica, do lado de fora, embaixo de sol ou chuva, para caracterizar seu comparecimento ao trabalho. A fábrica proibiu-a de entrar no recinto, até mesmo para ir ao banheiro. A cada mês, tinha que iniciar nova ação trabalhista para receber o salário do mês, cerca de um salário mínimo, ações que se arrastavam na lentidão dos tribunais. A própria Justiça a dispensaria, finalmente, do comparecimento à fábrica, pois tinha já muito mais do que o tempo necessário para se aposentar e, com a enfermidade, era essa a única alternativa de que dispunha. Acabaria travando demorada batalha judicial em todas as instâncias da Justiça para ter seus direitos trabalhistas reconhecidos, o que só se daria depois de anos, em sentença final do Tribunal Superior do Trabalho. E quando a sentença foi executada descobriu o meirinho que a fábrica fora fechada e os donos haviam desaparecido. Foi, então, registrada em carteira, à revelia, em anotação de próprio punho do presidente do Tribunal, famoso magistrado.

A ternura acaba se tornando uma quimera na vida das pessoas cujas adversidades, sobretudo a pobreza, bem como a incerteza e a injustiça decorrentes, as fazem perder progressivamente a capacidade de combinar com equilíbrio amor, ternura, justiça e severidade no trato dos filhos. Vi isso acontecer com minha mãe, o senso de justiça se transformando aos poucos num enorme cansaço e num conjunto de artimanhas para dissimular a impossibilidade desse equilíbrio, o que me encheu de pena.

A cultura repressiva no trato dos imaturos mediava de maneira difusa, mas firme, as relações entre as gerações. Ela era o cimento sólido de um sistema de dominação que fazia da família um dos redutos importantes da instituição da autoridade. Os outros eram as igrejas, especialmente a católica, e o governo. Mesmo nessa cultura repressiva, foi surpresa, mas não tanta, quando o fato aconteceu, ainda antes de irmos para Guaianases. Era o Dia de Finados de 1946 ou de 1947. Naquela época, a população muito católica do subúrbio costumava ir a um dos dois cemitérios locais, logo de manhã. Os cemitérios ficavam cheíssimos. Muitos voltavam para casa apenas para almoçar e retornavam ao cemitério de tarde. Alguns começavam essa peregrinação já no dia anterior, dia de Todos os Santos. Passavam os dois dias fazendo companhia aos mortos, vivos que de fato estavam na memória e nos sentimentos de todos. O que os sociólogos chamam de estrutura social, ali e naquele tempo, abrangia vivos e mortos, num entretecer de relações e obrigações que a morte modificava, mas não suprimia. Uma sociedade que, se não desapareceu de todo, é hoje bem diferente, na mesma região metropolitana de São Paulo, mais secularizada, embora não tanto.

Havia uma intensa sociabilidade organizada em torno da morte, que era na verdade expressão da concepção de família que prevalecia, estendendo-se depois da vida, fazendo com que os mortos permanecessem presentes no sistema simbólico de lealdades que mantinha de algum modo unidos os vivos e os mortos. Os homens iam ao cemitério (como iam aos enterros) de terno e gravata escuros e as mulheres geralmente de luto ou meio-luto, como se dizia. Nunca com roupas coloridas, modo de sinalizar e expressar a dor da ausência. Era ali que parentes e amigos de muito tempo se encontravam ou se reencontravam. Iam fazer companhia aos mortos, amenizando desse modo, simbolicamente, a solidão da morte, suprindo na própria alma a ausência real dos mortos com a presença simbólica de sua lembrança ritual, através de velas e flores. Não cumprir essas obrigações era evidência de abandono e grave desrespeito, motivo mais de medo do que de remorso.

Dona V., como sempre, fora com o marido ao cemitério bem cedo, logo depois do café da manhã. Eram italianos, calabreses, e como todos os calabreses da região tinham fama de severos e apimentados. O marido era operário, um homem calmo e educado, bom vizinho. Na sua severidade costumeira, Dona V. se dava bem com todos os vizinhos, falava pouco e com forte sotaque. Pertencia, como minha tia-avó Albina e como pertencera minha avó, ao Apostolado da Oração. Deixou a filha em casa, uma mocinha muito branca e magra, de uns dezesseis anos de idade, tímida, com a incumbência de que fizesse o almoço. Ao voltar, porém, encontrou a filha com o namorado, conversando, encostada ao poço do quintal, que dava vista para a rua. Na panela, o feijão queimara.

Dona V. parecia idosa, era gorda e baixa, andava pela rua de terra balançando o corpo de um lado para outro, um pouco torta, pois tinha uma perna mais curta do que a outra. Enfureceu-se, pegou um porrete e foi para cima da filha. Eles moravam quase no fim da Rua Paraíba, que na época terminava no muro da linha de transmissão da Light. Na frente ficava o enorme terreno baldio que servia de campo ao Corintinha e à molecada para o único passatempo das redondezas, o futebol de várzea. Havia pouquíssimos vizinhos ali.

Mesmo assim os gritos de dor e pavor da moça foram ouvidos por muita gente, todos acostumados a identificar nas vozes e barulhos das casas próximas qualquer anormalidade que requeresse ajuda imediata. Muita gente correu para lá, uns chamando os outros, alertando-os para o fato de que algo grave estava acontecendo na casa de Dona V. Nesse tempo, morávamos ainda na Rua José do Patrocínio, numa casa cujo quintal dava fundos para os fundos de sua casa. Em questão de minutos nós também estávamos lá com a criançada, dentro do quintal e até dentro da casa. Uma multidão aglomerava-se na rua e na casa. A moça, desfalecida, amparada por algumas vizinhas, ainda à beira do poço, tinha a cabeça, o rosto e as roupas cobertos de sangue. Levara na cabeça uma paulada punitiva da mãe.

Dentro da casa, Dona V., ainda furiosa, mas abatida e assustada, vociferava justificativas de mãe e denunciava a irresponsabilidade da filha. O feijão queimado certamente pesara muito no ato violento, na perspectiva de ter que recomeçar a fazer o almoço já muito tarde. Mas a honra da moça e da família pesara bem mais, a garota recebendo o namorado em casa na ausência dos pais, ainda que à vista de todos. É verdade que por ali, naquele fim de rua, quase não passava ninguém. Mas naquele tempo as moças só recebiam o namorado em casa, com a família presente, quando já houvesse compromisso firme, praticamente um noivado, e a pública certeza do casamento. Antes disso, era namoro no portão, em dias certos e combinados. Nada de passar do portão para dentro.

A moça teve que ser levada nos braços de alguém até a farmácia, pois ainda não havia pronto-socorro por lá. Felizmente, sobreviveu. Mas a pedagogia do proletariado conservador e do subúrbio tradicionalista tivera ali a sua manifestação extrema e nos ensinava que não se limitava a repreensões e palmadas.

Relações violentas entre pais e filhos, como essa, não eram usuais, mas não eram propriamente estranhas ali no subúrbio. Todos tinham muito presentes dois parricídios relativamente recentes nas redondezas. No final dos anos trinta, no bairro do Monte Alegre, filhos mataram o pai que maltratava a mãe. E mais recentemente, uns dois anos antes da ocorrência na casa de Dona V., a seis quarteirões de nossas casas, um filho adulto e casado, pai de família, degolara o pai, no próprio almoço de Natal, poucas horas depois do batismo do primeiro neto da vítima. O avô anunciara que toda sua herança iria para o filho, no caso filha, que lhe desse um neto *mascchio*, deserdando os demais. Um dos deserdados matou-o com uma navalhada. O fato fora teatralizado num famoso programa da Rádio Record, "O Crime não Compensa". Essas mortes eram indicação trágica dos gravíssimos contornos dessa cultura da violência, sobretudo porque nesses extremos tínhamos não só a supressão violenta de vidas, mas o violento rompimento de um vínculo sagrado, o que era incompreensível e inaceitável na sociabilidade familista, católica e arcaica dos moradores.

O relho foi apenas um detalhe na impressão de que aquele janeiro de 1950 não chegara ao fim. Ou que nós, ao sairmos de Guaianases, nos distraíramos no caminho e perdêramos o rumo, só chegando à nova casa, em São Caetano, uns dois anos depois. Mas ao chegarmos ao janeiro seguinte, o janeiro adiado, descobri que já não havia janeiros. Tendo começado a trabalhar, mesmo em serviços avulsos, eu tinha compromissos que não previam férias, como nos tempos da escola. Aliás, minhas férias e as de meu irmão não eram férias para que nos divertíssemos e nos distraíssemos. Eram férias para que vivêssemos. O fim dos janeiros significava muita coisa, muita perda.

Aquele janeiro agônico e interminável resultou de várias rupturas em nossas vidas num curto período de tempo. Para mim, a ruptura natural seria a relativa ao término do curso primário e a busca de novas perspectivas dele decorrente. No entanto, ao retornar ao subúrbio, estávamos retornando ao vazio, que se tornou visível quando o mês chegou ao fim e não acabou. Em cerca de cinco anos, pouco mais, meus avós paternos morreram, meu avô materno morreu no Arriá, antigos vizinhos se foram. Permaneceu como um poderoso símbolo de alguma continuidade afetiva a irmã mais moça de minha avó paterna, minha tia Albina Ribeiro, viúva, que morava a uns trinta metros de casa, já velhinha.

Mas o vazio vinha principalmente do fato, que agora eu podia perceber, de que os avós eram os grandes responsáveis por um modo de vida cíclico, que recomeçava sempre. Um certo calor uterino se restaurava nos ritos próprios ao longo do ano, dando sobretudo às crianças, mas também aos adultos, a convicção de que a vida era uma vida sem fim, que terminava mas recomeçava sempre. O núcleo mais sólido de minha memória vem daí.

A ritualização de começos e fins se manifestava sempre na comida e no jejum, no que continua e no que interrompe. Tínhamos uma dieta simples, tanto na casa de meus avós quanto em nossa casa. Não era uma situação de fome, obviamente, embora existisse uma fome cultural por certos alimentos, como a carne. Eram valorizadas as "grandes" refeições familiares, pelo menos duas vezes por ano, refeições demarcatórias, solenes e alegres: o almoço da Páscoa e o almoço do Natal. E no meio o jejum simbólico da Quaresma, a carne substituída pela sardinha frita, comida de pobre e de trabalhador, jejum que se tornava severo nos dias mais graves da Semana Santa, particularmente na chamada Sexta-feira Maior. Nada que fosse originário de animais de sangue quente podia ser consumido, nem carne nem leite nem ovos. A interdição era completa. De modo que todos "renascíamos" simbolicamente após o luto pesado da morte simbólica de Cristo, na Páscoa.

No nosso retorno, encontramos esses ritos completamente diluídos, quase esquecidos. Em boa parte porque os avós, que constituíam o núcleo religioso da família, haviam morrido. Já não havia os velhos que assegurassem a sacralidade dos dias demarcatórios e das transições rituais que traziam um grande conforto interior, uma certeza de pertencimento ao gênero humano e à família. Em apenas dois anos acabara o mundo de minha infância curta. Um conjunto de coincidências deram à ruptura o estatuto de um fim de era. O mundo perdera o sentido dos começos e fins. De fato, eu não sentia que tivéssemos voltado para o calor afetivo e familiar do subúrbio. Era como se tivéssemos chegado a um outro lugar, desprovido do sentido do tempo e do sentido da vida, as horas se escoando intermináveis, sem qualquer propósito.

Já não havia mais o cheiro da broa de milho, da carne frita de porco, do chouriço, do torresmo, da sopa verde, da bacalhoada, do vinho sempre presente na mesa. Nem no Arriá, na casa de minha avó materna, também viúva, o cheiro da uva madura parecia ter a carga olfativa da festa familiar, da reunião da família para ajudar na colheita e na comida. Nem os enxames de abelhas atraídas pelo doce da uva, que enchiam a casa e a tulha, pareciam tão participantes como haviam sido. Janeiro parecia acabar sem terminar, uma ansiedade pelo depois que não se confirmava naquela dolorosa repetição do mesmo. Muitas mudanças, por diferentes causas, se concentraram num curto período de tempo, eliminando para sempre o belo sentido da alegria, que é o da alegria como retorno, como recomeço da vida. Agora havia apenas um amargo tempo novo, o tempo do fim, tudo se acabando, lentamente, até o dia da morte. Hoje sei que esse tempo é o tempo da modernidade, o tempo da morte que preside a vida do homem contemporâneo, o tempo da falsa eternidade.

Minha mãe não tinha nenhuma escolaridade. Fora alfabetizada precariamente por minha avó materna. Também para ela a escola não passava de uma quimera. De vez em quando mencionava Fulano, filho de

Sicrano, que trabalhara de dia e estudara à noite e se tornou médico, coisa bastante improvável. Em São Caetano não havia nem mesmo um ginásio do Estado. Havia apenas um ginásio particular, o que tornava tudo mais difícil para quem não tinha dinheiro, como era o nosso caso.

Aquele foi um ano de várias tentativas de trabalho. Eu era miúdo e nem mesmo tinha idade suficiente para obter a chamada "carteira de menor", necessária para conseguir um emprego de aprendiz. Minha mãe pressionava para que eu fizesse alguma coisa que me permitisse ganhar algum dinheiro, ao menos para comprar os sapatos e as meias. Pressionado por ela, e muito constrangido no começo, peguei a pesada carriola de madeira que tínhamos em casa, e que ficava no quintal, exposta ao tempo, fiz nela uma boa limpeza e resolvi vender bananas. Ela me emprestou dez cruzeiros. Fui ao depósito de bananas que havia na rua paralela à de casa, a Rua Pitagoares, e comprei um cacho. Isso dava cerca de dez dúzias, que saíam a um cruzeiro cada dúzia. E saí na manhã seguinte bem cedo, batendo na casa de vizinhos e parentes, oferecendo as bananas. Com pena ou também constrangidos pelo fato de que era o vizinho ou parente que estava ali, acabaram comprando. Todos eram fregueses de Dona Maria ou de "seu" Simão que passavam com suas carroças todos os dias vendendo exatamente bananas. Comprar de mim era uma deslealdade em relação a dois chefes de família que da venda de frutas e verduras dependiam para sustentar suas casas. Mas eu também precisava trabalhar.

Meu trunfo estava em visitar as casas bem mais cedo do que eles, o que fez Dona Maria parar na porta de minha casa, um dia, e me interpelar muito agressivamente, dizendo que eu estava lhe "roubando" os fregueses. Ao fim da manhã eu havia vendido o cacho inteiro. Tinha o dinheiro para pagar minha mãe e outros dez cruzeiros meus, pois vendia a banana a dois cruzeiros a dúzia. Ao ver como era fácil ganhar dinheiro, fiquei logo desinibido. Voltei ao depósito, comprei outro cacho e fui para a porta da Fábrica de Louças Adelina, a pouco mais de dois quarteirões de casa, ao lado da ferrovia, e me plantei com meu carrinho no meio de outros vendedores. A fábrica era grande, tinha muitos operários e muitos deles compravam meia dúzia de bananas para completar o almoço ou para comê-las com pão, como almoço propriamente dito. Naquele tempo muitos operários almoçavam pão com banana, almoço entendido como sinal claro de pobreza ou de sovinice. Matarazzo, cuja fábrica era visível, logo ali, do outro lado da linha do trem, era tido como o milionário que ficara rico trabalhando muito e fazendo economia, comendo pão com banana. Quando a fábrica apitou de novo para o retorno dos operários ao trabalho, eu havia vendido outro cacho de bananas.

Com um "capital" próprio de dez cruzeiros, eu conseguia ganhar vinte cruzeiros por dia. Isso deixava minha mãe muito satisfeita, sempre preocupada em ganhar dinheiro. Fui atacado pela síndrome do Tio Patinhas. Não gastava o dinheiro e andava com o "bolo" de notas no bolso só para vê-lo crescer. Até que minha tia Irma, mãe de meu primo Valdir, minha freguesa, chamou minha atenção para o perigo de andar com todo aquele dinheiro no bolso, perigo de perder e perigo de ser roubado. Comecei a guardar o dinheiro em casa, dentro do colchão. Anunciava-se ali a típica carreira do sovina clássico, o Tio Patinhas do subúrbio.

Carreira que foi interrompida de maneira quase trágica. Minha mãe continuava trabalhando e trabalharia a vida toda. Meu padrasto arrumou emprego, finalmente, na marcenaria em frente de casa, como braçal. Nos encontrávamos na hora do almoço. Num desses almoços houve mais uma briga feia entre minha mãe e ele. Pegou a afiada faca de ponta da cozinha e foi pra cima dela para esfaqueá-la. Meu irmão e eu começamos a gritar por socorro e interferimos. Ele estava furioso, fora de si, pálido, por alguma coisa que ela lhe dissera. Os operários, colegas dele, sentados na calçada em frente da fábrica, não interferiram, espantados e constrangidos com o que viam. Nossa vizinha, do lado de lá da cerca, tentou gritar com ele para que parasse. Duas vizinhas idosas, moradoras três casas adiante da nossa, atraídas pelos gritos, entraram no quintal e também gritaram com ele para que parasse. Ele não teve dúvida, foi em cima delas com a faca, o que as fez correr.

Finalmente, conseguiram agarrá-lo e levá-lo para dentro da fábrica, do outro lado da rua, enquanto minha mãe, meu irmão e eu éramos levados pelas operárias de uma pequena tecelagem que havia na esquina para nos escondermos lá dentro. Ficamos lá várias horas, depois de nos darem água com açúcar.

Mas logo as moças começaram a ficar preocupadas com a possibilidade de que o patrão chegasse. Pediram, então, que fôssemos embora. Apavorados, fomos para casa, que ficara completamente aberta, pegamos algumas coisas e minha mãe nos levou para a casa de minha prima Francisca, no bairro da Cerâmica. Ela era casada e tinha vários filhos, uma família grande. Minha prima e seu marido nos acolheram com boa vontade. Eles eram meus padrinhos de crisma. E minha mãe desapareceu. Creio que se passaram umas três semanas antes que tivéssemos alguma notícia dela. Ela simplesmente nos abandonara. Em nenhum momento voltou para saber como estávamos nem para dizer como estava.

Aquilo, de fato, doeu muito. Doeu aquela incerteza repentina, de nos vermos inesperadamente em casa alheia, sem saber o que fazer, sem rumo, sem nada, acomodados precariamente, tomando lugar e conforto das crianças da prima. Dormíamos num colchão colocado no chão. O abandono dá uma sensação ruim de corpo e consciência anestesiados, de falta de interesse pela vida. A gente deixa de sonhar, mesmo em relação às poucas e simplórias coisas de sonho de pobre e sonho de criança. O sono já não repousa, a comida já não tem gosto nem alimenta. Nem é necessário, pois já não se tem fome. Dá muita vontade de chorar, mas choro sempre depende de alguém que possa ouvi-lo e interpretá-lo, que possa dizer uma palavra, fazer um afago. De modo que nem chorar a gente pode.

Ao sair de casa, eu mal tivera tempo de agarrar meu pequeno maço de notas de dentro do colchão. Na melancólica situação em que estávamos, meu irmão e eu gastamos praticamente todo o meu dinheiro em três fins de semana num pequeno parque de diversões armado na esquina, a meio quarteirão da casa de minha prima. Aquele dinheiro perdera completamente o sentido. O que deveria ter sido o começo de alguma coisa tornara-se o começo de coisa alguma. Pra que ficar com ele? Melhor gastá-lo.

Minha mãe reapareceu um bom tempo depois para nos levar de volta para casa. Estivera o tempo todo morando na casa de uma conhecida na Vila Prudente. Havia se reconciliado com meu padrasto. Mas foi uma volta dolorosa para meu irmão e para mim, profundamente assustados e envergonhados com o que acontecera, um fato insólito, pois não havia esse tipo de violência entre casais, nas famílias vizinhas. Nem mesmo no cortiço próximo, na Rua Pitagoares. Havia vez ou outra uma briga de mulheres, de puxar cabelos, xingar e insultar. Mas não tentativa de morte.

E não fora a primeira vez. O surto já ocorrera quando estávamos em Guaianases, no sítio, minha mãe ia para casa apenas nos finais de semana para levar os complementos da alimentação da família que não pudessem ser obtidos na roça, que era quase tudo. Durante a semana ela ficava na casa de minha tia-avó, forçando a barra, pois não tinha onde ficar, para poder trabalhar. Era do seu trabalho que na verdade saía o ganha-pão de nossa casa. O sítio não dava resultados econômicos visíveis.

Em pelo menos três outras ocasiões meu padrasto teve ataques de fúria como esse. Numa das vezes, pegou sua espingarda de caça, de dois canos, completamente enlouquecido e foi para cima do cavalo tordilho que tínhamos, mansíssimo. O cavalo assustou-se e disparou pelo meio da plantação. Ele não teve dúvida, deu um tiro certeiro na anca do animal, que ficou machucado. Meu padrasto não tinha nenhum vício, não bebia, não fumava. Naquele caso, especificamente, até eu consegui perceber o que acontecera. Minha mãe convidara um casal de fregueses da fábrica em que ela trabalhava para passar o domingo conosco. Foi a primeira e única visita que recebemos de "gente da cidade". O casal simpático veio numa camioneta e praticamente trouxe boa parte do próprio almoço, como se tivesse ido para um piquenique. Depois do almoço o casal disse que gostaria de conhecer a vilazinha de Guaianases. Subimos todos na camioneta e lá fomos nós. Ninguém se lembrou de convidar meu padrasto ou deu ele a entender que não queria ir. O incidente com o cavalo aconteceu na nossa volta. Provavelmente, estava furioso, sentiu-se inferiorizado e transferiu a sua raiva para o pobre animal.

Numa segunda vez, o fato ocorreu durante a noite. Nós já morávamos na casa de alvenaria do alemão Frederico. Nosso barracão de tábua e pau a pique estava desocupado. Voltando da escola um dia, vi que no curral ao lado da Capela de Santa Cruz, no meio do caminho, estava uma família abrigada precariamente, o casal e as crianças, com algumas tralhas. O homem me parou e perguntou se eu sabia de algum emprego nas redondezas. Disse-lhe que não, mas que ficaria atento. Em casa, contei a história ao meu padrasto e perguntei-lhe se não seria possível alojar aquela família no barracão, até que achassem emprego. Na volta da escola no dia seguinte, trouxe a família comigo, aliviada com o fato de ter encontrado um teto. Naquela noite meu padrasto teve uma briga violenta com minha mãe. Como quisesse matá-la, ela fugiu e foi buscar refúgio no barracão, para desespero da família ali abrigada. Meu padrasto quis matar todo mundo. A família saiu fugida pelos matos, durante aquela mesma noite, e nunca mais a vi nas proximidades. Minha mãe acabou voltando para casa, enquanto meu irmão e eu, aterrorizados, a casa toda aberta, não sabíamos o que fazer.

Na terceira vez, ainda lá em Guaianases, um dia de manhã enfureceu-se com minha mãe, foi à procura da espingarda e disse que ia nos matar. Saímos correndo em disparada louca pelo caminho abaixo para fora do sítio e pegamos o caminho morro acima, depois do córrego, que levava até a estrada de rodagem, mais de um quilômetro adiante. Ali morava com sua mãe idosa nosso vizinho mais próximo, um alemão, que talvez pudesse nos ajudar. Na verdade, íamos colocá-los em perigo, se chegássemos até lá. Mas o caminho tinha uma subida íngreme que nos retardava. Olhávamos para trás e víamos que meu padrasto, de arma na mão, ia nos alcançar. Já nos encontrávamos, certamente, ao alcance de um tiro. Tive uma reação súbita, que deixou minha mãe e meu irmão em pânico. Eu já estava cheio com as demonstrações de valentia, com os surtos de violência, tudo inexplicável, repentino. Meu irmão e eu vivíamos permanentemente com medo. Tínhamos medo de fazer qualquer coisa longe de casa e ao voltar encontrarmos nossa mãe morta.

Parei e comecei a voltar lenta e firmemente na direção dele. Tinha tomado uma resolução. Era tudo ou nada. Era como se uma outra pessoa tivesse começado a crescer, de repente, dentro de mim. Aquele não era eu, de jeito nenhum. Esse estranho ser que se manifestava dentro de mim era o adulto que eu já me tornara, e não conhecia, que movia minhas pernas na direção oposta à daquela para onde corria a criança, que me fazia voltar, levantar a mão e apontar-lhe o dedo. Eu tinha nove ou dez anos de idade. Até as palavras que começaram a sair de minha boca eram estranhas para mim, sobretudo na ordem em que foram saindo e na veemência com que foram pronunciadas.

Se ele atirasse e eu fosse ferido, não havia o menor socorro, nem mesmo no vilarejo ao redor da estação, a oito quilômetros de distância, quando muito uma farmácia. Eu teria que ser levado até lá sem nenhuma condução. E quem levaria? E ainda teria que esperar um trem, que só havia de hora em hora, para chegar até São Paulo e outro tanto de tempo para chegar a um hospital. Sem contar que vivíamos sem dinheiro.

Tenho ainda a lembrança viva daquele momento e a sensação estranha de que alguma coisa se quebrava dentro de mim. Tive consciência de que até então, apesar de tudo que já passáramos, eu me imaginava revestido de uma espécie de couraça protetora, a da minha condição de criança. A sensação era de que a couraça se rasgava e eu ficava exposto. Tive a clara e estranhamente tranquila consciência de que poderia morrer naquele momento. Foi amargo reconhecer que, se isso acontecesse, já não importava. De fato, não valia a pena viver daquele modo, o que só aumentou a minha indignação e a minha determinação. Não me reconheci naquela serenidade adulta. Cheguei até ele e, para meu espanto, ele demonstrou medo. Eu o fixei nos olhos, mas ele não conseguia olhar nos meus olhos, assustado com seu próprio gesto e envergonhado. Eu era muito miúdo, franzino e frágil. Não representava nenhuma ameaça para ele ou para quem quer que fosse. Não tinha nem mesmo uma pedra na mão ou um porrete. E se tivesse seria inútil. Mas eu devia estar com uma expressão terrível, desafiando um homem que tinha uma arma de fogo na mão. Uma arma de dois tiros.

Lembro com absoluta nitidez do adulto indignado crescendo, de minha metamorfose. Quase podia me ver de fora para dentro, com assombro e medo. A criança começava a acabar naquele momento. Ele sabia que teria que recuar ou teria que atirar. E eu também sabia. Parei bem na frente dele, apontei o dedo firme para ele e perguntei se ele não tinha vergonha do que estava fazendo, ameaçando uma mulher e duas crianças com uma arma de fogo na mão. Disse-lhe que aquilo era covardia. Eu não fora educado para dizer essas coisas a um adulto. Ele gaguejou. Estava lívido, sem saber o que fazer com a espingarda, tentando dissimular o que segundos antes era a óbvia intenção de atirar. Disse que podíamos voltar, que não nos faria nada. Não era um pedido, era um consentimento, tal a certeza que tinha de que a vida era assim mesmo, dividida entre os que mandam e os que obedecem, entre os que batem e os que apanham, entre os que matam e os que sobrevivem.

Aquela minha reação fez com que o relacionamento de indiferença e distância que ele tinha com meu irmão e comigo se transformasse, quanto a mim, num relacionamento de ódio, disfarçado, é bem verdade. Ele não me encarava, não olhava nos meus olhos. Mas ficou aquele acerto de contas por fazer, o do homem que se sentiu desafiado pelo menino e teve medo. Teve medo sobretudo porque não tinha uma explicação para aquele desafio justo. Aquilo era alguma coisa que ele não podia compreender e eu tampouco. Mas para mim, forçado a ser adulto por um homem com uma arma na mão, disposto a atirar, a criança que eu era estava apenas fora do seu modo de ser. Eu continuava sendo criança, ainda que precariamente. Para ele, porém, seu modo de ser adulto fora desafiado. Ele já não tinha uma infância em que se refugiar. Não podia fazer de conta que voltava para trás, fingir que não fora o homem na iminência de cometer um homicídio. De fato, nunca a tivera. Sua única arma, a violência, contra o mundo em que a migração do campo para a cidade, da roça para o fracasso da fábrica e o casamento com uma viúva com filhos o meteram, fora desafiada e desmoralizada por um menino.

Hoje, compreendo perfeitamente, o significado medonho daquele meu gesto inevitável. Ele era um caipira completamente desprotegido e desarmado contra o mundo da fábrica e da cidade, em que a migração da roça o mergulhara, que o casamento tornara irreversível porque a família de adoção, a de minha mãe viúva, se tornara irreversivelmente urbana. Eu fora colocado no beco sem saída de não poder respeitar sua única proteção. Na volta para a roça, em Guaianases, ele levara essa herança. Sem contar que o mundo idílico do passado não se recompusera nem se constituíra. A violência era sua única defesa, seu único modo de entender-se consigo mesmo, compreender e recusar o novo e diferente a partir do que lhe restava de uma cultura dilacerada, de um modo de se relacionar com os outros que ainda podia compreender. Matar era o suposto modo de anular o que se tornara o fardo do incompreensível e do insuportável. Ao enfrentá-lo e desafiá-lo, inadvertidamente eu tinha destruído sua única defesa, desmoralizado a única coisa que ele entendia, a única e precária ponte entre dois mundos para ele inconciliáveis, a ponte de fuga e de retirada.

Ele era um homem completamente despido de afeto. A vida, a orfandade, o privara dele. Suas emoções iam da platitude silenciosa às explosões repentinas e violentas. Anos depois soube por um primo mais velho do que eu, quando já estávamos de volta a São Caetano, que ele lhe dissera estar apenas esperando que eu completasse dezoito anos de idade para acertar as contas comigo. Iria esperar que o corpo da criança se tornasse adulto para enfrentar o adulto que nele se ocultara desde aquele dia num solitário caminho de roça. Não levei muito a sério a advertência que, preocupado, meu primo me fizera, para que tomasse cuidado. Eu não tinha nenhuma consciência de que a vida das pessoas de nossa condição era uma trama de conflitos duros, de violência cotidiana, de enfrentamentos até mortais. E não era só nem principalmente o que depois vim a saber ser a luta de classes, suas complicadas dimensões cultural e social, cotidiana, e seus efeitos perversos no interior da família.

O dia do acerto de contas chegou inesperadamente quando eu já estava no segundo ano da Universidade, em 1962. Foi na noite de um sábado. Por enorme sorte, eu havia ido à casa de uma colega da USP, na Mooca, para me reunir com alguns dos meus colegas de turma e estudar. Fazia o curso noturno. Naquela época a biblioteca de Ciências Sociais era uma pequena coleção de livros em quatro ou cinco estantes no corredor das salas dos professores, lá na Rua Maria Antônia. Livros antigos e insuficientes. Nem havia ainda as fotocopiadoras de manejo fácil. A maioria dos livros tinha que ser comprada, eram livros importados e caríssimos. Uma cooperativa de alunos e professores da Faculdade de Filosofia atenuava os custos, mas nem tanto. Passei meses pagando a prestações a edição mexicana de *O Capital*, de Marx, da Fondo de

Cultura Económica. E a edição francesa de *De la Division du Travail Social*, de Durkheim, custou-me a conversão de muitos pratos feitos em singelos sanduíches. De modo que tínhamos que fazer uma espécie de cooperativa de leituras, trocar informações e fazer anotações para nos mantermos informados sobre o básico do curso.

Ao voltar para casa, cerca de onze horas da noite, abri a porta da frente, entrei na sala e ao acender a luz vi que a porta do quarto em que eu dormia tinha sido arrebentada, aparentemente a machadadas. Fiquei sem entender o que havia acontecido. Nem minha mãe nem meu irmão nem meu padrasto estavam em casa. Sentei no sofá-cama do quarto e fiquei esperando que alguém aparecesse para saber o que ocorrera. Era muito tarde para sair perguntando na vizinhança. Finalmente, meu irmão chegou e me contou o que acontecera. Naquela noite havia uma festa de casamento de um dos meus primos pelo lado paterno, um dos Ribeiro. Como era costume desse lado de minha família, retiraram as máquinas da carpintaria que tinham na Rua Senador Vergueiro, a dois quarteirões de casa, e improvisaram um salão para realizar a festa, tradicionalmente uma festa de comes e bebes, a que compareciam todos os membros daquele ramo da família, os mais velhos na cabeceira da mesa imensa, com os noivos. Éramos sempre convidados. Minha mãe e meu irmão estavam lá.

Nessa altura, meu padrasto fazia uma nova tentativa de voltar à roça. Meu irmão, ferramenteiro que já estava trabalhando numa fábrica do setor automobilístico em São Bernardo e ganhando bem, foi forçado por minha mãe a se associar a ele na compra de um pequeno sítio lá para os lados de Ribeirão Pires. Voltava para casa todos os sábados. Chegou em casa à noite, não encontrou ninguém, apanhou um machado e tentou arrombar a porta do quarto em que eu dormia e onde quase sempre me fechava para estudar. Se eu estivesse lá, teria morrido, pois não havia outra saída. Nem eu tinha como enfrentá-lo. Ele não teria hesitado em acabar comigo. Viera para o que desse. O mesmo teria acontecido com meu irmão e minha mãe.

Não me encontrando, munido de uma faca foi para o local da festa, à procura deles. Na confusão que armou acabou esfaqueando um primo meu, que interferira. Foi detido, meu primo foi levado para o pronto-socorro, onde o medicaram. Meu padrasto foi preso. Não sendo o ferimento grave, meu primo foi convencido por meu irmão a retirar a queixa de tentativa de homicídio. A família de meu falecido pai era uma família muito católica e muito pacífica e aquilo nunca acontecera entre eles nem nunca acontecera em toda a nossa vizinhança, de trabalhadores, onde nem mesmo havia casos de bebedeira. Nunca vi um vizinho bêbado, nunca vi um operário bêbado ou arruaceiro. Era tudo gente ordeira e trabalhadeira, como se dizia quando nos referíamos a pessoas que além de trabalhadoras eram também muito dedicadas ao trabalho e só a ele, gente de família.

Naquela noite, de certo modo, começou o processo de separação de minha mãe e de meu padrasto, que culminaria com o desquite, algum tempo depois, a coisa mais sensata que ela fez após muitos anos de segundo casamento marcado pela violência. Solto no dia seguinte, meu padrasto retornou diretamente ao sítio. Voltava definitivamente para o mundo de onde de fato nunca saíra, a roça, o trabalho agrícola, as caçadas, a casa de pau a pique, coberta de sapé, chão de terra batida. O mundo que ele entendia, que não tinha mistérios para ele, que não o confrontava com as incógnitas cotidianas do difícil mundo da cidade, do subúrbio e da fábrica. Ele só não decifrou o mistério da violência que, mesmo com esse recuo, se instalara definitivamente em sua vida e em seu mundo e que o acompanharia onde quer que fosse. Era sua herança extrema na grande e trágica desorganização de mundo que decorre da transição inconclusa entre a roça e a cidade, atirando as pessoas numa situação nova que não se completa, expelindo-as de uma situação velha que não termina. Muitos anos depois ficaríamos sabendo que fora atacado a pauladas pela mulher com quem passara a viver, em consequência do que faleceria num hospital dez dias depois. Fora assassinado.

Como acontecia e acontece ainda com outros migrantes vindos da roça, mesmo na permanência a cidade é um lugar de passagem, a fábrica o lugar do ganha-pão temporário e difícil ou mesmo impossível por outro meio. Só nas pressuposições teóricas da sociologia as migrações para a cidade são irreversíveis. Uma vida inteira se passa e um belo dia muitas pessoas tomam o caminho de volta, mesmo no êxito econômico da condição operária. Para muitos, a fábrica e a cidade são lugares de onde querem escapar, lugares de exílio. O êxito e a persistência da nostálgica música sertaneja na cultura operária anunciam e proclamam todos os dias o vir de quem ficou, do corpo que veio e da alma que permaneceu nas brenhas e veredas à espera do retorno do corpo que lhe pertence. Mesmo aqueles que não voltam à roça, de fato de lá nunca saíram, mergulhados numa ressocialização nunca plena, numa adaptação pela metade, num voltar imaginário e compensatório que alivia a pena do desenraizamento, da ruptura dos laços de família, da partida.

Alguns dias depois saí de casa e fui morar num quartinho de uma casa alugada pela Faculdade de Filosofia da USP para ser um centro de pesquisas, na Rua Piauí. Por pura coincidência, um de meus professores, Fernando Henrique Cardoso, me encontrara dias antes e, sabendo que morava no subúrbio, perguntou-me se não preferia morar perto da escola, para ter mais tempo para estudar. Fui morar lá como caseiro, próximo da escola e das bibliotecas, com muito mais tempo para ler. Eu ganhara umas quatro preciosas horas por dia, praticamente morando dentro da escola. Foi a casa em que passei a noite de 31 de março de 1964, acompanhando pelo rádio o andamento do golpe de Estado, a própria casa no elenco dos lugares supostamente sujeitos a invasão pela polícia.

Com minha saída de casa, meu martírio havia terminado. Com a saída de meu padrasto, o de minha família também. Sobrevivêramos fisicamente, mas não sobrevivemos nem como família nem como pessoas. Nas semanas e meses seguintes, já fora de casa, fui me dando conta de que lentamente fôramos nos separando ao longo dos anos. A ruptura quase trágica daquela noite apenas selou o abismo que havia entre todos nós. A necessidade da sobrevivência em condições tão adversas exigiu que cada um procurasse o seu caminho, seguisse suas inclinações e, sobretudo, suas possibilidades. Libertado e longe do cotidiano da casa, fui tomando consciência de que já não falávamos a mesma língua, não pensávamos do mesmo modo, não queríamos as mesmas coisas. A família se transformara num fardo difícil de carregar. Eu já a havia carregado demais, meu irmão também e minha mãe mais do que ninguém.

Era tarde demais para restabelecer nossos vínculos de antes. Cada qual tomava seu rumo.

Deu-me uma tristeza profunda aceitar que dali em diante entre minha mãe e eu, como entre minha mãe e meu irmão, não havia mais uma língua de conversação, essa língua tão particular da relação entre filhos e mães. Ela não entendia o que dizíamos, o que éramos, o que fazíamos. Sofria, magoada, diante de filhos que lhe eram agora estranhos, próximos e tão distantes ao mesmo tempo. De certo modo, entramos num cenário escuro de solidão. Não só cada um de nós tinha a respectiva vida centrada num eixo distinto de significados, pensando distintamente, falando distintamente, porque vivendo a vida a partir de lugares e situações sociais completamente diferentes. Já não havia o mistério bom da sacralidade que cerca a figura materna. A relação com meu padrasto a despojara do que é próprio da condição de mãe. Ele, sem o querer, usurpara o que nos unia, não só nosso passado, mas também nosso futuro como família. Naquela noite de sábado ele de fato matara com um golpe final o pouco que restara de nossa vida familiar. Simbolicamente, os restantes parentes do lado de meu pai nunca mais realizaram suas calorosas festas de casamento. Uma nova geração, tomou seu rumo e se distanciou. Desde então somos apenas informados da morte dos que conhecemos e com os quais convivêramos.

Passei uma parte de minha vida tentando entender aquele padrasto cheio de dilemas, interiormente dividido até o desespero. Com o tempo descobri que ele era muito parecido com os operários dos bairros mais afastados, de certo modo recém-chegados da roça à área urbana para trabalhar nas fábricas que se consolidaram e se multiplicaram no período do getulismo, praticamente um período de pleno emprego. Não me lembro de gente procurando emprego por muito tempo, nem ele, que não tinha nenhuma qualificação fabril. De modo geral sempre esteve ao menos ocupado. Trabalhou em duas grandes fábricas e também numa fábrica menor. O resto do tempo, teve empregos instáveis, sem direitos, sem registro. Viveu a seu modo, numa imensa solidão, nas duas vezes em que fez tentativas de voltar à roça e ao trabalho que conhecia desde criança.

Quando li o texto de Florestan Fernandes, "Tiago Marques Aipobureu, um Bororo Marginal" e o texto de Herbert Baldus sobre o mesmo caso, além da fonte teórica dos dois, o livro de Everett Stonequist, *O Homem Marginal*, comecei a compreendê-lo, embora ele já tivesse ido embora. Como Tiago Marques em suas ausências da tribo, quando estava na fábrica sentia uma enorme necessidade de ir para a roça. Quando estava na roça, adaptava-se bem nos primeiros tempos, mas depois fracassava na sua economia sem pé nem cabeça, sem nenhum conhecimento do mercado, trabalhando feito um condenado para ver o fruto de seu trabalho reduzido a nada pelos especuladores e intermediários. Escapava para a cidade.

Era um caipira autêntico, de remota ancestralidade. Ele vinha da servidão indígena que cessara formalmente em meados do século XVIII, mas de vários modos persiste até hoje entre remanescentes caipiras desse cativeiro antigo. Esse era o mundo do trabalho pesado e servil, no cabo do guatambu, como ele gostava de dizer para se referir à melhor madeira do cabo de enxada. Além do trabalho, nada tinha sentido. E tudo que ele fez além desse limite só lhe trouxe sofrimento e sofrimento às pessoas, como nós, ligadas a ele. De certo modo, pessoas como ele nasceram condenadas ao fardo dessa servidão, privadas de qualquer outra informação cultural que lhes permitisse atravessar o arame farpado desse limite. Condenadas a viver num mundo que não compreendiam e não compreendem.

# 8
## Cada dia do nosso pão

PENSANDO BEM, FOI MELHOR que o feitiço e aquela tentativa de encantamento não tenham dado certo. Fazia bem mais de uma hora que as fábricas haviam apitado, anunciando o fim de um dia normal de trabalho. Depois de um dia inteiro de ruídos de motores, serras, correias, espalhando-se pelas ruas, entrando pelas casas, a esperada calma. A noitinha se anunciava, como sempre, com as vozes de mães chamando filhos por isso ou por aquilo, conhecidos que se cumprimentavam na rua, chegando do trabalho, eventualmente esposas conversando com as vizinhas no portão à espera dos maridos e filhos que estavam por chegar, o jantar já pronto e à espera. Pouco depois, já havíamos jantado a janta corriqueira e quase apressada. Jantávamos cedo, ao redor das seis da tarde. Mas aquela cena sugeria um estranho começo de noite. Minha mãe ainda não se convertera ao protestantismo, caso em que aquilo não estaria acontecendo. Mas vivia um período de ceticismo em relação à Igreja Católica. Ele, por sua vez, só fora à igreja no dia do casamento. Ela e meu padrasto viviam um curioso período de acreditar em qualquer coisa e de qualquer jeito. Religião, para eles, não tinha fronteiras nem demarcações. Tudo o que fosse crença se juntava e se combinava sem critério. Dependia só da disposição de cada um. Era o que explicava o ritual que meu irmão e eu presenciávamos com surpresa, curiosidade e espanto.

– Já sumi? – perguntou meu padrasto, impaciente. Estava deitado na cama, com a roupa de trabalho. Só havia tirado os sapatos.

Sentada numa cadeira ao lado, minha mãe tinha numa das mãos *O Verdadeiro Livro de São Cipriano*, aberto em determinada página. Era um livro volumoso, de capa dura, muito parecido, no formato, com o famoso livro de receitas de Dona Benta, muito usado como referência na época pelas mães de família quando queriam fazer um prato diferente do habitual. Como este, era vendido nos quiosques de jornais e revistas da Estação da Luz, da Estrada de Ferro Santos a Jundiaí, onde ficava a estação de São Caetano, e da estação do Norte, da Estrada de Ferro Central do Brasil, onde ficava a estação de Guaianases.

Por aí já se vê qual o público a que era destinado, os milhares de trabalhadores dos bairros e do subúrbio que usavam os trens diariamente. Durante anos eu veria esse livro exposto nas vitrines desses quiosques, um livro do qual se falava com medo. Havia pessoas que tinham medo até de tocá-lo. Era um livro de feitiçaria, que ensinava a lidar com as forças do mal, com as coisas malignas que se escondem do lado oculto da vida e frequentemente invadem e perturbam o seu lado visível. Muitos moradores do subúrbio operário entendiam que a vida de todo dia era o duplo e contrário de uma vida invisível, o mundo além do mais dividido entre o bem e o mal.

Sobre o velho criado-mudo, ao pé da cama, vários objetos estranhos iam sendo manipulados: uma pena preta de não sei o quê, casca também não sei de quê, raspa de não sei o que lá e assim por diante. Sem contar crucifixo, folhas, raízes. Não lembro exatamente que coisas eram. Ela ia lendo o livro em voz alta, executando as instruções e dando ordens ao meu padrasto para que fizesse este ou aquele gesto recomendado na receita do feitiço que haviam escolhido e repetisse palavras e fórmulas mágicas.

As práticas ocultistas nas famílias operárias não eram propriamente incomuns e se associavam com facilidade a uma híbrida cultura mística, basicamente católica, mas impregnada de crendices de várias idades e de várias origens, além de elementos de uma contracultura religiosa do passado, aquela mesma que motivara as fogueiras da Santa Inquisição. Suas práticas no geral envolviam o trato de coisas repugnantes.

Em casa mesmo já tivéramos vários casos. Com facilidade, o nariz de meu irmão sangrava. Os sangramentos cessaram completamente quando uma das vizinhas benzedeiras sugeriu uma simpatia eficaz: deixar o sangue correr, recolhê-lo com uma colher e colocá-lo no feijão a ser por ele comido. Era o modo de fazer o sangue retornar ao seu dono e fechar o círculo do sangramento, interrompendo-o. Ainda lembro daquele sangue coagulado e cozido com o feijão que ele ia comer. Comeu sem saber e sarou. Eu mesmo, ainda bem pequeno, tive que tomar leite tirado, na minha frente, do peito enorme de uma vizinha recém-parida para curar-me de algo de que nem lembro o que era. Tão forte essas mandingas nas relações que estabeleciam entre as pessoas que, sendo eu já adulto e casado, tive notícia de que essa antiga vizinha, já idosa, comentara com alguém o parentesco de leite que tinha comigo por conta da sacralidade dessa doação curativa.

Era difícil acreditar que minha mãe e meu padrasto tivessem chegado ao extremo de praticar um ato de feitiçaria dentro de casa, mesmo em face dessa cultura de simpatias, benzimentos e mezinhas que era a cultura operária. Feitiçaria ultrapassava limites que mesmo nós crianças de algum modo conhecíamos. Em geral era feita por especialista, em outro lugar, e o feitiço trazido para dentro de casa depois de preparado.

Virando-se para meu irmão e para mim, que ainda não fôramos para a rua e para as brincadeiras da noitinha, como era costume, e da porta do quarto olhávamos a cena com enorme espanto e divertida curiosidade, nosso padrasto perguntou impaciente:

— Cês tão me vendo? — Encostados ao batente da porta fizemos um sinal afirmativo com a cabeça, para grande desapontamento dele.

Estava em andamento um poderoso feitiço para fazer meu padrasto ficar invisível, conforme desejo que ele manifestara. Queria ter o poder de permanecer visível quando quisesse e de se tornar invisível quando bem entendesse. Meu irmão e eu fazíamos parte daquele mesmo mundo. Talvez um pouco mais céticos, devido à escolarização. Mas para mim, apesar das desconfianças, que não eram poucas, aquele mundo fantástico era real. Talvez fosse possível, sim, que alguém se tornasse invisível. Eu tinha uns onze anos de idade, ainda usava calças curtas. Não estava apenas no limiar da adolescência, mas também no limiar do rural e do urbano, perdido numa mescla confusa de valores de orientação, com um peso enorme do imaginário rústico na minha vida e na vida de minha família. As gentes do subúrbio eram assim, especialmente os novos migrantes que em grande número chegavam constantemente de Minas Gerais e do Nordeste, mas também do interior de São Paulo. Os novos operários viviam entre o real e o imaginário, na verdade, nos dois ao mesmo tempo, numa duplicidade que foi e ainda é forte componente da cultura do proletariado da região metropolitana de São Paulo.

Só bem mais tarde, juntando os pedaços de uma história de esfacelamentos, distanciamentos, rupturas profundas, pude compreender o significado do que estava acontecendo naquele momento. Ficou a dúvida na memória, o que afinal era aquilo, esperando o esclarecimento que não viria de dentro de casa, eu me perguntando durante anos o que era que havia presenciado, que mentalidade era aquela que presidia e organizava o ritual que eu vira.

Quando retornamos de Guaianases para São Caetano, já não éramos mais os mesmos. A vida de minha mãe, a de meu irmão e a minha já haviam sido profundamente alcançadas pela morte de meu pai, mesmo antes da decisão de deixar a cidade pela roça e do segundo casamento de minha mãe. Guaianases foi apenas um episódio decisivo numa sequência de buscas de saída e de desacertos. A pensão que, por morte de meu pai, era paga pelo então IAPI (Instituto de Aposentadoria e Pensão dos Industriários) de tão ínfima não cobria as mínimas necessidades de nossa subsistência. A pensão de um mês mal dava para comprar um par de sapatos. Não é de hoje que a previdência social neste país é em boa parte uma forma do governo captar recursos sem equivalente contrapartida e jogar no ombro dos trabalhadores toda a responsabilidade pela má gestão de recursos depositados em confiança nas mãos do Estado. Bom coletor e mau pagador, o Estado brasileiro subsiste graças à enorme e inacreditável paciência de suas vítimas.

O novo casamento de minha mãe foi o episódio seguinte no elenco dos fatores da mudança profunda em nossa vida. Como todo casamento em nossa classe social, naquela época e de certo modo ainda hoje, teve diversas e desencontradas motivações. Além das motivações que se pode esperar num caso assim, próprias do casamento, minha mãe levou em conta a murmuração de vizinhos e parentes que a cercaria no caso de se manter viúva. Ainda era jovem e bonita. Uma vizinha, enquanto lavava roupa, se esgoelava, propositalmente, cantando uma música em moda na época: "Será, será que amar é assim, será que amar é ruim..." Minha mãe ficava indignada.

Na decisão de casar novamente, levou em conta, também, que um marido representaria um acréscimo nos rendimentos da família. O que ela ganhava na fábrica como substituta de meu pai era pouco e incerto. Tinha que fazer bicos para completar a renda. Mas o novo casamento não foi solução em relação à manutenção da casa. Meu padrasto era operário braçal nas indústrias Matarazzo. Analfabeto, ganhava um salário que mal o sustentava numa pensão da Vila Bela. Ele também deve ter feito as contas. Tinha uma namorada, uma operária jovem que cheguei a conhecer e com a qual aparentemente manteve o relacionamento ainda depois de casado. Mas casar com a viúva, mais velha que ele, que ao menos tinha casa própria e além do mais um salário melhor que o dele, ainda que pequeno, foi alternativa que ele certamente pesou. Sabe lá Deus o que minha mãe prometera a ele.

Naquela cultura densa de problemas de afirmação pessoal, sobretudo entre os operários jovens, na maioria vindos do interior e da roça, disputar centímetros no caminho da melhora de vida e da ascensão social era um dado óbvio. E casamento não estava fora desse jogo. Os jovens sabiam disso e os pais também. Esse era um assunto das conversas de cozinha.

Meu padrasto, logo que voltava para casa à noite tinha dores de cabeça horríveis. Foram elas que o levaram à decisão de sair da fábrica Matarazzo e abrir o sítio em Guaianases, em pequenos lotes quase juntos que haviam sido comprados havia muito tempo por meu pai, meu avô e uns primos de meu pai nas terras da Fazenda Santa Etelvina, quando foram loteadas, conforme já mencionei. Tudo somava pouco mais do que um hectare. Nem minifúndio era.

O plano, mais de minha mãe do que dele, era plantar bananas. A banana foi a escolhida porque em dois anos estaria frutificando. Daí para sempre seria só colher frutos e dinheiro. Minha mãe se considerava boa negociante, coisa que nunca foi, como já na velhice ficaria evidente na lista de fracassos de suas tentativas de se tornar comerciante. Ele desmatou o terreno, fez a queimada – uma coisa espantosa que presenciei relativamente de perto com meu irmão – abriu as covas, conseguiu as mudas e plantou quatrocentos pés de banana nanica. Tiveram que juntar o que tinham e o que não tinham para comprar essas mudas e transportá-las para lá. O plantio era um trabalho brutal: as covas da bananeira são grandes e fundas e ele trabalhou sozinho.

Pelo plano deles, minha mãe continuaria trabalhando na cidade, vivendo na casa de minha tia-avó Albina, que não teve como dizer não quando ela lhe pediu para dormir lá. Ia para o sítio no sábado, levando para a família a comida que podia carregar. Todo o plano se apoiava também no aluguel da casa herdada de meu pai, onde morávamos antes de Guaianases, de que devíamos ainda as prestações do terreno, e aluguel, também, da casa herdada de meus avós. Como parte do "empreendimento", meu irmão e eu iríamos para Guaianases morar sozinhos com o padrasto distante e indiferente, em casebre miserável, longíssimo de escola. Uma redução drástica nos custos de manutenção da família, especialmente dos filhos, para assegurar os meios necessários à aventura econômica. O principal do abastecimento da casa vinha da venda da fazenda do "coronel" Saturnino, no meio do caminho entre a estação e o barracão em que fomos morar. Ali ela fazia as despesas mensais, pagando à vista com seu salário. Era ela que sustentava a casa. No sítio, coberto de mata virgem, tudo estava por fazer, desde a derrubada da mata, a queimada, o destocamento, o trato da terra, até o plantio e a carpa.

É inacreditável a confiança que pessoas assim têm de que as coisas naturalmente dão certo. No entanto, em caso de uma doença grave, as pessoas estão irremediavelmente condenadas. Às vezes até mesmo quando as doenças não são graves. Escapam por sorte. Na derrubada da mata, ao juntar os galhos de uma árvore, cortados para aproveitá-la como madeira, Lazinho foi picado por uma jararaca nas duas mãos. Quando cheguei da escola, no começo da tarde, ele estava com as duas mãos muito inchadas. Pareciam duas bolas. Já havia se "medicado".

Fizera o que recomendava o setor de medicina de sua imensa e complicada cultura caipira. Chupara o sangue nos dois pontos atingidos pela serpente, e o cuspira, uma forma de diminuir a quantidade de veneno que entra na circulação sanguínea. Depois torrara o couro seco, com pelos ainda, de um animal que não lembro qual era, creio que cachorro do mato, que ele guardava numa gaveta, e espalhara o pó sobre os pontos da picada. Provavelmente, o efeito do pó era o de chupar o veneno que ainda existisse, funcionando como uma espécie de mata-borrão. Além de ter tomado uma espécie de chá com o mesmo pó. De fato, não teve maiores reações e aos poucos as mãos desincharam.

Quando o bananal começou a produzir, foi um desastre. Eles imaginavam que seria fácil e simples chegar ao Mercado Municipal de São Paulo e oferecer aos intermediários a banana, que pagariam o que ela valia e o trabalho que dava. Já no primeiro corte, o que ofereceram pelos oitocentos e tantos cachos de banana amadurecendo inexoravelmente era tão pouco que nem compensava a despesa do transporte. Os negociantes queriam a banana de graça e a retirariam do sítio como um favor. Diziam cinicamente: era isso ou podíamos ficar com ela, que em poucos dias estaria podre.

Na roça, a sábia prudência de sua cultura antiga recomenda ao pobre que não se meta onde não foi chamado, não se meta fora de seu pequeno mundo, que é problema na certa. Lazinho ainda tentou encher a carroça que pertencia ao sítio do Frederico (que entrava com a carroça e nós entrávamos com o cavalo) para vender bananas nas poucas ruas e casas de Guaianases, então um pequeno povoado à beira da estrada de ferro. Vendeu pouco. Ninguém ali podia e queria pagar o preço que ele achava que a banana valia, o dinheiro de que ele precisava para sobreviver.

O fracasso dessa aventura devolveu-nos a São Caetano. Quando voltamos para lá, não voltamos para a mesma casa, da Rua José do Patrocínio, mas para outra nas proximidades, na Rua Paraíba, herança de meus avós paternos. Era uma casa pequena: quarto, sala e cozinha e um pequeno quintal. A mentalidade da roça veio junto, mas alterada pela derrota óbvia. Não só a cidade não dera certo, mas o retorno à roça, depois da migração para a cidade, também não. A roça era agora uma roça desfigurada pela mediação da experiência não compreendida na fábrica e no subúrbio. Meu padrasto criou uma espécie de refúgio imaginário para o fracasso do projeto da roça. Construiu um viveiro de pássaros no quintal. Os passarinhos mais preciosos, como os canários do reino e os avinhados, ficavam em gaiolas dentro da cozinha durante a noite. A cozinha amanhecia imunda com as cascas de alpiste e até as fezes que salpicavam todo o recinto. Durante o dia os pássaros ficavam fora, na parede lateral da casa. O quintal ficou inteiramente descuidado, sujo, detritos espalhados. Ele não teve nenhuma motivação para plantar verduras ou mesmo frutas, como ainda se fazia nos quintais do subúrbio. O que era expressão clara de um relaxamento interior, de um abandono, de uma falta de motivação.

A troca de todo o sítio por um velho caminhão da marca Commer, mais uma nota promissória pesada em favor do estelionatário que fizera o negócio, na venda do sítio, foi tudo o que restou da aventura rural. A nota promissória pesada fora assinada na suposição de que o caminhão seria uma poderosa fonte de ganhos. Como meu padrasto era analfabeto, não podia obter a carta de habilitação. Decidiram, então, contratar um compadre que haviam feito em Guaianases, boa pessoa, motorista profissional, que trabalhava para a pedreira da Passagem Funda. O caminhão seria inaugurado com uma romaria a Aparecidinha, uma capela da Rádio Record em São Bernardo do Campo, onde todos os domingos havia concorrida missa, transmitida pelo rádio. Íamos agradecer a bênção da troca e abençoar o caminhão para evitar novos fracassos.

Convidamos os vizinhos. Todos em cima da carroçaria, o caminhão saiu e, dez metros adiante, quebrou. Havia partido uma ponta de eixo. A romaria acabou ali mesmo. Tão confiantes estavam minha mãe e meu padrasto que, em seguida, atribuíram o acidente ao mau olhado de vizinhos. Mau olhado que só funcionou porque o caminhão ainda não havia sido benzido.

A adversidade, na vida dos trabalhadores do subúrbio, tinha sempre uma autoria, um responsável, visível ou invisível. Eles perderam um bom tempo para decidir quem teria sido o invejoso. Nas conversas daquele dia e dos dias seguintes foram fazendo um inventário cuidadoso, pessoa por pessoa, das demonstrações de hostilidade de vizinhos, de falta de apreço. Até coisas como não dizer bom-dia entravam como evidência da indisposição maldosa. E, obviamente, sobretudo os que se interessaram pela romaria.

Sem contar, é claro, que para eles, aquela problemática aquisição do caminhão, longe de ser um episódio de fracasso, era um episódio numa história positiva de melhora nas condições de vida. Eles viam as coisas pelas aparências. Os indicadores, sobretudo para meu padrasto, eram simples: ao voltar para a cidade, fizera-o para trabalhar por conta própria e patrão, pois tinha um empregado, que era o motorista. Mesmo que economicamente os resultados fossem completamente negativos. A cidade era para ele o lugar em que as pessoas pobres estavam condenadas a ser empregadas de alguém, a ser mandadas, como ele dizia, a obedecer. O caminhão não produziu nenhum ganho. Só prejuízos.

A verdade, porém, era outra. O Commer era um caminhão canadense, no Brasil utilizado unicamente pela Light, a companhia de eletricidade, também canadense. Quando os caminhões ficavam velhos, eram vendidos em lotes, cujo comprador os revendia individualmente a trouxas como nós. A busca de um novo eixo mostrou o tamanho do problema: não havia peças de reposição para caminhões daquela marca. Só a Light as tinha e não as vendia. O motorista e meu padrasto percorreram, então, os depósitos de ferro-velho que vendiam pedaços de veículos desmontados. Também não a encontraram. Alguém sugeriu que o que restava era mandar soldar a ponta de eixo partida, o que foi feito. Só que o eixo se tornava frágil e aumentava muito o risco de quebrar de novo, sobretudo com o caminhão carregado. O caminhão foi passado adiante.

Fracassara completamente a "teoria econômica" de minha mãe, que a motivara, e ao meu padrasto, naquela desapontadora tentativa de escapar dos limites claros e estreitos da condição de assalariado. Ela interpretava o mundo do ganho a partir de um sistema conceitual próprio da cultura caipira, o da mão fechada, da sovinice e da esperteza. O caipira ladino funciona bem na roça. Mas é essa uma compreensão limitada da economia numa cultura de adaptação, como é a dos migrantes fora do lugar, caso dela. Uma palavra central no seu vocabulário econômico durante toda a vida foi a palavra "muquirana", do dialeto caipira e de origem tupi. Segundo os dicionários, quer dizer "inseto parasita".

Mas no bairro do Arriá, onde ela crescera, era usada como sinônimo de sovina. Deve ter sido aplicada no passado, ainda fortemente indígena, para definir aquele que tira sem retribuir, uma qualidade própria desse tipo de inseto. Um modo indígena de conceituar o branco. Diferentes tribos, a partir de diferentes experiências de contato com o branco, escolheram no seu universo conhecido o animal mais parecido com o modo como o branco se propunha e tem se proposto a elas, associando os atributos de um para dar um nome aos atributos de outro. Os xavantes definem o branco como onça, por terem semelhantes atributos violentos e predatórios.

O muquirana tornou-se com o tempo a pessoa egoísta, sovina, que retinha para si e negava aos outros, o "mão fechada". Originalmente, queria dizer o que tirava dos outros e acumulava e ao mesmo tempo não redistribuía, um atributo próprio dos feiticeiros por oposição à missão da partilha, própria dos caciques. Com o tempo tornou-se o egoísta, o incapaz de ajudar o próximo e de praticar a caridade quando se trata de dispor dos próprios bens. Um atributo de um modo pré-capitalista de lidar com o dinheiro. Não é casual que eu tenha ouvido repetidas vezes de minha mãe a história do chupim e do tico-tico. Outro modo de tratar do mesmo atributo, complemento de imagem para a palavra insuficiente de origem tupi. O chupim é o pássaro preguiçoso e oportunista que põe seus ovos no ninho do tico-tico para que este os choque e crie os filhotes, livrando-se da necessidade de fazê-lo. Era nessa perspectiva que minha mãe entendia o modo como os ricos haviam enriquecido, o oposto de seu próprio penoso esforço para subir na vida.

A tentativa de, através de um feitiço, meu padrasto se tornar invisível, aos meus olhos de hoje, tinha pleno sentido. Que ele quisesse se tornar invisível e não minha mãe, dá muito que pensar. A questão da invisibilidade dizia respeito a ele e não a ela, que entrava apenas como coadjuvante. Não era uma necessidade dela e sim dele. Os acumulados fracassos de ajustamento dele à vida fabril e urbana certamente pediam explicação, entendimento, identificação do culpado e da causa. Naquele tempo, tanto na roça, de onde provinha minha família e ele também, quanto no subúrbio operário, o núcleo da ideologia que presidia a vida de pessoas como nós estava na valorização do trabalho. O trabalho conferia dignidade e respeito ao trabalhador e sua família. A honradez do operário vinha do seu devotamento ao trabalho e esse devotamento se confirmava na vida digna e sem carências gritantes. Meu padrasto, como já disse, era um homem trabalhador. Portanto, os azares que através dele chegavam à nossa casa não se explicavam por uma eventual violação dessa referência básica da cultura obreira. Era preciso encontrar uma explicação para os sucessivos problemas. Tanto meu padrasto quanto minha mãe estavam nessa busca. O ato de feitiçaria era parte do elenco de providências possíveis para descobrir o que estava acontecendo, o que estava causando tantas adversidades. Era uma técnica de conhecimento, um recurso para compreender uma realidade cujos atributos incluíam o que não era visível nem era compreensível ao senso comum. O arsenal de palavras e ideias de seu senso comum não conseguia dar nome ao inominável, fracasso da cultura de origem e falta de uma cultura de transição, de mudança, adaptativa.

Houve outras tentativas. O subúrbio já começara a produzir um elenco de recursos culturais para enfrentar as incógnitas da migração, o principal dos quais era uma discreta disseminação de igrejas evangélicas. Ele fora convidado por um conhecido, sabedor de suas dificuldades, para comparecer a um culto na Assembleia de Deus, uma igreja pentecostal. Pediu que eu o acompanhasse, o que é bem indicativo de que para ele, como para todos em casa, certos lugares estavam fora dos limites da nossa classe social, dos grupos de identificação que poderiam estar na nossa referência. Fui com ele até lá, num dia à noite, num domingo, creio. Fiquei muito assustado com a gritaria na hora das orações comunitárias. Todos berrando ao mesmo tempo, contando seus dramas a Deus e implorando o seu favor.

Aquilo era bem o retrato de uma modalidade de crença que se expandiria muito nos anos seguintes na região metropolitana de São Paulo. Coincidia com a chegada de milhares de migrantes da área rural, todos vivendo de algum modo o drama que também vivíamos, muitos alcançados e recrutados rapidamente pelas igrejas e seitas evangélicas pentecostais. O ápice dessa conjunção se daria no período, que então começava, de expansão da indústria automobilística no ABC.

Em 1954, a região metropolitana seria invadida, repentinamente, por uma multidão de evangélicos, numerosos dos quais eram americanos. Vieram especialmente dos Estados Unidos para um decisivo empenho de conversão, sobretudo das populações trabalhadoras de São Paulo. As igrejas evangélicas, pentecostais e não pentecostais, abriram as portas para acolhê-los. Pregações diárias, de manhã à noite, músicos de todo tipo, tradutores vertendo a boa nova para a língua portuguesa. Era o que foi chamado de Congresso Mundial de Evangelismo.

Em vários lugares, os visitantes faziam milagres mediante simples imposição das mãos e de ordens terminantes para que Deus curasse aquela pessoa. Acompanhei todo esse movimento de perto, cheio de curiosidade. Passei um dia inteiro no Largo do Cambuci observando dois americanos que numa igreja evangélica supostamente faziam milagres por atacado, em inglês. A fila imensa de pobres, doentes e aleijados esperando o seu momento de receber a imposição de mãos fluía devagar e sinuosa no empurra-empurra dos desesperados.

Também entrei na fila. Queria ver aquilo de perto. Pouco adiante de mim, uma mãe carregava duas crianças já grandes, com paralisia infantil, que foram abençoadas. Levou-as para a praça e por veemente ordem de um missionário soltou os filhos para que começassem a caminhar, enquanto a multidão gritava aleluias. Sorrindo, as duas crianças deram um curto passo e caíram de bruços. Era preciso ter muita fé, senão o milagre não se consumava, explicou alguém. Uma senhora jovem, cega, cujos olhos claros e bonitos vi bem de perto, recebeu sobre eles a imposição de mãos e saiu gritando, feliz, que estava enxergando. Na euforia, meteu a cabeça na quina da porta de saída, que não vira. As pessoas fingiam que haviam recebido o milagre para não duvidar que Deus fosse capaz de fazê-lo. Os templos estavam cheios. Onde não havia templos, enormes tendas foram armadas em terrenos baldios. As conversões se davam aos montes, como as próprias pessoas diziam. Tudo aquilo era manchete de jornais, especialmente *A Hora*, um tabloide envolvido na fabricação e disseminação do populismo de um vereador obscuro chamado Jânio Quadros, que se tornara prefeito de São Paulo.

Terminada a onda com um grande ato, uma verdadeira demonstração de força religiosa, no Ginásio do Pacaembu, um número enorme de pequenos templos pipocou por todos os lados, com os nomes mais estranhos. Um dos grupos era a Igreja do Foguinho, alusão ao fogo do Espírito Santo. Numa das novas igrejas, o pastor improvisado, um migrante nordestino recente, fazia seus sermões com forte sotaque supostamente inglês, tentando imitar os pregadores americanos que tinham estado aqui. Aquilo era uma clara indicação de recusa da própria identidade do migrante, de busca de uma identidade nova na variada coleção de formas de ser que a cidade oferecia, agora também no plano religioso, mística globalização da periferia.

Em todo canto se manifestavam os dons do Espírito Santo. O mais prezado desses dons era o de falar línguas estranhas, como está revelado na Bíblia. Em várias igrejas, também imitando o que acontecera com os visitantes americanos, os que tinham o dom de línguas estranhas eram traduzidos simultaneamente por um intérprete, como se estivessem falando uma língua estrangeira. Aquilo era uma verdadeira sacralização das formas sociais, dos modos de aparecer, da força das aparências nos processos de mudança social.

A sociedade revelava sua duplicidade e se propunha como sociedade dos duplos que podem ser conciliados, interpretados, traduzidos. Além disso, a racionalidade própria da sociedade da indústria, que era nova para tantos que vinham de fora e de longe, tornava insuportável o invisível, tolerado até então, menos as suas próprias e novas ocultações, a sua alienação. O surto evangelístico abria portas para decifrar, enfim, esta sociedade de enigmas, os velhos mas também os novos enigmas propostos pela expansão industrial feita à custa de mão de obra barata de gentes vindas da roça e do fundo dos tempos. Os velhos mistérios tinham que ser combatidos e destruídos. Os novos mistérios tinham que ser escamoteados na revelação sem superação. Todos os sofrimentos da grande transição social para a cidade e para a indústria tinham finalmente uma explicação nos desígnios do Deus de uma nova concepção da vida e da crença. Não mais o Deus católico dos mistérios e do sacrário, mas o Deus *prêt-à-porter*, o Deus evangélico das soluções práticas e eficientes, o Deus de uma nova e diferente sujeição sem medo, o Deus das respostas práticas para todos os problemas, o Deus instrumental.

Aquele alvoroço religioso expressava as tensões profundas decorrentes da migração, do desenraizamento, das dificuldades de ajustamento à cidade grande. Expressava, também, a crise do catolicismo de sacristia. Num momento em que milhares de migrantes chegavam a São Paulo, oriundos de uma cultura de rezadores e capelães, de ausência de padres, os chegantes eram recrutados na rua pelas seitas e igrejas evangélicas. Os padres se deixavam ficar nas igrejas, esperando que a elas se dirigissem os que migravam, porque católicos. Mas católicos nominais, batizados, que de fato não tinham uma cultura de igreja. Para os defuntos da roça era, por exemplo, raríssimo que se mandasse rezar a missa de sétimo dia, o oposto do que acontecia na cidade. Quando muito, como vi no Pinhalzinho, mandavam as famílias da roça rezar a missa coletiva no Dia de Finados, na igreja do cemitério, pagando ao padre um cruzeiro por nome a ser citado nas intenções. Para os padres, crer era uma obrigação, diferente dos evangélicos para os quais crer era uma possibilidade, uma escolha, um exercício de liberdade pessoal, uma subversão naquela cultura servil.

Meu padrasto não atendeu ao apelo usual à conversão que lhe foi feito na Assembleia de Deus. Nunca mais voltou lá. Mas se atormentava em silêncio com as incógnitas que cercavam seus insucessos. A decisão do feitiço era o apelo à mais radical e perigosa das medidas para compreender o que ocorria. No feitiço, arriscava tudo. Ele vinha de um mundo, o mundo caipira, em que a relação entre o natural e o sobrenatural, entre o visível e o invisível, é uma relação estabelecida e bem regulada. Ritos oportunos e apropriados criam barreiras de proteção contra medos e ameaças do que se esconde na invisibilidade. Todo caipira conhece bem, desde criança, um elenco de orações e fórmulas que o protegem contra esse cerco cotidiano, que protegem sua casa, sua família, sua roça e seus animais. Tudo está devidamente regulado e controlado. Uma barreira invisível e protetora está sempre ao redor de cada um. Mesmo a casa está protegida. A casa de meus avós maternos, no Arriá, como a de todos os vizinhos lá do bairro, tinha na porta da frente, a porta por onde eventualmente eram recebidos os estranhos, uma cruz pintada bem na altura dos olhos de quem viesse por ali. Tudo que fosse maldade ou do mal não passava por lá. A cruz era o antídoto mais forte que havia na arquitetura simbólica das casas da roça, além de plantas carregadas de poderes mágicos, situadas nos lugares de acesso à casa, como arruda, espada-de-são-jorge, guiné.

Aparentemente, no entanto, esse saber antigo deixara de funcionar no caso de meu padrasto e de minha mãe, como no caso de um grande número de migrantes deslocados para a cidade. As sucessivas adversidades indicavam, acima de qualquer dúvida, que as proteções costumeiras tinham perdido a eficácia. O feitiço da invisibilidade permitiria que meu padrasto ingressasse no lado de lá da vida de todo dia, e pudesse ver o invisível, entender-se diretamente com os entes que ocultamente tinham levado sua vida àquele caminho sem rumo. Dispensava os intermediários que, aliás, haviam fracassado. As coisas e as mediações haviam perdido o sentido. Tratava-se de reinventar o pacto com as ocultações que compõem o universo dos pobres e dos que trabalham para viver. Enquanto muitos dos que foram alcançados na cidade por essa mesma incerteza se dirigiam diretamente a Deus, nas novas religiões, ainda que aos berros, para refazer o pacto, convencidos de que a religião e a religiosidade tradicional haviam sido mutiladas e vencidas, ele tomava o rumo perigosamente contrário.

Aquilo que parecia uma tolice de um homem simples e analfabeto, a tentativa da feitiçaria, uma expressão de ignorância, era antes manifestação da sabedoria sem fim das gentes da roça, capazes de mobilizar saberes vencidos e redefini-los em busca da compreensão do mundo desconhecido em que a migração os atirara. Para eles, os mistérios do mundo não existiam para ser decifrados; existiam para ser vencidos.

Foi nesse cenário de medos, indecisões e indefinições que meu irmão e eu começamos a trabalhar. A mudança era um complicado amontoado de incógnitas e incertezas. Logo que chegamos de Guaianases, minha mãe foi à carpintaria de meus tios, primos de meu pai, perto de casa, e pediu a eles que fizessem duas caixas de engraxate para que pudéssemos trabalhar. Íamos ambos para o centro, depois de aprendermos como se engraxa sapato preto ou marrom, com tinta ou sem tinta, ou o que se faz em caso de sapato de camurça, que alguns ainda usavam. Cobrávamos um cruzeiro pela engraxada sem tinta e um cruzeiro e cinquenta centavos pela engraxada com tinta. Achar um lugar para colocar a caixa era um problema. Os outros moleques não queriam concorrentes. Tínhamos que ficar nas calçadas distantes dos pontos mais interessantes e ficar gritando aos passantes: "Vai graxa?" Aos poucos nos firmamos.

O ganho da primeira engraxada do dia era para comprar um sanduíche de salsicha com mostarda, vendido num bar de esquina, o Bar dos Autonomistas, salsicha que ainda não tinha corante nem o sanduíche se chamava cachorro-quente ou *hot-dog*. Um complemento do almoço.

Havia riscos e problemas na vida dos engraxates. Havia clientes grosseiros que exigiam do engraxate que lhes transformasse o sapato malcuidado, já ruço e ressecado, num sapato novo. Homens aos quais ocorria engraxar o sapato apenas em dia de casamentos ou de festas familiares de cerimônia. Naquele tempo, aliás, banho mesmo era só no sábado. Um bom engraxate consegue fazer uma razoável recuperação de um calçado maltratado. Às vezes havia resmungos e xingamentos de clientes. Um caso muito sério ocorreu com meu irmão. Estávamos engraxando na porta de um bar do centro. Havia um sujeito jovem, metido a gráfino, que às vezes aparecia para engraxar os sapatos. Ficava devendo, dizia que ia pagar depois, demorava para acertar a conta e nem sempre o fazia. Mesmo assim exigia que as crianças lhe fizessem o serviço, a molecada intimidada. Um sábado, ele apareceu bem arrumado e mandou que meu irmão lhe engraxasse os sapatos. Terminada a engraxada, foi informado do preço. Ele retrucou dando um ponta-pé de sola no peito de meu irmão, jogando-o violentamente de costas no chão. Ficamos assustados com a violência. Várias pessoas viram o que aconteceu e ninguém falou nada. Mas tínhamos um primo, já adulto, solteiro e boêmio, Alberto Sampaio, também nosso vizinho, que costumava passar pelo bar nos sábados. Ficava ali na porta olhando para a rua em frente, como se esperasse alguém, fumando. Foi para o sujeito e o repreendeu pela brutalidade e pelo calote, exigindo que pagasse o que devia.

Estávamos ainda no começo dessa nossa profissão. Num dia de se-

mana, apareceu um homem que todos sabíamos ser o fiscal da prefeitura. Tinha o rosto sempre inchado e os olhos vermelhos por causa da
bebida. Na verdade, fiscalizava as garrafas de cachaça dos bares do centro. Era conhecido. Chegou até nós e perguntou se tínhamos licença
da Prefeitura para engraxar sapatos na rua. Dissemos que não, que não
sabíamos que a licença era necessária. Estávamos ainda no começo de
nosso trabalho. Ele não quis saber de histórias. Confiscou as duas caixas
e mandou que o dono do bar que mais frequentava as guardasse até que
fossem liberadas.

Fomos para casa. Era dia de semana e num período em que nosso
padrasto estava sem trabalho. Ele quis saber a razão de estarmos em
casa naquela hora. Contamos. Ele mandou que fôssemos com ele e
mostrássemos qual era o bar e quem era o fiscal. Já entrou bufando. O
fiscal pinguço e prepotente quis dar uma de valente, mas se aterrorizou
com a fúria de nosso padrasto. Mandou que as caixas fossem devolvi-
das e ainda deu algumas moedas como compensação pelos sapatos não
engraxados em virtude do confisco. Nunca mais se meteu conosco ou
com os outros engraxates. Queria mesmo era dinheiro. Não estava ali
para cumprir a lei, se é que lei havia, mas para descumpri-la, achacando
crianças. Em nenhum momento nos disse o que era preciso fazer para
obter a licença da prefeitura e era essa a melhor indicação de sua má-fé.
Muitos se esquecem de que pode ser um cretino como esse o representante da administração pública e do governo que tem a primeira e quase
sempre única relação com quem mais precisa do amparo e da proteção
do Estado, que são as crianças que estão na rua. Enquanto estivemos
na rua, nunca apareceu ninguém para indicar-nos ou oferecer-nos uma
alternativa de vida, justa, digna e apropriada.

Depois nossa mãe decidiu tirar-nos da rua e nos colocar trabalhando
gratuitamente, o dia inteiro, numa grande loja de louças, utensílios domésticos e brinquedos no centro da cidade, de pessoas suas conhecidas.
Fazíamos faxina e depois ficávamos na porta olhando os produtos expostos, brinquedos inclusive, para evitar que fossem roubados por crianças
ou adultos que passavam, o que de fato acontecia. Tomávamos conta de
brinquedos que não podíamos ter nem comprar. Muitos achavam isso

justo e natural. Além do que, criança trabalhar, para muitos pais trabalhadores, nem sempre era por motivos econômicos. Era uma forma de
colocar a criança sob vigilância. Por isso os pais aceitavam nada, como
naquele caso, ou ninharias pelo trabalho dos filhos. Outras vezes havia
o pretexto de que a barateza ou gratuidade se justificava para aprender
um ofício. Ali na loja aprendi a espanar pratos sem quebrá-los. Grande
aprendizado, sem dúvida.

Essa fase de perambular por ocupações as mais variadas incluiu vender
bananas na rua e na porta de uma fábrica perto de casa, como mencionei
antes. Incluiu entregar marmita de almoço para um operário da Companhia Mecânica e incluiu até mesmo emprego numa fabriqueta de fundo
de quintal, que fazia guarnições de lata para vassouras de piaçaba, em
que ganhava cem cruzeiros por mês, por oito horas de trabalho por dia,
seis dias por semana. Fiquei ali quase um ano. Trabalhava de macacão e
vivia com o meu macacão cáqui imundo pelos resíduos de óleo e sujeira
das latas que eu tinha que abrir e manipular. Essas latas eram as latas
catadas no lixo das casas, recolhidas pelos garrafeiros e por eles vendidas
aos depósitos de ferro-velho, que as revendiam ao dono da fabriquinha.

Era a fábrica de um operário qualificado e habilidoso, que continuava operário numa das grandes fábricas da região. Inventara e construíra
máquinas e ferramentas para montar sua pequena indústria de fundo
de quintal. Tinha como operários sua própria mulher e eu. Com seu
salário, sustentava a família e com o nosso trabalho enriquecia. Teve
condições de colocar o filho no ginásio e mais tarde enviá-lo à Escola
Politécnica, para ser engenheiro. Muito cedo me dei conta de que a ampla disponibilidade que o rapaz tinha para estudar (nunca pôs as mãos
nas ferramentas nem nas latas) se devia ao fato de que era eu quem, por
uma ninharia, trabalhava em seu lugar e me privava da possibilidade do
estudo porque necessitava do salário.

A dona tinha que se dividir entre o trabalho no galpão e o trabalho
na cozinha. Quando ela não estava no galpão, eu continuava trabalhando sozinho. Tive um grande desapontamento no dia em que descobri
que me mantinha sob vigilância, como se eu fosse gazetear debaixo de
seu nariz. Minha tia Albertina, que morava na casa ao lado, tinha no

quintal um belíssimo pé de romã. Um dia me chamou e me deu uma romã através da cerca. Parei o trabalho, conversamos um pouco e comecei a comer a fruta difícil, saboreando cada caroço. Claro que sem meu trabalho o galpão ficou em silêncio. Imediatamente a patroa saiu à porta da cozinha para ver o que eu estava fazendo. Ela me controlava pelo barulho do meu trabalho, do meu corpo em movimento.

Para minha mãe, e para mim mesmo, aquilo não era um destino aceitável. Era um treino, um começo. Na cabeça dela, "serviço de escritório" é que era um bom passo para que eu subisse na vida. Isso bem antes que eu soubesse que estava "lá embaixo" e precisava subir pelo meu próprio esforço. Para mim e para a molecada da vizinhança, ser gente era ser naturalmente aquilo que éramos, marcados pelo destino de crescer e trabalhar, numa fábrica de preferência. Ela própria fazia indagações sobre empregos e qualificações, com as pessoas que conhecia, não muito diferentes de nós mesmos. Com essas informações, foi construindo um painel mental de alternativas para crianças como meu irmão e eu.

Havia um modelo proletário para escapar do trabalho braçal e sujo da oficina e subir na vida, ainda que na indústria. O núcleo do modelo era o trabalho limpo. Com base nele, minha mãe mesma construiu um currículo escolar curiosíssimo. Custou a ela e a mim um dinheiro que não tínhamos, a não ser com privações, e a mim rendeu alguns curiosos aprendizados. Hoje fico comovido e me divirto com seu esforço para descobrir as brechas de saída da vida difícil e pobre que pudessem confirmar no filho o que ela mesma não conseguira. Era esse desdobrar de projeto de vida que definia os liames constitutivos da família operária, um ajuntamento de gerações em torno de um único destino, o destino da família nuclear: os netos em melhor condição do que os pais e os pais em melhor condição do que os avós. Ninguém subia na vida sozinho, por sua própria conta. O progresso individual como marco da modernização e das possibilidades pessoais na sociedade industrial é ficção. Só existe em livro. Na prática não é assim. As pessoas nascem e crescem em família, nunca sozinhas, ligadas a grupos sociais e instituições, como a vizinhança e, eventualmente, uma igreja, qualquer que seja ela. Sem essas referências, a vida fica muito complicada.

Um ano depois da volta de Guaianases, uma alternativa que considerou foi a de me colocar no ginásio. Só que a entrada no ginásio dependia do chamado exame de admissão, pois havia mais candidatos do que vagas. Eu mal havia chegado da roça, depois de metade do curso primário em escola praticamente rural. Ali, apesar do esforço dos professores, predominava essa maldita mentalidade elitista brasileira, persistente até hoje, de que qualquer coisa que a criança pobre aprenda, já está bom, é "melhor do que nada". Basicamente, o que importava na época era formar um trabalhador alfabetizado, que se distinguisse do grande número de analfabetos que havia no operariado. E lá na escola de roça o pressuposto era de que nem operárias aquelas crianças iam ser, condenadas a alguma ocupação rural. Pobre querer mais do que isso é pretensão e conseguir e realizar mais do que isso é usurpação, conquista indevida, abuso, coisa de quem não se enxerga, como se dizia e ainda se diz, como ouvi muitas vezes na trajetória penosa e adversa.

Nem concluí os exames de admissão no Ginásio do Estado de Santo André, onde me inscrevera. Desisti no meio das provas. Eu mal entendia o que os examinadores perguntavam. Saí de lá com a impressão de que eles falavam outra língua e com uma certa sensação de que estava ficando surdo e não ouvia direito o que diziam. Aquilo me deixou abalado. Eu não conseguira atravessar a primeira barreira de minha vida, a primeira dentre as muitas que eu teria que atravessar sozinho. A ida para a roça empobrecera as possibilidades de minha formação escolar. Isso eu sabia perfeitamente, pois comparava o ensino da escola urbana de onde viera com o ensino insuficiente do grupo escolar da estação de Guaianases.

Os donos de uma venda de secos e molhados, conhecidos de minha mãe, sugeriram a ela que um jeito de fazer o ginásio sem despesas era me colocar num seminário católico para ser padre. Tinham feito isso com o próprio filho. Depois que terminasse o ginásio era só desistir da carreira eclesiástica. Teria excelente escola sem gastar um centavo. Aquele ginásio valia para continuar os estudos fora dali e não era preciso fazer o exame de admissão, o gargalo de acesso ao ensino secundário. Uma coisa bem daqueles comerciantes que queriam ganhar tudo sem gastar nada.

Lá fui eu com minha mãe visitar o seminário dos Padres Camilianos, na Vila Pompeia, em São Paulo. O filho do casal me recebeu entusiasmado. Tinha mais ou menos a minha idade. Sabendo da intenção de minha mãe, de oferecer um filho ao sacerdócio, o padre sugeriu que o garoto me mostrasse a escola e me contasse como viviam e o que faziam os estudantes. Ele me mostrou todos os indiscutíveis encantos do seminário: sala de música; pátio de esportes, bem grande, aliás; biblioteca; salas de aula; refeitório. Tudo muito limpo. Em tudo, um cheiro de limpeza que eu não conhecia.

Explicou-me a rotina. Fiquei encantado. Eu gostava de escola e gostava de estudar. Havia a despesa de um enxoval, obrigatório para ingresso no seminário. Aí a coisa já começava a se complicar. E o menino não me explicou o ponto decisivo: os camilianos constituem uma congregação religiosa que se dedica aos doentes, eles próprios têm hospitais. Para identificá-los nessa missão, seus padres têm uma enorme cruz vermelha na batina, sobre o peito. Acontece que eu tenho pavor de sangue. Certa vez desmaiei ao ver um filme documentário sobre a operação de um fumante canceroso. Quando o bisturi fez o corte e o sangue brotou, uma vertigem me derrubou.

A ideia do seminário não vingou. Não só porque não tínhamos o dinheiro para o enxoval, mas também porque ficava difícil abrir mão do dinheiro que eu poderia ganhar, trabalhando. Além disso, não queria ficar separado de minha casa, de meu irmão, de minha mãe. Eu já havia perdido muita gente próxima na família: entre 1944, com a morte de meu pai, e 1950, com a morte de meu avô materno – perdera também meus avós paternos. Uma separação tão absoluta, como a ida para o seminário, era demasiada. Foi pena, porque perdi a oportunidade de receber uma boa educação mais cedo, pois só iria para o ginásio noturno quatro anos depois do término do primário, após fazer uma completa reciclagem num curso de admissão noturno.

Sem essa alternativa, nas indagações que minha mãe fez para encontrar o meu destino, descobriu que o caminho do progresso pessoal dependia de que um jovem aprendesse três coisas: datilografia, taquigrafia e inglês. Curiosamente, esse era o currículo básico das mocinhas de classe média divididas entre o casamento e o trabalho, um currículo feminino. Minha mãe não punha muita fé no meu futuro como operário. Eu era muito franzino e operário dependia de músculos. Além disso, eu gostava muito de ler, coisa que não ia bem com a alternativa de ingresso no proletariado.

Diferente de sua atitude em relação ao meu irmão. Ela achava que ele não gostava de estudar e decidiu que seria um operário especializado. Matriculou-o em regime de tempo integral na Escola Técnica Getúlio Vargas, no bairro do Brás, onde, além do ginásio industrial, passaria por experiências em várias profissões até escolher aquela de sua preferência, em que receberia cursos específicos. Optaria pela ferramentaria e se tornaria uma raridade profissional: especialista em ferramentas leves de alta precisão. Mais tarde faria curso superior noturno de administração de empresas. A Escola Técnica Getúlio Vargas era uma escola federal, a melhor do país, cujos alunos contavam o tempo de estudo para aposentadoria e ainda eram dispensados do serviço militar. Uma das belas heranças do industrialismo de Vargas e do tempo em que o país precisava com urgência de operários altamente qualificados. Essa opção era também um modo de manter meu irmão longe das ruas, porque muito arteiro. Por engano de minha mãe, ele teve uma sorte enorme. Tornou-se um profissional competente, bem remunerado, prosperou na vida, exclusivamente às custas de seu trabalho.

O modo como ela administrou suas dúvidas a respeito do meu futuro, naquele começo dos anos 1950, é uma boa indicação de como as profissões estavam basicamente definidas como profissões ou de homem ou de mulher. Qualquer desvio de interesse em direção ao trabalho intelectual ou formas intelectualizadas de trabalho era como se fosse um desvio sexual. Por sim ou por não, colocou-me numa escola de datilografia. Era uma escola que usava máquinas de escrever Remington muito antiquadas e cujo livro de método ainda era o da própria Remington, escrito em português anterior à reforma ortográfica do Estado Novo.

Aprendi a escrever cartas em português ultrapassado, usando "pharmacia" no lugar de "farmácia". Sem contar um conjunto muito engraçado de formas abreviadas antigas da chamada escrita comercial, como encerrar as cartas com o famoso "Subscrevo-me Amo. Ato. Obro." (amigo, atento, obrigado). Tudo completamente inútil. De útil aprendi apenas que o "Atenciosamente" só se usa em correspondência oficial, nunca em cartas pessoais e particulares.

No fim, encontrou nos classificados de um jornal, em que geralmente vinha embrulhada a carne do açougue, um minúsculo anúncio de uma certa sra. Paulina, alemã, que tinha uma escola no aristocrático bairro dos Campos Elíseos, em São Paulo. Ensinava inglês, alemão, datilografia e taquigrafia. Minha mãe foi lá e montou o cardápio de minha formação para uma profissão que, no entender dela, não era nem de homem nem de mulher. Mas disseram-lhe que tinha futuro. Provavelmente, era a profissão de secretário de grandes empresas, que preferiam, aliás, secretárias. Mais tarde, na fábrica descobri que preferidas eram as secretárias maduras e de preferência não muito bonitas, que se tornassem eternamente devotadas aos chefes, uma mistura de mãe, pai e gerente, de preferência não muito femininas na apresentação e na mentalidade. Que não tivessem aspirações matrimoniais e fizessem do emprego o seu casamento. Servas da burocracia empresarial.

Sem querer, minha mãe antevia a multinacionalização da economia, o advento das grandes empresas, a importância do conhecimento de uma língua estrangeira para quem quisesse se diferençar de um proletariado que mal falava o português. Ali no subúrbio a língua cotidiana era uma mistura de português, dialeto caipira e italiano. Complicada pelo fato de que na fala de minha mãe havia sonoridades espanholas e palavras do português de Portugal, que ela aprendera na casa de meus avós, como a palavra "cara" no lugar de "rosto".

Escolheu inglês, datilografia e taquigrafia Pitman (um dos métodos) em inglês! Não deixou por menos. Era tudo ou nada! Eu faria o curso à noite, pois de dia tinha que trabalhar. Nessa época vendia bananas na rua, de manhã, com um carrinho de mão, visitando três quarteirões de casas. A escola ficava num palacete antigo e muito bem cuidado na Praça Princesa Isabel, quase ao lado do Palácio dos Campos Elíseos. Éramos três alunos do curso de inglês, dois adolescentes e um adulto, e as aulas eram dadas por uma jovem inglesa na própria varanda da casa. O outro menino era um menino rico, que peidava sem-cerimônia durante a aula, grosseria severamente repreendida no meio operário. O livro era importado e vendido pela própria escola. Era também antiquado: usava-se a segunda pessoa na construção das frases, coisas como *thou*, que só fui conhecer para valer quando morei na Inglaterra pela primeira vez e descobri que esse era o tratamento contido nos hinos da Igreja Anglicana, na versão do Rei James da Bíblia e nos sermões.

A datilografia (que eu já conhecia) não era curso, era uma máquina de escrever. Davam-me uma folha de papel e eu ficava lá martelando: "asdfg", "hjkl" etc. O problema foi taquigrafia em inglês. Era uma turma grande, na imponente sala de jantar da casa, com lustres de cristal, todos sentados ao redor de enorme e pomposa mesa, umas vinte pessoas. Era um cenário dos tempos dos barões do café, atmosfera refinada, muito bom gosto nos arranjos. Eu era a única criança. A maioria era de moças elegantes, secretárias e futuras secretárias das empresas estrangeiras de São Paulo. Alguns homens. Todos muito bem vestidos.

Cheguei no meio do curso, já em andamento, obviamente sem saber inglês. Todos ali, além do mais, já haviam aprendido os símbolos da escrita taquigráfica e já sabiam inglês. O curso era basicamente uma sequência de ditados nessa língua pela senhora alemã, Dona Paulina, uma senhora muito elegante. Depois ela passava olhando os rabiscos, comentando e corrigindo. Obviamente, meu caderno especial de estenografia, estava em branco. Só depois de duas aulas, ela se convenceu de que eu não podia fazer aquele curso e sugeriu que eu desistisse, que continuasse fazendo apenas inglês e datilografia.

Um dia a jovem professora de inglês me perguntou delicadamente o que eu fazia, quem eu era. Afinal, não havíamos sido apresentados! Lembrei-me de um filme sobre David Livingstone e da pergunta que lhe fez, no meio da selva africana, o jornalista que saíra em expedição à sua procura, Stanley: "Dr. Livingstone, I presume". Ela constatara o óbvio contraste que havia entre eu e meus dois colegas de curso, eles bem vestidos e eu vestido de maneira surrada, roupas puídas e sem graça. Expliquei-lhe que morava em São Caetano, região de fábricas, e vendia bananas na rua para ajudar nas contas de casa. Era a minha fonte de apoio para fazer aquele curso: além da mensalidade, a viagem de trem. Eu, na verdade, sentia muito orgulho de, apesar de menino, já trabalhar e ganhar meu próprio dinheiro. Só ao chegar à Universidade compreendi de vez que a classe média e os intelectuais não consideram isso um mérito. Para a maioria, é antes um defeito grave que alguém não tenha passado a infância e a adolescência só estudando, em ócio edificante e bem aproveitado.

Ela não disse nada. No entanto, a pequena sala da aula de datilografia era também a sala de descanso das jovens professoras de inglês, todas inglesas. Ficavam conversando entre elas, em inglês. Eu não entendia praticamente nada. Apenas "pescava" aqui e ali uma ou outra palavra e adivinhava o sentido geral do que diziam. Adivinhava gratuitamente, pois era adivinhação que não correspondia necessariamente ao que tinham dito. Logo depois da conversa que tivéramos, percebi que uma das moças perguntava à minha professora quem eu era, com um risinho, como se eu fosse uma figura descabida naquele cenário palaciano, uma exótica figura tropical. Aliás, era assim que me sentia. Destoava completamente do cenário e da população chique daquele palacete senhorial. A outra respondeu, também com um risinho sem disfarce, alguma coisa que envolvia a palavra "bananas". Riram. E a palavra "bananas" voltou várias vezes na conversação entre elas.

Se não entendi perfeitamente o que disseram, entendi o suficiente. Todos sabem que a bananeira que toca a roupa deixa nódoas. Eu levava a marca em tudo, na fala, na roupa, no jeito de andar, nas eventuais dificuldades escolares. Levava-a, também, nos meus méritos, no meu esforço, no meu interesse pelos livros e pela escola. Mas isso ninguém via, embora fosse o que me empurrava para a frente. Afinal, eu mal havia chegado da roça, perdida figura de antigas senzalas. O que muitos esquecem é que a senzala produziu uma cultura e que a cultura da senzala permanece de muitos modos na vida da gente, mesmo de quem não é negro. Aquilo me animou a desistir. Eu estava no lugar errado. Na primeira oportunidade, saí da escola para desânimo de minha mãe.

Toda essa formação promissora, espetacular e confusa estava voltada para uma meta: trabalhar num escritório. E o supostamente promissor emprego acabou aparecendo. Minha mãe foi fazer um tratamento dentário num consultório da Rua Rio Grande do Sul, num prédio assobradado. No mesmo piso havia dois escritórios de contabilidade. Não custava perguntar. E descobriu que num deles estavam precisando de um menino que soubesse datilografia. Fui direto de um palacete dos Campos Elíseos para as funções do meu futuro: carregar pesados livros de escrituração mercantil entre o escritório e os estabelecimentos comerciais e industriais dos clientes espalhados por todos os recantos de São Caetano do Sul. E vice-versa. Cobrar as mensalidades da Associação Comercial. Pegar a correspondência no correio logo de manhã. Ir frequentemente às Coletorias federal e estadual, enfrentar a fila e comprar os selos dos tributos dos comerciantes. E claro, a parte melhor e mais divertida, pregar os selos nos livros usando a língua, o que deixava minha boca com gosto de goma arábica. Eu sabia que curso de língua estrangeira ia servir para alguma coisa, mas devia ter feito também um curso de língua brasileira, pois os selos eram todos brasileiros. Eu mesmo fazia ironia sobre isso. Muito eventualmente me cabia datilografar alguma carta, só para variar, como as cartas, sempre o mesmo texto, que os sócios da entidade deviam levar à Prefeitura para retirar uma caixa de cebolas, numa época em que a cebola estava racionada e sua venda era controlada.

Quando completei catorze anos de idade, em outubro de 1952, fiz o que estava no roteiro de vida de qualquer moleque de minha idade nas famílias de trabalhadores. Fui tirar a minha carteira profissional de menor de idade. Sempre achei que era um fato natural que os patrões registrassem seus empregados quando estes completassem essa idade. Até ali, tinha sido um trabalhador ilegal, clandestino. Era necessária, porém, uma carta do empregador com uma promessa de emprego. Solicitei-a e ele a deu, um pouco contrariado. Com isso consegui minha carteira profissional de capa vermelha, que tinha essa cor para distingui-la da carteira marrom, dos adultos. Com ela na mão, levei-a orgulhoso ao patrão e a entreguei. Ele olhou pra ela, depois olhou pra mim e perguntou:

– O que é isso?

– É a minha carteira profissional, para o senhor fazer o meu registro.

– É?! Deixa ela aí. Depois eu vejo – e apontou um canto da mesa onde empilhava os papéis para os quais não tinha solução ou que não interessavam. Se fizesse o registro, teria que me pagar um salário equivalente a, pelo menos, meio salário mínimo, pois nem isso eu ganhava para trabalhar oito horas por dia e meio expediente no sábado.

A carteira ficou ali, largada por um ano. Ele nunca tomou nenhuma providência nem me deu resposta. Em outubro de 1953, meu padrasto arrumou para mim um emprego na mesma fábrica em que trabalhava, a Cerâmica São Caetano. Dias antes, "roubei" da mesa do patrão minha própria carteira que, aliás, de acordo com a lei, tinha que ficar comigo. Faltei ao serviço numa manhã para ir à fábrica. O encarregado da Secção do Pessoal fez-me várias perguntas e, depois, aparentemente satisfeito com as respostas, levou-me ao engenheiro com quem deveria trabalhar. Também ele me fez algumas perguntas, conversou em particular com o chefe do pessoal e mandou que eu voltasse no dia seguinte para o exame médico e começar o trabalho. Eu ia trabalhar no "Escritório do Dr. Renato", como era conhecido o escritório do engenheiro e diretor da Divisão de Terracota.

Retornei ao escritório do guarda-livros e "pedi as contas", como se dizia. Avisei que aquele era meu último dia de trabalho. Ele ficou pálido. Gaguejando, quis saber a razão da minha saída. Fui claro: disse-lhe que havia arrumado emprego melhor, numa fábrica, e seria registrado. Quis saber quanto eu ia ganhar. Disse-lhe que inicialmente iria ganhar salário de menor de idade, isto é, metade do salário que um adulto receberia se fizesse o mesmo trabalho, três vezes o que eu ganhava ali. Passaria de duzentos cruzeiros por mês para seiscentos cruzeiros, mais abono de Natal, férias remuneradas e assistência médica. Ele ficou mais sem graça ainda.

– É – disse-me ele, desapontado –, você desveste um santo para vestir outro. Era como se eu tivesse obrigação de trabalhar para ele e, ao sair do emprego, estivesse cometendo uma grande injustiça contra ele. Como se, ao me dar o emprego ilegal, cansativo e mal pago, ele me tivesse feito um enorme favor.

– Infelizmente, a vida é assim mesmo. O outro santo paga mais – respondi. Se aquele emprego era a escada da ascensão social, a escada era bem horizontal. Nada tinha a ver com os esforços e ilusões de minha mãe nem com minha folclórica passagem pelo curso de inglês num palacete dos Campos Elíseos e as aulas da simpática mocinha inglesa que ria de quem vendia bananas na rua para viver.

No dia seguinte, antes das oito horas da manhã, eu já estava caminhando pela bela alameda de árvores antigas, frondosos fícus, rua calçada de pedras, em meio de duas alas de construção antiga onde funcionavam alguns dos escritórios e a diretoria da fábrica. Já estava vestindo o outro santo, o santo que decidiria minha vida e abriria portas que me seriam decisivas. Eu estava abandonando uma bela carreira de semovente.

Começava a trabalhar na fábrica, onde passaria os anos decisivos de minha adolescência. Um emprego de verdade. De fato, o sonho dos adolescentes e seus pais, depois de um tempo de trabalho nos muitos empregos precários e mal pagos, sem registro, que havia nas pequenas oficinas e nos pequenos estabelecimentos industriais e comerciais, era arrumar um emprego numa das três maiores fábricas da localidade. Isso significava salários maiores, registro e estabilidade. Era o que os trabalhadores chamavam de "emprego de futuro". Em vez do vínculo formal e expressamente contratual se propor ao operariado como um direito, propunha-se como um privilégio.

Era esse um dos fortes ingredientes da alienação política da classe operária dos bairros industriais de São Paulo e da região fabril do ABC. O privilégio criava, como eu mesmo vi, testemunhei e experimentei, uma classe operária conformista, orientada predominantemente por valores religiosos, comunitários e de família. O mundo do trabalho era prudentemente assim. Nossos pais nos ensinavam que o futuro significava ter os pés firmemente plantados no chão do presente, ainda que descalços.

# 9
## Vida intransitiva

NÃO SÓ MEU PADRASTO fora uma incógnita nos longos anos em que vivemos nas mesmas casas, que só decifrei já adulto. Minha mãe também o fora, embora completamente diversa. Se no caso dele, o enigma estava na violência fácil por meio da qual manifestava sua recusa de ajustamento a um mundo que não era o seu, no caso dela estava nos vários esforços malsucedidos de se adaptar. Exatamente o oposto do que ocorrera com ele. Isso foi ficando evidente em episódios incômodos que envolviam a meu irmão e a mim, também de algum modo perdidos naquela transição inconclusa em que ambos viviam.

O subúrbio não era um bairro rural, não tinha, como na roça, as casas franqueadas pelo acesso aberto do parentesco, do compadrio e da amizade. Por isso, minha mãe nunca compreendeu os limites reais e simbólicos do privado, nunca entendeu que a vida na cidade e no trabalho fabril só se tornava suportável se fosse compartimentada, cada nicho com suas próprias regras e seu próprio modo de ser. Para quem vem da roça, essa compartimentação cria alternativas que suavizam a transição, que impedem a súbita corrosão da identidade, a cidade e a fábrica se apropriando exclusivamente daquilo que lhes é funcional, a moradia e o trabalho. Se o morador fragmentado perdia o conteúdo mais rico dos relacionamentos sociais na situação de trabalho, ganhava nas vinculações de vizinhança, de igreja, de futebol de várzea. Esses vínculos acabavam sendo compensatórios.

Houve, porém, aspectos muito positivos nessa falta de compreensão que ganhou pleno sentido na sociabilidade de vizinhança característica do subúrbio operário. A falta de tudo – de hospital, de previdência social adequada, de assistência social – fazia da vizinhança uma verdadeira sociedade informal de mútuo socorro. Assim como lembro das muitas vezes em que as vizinhas se revezavam em nossa casa para lavar roupa, cuidar das crianças, cozinhar, arrumar a casa, nos casos de nossas doenças, lembro-me, também, de minha mãe retribuindo generosamente. Não só lavando roupa, limpando casas, cozinhando, mas servindo como enfermeira. E ainda por cima sem faltar ao trabalho. Chegou a se revezar com vizinhas e conhecidas por cerca de uma semana, na cabeceira de uma mulher que estava entre a vida e a morte. Essas mulheres todas conheciam uma incrível culinária terapêutica, do caldo de galinha ao chá de não sei o quê, que salvava vidas. Essa mulher, mãe de um amigo meu, que recusava alimentação, já desenganada pelos médicos, definhava a olhos vistos. Foi salva por uma miraculosa canja de galinha preparada com temperos salvadores por minha mãe, que não desistiu enquanto o médico não confirmou que ela já estava bem.

Mas esse seu desconhecimento dos limites de público e privado causou embaraços várias vezes a meu irmão e a mim, que já estávamos do lado de lá da muralha invisível que separa o campo da cidade. Isso ocorria quando levava nossos problemas pessoais e até os de família aos nossos empregadores, como se eles fossem patrões-protetores, fazendeirões de roça abrigando no paternalismo de uma dominação peculiar os seus trabalhadores e dependentes. Ela e meu padrasto nunca compreenderam e nunca aceitaram a indiferença própria do mundo do contrato, das relações contratuais, abismos que isolam o trabalho, e com ele o trabalhador, no recinto estreito do lugar de trabalhar. Além da portaria do local de trabalho, os patrões e as empresas nada têm e nada querem ter com a vida das pessoas que para eles trabalham e que deles dependem. Isso, ambos realmente não entendiam.

Uma vez, quando eu já trabalhava na Cerâmica, minha mãe foi lá conversar com o chefe do pessoal, que ela equivocadamente considerava meu protetor simplesmente porque a empresa era correta em suas relações trabalhistas, para pedir sua intervenção, pois em casa eu comia pouco, o que a preocupava. Minha mãe foi criada na cultura de que gordura é sinal de saúde. Quem é magro, como eu era, certamente estava doente. Na verdade, eu comia às pressas entre chegar do trabalho e sair para a escola noturna, a comidinha repetitiva e sem graça, até porque não havia outra, dominado pela absoluta falta de apetite e pelo cansaço. A comida na fábrica era excelente e lá eu comia bem. Mas não tinha tempo de me empanturrar nem queria no que era um intervalo entre pressas no fim do dia. Se eu jantasse como almoçava, já cansado, ficaria com sono e não poderia acompanhar as aulas direito, até às dez e meia da noite. Fui chamado à seção do pessoal, advertido, enviado ao ambulatório para exames médicos, e, educada e firmemente, alertado para o inconveniente do que minha mãe acabara de fazer. Aquele não era um problema da fábrica e disso eu tinha plena consciência.

Antes desse emprego, quando trabalhava como *office boy* na Associação Comercial, em virtude dos apuros econômicos em que ela e meu padrasto se meteram por longo tempo, na desastrosa venda do sítio, em que ficamos endividados e sem sítio, não teve dúvida: mandou uma carta ao meu patrão pedindo dinheiro emprestado, uma soma grande. Precisava resgatar uma das promissórias assinadas em favor do estelionatário que "comprara" o sítio em troca de um caminhão velho, que ele alegou valer muito mais do que a terra e a roça, o que não era verdade. Exigira por isso uma grande soma adicional de dinheiro, aceitando promissórias que imediatamente negociou com um banco. Ingênuos e ignorantes, aceitaram o negócio. Estavam movidos pela ilusão de trabalharem por contra própria, única maneira de meu padrasto fazer algo que lhe rendesse mais do que o salário mínimo.

Operários sem qualificação não raro cultivavam a ilusão de terem um caminhão, um símbolo de *status*, ou então a de abrirem um botequim, outra ingenuidade do trabalho por conta própria. Era a suposta fórmula da ascensão social fácil e rápida, a de ser negociante. Os sensatos, que queriam subir na vida, trabalhavam duro para que os filhos estudassem. Faziam sacrifícios pessoais enormes para que a geração seguinte subisse um degrau na escada da vida. Meu irmão e eu estudávamos a duras penas, de certo modo herdeiros da vaga lembrança de um suposto projeto de vida que vinha de meu pai e ficara como uma espécie de débito de minha mãe em relação à memória dele. Falso projeto, aliás, porque no próprio ato de meu nascimento meu pai anunciara que eu seria carpinteiro. Fantasias dos que se sabem aquém do desejado.

Mas esse já não era o projeto que prevalecia na "nova família" redefinida pelo novo casamento de minha mãe. O que os motivava não era o que nos motivava. Nós intuíamos que para mudar de situação social era necessário muito esforço, o trabalho e o estudo, mentalidade muito característica do imigrante europeu. Nas próprias situações de trabalho em que nos envolvemos, a mensagem implícita era essa. Uma orientação das famílias que começava a se tornar comum no subúrbio, mesmo entre os operários. Mas minha mãe e, sobretudo, meu padrasto, achavam que subir na vida dependia de esperteza e sorte, dependia de fórmulas mágicas, milagres repentinos, benefícios particulares dos escolhidos de Deus. Estavam enganados. As conversões religiosas que já se multiplicavam tinham e tem muito a ver com essa crença. Se não são suficientes, são necessárias.

Como era eu que ia buscar a correspondência do escritório no correio todas as manhãs, reconheci logo e estranhei a caligrafia de minha mãe num dos envelopes. Fiquei assustado e preocupado. O que tinha ela a tratar com meu patrão, que precisasse ser feito por carta e sem me dizer nada? Já desconfiado, retive o envelope comigo e na hora do almoço a interpelei. Ela ficou furiosa e exigiu que eu entregasse a carta ao destinatário. Fiz isso com grande constrangimento. No final da tarde, na hora de sair, ele me entregou um envelope endereçado a minha mãe. Era uma carta em que ele se desculpava, mas não tinha condições de emprestar o dinheiro solicitado. Eu me senti um idiota.

A paternidade se nega nas ambições de ascensão social que ultrapassam certos limites, na conversão do filho em criança-coisa, instrumento de ambições que vão além da linha demarcatória do afeto verdadeiro e da responsabilidade. Nega-se na transformação do amor em sentimento secundário em relação aos interesses de ostentação, ainda que da mediocridade das coisas ínfimas. Os atropelos dos que vivem à margem dos vínculos sólidos de trabalho, dos que sofrem a incerteza do ganha--pão, dos que sonham ter mais do que podem, porque o que precisam na sobrevivência de todos os dias custa mais do que recebem, acabam corroendo a ternura, inviabilizando o calor do abraço, separando no estar juntos. Pais e filhos acabam se estranhando no absurdo mundo das carências inatendíveis.

Tudo isso me mortificava, pois me expunha indevidamente no meu próprio local de trabalho, me tornava vulnerável a apreciações negativas no meu emprego, que era a única coisa segura que eu tinha, o único modo de ter meios para estudar. Isso me punha numa situação crítica em relação aos padrões de impessoalidade e profissionalismo das empresas, padrões que eu rapidamente reconhecera e assimilara. Até porque, por meio deles, eu me protegia contra o lado difícil de minha vida familiar. Eu não queria depender dos favores de ninguém. Favor me deixava, e me deixa ainda, incrivelmente amolado, pois era como esmola, algo que minha consciência de trabalhador-adolescente repelia, numa cultura do trabalho dominada pelo justo e necessário orgulho profissional dos trabalhadores, de quem vive do próprio esforço.

Favor, no meio operário e na vizinhança de nossa casa, toda de trabalhadores, só quando o favorecido tivesse condições de retribuir um dia, de alguma forma. No mundo operário há um sutil e invisível balanço cotidiano de trocas equilibradas, de gratidões pendentes, de favores a fazer, de retribuições necessárias para assegurar a honradez de quem trabalha. Quem escapa disso é abertamente definido como sem-vergonha, nem mais nem menos. A pobreza não justifica a violação desse valor e dessas normas. Mesmo quem nunca tiver nada de material para retribuir por um favor recebido sempre deixará um rastro de sinais de gratidão indiscutível para que todos vejam e não só quem foi generoso e é o destinatário dos gestos de agradecimento. Mesmo onde os valores comunitários parecem ter desaparecido, e frequentemente os sociólogos se enganam sobre isso, a comunidade está lá, ainda que com novas demarcações, precedendo a classe social, a ela se sobrepondo. Lá no subúrbio, quem não compreendesse isso já não era operário e despertava nos outros temores e desconfiança.

Era assim quando vizinhas levavam um pratinho com um pedaço de bolo para as vizinhas próximas. O prato não era devolvido enquanto não houvesse algo equivalente ou mais do que equivalente para colocar nele. Além disso, no meio operário, patrões e trabalhadores tinham indisfarçável aversão ao puxa-saco. Quando alguém pedia um favor sem condições de retribuir apropriadamente, já se anunciava o puxa-saquismo e a bajulação como técnica de retribuição que, sabiam os patrões, acabavam gerando uma relação de dependência que eles repeliam. E os patrões não faziam isso porque fossem bonzinhos. Faziam-no para se defender e assegurar que o fosso que nos separava continuasse separando.

Um episódio doloroso ocorrido com meu padrasto foi bem a indicação dos efeitos danosos dessa incompreensão. Meu padrasto já trabalhava na Cerâmica São Caetano. Era operário braçal na Divisão de Refratários. Quando chegava junho, a fábrica mandava os mestres consultarem os operários para saber quais deles tinham interesse em fazer plantão nos fins de semana, de dia e de noite, para prevenir a queda de balões e algum incêndio. Os que aceitassem deveriam se submeter a um rápido treinamento dado por alguém do Corpo de Bombeiros. Os assim treinados eram os bombeiros de emergência da fábrica.

Meu padrasto se ofereceu, junto com outros operários. Mas ele o fez movido pela ambivalência em que vivia, dividido entre a vocação da subserviência e a vontade do mando. Era muito subserviente em relação aos que mandavam, mas não abria mão de mandar, e mandar duro, em relação aos frágeis que o cercavam. Muitas pessoas que vieram da roça eram e são assim, um traço próprio do mundo da dominação pessoal. É nessa ambivalência que se instaura a sujeição, é dela que se alimenta o compadrio entre desiguais, que cimenta o mando. É nela que se apoia o populismo.

Pelo que percebi na época, ele imaginou que estava sendo escolhido, que era uma deferência patronal, que gostavam dele, que com isso entrava no circuito da troca de favores, já que não estava obrigado a aceitar essa missão. O erro lhe foi fatal. Comparecia ao treinamento e à distribuição das tarefas o próprio chefe da seção de pessoal, um sujeito sisudo, formal e de pouca conversa, que com um simples olhar punha as pessoas à distância. O chefe de pessoal tinha sido mudado. Já não era a benevolente pessoa a quem ele pedira um emprego para mim. Meu padrasto, que era brusco e bronco, deve tê-lo tratado como se fosse próximo, como se fosse um compadre, como se aquele grupo estivesse num botequim. Foi demitido sumariamente no próprio fim de semana; que voltasse na segunda-feira para acertar as contas. Foi seu último emprego formal. Ele nunca entendeu o que lhe acontecera. Ao ganhar visibilidade excepcional, expôs todos os seus defeitos e todas as suas limitações.

Minha mãe também vivia numa situação de liminaridade, não só meu padrasto. Filha de imigrantes espanhóis pobres, teve uma educação doméstica dupla, entre a cultura camponesa europeia de meus avós, dilacerada e desfigurada pelo deslocamento, e a cultura caipira muito antiga dos sitiantes do bairro do Arriá, no que é hoje o município de Pinhalzinho. Nos dois casos, variantes do que Oscar Lewis definiu como cultura da pobreza. Tão pobres eram, que quando minha avó lavava no riacho a roupa de meus tios, ainda crianças, eles tinham que ficar na cama, nus, até que a roupa secasse, escondidos embaixo de um cobertor e de um pelego de carneiro levado da Argentina para a Espanha e trazido da Espanha para o Brasil. Conheci esse pelego na casa de minha avó, 35 anos depois do desembarque, ainda útil.

Todos os membros da família se adaptaram e se acultararam completamente no universo caipira. Menos as duas filhas mulheres, a mais velha, minha tia Maria, e a mais nova, minha mãe. Até entendo: as duas filhas mulheres sobreviventes tinham o pai como referência. Já os três filhos homens sobreviventes tinham a mãe como referência. Isso ficou definitivamente claro, mesmo para mim, uma criança de onze anos, no dia em que meu avô morreu. E minha avó havia incorporado mais facilmente o essencial do lado feminino da cultura caipira, a culinária, o trato da casa, a camaradagem mais fácil entre as mulheres do que entre os homens. Não que minha mãe e sobretudo minha tia não tivessem fortes e duradouros vínculos com um sem-número de conhecidos e vizinhos no bairro do Arriá, nos Mendes, na Rosa Mendes, na Fazenda Velha. Mas havia nelas a tentação do urbano.

Minha tia Maria ficou na roça até se tornar viúva, com quatro filhos, dois deles vitimados pela hanseníase, como o pai, e levados para o Sanatório Padre Bento, em Itu. Os outros dois, menores, ficaram com ela.

*Minha tia Maria, irmã mais velha de minha mãe, no seu sítio no bairro da Fazenda Velha, no Pinhalzinho. No rosto, o sinal do coice de um cavalo, de quando ainda menina e já pastoreava ovelhas para meu avô, em Lincoln, na Argentina.*

Mas ela veio para a cidade de São Paulo e, não sei como, foi ser copeira na casa de Armando de Salles Oliveira, interventor e governador de São Paulo de 1933 a 1936. Aprendeu ali muita coisa que contrastava enormemente com a cultura rústica da vizinhança da família e da própria família.

Ela própria era a síntese de um pequeno conjunto de socializações discrepantes. Foi excelente amazona e tinha grande habilidade para lidar com animais, como bois e cavalos, mais do que muitos homens. Levava no rosto a marca profunda desse trabalho, de quando ainda era criança, entrando na adolescência: o sinal de um coice que recebera de um cavalo ainda na Argentina.

Na casa do Dr. Armando Salles, como ela dizia, aprendeu alguns refinamentos no cozinhar e no servir que manteria com orgulho até o fim da vida. Seus biscoitos de polvilho, lamentavelmente sempre em pequena quantidade, eram verdadeiras joias da culinária. E seu bolo de fubá tinha segredos que enfeitiçavam quem os comia. Até quase o fim de sua vida, sempre que sabia que eu estava para chegar em sua casa, era raro que não houvesse um bolo de fubá à minha espera. Quase morri de pneumonia (tive duas!) na adolescência, uma delas quando do surto da chamada "gripe coreana". Perdi completamente o apetite e nem com grande esforço conseguia comer o que quer que fosse. Ela veio para minha casa, conversou muito comigo para saber o que eu queria, trocou ideias e inventou uma sopa de peixe, cuja receita ela mesma nunca mais conseguiu recompor. Foi a mais incrível sopa de peixe que já tomei em minha vida. Só fui encontrar algo parecido, muitos anos depois, num famoso caldinho de peixe servido num boteco de periferia em Campina Grande, na Paraíba.

Mas tinha, também, um precioso domínio da culinária caipira. Lembro de um virado que ela fazia para levar à roça. Numa frigideira derretia pedaços do toucinho preservado em sal, que se transformava em torresmo, fritava ovos e cebola naquela gordura, colocava o feijão já cozido e depois colocava em cima a farinha de milho torrada, misturando tudo. Era um almoço inesquecível.

De certo modo, em minha tia Maria se cumpriu de maneira plena o que seria o destino da mulher no mundo caipira. Depois de ter passado a adolescência e a curta mocidade trabalhando para o pai, casou-se com meu tio Teófilo, que já havia falecido quando nasci, chamado de Tiórfo, de uma das famílias da comunidade caipira do Arriá. Contou-me ela que no dia seguinte ao do casamento, deu-lhe o marido logo cedo de manhã uma enxada e mandou-a para a roça. Como ela, ele era um homem muito trabalhador. Mas dizem que a maltratava e que tinha relacionamentos com outras mulheres. Só há muito pouco tempo contou-me minha mãe que por isso minha tia resolveu um dia deixá-lo, pegar a filha pequena e ir para Santos, onde pretendia voltar para a Argentina, para trabalhar como costureira. Do porto mandou um telegrama a meu avô, informando-o de sua intenção, que foi buscá-la, alcançou-a e a convenceu a voltar.

Teve mais três filhos. Quando nasceu o último filho, esse meu tio havia sido chamado para atender sua mãe, que se encontrava em leito de morte e veio a falecer durante a noite. Como deixara minha tia em trabalho de parto, voltou a pé para sua casa na Fazenda Velha durante a madrugada. Atravessou-lhe o caminho um cachorro muito estranho e feio, que lhe causou muito medo e que ele identificou como o lobisomem. Desde esse dia, não se sentiu bem. Procurou, então, um curador conhecido no Pinhalzinho, Eduardo Fornari, um imigrante italiano que, baseado em um grande livro de homeopatia, fazia diagnósticos e dava receitas. Foi ele quem identificou em meu tio os sinais da lepra e mandou que fosse para o sanatório de Itu, para ser examinado, onde foi retido e onde morreu, atribuindo à visão a sua doença. Ainda alcancei a época em que na roça se dizia que um grande susto como esse podia transformar o sangue de uma pessoa em água, repentino fator de muitas enfermidades.

Naquela época a lepra era caso de polícia e o terror da doença estava em todas as partes. A maior praga que podia ser rogada e a mais temida nos bairros rurais do Pinhalzinho era e ainda é "lazarento". E, quando a raiva fosse muita, a definição era mais explícita: "morfético!" Vi hansenianos chegarem à beira do terreiro de meus avós, chamarem em voz alta e pedirem uma esmola. Alguns traziam uma canequinha onde era posto o dinheiro, para evitar qualquer risco de contato físico.

Todas as casas tinham também prato, colher e caneca separados para dar de comer e beber aos doentes, aos quais nunca se negava nem comida nem água ou café.

Encontrei esse mesmo terror nos bairros rurais do Alto Paraíba, nas vezes em que ali estive fazendo pesquisa, tendo ouvido relatos de violência e crueldade contra os enfermos, num dos casos a narrativa veio do próprio doente, bastante mutilado. A doença se manifestou, também, em dois primos meus dos quatro filhos que minha tia teve. Os moradores do bairro entenderam que o pai fora responsável pelo contágio, carregando as crianças no colo e andando com elas a cavalo, agarradas nele. Era crença comum que o mero contato com o suor do doente era suficiente para transmitir a moléstia. Na verdade, é uma doença transmitida pela saliva. Ainda na infância testemunhei muitas vezes que no ônibus ou no trem, ninguém se sentava imediatamente num lugar que vagasse, esperando que "esfriasse", com medo de adquirir a hanseníase no caso de que a pessoa que antes ali sentara eventualmente estivesse infectada. Chegava a ser constrangedor que alguém se levantasse para oferecer o lugar a uma pessoa mais velha e esta demorasse para sentar, até dizendo ao autor da generosidade que ia esperar que o lugar esfriasse.

Pouco antes de morrer, minha mãe me contou que, quando percebeu que os dois sobrinhos estavam com a doença, proibiu-os de irem à casa dos avós maternos, os meus avós, onde ela, solteira, ainda morava. E narrou-me com remorso muito tardio que um dos meninos levantou-se, então, de onde estava sentado e com uma das mãozinhas "limpou" cuidadosamente o lugar e se retirou. Um desses primos contou-me que se deu conta do que seria o seu destino quando, numa festa na Capela de São Sebastião, no Arriá, a que toda a família fora, minha tia o trancou com o irmão num paiol próximo, proibindo-o de ter contato com as outras crianças. Naquele dia teve consciência do que lhe havia acontecido e de que era um condenado ao confinamento: já não poderia brincar com as crianças de sua idade. De fato, eles foram dali levados para o sanatório, onde permaneceram longos anos, como se estivessem numa prisão. De lá saíram adultos, quando já se sabia que a lepra estava sob controle, não se propagava como se dizia e muitos dos antigos doentes apenas exibiam sequelas de uma doença debelada. Passaram boa parte da vida marginalizados em consequência dos estigmas de uma doença já curada.

A história de minha tia Maria era também uma história de desenraizamentos sucessivos. Viúva, depois de algum tempo veio para São Paulo, voltou para a roça e retornou a São Paulo, comprou uma pequena casa em Santo André, no subúrbio, onde morou um tempo, trabalhando na Rhodia, voltou para a roça, veio para São Caetano e aí ficou um bom tempo, até voltar definitivamente para a roça. Era uma mulher incrivelmente trabalhadeira e muito econômica. Conseguiu ter um bom sítio no bairro da Fazenda Velha, com boa casa, de cuja produção vivia, além de pequena casa no Pinhalzinho, já no fim da vida. Não obstante tanto sofrimento, era uma pessoa generosa, segunda mãe de todos os sobrinhos. Quando meu pai morreu, ela tentou convencer minha mãe a voltar para a roça e a morar com ela, forma de assegurar nossa sobrevivência. Minha mãe recusou essa alternativa. Ela preferia ficar na cidade. Minha tia, prevendo as dificuldades pelas quais passaríamos, ofereceu-se, então, para nos criar, a meu irmão e a mim. Iríamos para o sítio viver com ela. Minha mãe que ficasse no subúrbio, como queria. Ela, no entanto, recusou o oferecimento.

Minha mãe representou uma solução diferente e radical para o dilema que era, para ela, sobretudo aceitar ou não a identidade caipira, praticamente inevitável naquelas primeiras décadas do século xx. Nas filhas e em suas respectivas histórias é que se manifestavam as resistências de meus avós, sobretudo meu avô, ao mundo caipira, apesar das aparências em contrário, pois para ele não havia caminho de volta. Quando meu avô morreu, em 1950, como mencionei, meus avós tinham 144 afilhados espalhados pelos vales e serranias da região entre o rio Camanducaia e o ribeirão do Pinhal, uma enorme rede de parentesco simbólico que praticamente cobria toda a população caipira do lugar, sobretudo a do vale do ribeirão que acompanhava o que parece ter sido antiquíssimo caminho das Minas, onde moravam. Aquela era uma região de poucos imigrantes, alguns italianos e alguns espanhóis, a maioria sendo mesmo a população nativa, muito antiga, ali radicada desde o século XVIII pelo menos. O que parecia assimilação completa revelou-se uma tensa coexistência de culturas que explodiria na geração seguinte.

Em minha mãe, o inevitável caipira que existia dentro dela era repelido pela pessoa culturalmente híbrida que ela era. Um caipira de certo modo censurado, reprimido, sofrido. Na memória de muitas pessoas que a conheceram, quando era menina e moça, ficaram quase imperceptíveis evidências dessa tensão interior, nos preconceitos que ela nutria contra certos aspectos do mundo caipira. Não suportava o café, até o fim da vida, porque tinha medo de ficar negra. Imigrantes, como meus avós, minha mãe e meus tios, chegaram ao Brasil para trabalhar nos cafezais quando o trabalho no cafezal ainda estava estigmatizado pela escravidão, como se o cativeiro e sua cor se transmitissem por meio do café que as pessoas bebessem.

O preconceito de minha mãe se manifestava, pois, de um modo antropologicamente complicado, pois era preconceito contra ela mesma. Não era preconceito contra o outro, em primeira instância, mas era um modo preconceituoso de ver a cor, próprio de quem vivia numa situação social liminar e que temia, portanto, tornar-se negra. Preconceito de quem vivia na mesma situação social em que a escravidão tivera sentido, aguda consciência de quem sabia que se diferençava do negro unicamente pela cor e não pelo trabalho, que era o mesmo. O preconceito contra a cor expressava o pavor de tornar-se negra. Minha mãe, que era morena, não saía de casa sem a sombrinha, para evitar que a exposição ao sol a tornasse mais morena do que gostava de ser. Tinha verdadeira implicância com a exposição ao sol. Quando eu era adolescente, me fez usar chapéu durante muito tempo, não fosse em mim agravar-se essa marca de origem da família, que era ser moreno, num país em que a cor da pele estigmatiza e degrada.

No amplo território do que é hoje o município de Pinhalzinho há um bairro rural de caipiras negros, a Fazenda Velha, com os quais minha família materna conviveu e estabeleceu laços de compadrio. Minha mãe guardou uma memória afetiva muito forte de vários desses negros, em especial de Nhá Sabina e de Nhá Florinda, que nasceram escravas. Es-

303

ses negros herdaram a fazenda de seu cativeiro do antigo senhor. Com a abolição da escravatura, ele decidira dividir suas terras entre seus antigos escravos em sinal de gratidão, ficando cada um com um sítio.

Mas ao mesmo tempo, estereótipos e comportamentos autoritários, que ela eventualmente usava em face do negro, sempre me disseram o que todos sabemos a respeito das relações raciais no Brasil: a doce dominação como forma de afastamento. Até hoje os que ainda são caipiras no Pinhal fazem uma avaliação negativa do bairro da Fazenda Velha por conta da presença negra. Além disso, pelo fato de ser filha de espanhóis, conservou essa referência como um dado de diferenciação em relação aos caipiras da região, tidos como atrasados. Reflexo do árabe expatriado de que meu avô descendia desde quando, com a Reconquista, a Espanha estendera seus limites até o Mediterrâneo involucrando populações que não recuaram para o norte da África e que ficaram. Populações que passaram a ser progressivamente de espanhóis explícitos e árabes ocultos, remanescentes remotos da cultura moçárabe.

Quando meu pai pediu minha mãe em casamento a meus avós, ela recusou. Mas meu avô foi enfático: ou se casaria com ele ou não se casaria com ninguém. Tudo indica que levava em conta o enorme drama de minha tia Maria e não queria o mesmo destino para minha mãe. Isso, certamente, não decidiu a questão. O que a decidiu foi a pessoa dividida que ela era, exatamente como meu avô, em cuja alma havia uma luta entre duas identidades e duas culturas para ela inconciliáveis: a do europeu e a do caipira. Venceu o europeu, mesmo que de fato ela não gostasse de meu pai, como me confessaria muitos anos depois, já muito idosa. O que parece se confirmar pelas ironias que ouvi de suas amigas da infância, em relação a esse casamento que resultou de uma mordida de cachorro louco.

Assim como meu avô deixou fama em sua aldeia de pretender ser mais do que os outros, também minha mãe parece ter optado pela única chance de sua vida de se diferençar daquela gente rústica, a que se integraria para sempre no caso de que se casasse com alguém de lá. Uma vitória consciente da identidade caipira sobre a identidade espanhola seria para ela uma frustração.

As diferenças enormes que houve entre o casamento de minha mãe com meu pai e o casamento de minha mãe com meu padrasto, na viuvez, mostram quão frágeis são os destinos que se abrem diante de uma pessoa pobre nos momentos de impasse e mudança. Lembro vagamente do modo de ser de minha mãe de antes e do seu modo de ser depois e da enorme mudança que o segundo casamento promoveu em sua vida por ter ficado viúva de um europeu autêntico e se casado com um caipira autêntico.

Ao casar com meu pai, minha mãe foi morar com meus avós paternos, já idosos, na casa em que eu e meu irmão nasceríamos. Pelas descrições que fazia de como fora esse tempo de sua vida e do pouco que lembro dessa época, ela se tornou uma verdadeira serva doméstica. Não só ajudava minha avó em tudo, na cozinha e no trato da casa, mas também costurava para fora, para ganhar o dinheiro com que meu avô construiria a casa que depois herdaríamos, na Rua Paraíba. Ainda me lembro de quando minha avó teve um desfalecimento, ficando desacordada durante muitos dias, sem que o médico conseguisse "trazê-la de volta". Cuidar de minha avó e limpá-la ficou inteiramente a cargo de minha mãe. Nenhum parente veio para ajudá-la. Talvez por isso tenha se tornado a última guardiã das práticas de ajuda mútua e cooperação vicinal em caso de enfermidade nas famílias vizinhas. Já estava com quase noventa anos quando em dois dias seguidos foi lavar roupa e cuidar da casa de uma sobrinha-neta, sua vizinha, que ficara doente.

Porém, minha mãe nunca se queixou de meus avós paternos, embora se queixasse muito de outras pessoas. Sempre manteve um certo sentimento de gratidão em relação a eles. Apesar de analfabetos, meus avós, de uma larga linhagem de artesãos, e, no subúrbio, portanto, pessoas de um segmento social diferençado da classe trabalhadora, artesãos estacionados no meio do caminho do destino de operários, salvos pela velhice. Tinham hábitos menos rústicos do que meus avós maternos. Minha avó cuidava para que minha mãe mantivesse um certo cuidado no trajar. Ensinou-lhe a diversificada tradição culinária de sua cozinha portuguesa, bem mais rica do que a empobrecida culinária de minha avó materna. Infelizmente, do cardápio de minha avó paterna pouca coisa ficou. Perdeu-se para sempre a receita das maravilhosas e perfumadas broas de milho, periodicamente assadas por meu avô no forno de seu quintal. Do mesmo modo, não ficou na lembrança de ninguém a receita do chouriço, feito por ocasião do abate periódico de porco, no quintal da casa, como ocorria em algumas casas do subúrbio. E menos ainda de um chouriço doce a que se dava o nome de sarrabulho.

A grande maravilha era a bacalhoada, que se comia periodicamente, mas que não faltava, se não me engano, no almoço da véspera de Natal ou do próprio Natal. Meu avô comprava peças carnudas de bacalhau da Noruega no Mercado Municipal de São Paulo para fazer essa bacalhoada. O bacalhau era cortado em pedaços e deixado de molho na água de um dia para o outro, para retirar o sal. Depois, no dia do almoço, era cozido junto com batatas descascadas e cebolas inteiras. Quando o bacalhau, a batata e as cebolas estivessem quase cozidos, minha avó acrescentava as folhas inteiras, bem lavadas, de couve-troncha cultivada em seu quintal. Separadamente, cozinhava alguns ovos.

Tudo era levado para a mesa em travessas de louça, mais dentes de alho cru, sal e pimenta-do-reino, além do azeite de oliva. As crianças eram servidas e ensinadas a preparar o prato. Mas os adultos serviam-se sozinhos. Em primeiro lugar, cada um pegava uma batata ou um pedaço de batata, colocava-a no prato, e esmagava-a com o garfo até se tornar um purê. Em seguida, pegava uma cebola e cortava-a em pedaços pequenos. Colocava, então, uma ou duas folhas de couve, também cortada em pedaços pequenos. Finalmente, eram colocadas no prato lascas de bacalhau, do qual foram retirados, depois de cozidos, a pele e os espinhos. Por cima era colocado o ovo cozido, já sem casca quando levado à mesa. Também o ovo era cortado em pedaços. Provava-se para ver se no bacalhau restara algum sal. Então se derramava sobre os ingredientes o azeite de oliva abundante, caldo de limão, pimenta e sal, se necessário. Tudo devia ser pacientemente misturado para formar uma espécie de purê composto. E quem quisesse ainda picava sobre o conjunto um dente de alho cru ou um pedaço de dente de alho. O prato estava pronto para ser saboreado, acompanhado de bom vinho e muita conversa alegre. Ainda se faz esse prato em minha casa, um prato leve, que fica bem se acompanhado do vinho verde tinto ou branco, o vinho característico da região de meus avós, em Portugal, que é a de Amarante, como mencionei antes.

Minha mãe manteve interesse pela culinária e pelo cuidado da casa até a morte de meu pai, quando já morávamos em nossa própria casa, bem na frente da casa de meus avós, do outro lado da rua. Com a morte de meu pai, ela teve que assumir o emprego que fora dele para poder sustentar a si mesma e aos dois filhos pequenos, eu com cinco anos de idade e meu irmão com três. Até então, não era raro sairmos para passear aos domingos, para visitar amigos de meu pai, que eram muitos. Lembro maravilhado da beleza indiscutível do Parque Dom Pedro II, dos passeios de trem e bonde, do presépio animado da Galeria Prestes Maia. Íamos bem-vestidos. Lembro, um pouco encabulado, do terninho à marinheira, azul-marinho, de um Jean-sablon azul-claro, e de um capacete popularizado por um personagem de programa de rádio (que não tínhamos), Tim Ramenzoni, feito pela famosa fábrica de chapéus desse nome. Também fomos ao fotógrafo umas duas vezes, em diferentes ocasiões, para tirar fotografias, meu irmão e eu, que registrassem nosso crescimento. A última foi feita uma semana antes da morte de meu pai. Todo começo de inverno minha mãe comprava metros de flanela nas Casas Pernambucanas para nos fazer pijamas novos e camisas para o inverno.

Quando ainda estava na casa de meus avós maternos no Arriá, minha mãe fora enviada ao Amparo para fazer o curso de corte e costura, o que já indicava planos de família para que a caçula dos cinco filhos sobreviventes, dos dez que nasceram, tivesse um destino diferençado. O oposto da filha mais velha, minha tia Maria, posta a trabalhar na roça desde cedo. Minha mãe costurava bem, lia, interpretava e executava com facilidade os moldes de roupa que saíam nas revistas femininas, especialmente no *Jornal das Moças*, adaptava e recuperava roupas, para prolongar-lhes o uso e fazer economia, como era costume generalizado, naquela época, na classe trabalhadora.

Mas sua socialização caipira não morrera, apesar de sempre ter se empenhado aberta e conscientemente para não ser confundida com os caipiras do Arriá. Fazia questão de ser diferente, o que até meu irmão e eu notávamos, apesar de muito pequenos. Não podia suportar, porém, aquele quintal enorme de nossa casa sem nada plantado nele. É verdade que nossa mudança coincidiu com o período da guerra, de carestia e racionamento. Não só providenciou um galinheiro, como também cobriu o resto do terreno com milho e mandioca, chuchu e batata doce. Nossa casa era parcialmente abastecida pela produção do quintal.

Em casa de meu avô, na frente da nossa, também era assim. Mas lá, sobretudo, a plantação era de verdura: couve, alface, tomate, cheiro-verde, um pouco de uva e um chiqueiro grande, onde sempre havia um capado para o abate. A população do subúrbio ainda era em grande parte originária da roça, muitos de segunda e terceira geração de imigrantes europeus, sobretudo italianos, portugueses e espanhóis, boa parte da qual havia passado, como minha família materna, pelos cafezais do interior.

Sabia-se quem estava se distanciando da roça simplesmente vendo os quintais, acessíveis aos olhos mesmo lá da rua. Quando o quintal era tomado pelo matagal, estávamos diante de uma família propriamente urbana, que havia perdido completamente as referências culturais da agricultura, já não sabendo como se planta e se cultiva. Eram os dependentes do verdureiro, que passava todos os dias vendendo frutas e verduras. O subúrbio não era apenas um lugar sub-urbano, de um urbano insuficientemente constituído. Aquele era um lugar de transição cultural, entre o campo e a cidade e era também um lugar de perda da identidade rural dos migrantes, de ruptura com os valores, costumes e com a mentalidade do campo.

Com a morte de meu pai, porém, as coisas ficaram muito difíceis. Os passeios dominicais acabaram. As roupas novas também. Desapareceu o costume de ler jornal, coisa que meu pai fazia todas as noites, depois de voltar do trabalho e do jantar. Lembro disso muito vagamente. Fazia as vezes do rádio que não tínhamos. Lia e comentava as notícias, o que deixava minha mãe muito irritada. Era depois do jantar que ela passava roupa. Em vez dos comentários, preferia cantarolar. Para retaliar, meu pai enfiava a mão no bolso para ver se tinha algum trocado para lhe dar, sugerindo que aquilo era coisa de esmoleiro, especialmente de cego. Ele se comprazia na leitura do noticiário, ela não.

Com meu padrasto em casa tudo isso acabou. Minha mãe teve que continuar trabalhando duro para sustentar a família, pois o que meu padrasto ganhava mal dava para seu próprio sustento. Acabou-se o tempo e a motivação para roupas novas e cuidados com a casa. O nível de tolerância de meu padrasto para com a casa malcuidada era pleno, ele que fora criado em casa de pau a pique, chão de terra batida, como minha mãe, aliás. Se meu pai puxara minha mãe para cima, meu padrasto a puxava para baixo. Meu pai tornara-se urbano, positivamente orientado para valores urbanos e o modo de vida urbano. Meu padrasto era rural, mal ajustado ao mundo urbano, fortemente marcado pela atração para o modo de vida da roça. Nossa casa, daí em diante, foi usada como se fosse uma casa de pau a pique. Com o tempo, todos caímos no relaxamento da dominância da sua cultura caipira, marcada por necessidades mínimas. A culinária de minha mãe perdeu a diversidade, reduzida ao costume de apenas comer, em vez de comer alguma coisa. A bacalhoada tornou-se raríssima. Uma deliciosa almôndega que de vez em quando fazia, nunca mais foi feita.

Isso aconteceu em boa parte porque ela trabalhava duro fora de casa. Chegava extenuada e tinha que lavar roupa e cozinhar. Cuidar da casa, quando dava. Meu irmão e eu varríamos a casa. Era nosso dever. Mas isso era insuficiente. Durante algum tempo ainda mandava lavar fora a roupa mais pesada. Uma vizinha antiga, que morava a um quarteirão de casa, cujo marido era operário, pegava roupa da vizinhança para lavar e com isso completava o orçamento de sua família. Era, aliás, um casal interessante: ambos artistas de circo-teatro. Sempre que havia circo em São Caetano na época da Semana Santa, ambos participavam da representação da Paixão de Cristo, ela no papel de Verônica, ele, se não me engano, de soldado romano. Havia na cidade um grupo de aficionados do teatro que aproveitava a presença dos circos para se apresentar. Últimas manifestações de um tempo em que no subúrbio ainda havia o teatro operário, ligado à igreja ou ligado às sociedades de mútuo socorro, ou mesmo ao Fáscio, que chegou a existir no subúrbio, nos anos vinte.

Um teatro familista, religioso e conservador, de fim de época, mal resistindo à concorrência e ao deslumbramento do cinema.

Também em relação aos livros a atitude de minha mãe mudara. Meu pai tinha livros em casa e ela própria passara a assinar os romances de folhetim da Editora Vecchi, cujos fascículos eram entregues de casa em casa uma vez por semana. Com a morte de meu pai, o prestígio dos livros declinou. Por milagre, durante o tempo de Guaianases, convencida por conhecidos, passou a comprar para meu irmão e para mim, *Vida Infantil* e *Vida Juvenil* e, também *O Tico-Tico*, notáveis revistas que deixaram nome na história das publicações periódicas para crianças e adolescentes, as duas primeiras no estilo de almanaques ampliados, aqueles distribuídos uma vez por ano nas farmácias, que eu lia e relia.

A atitude de minha mãe em relação aos livros sofreria nova e pequena mudança apenas quando, anos mais tarde, ao se tornar protestante, passou a desvalorizar a palavra falada em favor da palavra escrita. Nessa mudança apagou completamente toda a tradição oral que trouxera da roça. Eu a ouvira contar, quando criança, fascinantes histórias de almas penadas, de caiporas, de saci-pererê, de assombração, coisas que ela, jurava, havia visto. Depois da conversão, passou a responder com um "É mentira! Eu nunca disse isso, isso é coisa do diabo", sempre que eu lhe pedia para relembrar causos contados em outros tempos.

Em casa havia ainda os pacotes de dois folhetins da Editora Vecchi, do final dos anos trinta, a literatura precursora da novela de rádio e, mais tarde, da novela da televisão. Eu leria integralmente esses romances anos depois quando já trabalhava na Cerâmica São Caetano, nas minhas primeiras férias de trabalho, em 1954. Um deles se chamava *O Anjo de Nantes*, uma complicada história de amor quase impossível, de um jovem rico que casou com moça pobre, por quem se apaixonara, mas que não era bem-vinda em sua família. Nesse meio-tempo, o moço é convocado para o serviço militar. Era o início da Primeira Guerra Mundial. A moça fica só e sem o amparo da família do marido. A pobreza a faz mudar de casa. Nesse meio-tempo tem um filho. O marido ao voltar não a encontra nem tem notícias dela. Toda trama gira em torno da busca e do desencontro. O outro romance, empilhado, tinha cerca de meio metro de altura. Eram várias histórias paralelas que eventualmente se tocavam, convergindo unicamente no fim.

Um dia minha mãe daria sumiço nisso tudo. Queimaria os folhetins numa bela fogueira no quintal. Quando eu chegasse do meu trabalho, no fim da tarde, reconheceria com grande pena, no meio das cinzas, pedaços ainda com palavras chamuscadas dos romances que eu havia lido com grande prazer. No ver dela, não eram histórias apropriadas para uma evangélica. Leitura era tão somente a Bíblia. A conversão a levaria a fazer uma verdadeira e lamentável faxina não só na consciência, mas também nas referências de pensamento e conduta, no que houvera de melhor na sua cultura cotidiana, até mesmo no que eram os preciosos resíduos da cultura caipira. Muito mais consistentes e significativos do que a fragmentária e contraditória cultura suburbana de uma ressocialização apenas parcial e mutilada. Acabou fazendo um descabido, mas muito significativo, auto de fé na tentativa de reduzir a cinzas parte do que ela era, desfecho final da ambiguidade cultural e da dupla identidade de suas ambivalências, modo de, finalmente, optar por um dos lados de seus dilemas interiores.

O melhor da cidade raramente fica ao alcance do migrante pobre. Raramente tem ele acesso aos grandes valores da cultura e do mundo moderno, mantidos de propósito no banho-maria do meio-termo, do apenas suficiente para que o trabalhador seja quando muito a mão de obra barata que faz a economia funcionar. A anomia acaba sendo um estado necessário para, nos desencontros e insuficiências que expressa, assegurar as privações que tornam as injustiças possíveis, toleradas e, de fato, normais.

# 10
## A pulga e a fé

FOI UM SUSTO ENORME no meio daquele cochilo incômodo. O templo cheio, como de costume. O pastor da igreja pregava em tom veemente, olhava para mim e apontava o dedo indicador na minha direção, num gesto de acusação:

– E ele sabe que estou falando dele!

Gelei e me mantive imóvel. Eu era apenas um adolescente, que trabalhava duro durante o dia e estudava à noite. Por que o pastor, no meio de um sermão de domingo e diante de tanta gente, haveria de implicar justo comigo? O que tinha feito eu? Era tímido, contido, avesso a qualquer coisa que chamasse a atenção sobre mim, conscientemente nada fazia de errado e nada fazia de notável. Escondia-me atrás de mim mesmo.

Aquele cochilo na igreja, no momento do culto, em lugar e hora impróprios, reconheço, era parte de um sofrimento maior. Nos domingos à noite, por mais que eu pelejasse, raramente não dormia durante o culto da igreja. Não era um dormir a sono solto. Era um cochilo de alguns minutos, o que me parecia mais uma rendição ao cansaço da semana inteira, mas um cochilo muito comprometedor. Não ia à igreja obrigado. Ao contrário. Era um prazer enorme ir ao culto à noite, depois de já ter ido à escola dominical e ao culto matutino de domingo. Em alguns domingos ia também de tarde à reunião da liga juvenil, primeiro, e da união da mocidade, mais tarde. Afinal, era na igreja que estavam os amigos que me restavam após ter começado a trabalhar e, mais ainda, depois da conversão de minha mãe ao protestantismo. De fininho, até os parentes foram se distanciando. Eu praticamente perdera o contato com os amigos de sempre, que continuavam morando nas vizinhanças de casa. Só os via ocasionalmente. O trabalho precoce de quase todos nós já nos afastara uns dos outros. O fato de que eu tivesse começado a estudar, à noite, me afastara ainda mais deles, pois não dispunha nem mesmo daqueles minutos de conversa na venda da esquina, no final do dia, que alguns ainda podiam ter.

A conversão praticamente abriu um abismo de silêncio entre nós: os códigos agora eram outros, outros os valores, as referências, as concepções, embora Deus fosse mais ou menos o mesmo. Mas muitas concepções eram radicalmente opostas. Minha prática religiosa não me dava tempo nem liberdade para fazer o que eles faziam: encontro no sábado à tarde no Bar do Piola, bebericar um refrigerante ou mesmo uma cerveja e bater papo, ir ao cinema à noite, dormir até tarde no domingo e à tarde assistir ao jogo do Corintinha no terreno baldio que lhe servia de campo, para mais cerveja no Bar do Piola, fosse para lamentar a derrota ou fosse para celebrar a vitória. De fato, a conversão religiosa nos transforma em outra e diferente pessoa. Aos poucos fui me incorporando à rede preestabelecida de amizades que a igreja propunha a seus novos membros, na Liga Juvenil. E os amigos antigos foram se perdendo na distância. Até a família extensa foi ficando mais longe ainda.

Além disso, eu estava começando a me interessar pelas meninas e havia várias delas bonitas e simpáticas na igreja, que participavam desses grupos. Os jovens trabalhadores de minha geração tinham poucas oportunidades de encontrar pessoas do sexo oposto, a não ser no local de trabalho. Nem mesmo a rede de vizinhança propiciava oportunidades desse tipo, a não ser muito excepcionalmente. No subúrbio, vizinhança era a forte e solidária comunidade dos imaturos, das crianças e adolescentes e, secundariamente, das mães, remotamente dos pais.

Os domingos eram cansativos, também, porque as reuniões dos jovens tinham desdobramentos nas atividades de rua para "pregar o evangelho". Ou nos reuníamos em grupo no jardim público próximo à igreja, aí pelo fim da tarde, ou nos reuníamos do lado de baixo da estação ferroviária. Um de nós era destacado para fazer a pregação curta e incisiva, enquanto os outros distribuíam folhetos e completavam o serviço religioso cantando hinos. Algumas vezes fui escalado para vociferar contra o demônio e o pecado e tentar trazer os pecadores ao redil do Senhor. Isso me ajudou muito a perder a timidez e a desenvolver o dom da palavra. Nada, porém, que me transformasse num Rui Barbosa da classe operária. Um dos pastores da igreja chegara, mesmo, a fazer uma instrutiva palestra sobre oratória, sobre a importância do discurso breve, objetivo e bem organizado, ensinando como definir e expor um argumento.

A pregação no jardim atraía, quando muito, meia dúzia de curiosos, que iam lá passear e namorar. De certo modo, éramos o circo da praça, sobretudo para aqueles que não tinham dinheiro para ir à matinê no Cine Max. Já a proximidade da estação ferroviária era mais promissora para o rebanho do Senhor, sobretudo o lado de baixo, por onde saíam, mesmo nos domingos, os trabalhadores que moravam na Vila Bela e na Vila Alpina, bairros operários de São Paulo. Eram a clientela difusa da Casa Bahia, uma loja ali ao lado, que mal começava a nascer. Eles tinham mais interesse em ouvir a mensagem da salvação. Nosso discurso fazia parte do enorme elenco de novidades e curiosidades que os recém-imigrados do interior de São Paulo, de Minas e do Nordeste, encontravam no subúrbio.

Na verdade, uma única vez conseguimos convencer alguém do chamado de Cristo. Era um senhor, muito paciente, que aceitou o oferecimento do grupo de fazer-lhe uma visita. Era parte da tática de aproximação, que culminava com um convite para ir ao culto dominical na igreja. Fomos visitá-lo. Ele nos ouviu e, constrangido, nos explicou que a igreja provavelmente não o aceitaria: era desquitado e, como dizia, vivia maritalmente com sua esposa atual. Ficamos atrapalhados e sem resposta. Mas dissemos que conversaríamos com o pastor a respeito.

O reverendo Paulo Lício Rizzo explicou-nos que os protestantes aceitavam o desquite, como aceitariam o divórcio, se houvesse, e reconheciam o que então se chamava de casamento consensual. Ele era premiado poeta e escritor, autor de um romance sobre a classe operária da Mooca e do Brás, *Pedro Maneta*, e ótimo orador, um pastor progressista, que morreria pouco depois, ainda jovem. Não haveria, portanto, nenhuma restrição àquele senhor e sua esposa se decidissem frequentar nossa igreja. Voltamos lá na semana seguinte e demos a notícia ao casal. Mas a nossa dúvida deixara claro que a certeza do pastor não era a certeza de todos e que provavelmente enfrentariam preconceitos se se ligassem à igreja. E decidiram não ir ao culto.

Naquele tempo os desquitados eram marginalizados, vivendo no que muitos consideravam uma espécie de putaria legalizada, o que era profundamente injusto em relação a eles. Viviam isolados, mesmo da vizinhança, objeto de murmuração, como se fossem uma ameaça à estabilidade conjugal dos outros casais. A mulher desquitada ou a mulher que aceitasse conviver com um desquitado era discriminada e ignorada. Os que tinham dinheiro iam se casar no Uruguai: um papel era mais importante do que a honra. O grupo começou a descobrir, então, que é muito difícil agarrar o demônio pelos chifres, pois que os chifres do demônio são muito escorregadios.

Mais adiante nossas atividades da tarde de domingo derivaram para uma proposta que acabou antes de começar. Para evitar que chegássemos cansados ao culto da noite, concluímos que não era prudente sair das atividades da rua diretamente para o culto vespertino. Eu não era o único que sentia sono nessa hora.

Decidimos, então, fazer a experiência de um concerto de órgão no fim da tarde, seguido de um lanche, antes do culto, uma espécie de momento de repouso e meditação. Convidei uma colega da Escola Normal, que era protestante e organista, para tocar na igreja. Conversamos e junto com ela organizei um programa que atendia ao que o grupo queria e o que ela podia. Lá no meio estava a "Meditação", da ópera *Taís*, de Massenet. Era música frequente em novelas de rádio. Conversamos, pedimos autorização, marcamos a data e o horário, divulgamos o programa e ficamos na expectativa. O pastor da igreja de Santo André veio por acaso visitar a nossa igreja, viu o pequeno cartaz e ficou escandalizado com o programa e com a ideia. Comentou o fato com o novo pastor de nossa igreja, pois o antigo havia falecido.

Acabaram me chamando para uma reunião do Conselho da igreja. O pastor foi suave, disse que o conselho queria alguns esclarecimentos e deu a palavra ao "seu" Benedito. Tratava-se de um ato de inquisição. "Seu" Benedito era boa pessoa, porém muito sisudo, ninguém nunca o vira sorrindo e muito menos rindo. Era um daqueles protestantes carrancudos, de estereótipo, da *Moda do Bonde Camarão*, do igualmente protestante Cornélio Pires.

Embora presbítero da igreja, "seu" Benedito era também comunista ou simpatizante do Partido Comunista. Dele recebera eu, certa vez, a útil e esclarecedora recomendação de que lesse *Memórias do Cárcere*, de Graciliano Ramos. Embora fosse baixo, pelo volume do corpo lembrava um pouco o stalinista Peppone, das maravilhosas histórias de Giovanni Guarescchi sobre Dom Camilo e as cômicas disputas entre católicos e comunistas numa aldeia italiana. Faltava-lhe, porém o bigode à moda de Stalin. Mas não lhe faltava a rigidez. Ele começou apontando o dedo para mim muito severo e me interpelando sobre a inclusão do trecho de *Taís*, de Massenet, no programa. E exclamou indignado:

– Taís era uma pecadora! Uma adúltera! Isso seria uma profanação do templo!

Eu havia aprendido, ali mesmo na igreja, que Deus não falta aos simples de coração. E não deu outra. A resposta me veio imediata e clara:

– Mas a meditação de Taís é a meditação do arrependimento!

Se não era isso, era mais ou menos isso, ao menos na linguagem que um protestante podia entender.

Ele ficou um pouco atrapalhado, ampliou a base da argumentação para me caracterizar como um transgressor, que era a intenção. A mentalidade dos membros daquela congregação religiosa era balizada por dois marcos inconciliáveis: "a igreja", que era o bem, e "o mundo", que era o mal. Em vez de levar a igreja ao mundo eu estava trazendo o mundo à igreja.

A igreja procurava sustentar perante as crianças e adolescentes a imagem da comunidade puritana que gostaria de ser. Todos os vícios eram severamente criticados, como o de fumar. Mas o presbítero designado como conselheiro da União da Mocidade, um velho paulistano dotado de maravilhosa memória histórica, mulato, um ferroviário já bem idoso, de cabelos brancos, voz mansa, o primeiro da lista dos combatentes do bem, fumava, embora procurasse ocultar isso. Os dedos fortemente amarelados pelo sarro do frequente uso do cigarro, longe das vistas dos outros membros da igreja, desmentiam a fingida virtude do antitabagista. Isso era tema de comentários e ironias de crianças e adolescentes, o que desmoralizava completamente o discurso por meio do qual procurava nos enquadrar a todos, sobretudo na escola dominical.

Eu tinha um antecedente que piorava tudo. Junto com meus amigos da União da Mocidade, havia lançado um jornalzinho mimeografado, com apoio do pastor anterior, a igreja fornecendo papel, mimeógrafo e tolerância. Por imprudência juvenil e ingenuidade, eu tivera a péssima ideia de copiar não sei de onde o que deveria ser o lema do mensário: "Este jornal não tem censor porque todo censor é beócio". Tenho a impressão de que é uma frase do Barão de Itararé, mas não estou seguro. De fato, o jornal tinha censor e não sabíamos. O pastor havia estabelecido como condição que nós lhe passássemos os originais para que ele fizesse a revisão do português. Foi a forma diplomática de instituir a censura sob disfarce. Mas a coisa pegara mal e eu já havia sido advertido para retirar a frase: embora não houvesse censor, os leitores poderiam pensar que eu estava questionando o nosso "revisor"... E assim foi feito.

A ampliação do argumento do presbítero me mostrava que a intenção era impugnar em mim a necessidade que os jovens da igreja tinham de escapar da rigidez demarcatória da diferença entre o bem e o mal que havia na distinção entre "a igreja" e "o mundo". Para nós era difícil compreender aquela distinção antiquada em face de uma animação "do mundo" e de uma paralisia da igreja que não podiam ser ignorados. A televisão estava começando e alguns membros da igreja já a possuíam. Alguns conciliando com "a igreja" ao decidirem não ligar a televisão nos domingos, criando na vida um "departamento do mundo" e um "departamento da igreja".

Nos anos cinquenta havia uma certa efervescência política que não podia ser ignorada nem mesmo na igreja. Além disso, vários adolescentes estavam na escola secundária, o que era um fato novo numa igreja de subúrbio operário, cujos membros na quase totalidade tinham apenas o curso primário e, muitos, nem isso. Nossas iniciativas, no sentido de ampliar o nosso horizonte cultural, era para nós um fato natural e estavam claramente enraizadas na grande tradição protestante de valorização do saber. Mas assustavam, e muito, os membros mais antigos que, por sua simplicidade, haviam escolhido a igreja como um refúgio do mundo e não como um modo de viver no mundo. Eu acabaria me afastando formalmente da igreja, pois não tinha a menor condição, naquela altura, de incluir mais aquele tipo de conflito em minha vida.

Ia me beliscando, me mexendo, o mais discretamente possível para aguentar acordado o culto que geralmente durava uma hora, das compridas. As orações e os cânticos, de pé, ajudavam a driblar o sono. As apresentações do coro eram incrivelmente bem-vindas. Atrapalhavam um pouco apenas no fato de que o coro bem ensaiado, cantando hinos não raro de inspiração clássica, impunha um padrão de cântico difícil de seguir. Sempre me achei desafinado. Nesse sentido, acho que havia mais liberdade de cântico nos meus tempos de católico praticante. Só nas missas muito solenes havia um coro que cantava lá atrás, numa espécie de mezanino sobre as portas monumentais do templo, onde ficava o órgão, ambos escondidos, sem admiradores nem vaidades pessoais. No mais das vezes, era o povão da missa que cantava, a criançada se esmerando aos berros no canto católico e democrático, todos puxados pelo sotaque italiano do padre Ézio: "Queremos Deus, homens e santos..."

Comecei a ficar crítico em relação à minha voz com a frequência à igreja protestante. O coro cantava lá na frente, à vista de todos, em destaque, não raro com beca ou uniforme. Eram os escolhidos de Deus e, principalmente, do regente, pelo dom da voz, alguns raramente escondendo a vaidade da escolha e da exibição. Foi lá que ouvi críticas dos amigos de minha idade à minha voz pequena e ruim, com explícitas insinuações de que era melhor que eu ficasse de boca fechada. Coisa de adolescentes.

No entanto, tenho na memória, até hoje, vários dos belos hinos de *Salmos e Hinos*, o hinário oficial daquela igreja desde o século XIX, que eu cantava em silêncio, para dentro, só em pensamento. Talvez por isso, às vezes eles voltam inesperadamente à memória e me vejo cantando-os para mim mesmo. Deles, o que me vem à cabeça com mais frequência é um hino antigo: *Hora Bendita de Oração, que Acalma o Aflito Coração!* Ou este: *Castelo Forte É Nosso Deus, Espada e Bom Escudo.* Escrito por Lutero, foi tema de composições famosas de clássicos da música, de Bach a Mendelsohn. É verdade que lembro, também, de antigos e belos hinos católicos cantados nas missas antes da reforma litúrgica decorrente do Concílio Vaticano II, vários de inspiração notoriamente monarquista.

Fui parcialmente salvo, quanto à voz, quando fiz o curso normal, o de magistério, no Instituto de Educação Américo Brasiliense, de Santo André, uma escola pública. Música, e canto orfeônico, era uma disciplina obrigatória, herança do Estado Novo e de Villa Lobos. Envergonhado, expliquei à dona Zilda, a dedicada professora, na primeira aula, que eu não tinha voz. Ela me tranquilizou dizendo que todos têm boa voz, é só perder o medo de cantar. Deu o tom no piano e mandou que eu solfejasse um do-ré-mi. De fato minha voz não era a beleza da do meu único colega de turma do mesmo sexo, o Zé Maria, pois a maioria era de moças. Ele era um tenor maravilhoso, que todos ouvíamos com prazer. Mas minha voz não era tão ruim assim, eu também com voz de tenor, modestíssima, mas afinada, para meu espanto! Fruto, sem dúvida de cantar em silêncio os hinos da igreja. Descoberta que devo à professora, a esse colega e às minhas colegas, que me animaram a soltar a voz e a participar com entusiasmo do orfeão, cantando até em missa! Cantei o *Panis Angelicus* com o coral da escola numa missa na Catedral de Santo André, celebrada pelo bispo, o inesquecível Dom Jorge Marcos de Oliveira. Um pouco de democracia e de respeito pode soltar a voz de qualquer um. Cantar, para mim, acabou se revelando um ato político.

Mas o longo período do sermão de cerca de meia hora, ou mais, era fatal. A cabeça pendendo de repente. Acordar de susto em consequência do movimento da cabeça, do cabecear, como se dizia, era horrível, imensa a vergonha, era fatal que as pessoas mais próximas vissem e, pior ainda, fazendo de conta que não viam, uma atitude muito protestante. Isso deixava na gente a suspeita de que os outros sabiam, mas não diziam, o que piorava tudo. Ficava a impressão de que todos tinham visto e não só alguns, que era o mais provável.

*Grupo de canto orfeônico do Curso Normal do Instituto de Educação Américo Bra-*
*siliense, em Santo André, de que eu fazia parte. Foto tirada em 1960, após o grupo*
*cantar em missa na Catedral de Santo André (SP). Dele faziam parte católicos,*
*judeus, espíritas e evangélicos.*

Às vezes eu tentava me manter atento através de expedientes incríveis, de imaturo mesmo, coisa de criança, embora eu já fosse adolescente. Prestava atenção em detalhes das roupas das pessoas diante de mim, os cabelos com caspa de alguns, o pescoço enrugado de outros, a cor estranha da gola da blusa de uma senhora, o penteado modesto, mas estranhíssimo, de outra, o colarinho arrebitado daquele ali, um jeito protestante de trajar, formal e sem cores vivas; a vaidade de alguns, trajados com apuro aparente na roupa comprada uma vez por ano na época do Natal, paga a prestações, que ia desbotando ao longo dos meses. A espinha inflamada daquele outro, o orelha enorme deste aqui.

Mas de modo geral os crentes, mulheres e homens, moços e velhos, procuravam se vestir correta e sobriamente para ir à igreja, os homens de terno e gravata, um cuidado que só passei a ter quando comecei a frequentar a igreja protestante. Olhava também para o ser humano extraordinariamente afetivo e doce que era dona Rosinha, pequena, já idosa, um pouco gorda, com fortes características de mãe-preta, que ela de certo modo era de todos nós adolescentes, mesmo no seu jeito cansado de andar, quando voltava para a casa de uma família de israelitas, onde vivia e era cozinheira. Lá no meio do templo, era uma figura única, como um ser que estivesse regressando de uma viagem ao passado, de um Brasil que já não existia.

O cúmulo foi no dia em que percebi uma pulga passeando no ombro do paletó, de tecido claro, de um senhor à minha frente, pessoa boníssima, um pedreiro que também era músico da igreja. Não podia vê-la com nitidez e só a notei porque parecia uma mancha de luz caminhando sobre o paletó do outro. Quando não se quer prestar atenção no principal, é incrível o quanto se consegue ver do que não tem a mínima importância. É verdade que um calmo passeio de pulga diante dos nossos olhos não acontece todos os dias. A luz amarelada refletida sobre o dorso do inseto permitia perceber-lhe o perfil, no contraste com a roupa clara, e, depois de algum esforço, perceber-lhe o corpo. Era um verdadeiro milagre que eu pudesse ver aquilo.

Em casa de pobre, a pulga é uma convivente. Todos são especialistas em pulgas. Às vezes, durante a noite, acordava incomodado por elas.

Primeiro, aquela coceira da pulga passeando pelo corpo e picando para tirar o sangue. Depois, resistindo a acordar de vez, coçando o ponto do passeio e do ataque. Finalmente, acendia a luz e começava a procurá-la antes que se escondesse na trama do lençol ou, mais frequentemente, do cobertor. Numa caçada dessas, matava várias, mal escondidas no macio do cobertor, com o traseiro pra cima, antes que pulassem ou desaparecessem. Mas era raro que dali a pouco todo o tormento não começasse de novo. Em casa, os colchões eram recheados com palha de milho, que virava refúgio do inseto. E as pulgas estavam em todo canto, no pó das frestas que separavam as tábuas do assoalho, nas roupas do guarda-roupa.

De modo que eu compreendia o drama daquele homem ali na minha frente, que na verdade era meu e não dele, que não sabia o que estava acontecendo. Preocupado com a possibilidade de que eu mesmo já tivesse sido ou poderia estar sendo, naquele momento, palco de um passeio daqueles. Vivia-se sob suspeita em relação a tudo, até em relação às pulgas.

Diferente do que é o normal das pulgas, que é o pular, aquela pulga, gorda aliás, e talvez por isso, passeava calmamente. Era uma pulga fêmea, reconheci logo. Senão não a teria visto. Em casa de pulguentos todos sabem distinguir pulgas machos de pulgas fêmeas. Os machos são pequenos e bem escuros. As fêmeas são gordas porque depois de um tempo ficam cheias de ovos e por isso um pouco mais claras. Fiquei atento e preocupado. Se ela pulasse em mim, o que eu faria? Eu não ia ficar parado, não! E se ela pulasse na minha testa? No meu nariz?! E lá ia ela, meus olhos grudados nela, pelo canto, pois a cabeça estava virada em direção ao púlpito, fingindo meu interesse no sermão. Foi de uma ponta do ombro, no início de uma manga do paletó, em direção à gola, entrou por uns instantes em baixo da dobra, saiu novamente, deu a volta pelo ombro, esticou o passeio até o início da outra manga, parou, e de repente saltou para o pescoço da vizinha e desapareceu por dentro de sua blusa. Ainda bem. Pude, então, voltar à palavra do pastor: "...pois somos salvos pela fé..." explicava ele.

Se fosse numa igreja católica, onde é mais difícil que as pessoas tenham sono durante a celebração, logo alguém daria uma cotovelada ou lhe pegaria no braço para chacoalhar e despertar a pessoa, sem nenhuma cerimônia. Pois diferem muito as atitudes de católicos e protestantes em relação ao corpo e ao corpo do outro. Protestante é muito contido, já o católico é mais expansivo. Já me vi na constrangedora situação de reagir instintivamente e socorrer uma senhora muito idosa, frágil e de cabelos brancos que levara um tombo no terminal de ônibus do aeroporto de Heathrow, em Londres. Segurei-a pelos braços para que se levantasse, enquanto todos os demais, e ela própria, me olhavam com horror pelo atrevimento de tocá-la. A liturgia católica, especialmente na missa das crianças, era mais bem dividida, os momentos de cada passo eram curtos, sem contar que aí a criança não era obrigada a ser um adulto precoce. Mesmo naqueles tempos monocórdicos de Pio XII, havia espaço para uma religiosidade de certo modo infantil.

A chance da sonolência se manifestar em criança ou adolescente numa igreja católica era zero naquele tempo. Na matriz nova, ali perto da igreja protestante, sempre ao redor das seis horas da tarde, ao menos nos dias de semana, havia simplesmente a reza do terço, monótona, mas sem levar ao sono, porque muito cedo ainda. Além disso, o padre que puxava a reza, talvez pela proximidade do horário do seu jantar, fazia-o com uma incrível velocidade, sem deixar uma só palavra da ave-maria ou do padre-nosso de fora. Enquanto as beatas e os beatos faziam a sua parte de maneira bem lenta, desfrutando todo o prazer místico da reza, o padre dava a impressão de dizer uma em cada duas sílabas da reza, sem de fato omitir nada, mas economizando metade do tempo.

Essa velocidade chegava a ser assunto da molecada da rua, que o imitavam, colocando a ave tão perto do amém que parecia um insulto à nossa fé ingênua e sincera. Tentávamos imitá-lo, para diminuir o tempo de pagar pecados depois da confissão nas tardes de sábado. Ficávamos um tempo enorme nas filas de confessionário da matriz-nova, piamente em silêncio, esperando o momento de derramar nossos pecados nos ouvidos do padre, invisível através da janelinha de metal amarelo, cheia de furinhos. Nós não podíamos vê-lo, mas ele podia ver perfeitamente a cara de cada um e nós sabíamos disso. De modo que havia muita cautela na hora de confessar, o próprio padre muito apressado porque a fila era sempre grande. Depois do ato de contrição, vinha a listinha dos pecados.

Alguns dos malandros chegavam a escrever num papel os pecados cometidos durante a semana, para decorá-los enquanto esperavam na fila. Eu mesmo cheguei a fazer isso. Nem sempre eu sabia meus pecados de cor, pelo elementar fato de que eram cometidos naturalmente. Eram fatos da vida. Às vezes, era preciso rebuscar na memória, no exame de consciência, algum fato pecaminoso para ser contado ao padre, pois sem pecado não havia confissão e sem confissão não havia comunhão. Ninguém se atrevia a chegar ao confessionário e dizer: "– Padre, nesta semana não cometi nenhum pecado. Juro!" O padre não acreditaria. A vocação do homem é pecar, pelo visto.

Às vezes chegávamos lá com uma coleção tão idiota de pecados semanais que nem nós acreditávamos que estávamos ali para dizer aquilo. Até deixar cair o pão no chão entrava na lista. Nas famílias operárias do subúrbio havia o costume de que quem deixasse o pão cair no chão devia recolhê-lo, beijá-lo e recolocá-lo na mesa. Era enorme pecado jogar o pão no lixo. Chutá-lo, então, era como dar um chute no próprio corpo de Cristo. É uma das prováveis explicações para tantas reutilizações culinárias do pão amanhecido ou do pão velho: farinha de rosca, polpeta ou almôndega, rabanada, pudim de pão. Em todas as casas, aliás, guardava-se o (delicioso) pãozinho de Santo Antônio, que a igreja distribuía na missa matutina do dia 13 de junho. Um pequeno pedaço dele era bom para curar dor de garganta, memória de que o santo fora salvar o pai da forca. Muitas famílias o colocavam na cesta dos pães cotidianos, para atrair abundância de alimentos. O pão era sagrado e fortemente simbólico, um símbolo de fartura. Ter pão à mesa representava a bondade de Deus, um lembrete da presença providencial de Deus na vida das famílias de trabalhadores, a recompensa divina pelo suor derramado no trabalho. Não era nem é casual que o santo do oráculo da mais antiga igreja da localidade, a Matriz Velha, seja São Caetano, patrono do pão e do trabalho, uma devoção que ali existe desde o tempo da escravidão.

Até hoje tenho um respeito religioso pelo pão, herança de minha cultura operária. Na adolescência cheguei a decorar extenso e belo poema de Guerra Junqueiro a "Oração ao Pão", escolhido por mim mesmo: "Num grão de trigo habita alma infinita. Alma latente, incerta, obscura, mas que geme, que ri, que sonha que murmura. [...] Um grão de trigo, mil anos morto num jazigo, dêem-lhe terra e luz, e ei-lo germina, cresce e floresce e produz". Discorre ele sobre as maravilhosas metamorfoses que levam do grão de trigo ao grande e fundamental símbolo da cultura cristã. Isso foi para um recital de poesia na igreja protestante, organizado pelos jovens de minha idade.

Imagino que fosse uma chatice ser padre nesse tempo. Como formávamos um grupo de moleques vizinhos da mesma rua, e brincássemos em bando, fôssemos à igreja praticamente juntos e entrássemos juntos na fila do confessionário, era evidente que sequências de quatro ou cinco pecadores narravam ao sacerdote praticamente os mesmos pecados, pois pecávamos juntos. Havia poucos pecados individuais na comunidade infanto-juvenil de rua de que fazíamos parte. E, francamente, duvido muito que o demônio fosse se interessar pelos nossos pecados e tivesse algum interesse em arrastar-nos para as profundezas do inferno. Provavelmente, faríamos um enorme estrago lá, do tipo que fazíamos habitualmente na rua, mantendo nossa cara de anjo. Deve ter muito adulto bem mais interessante para levar para lá, gente mais decorativa e mais apropriada para os cenários rubros e incandescentes daquele lugar. Aliás, sempre achei que lá era o lugar para onde iam os políticos depois que morriam, porque mentem muito, pensava eu e era isso que ouvia dos adultos. E tinha muita dificuldade para imaginar crianças no inferno. Prudentemente, em nenhuma das pinturas que retratavam o inferno, acessíveis às crianças do catecismo, havia crianças se contorcendo no fogaréu imenso.

Quando se descreve o inferno, mesmo para crianças, é ele um lugar de farras e maldades de adultos, de punições para pecados que só os adultos sabem cometer e bem. Duvido muito que haja um departamento infanto-juvenil lá nas profundezas. Tanto que a Igreja Católica durante muito tempo, criou um lugar especial para crianças e adolescentes em seu imaginário. Nos nossos cemitérios antigos, até os primeiros tempos do século xx, havia espaços separados para anjos pequenos e também para anjos grandes. A partir daí, ninguém era anjo. Os verdadeiros pecados começavam com o desenvolvimento da sexualidade. Era esse o nó da questão.

Às vezes, na fila, um cochichava ao outro para que o ajudasse a lembrar dos pecados cometidos em comum durante a semana: fumar, invadir o terreno do chacareiro da Light para roubar cana, pegar rabeira de caminhão, ter brigado com o amigo, dizer palavrões. Além disso, entravam no rol responder ou levantar a mão para a mãe e para o pai, não ter feito a lição de casa, ter tido maus pensamentos, ter cuspido nos outros, brigar com o irmão, mostrar a língua para os mais velhos, fazer o gesto de banana para os outros, o braço esquerdo na dobra do braço direito, que estes eram todos pecados individuais e intransferíveis. Quem tivesse ido ao cinema, dependendo do filme, por sim ou por não, geralmente confessava como pecado próprio o que vira, apesar de haver rígido controle no acesso de menores ao cinema quando a censura tivesse decretado que aquele filme só podia ser visto de determinada idade em diante. Mas sempre havia beijos apaixonados, nas chamadas "cenas de amor", o que motivava gritos e assobios da molecada. Ver o pecaminoso também era pecado. O cerco dessa religiosidade estreita e repressiva era completo, não ficava nada de fora. Certamente, estávamos bem protegidos contra nós mesmos.

O pecado mais difícil de confessar, que ia se tornando cada vez mais comum à medida que crescíamos, era o de bater punheta escondido no matinho lá perto do campo do Corintinha. Quase sempre aquela molecagem começava com a comparação do tamanho do pinto dos diversos participantes. Todos, ainda de calças curtas, queriam ter pintos grandes e na imaginação de cada um o seu próprio era bem maior do que aquela coisa minúscula que usava para urinar.

Além disso, havia verdadeira ansiedade quanto ao aparecimento dos primeiros pelos pubianos. Havia receitas para acelerar o nascimento dos pelos, que um passava para o outro. A mais comum era passar titica de galinha preta na área pubiana. Diziam que era infalível. Mas não me lembro de ninguém que tenha se arriscado a semelhante terapia. Além do fedor, teria custado ao paciente uma bela sova em casa, sem contar o constrangimento de explicar à própria mãe que sujeira era aquela na roupa. O corpo, tanto da criança quanto do adulto, não era assunto de conversa entre crianças e adultos. Era, antes, motivo de vergonha e receio.

Nenhum dos moleques conhecia a palavra "masturbação", que só chegou ao meu vocabulário depois dos quinze anos de idade por meio de alguma coisa que li. Como dizer "bater punheta" já era outro pecado, o de dizer palavrão, havia uma designação meramente alusiva que o padre entendia logo, que era "fazer porcaria". Mas às vezes o pecador entrava em grande embaraço quando o padre queria saber detalhes sobre esse "fazer porcaria", já que essa designação geral incluía o vasto gênero das "porcarias", todos os pecados relativos a sexo: desde pensar em "porcaria" até fazer a "porcaria" propriamente dita. Até ficar excitado à vista de uma menina já entrava no rol das "porcarias".

Nessa época o apelo visual ao sexo e à sexualidade nem existia. O máximo que se podia eventualmente ver era o desenho, raramente fotografia, de uma moça de maiô que ia desde um pouco abaixo do pescoço até o meio das coxas, publicado no *Jornal das Moças*, que trazia moldes e instruções de bordados e costuras, que nossas mães liam. E isso, fora do contexto, já entrava na categoria mais veemente de censura sexual que era a de "pouca vergonha". Moça ou menina ligeiramente assanhada era logo definida como "sem-vergonha", o que pegava fácil e arruinava reputações para sempre. Os homens estavam a salvo dessas definições. Os moleques entravam na categoria dos "sem-vergonha" apenas quando apanhados em flagrante no ato da masturbação, o que podia acontecer em casa, nunca nos terrenos baldios, verdadeiros redutos democráticos da privacidade infantil.

Para esses constrangedores pecados, às vezes o padre sugeria alternativas: em pensamento, palavras ou obras? É que o padre tinha que classificar a coleção semanal de pecados de cada um em pecados veniais, mais graves e menos graves, e pecados mortais. Dependendo da categoria e da quantidade de pecados, o confessor supostamente calculava o tamanho da pena.

Obviamente, criança não fazia pecado mortal, ao menos assim pensavam todos, mas não necessariamente a própria criança que desde muito cedo carregava o dedo acusador da Igreja e dos adultos dentro de si. Não obstante, eram constantemente advertidas para o grave risco que havia para a alma se cometessem um desses pecados. Corretamente ou não, tínhamos como mortais os pecados contra os pais, por mais leves que fossem. Dar um tapa no pai ou na mãe, de cara trazia o risco de que a mão secasse. E isso marcaria para sempre o corpo do pecador com o sinal do pecado. Cuspir em pai e mãe tinha efeitos idênticos: secava a língua e babau salvação. Isso era um grande passo na direção do inferno. Levantar a mão para os pais já era um pecadaço. Claro que para esses pecados de nada adiantavam as penitenciazinhas dos sábados. Era preciso muito arrependimento para atenuar-lhes as consequências nefastas. O castigo de Deus, aprendíamos, vinha de surpresa, quando menos esperássemos. Portanto, não adiantava ficar tranquilo depois de um tempo, imaginando que Deus se esquecera da ofensa grave.

O que mais tarde começou a me preocupar é que se fosse ao confessionário apenas para confessar pecados e erros e não para confessar também virtudes. Nos meus exames de consciência eu tinha que passar por cima de um monte de boas coisas que fazia todos os dias. Creio que cheguei a essa compreensão quando me tornei escoteiro, obrigado a praticar ao menos uma boa ação por dia. Na confissão, tinha que fazer de conta que era uma pessoa desprovida de méritos aos olhos de Deus e me ater exclusivamente aos meus "erros" de criança e adolescente, que era o que interessava ao confessor. Ele nunca me perguntou o que eu havia feito de bom naquela semana. E nunca me perguntou absolutamente nada sobre sofrimentos e dificuldades que eu tivesse passado naqueles dias. Somadas, as minhas adversidades eram muito mais numerosas do que os meus pecados. E minhas virtudes também. Eu sempre fui uma pessoa de fé e era uma criança de muita fé. Essas dúvidas e incertezas não afetavam a minha religiosidade e a minha necessidade de religião, de uma âncora que me escorasse no mar proceloso da vida, uma expressão de sermão protestante, que eu aprenderia depois.

Rezado o ato de contrição e definida com precisão a natureza e a qualidade dos pecados, ditava, então, o padre a penitência, que podia ser desde as leves até as pesadas, de um simples padre-nosso e ave-maria até um montão, como dizíamos, de padre-nossos, ave-marias, credos e salve-rainhas no altar de Santo Antônio ou no altar de Nossa Senhora do Carmo ou de um dos outros santos da igreja. Mas as penas não podiam ser penas longas demais, pois o pecador precisava estar limpo, despecadizado, para a comunhão na missa da manhã seguinte. Tudo tinha que se resolver nos minutos seguintes. Por isso íamos confessar mais para o fim da tarde, imaginando que assim as penitências seriam menores, pois lá pelas cinco horas da tarde começavam os casamentos, que sempre havia, ao menos um por semana, e as confissões deviam estar encerradas.

Como voltávamos todos mais ou menos juntos para a nossa rua, que não era muito longe da igreja, estranhávamos quando alguém do grupo demorava muito para cumprir a penitência e tínhamos que esperar. Era claro: tinha havido um pecado grande na semana daquele moleque. E de um modo ou de outro tentávamos descobrir qual fora, embora muito discretamente, pois pecado era o pecado de cada um.

Quando conseguíamos conferir a lista de pecados de cada um, o que nem sempre era possível, pois havia pecados muito reservados, que respeitávamos, não era raro que ficássemos indignados. O padre era injusto na distribuição das penitências, constatávamos frequentemente. Os mesmos pecados recebiam penas diversas, em alguns casos bem exageradas para o tamanho das ofensas a Deus. Especialmente aquele Deus que, apesar de justiceiro, era também bondoso pai, aliás, pai de uma criança como nós, o Menino Jesus. Embora fosse ele um menino loirinho, rechonchudo e bem nutrido, e de olhos azuis, bem diferente das crianças que éramos, magras, na maior parte do tempo sujas e pobremente vestidas, não raro descalças, morenas, de olhos castanhos. Sobretudo pecadoras, era o que nos diziam, em risco iminente de ir para o inferno pelas muitas transgressões ao longo de todos os dias.

Eu gostava quando o padre me indicava o altar de Santo Antônio para as rezas de penitência. É que, por ter sido o santo de devoção de minha avó paterna, tornara-se também o santo de minha devoção. Embora Santa Luzia, quando meu pai ainda estava vivo, me tivesse beneficiado com o milagre de desgrudar as pálpebras de um dos olhos que amanhecera um dia muito inflamado, grudadas por uma remela pegajosa que não saía de jeito nenhum. O olho abriu depois de sucessivamente banhado com água de rosas do altar da santa. Mas eu me dava bem com Santo Antônio e contava com sua complacência para os meus pecados semanais inevitáveis. É que quando minha avó era viva, eu a ajudava no responsório de Santo Antônio, cujas palavras ela me ensinara e que já esqueci completamente. Portanto, o santo, de certo modo, me devia alguns favores. Sem a minha participação, nada de responsório.

O responsório era uma oração mágica, dita por pessoa que tinha o dom para isso, praticado em favor de alguém que tivesse perdido alguma coisa. Era comum as pessoas baterem à porta da casa de minha avó para pedir-lhe que fizesse o responsório porque haviam perdido a tesoura ou a chave da gaveta. Minha avó interrompia o que estava fazendo, ia para o seu quarto e me levava junto, acendia uma vela ao lado da imagem de Santo Antônio que ficava sobre a cômoda, sobre uma toalha rendada branca, e começava a dizer as palavras rituais, às quais eu respondia com outras palavras rituais. Geralmente a pessoa voltava dali a pouco para dizer que tinha achado o que perdera e agradecer-lhe a ajuda. Às vezes a necessidade da graça era urgentíssima, como no caso de chave perdida. Então vinha a recomendação:

– Mas diga pra Santo Antônio que preciso achar essa chave logo, pois ainda não fiz a janta!

E o santo, benevolente, revelava logo onde a chave se encontrava.

Mesmo com os supostos favores de Santo Antônio, eu não queria ficar tanto tempo ajoelhado na pedra fria, olhando para os olhos dele, enquanto rezava, sempre temendo que ele descobrisse um ou outro pecado que me esquecera de confessar. A fórmula compacta das rezas, que o próprio padre desenvolvera e praticava em público, repetida mecanicamente, ajudava a cumprir logo o dever e a encontrar os amigos para voltar para casa. Sempre havia o problema de não sair à rua nessa noite e resguardar-se até a missa da manhã seguinte, em jejum, para não cometer nenhum novo pecado antes da comunhão.

Portanto, na Igreja Católica, tirando as demoradas e belas celebrações da Semana Santa, tudo parecia demorar não mais que o suficiente, na exata medida da paciência das crianças e dos adolescentes. Lembro-me vagamente de que às vezes ia à reza vespertina com a Mãe Maria, minha avó paterna, e isso era quase uma festa. Criança ia mesmo à missa dominical das oito da manhã e nessa hora certamente não havia sono, embora pudesse haver preguiça.

Além disso, ao menos na missa das crianças, o sermão era curto, mais um conjunto de conselhos, em face de perigos assustadores que rondavam mesmo os imaturos, ditos em forte sotaque italiano pelo padre, recomendações ditas com severidade para que evitássemos os pecados. O sermão para as crianças era uma repreensão, munido que estava o padre com a enorme coleção de pecados ouvidos no confessionário no dia anterior. Dava a impressão de que, inspirado por Deus, ele falava a cada um de nós. Na verdade, lá no confessionário, nós mesmos lhe havíamos dado o assunto da prédica.

No fundo, eram sermões de difuso conteúdo moral, pois que pecado pode cometer uma criança? E sempre era possível distrair-se olhando para a abóbada que parecia imensa, a pintura de um severo Pai Eterno sentado em seu trono e reinando sobre todos nós. As paredes laterais também eram bonitas. Não havia um único centímetro quadrado da igreja que não tivesse recebido uma pintura sacra. Eu gostava muito mesmo dos anjos segurando lírios e ladeando a portinhola de cada confessionário. Gostava menos da Via Sacra que fazia todo o contorno da igreja. Para qualquer lado que se olhasse via-se Jesus sofrendo e, se o olhar fosse na sequência correta, sofrendo cada vez mais.

Curiosamente, eu gostava mesmo de um crucifixo de estilo bizantino, que existiu no altar-mor e que desapareceu quando a decoração da igreja foi completada. Muitos anos depois, já adulto, numa visita com um amigo ao padre, descobri que a bela representação do Crucificado repousava justamente atrás do altar-mor. Era um Cristo sereno e simples, sem rebuscamentos, com uma expressão de sofrimento conformado que o tornava incrivelmente próximo e familiar. Muito parecido com meu tio Zé, uma pessoa doce e amiga. Aquele Cristo tinha uma cara maravilhosamente boa e companheira, igual à de tanta gente que eu conhecia e que frequentava a missa naquela mesma igreja, a imensa maioria das quais era trabalhadora das fábricas da região. Bem diverso do

Cristo que o substituiu quando o novo altar foi instalado, de mármore, a cruz esculpida na pedra, a fisionomia metálica de Jesus sofredor praticamente invisível, circundada e anulada pela ostentação e pela claridade da peça de pedra.

Já nas igrejas protestantes o sermão era o centro da liturgia, uma celebração mais simples do que a católica e o sermão comparativamente mais denso, não raro erudito e sempre mais demorado. Era um sermão para fazer pensar. Reconheço hoje que aquele foi o melhor cursinho que fiz para ingressar na Universidade. Embora, contribuíssem para o sono as paredes nuas, o despojamento do templo, sem muita coisa para distrair do sermão eventualmente maçante ou demorado.

Os pastores pretendiam ir diretamente à consciência dos crentes, fustigá-la e acordá-la para as responsabilidades graves da salvação pela fé. Diferente dos padres que queriam, mesmo, era chegar ao vacilante e temeroso coração dos fiéis, permanentemente açoitado pelo medo do pecado inevitável e do inferno evitável, ainda que com uma estada temporária no Purgatório, para acordá-lo para os benefícios da salvação pelas obras. Purgatório que, aliás, foi uma das melhores invenções da engenharia católica, um alívio sem dúvida para o enorme risco de arder definitivamente no fogaréu do inferno, alimentado a enxofre. Alternativa de que os protestantes não dispõem: ou a brandura do céu ou as chamas do inferno.

Invariavelmente, depois do culto, o pastor se dirigia à porta do templo e recebia os cumprimentos dos fiéis, além de entreter uma rápida conversa sobre temas de interesse da pessoa, como a família e a saúde, uma coisa que os padres não faziam. Mas depois de um sermão assim, a criançada e os adolescentes da igreja costumavam comentar entre si, rindo, do lado de fora da igreja, em voz suficientemente alta para ser ouvida lá na porta, onde o pastor se despedia dos fiéis:

— Sermão espada esse de hoje!

— Por quê? Tocou o seu coração? Profundo, né? – dizia o outro.

— Não! Comprido e chato!

Na igreja protestante, ainda que raramente, graças a Deus, vinha também o sermão moralista e aí ganhava do sermão católico. Moralismo protestante é incrivelmente cansativo, porque é cobrança e envolve decisões de ordem pessoal, o pecado é de responsabilidade do próprio crente, a pessoa fica cheia de culpa. O crente já está salvo pela fé. Pecar é, portanto, uma espécie de traição pelo crédito recebido da salvação, quase um roubo. O moralismo católico era mais de advertência nos sermões para as crianças, muito atenuados pelo reconhecimento de que os mais graves pecados dos imaturos eram quase nada perto dos pecadaços que as próprias crianças presumiam em relação aos adultos. Para o padre ou era céu ou era inferno, com a atenuante não muito confortável do purgatório. Mas o que estava em jogo era a salvação ou a perdição. O pecado não era questão pessoal, era arte do demônio. Havia parâmetros claros dizendo o que era pecado e o que era virtude. A gente só tinha que se defender, não tinha que pensar. Ser católico dependia muito de colecionar boas obras. Na igreja protestante não era preciso colecionar nada. A contabilidade da vida era feita de outro jeito.

Lembro ainda dos gestos eloquentes de um presbítero de uma igreja de São Paulo, que tinha fama de bom orador e que era convidado de vez em quando a pregar na minha igreja, especialmente para os jovens. Provavelmente, era advogado. Tinha jeito. Lembro sobretudo de um incrível e abominável sermão sobre o beijo, que fez duas vezes lá na igreja, em diferentes épocas. O sermão era dividido em beijos inspirados por Deus e beijos inspirados pelo diabo. "Ah! O beijo de uma netinha..." bradava ele comovido até as lágrimas. Era o beijo de inspiração divina. Ficávamos imaginando os beijos que a santinha daria quando chegasse à idade apropriada, a nossa. Daríamos tudo para ver a cara daquele avô, o pregador ranheta que nos atormentava com aquela conversa.

Mas em seguida vinha o beijo inspirado pelo diabo, justamente o tipo de beijo que os moleques de minha idade esperavam que acontecesse logo, o beijo da namorada. O dos esposos ele passava por alto, que era o caso dele, casado e avô. Mas beijo de namorados, Deus nos livre. Ele ainda arriscava, se bem me lembro, a descrever o demoníaco do tal beijo, o que só excitava a moçada. "Lúbrico!" – ainda lembro dele vociferar com horror teatral, como uma bofetada de nojo na ameaçadora sensualidade juvenil e incrivelmente puritana e inofensiva de todos nós.

Para dizer a verdade, aprendi muito sobre o beijo e sobre a língua portuguesa com os sermões daquele senhor magro e justiceiro. Guardava na memória as palavras "difíceis" como essa e depois ia olhar no dicionário para saber o que significavam. Dicionário, aliás, comprado a prestações de um funcionário da fábrica, em que nessa altura eu já trabalhava, o qual fazia um extra traficando para dentro da empresa produtos de papelaria para vender aos colegas.

Não consigo me lembrar em detalhe da fisionomia do pregador em repouso. Era magro. Homem de seus cinquenta anos. Ficou-me unicamente na memória a fisionomia transfigurada que acompanhava aquele "lúbrico" veemente. Com isso, ele conseguia transmitir aos adolescentes e jovens a exata sensação que pretendia: no ato do beijo pecaminoso, a língua bifurcando-se, os olhos invadidos pelas lavas incandescentes do inferno, o suor do corpo em brasa expelindo vapores de enxofre.

Aquele protestante carrancista sabia das coisas. Quem não sabia era o paciente pastor que, preocupado com o risco de nossa imprópria descoberta do que era o sexo, recorria ao exorcista para dizer-nos as duras verdades que poderiam se esconder por trás de desejos e prazeres. Sabíamos que ele não sabia porque se aproximara um dia do grupo dos meninos e rapazes, que faziam troça de algo e riam alto, para explicar-nos que havia uma diferença entre meninos e meninas. Vários de nós já trabalhavam, como era o meu caso. Éramos funcionalmente adultos, mergulhados cotidianamente no mundo do trabalho, o mundo que fazia as crianças crescerem antes do tempo. Tentava nos dizer que a partir de uma certa idade as meninas menstruam. Mas não sabia usar as palavras e tentava falar por alusões, inventando uma parábola que nos revelasse um dos principais segredos da vida.

Inútil. Vários ali já haviam aprendido tudo que havia para aprender nos prostíbulos da Rua Vitória, a poucos minutos da Estação da Luz, onde se chegava de trem, de São Caetano, numa curta viagem de quinze minutos. Ali se podia frequentar as chamadas putas rampeiras, baratas, que não hesitavam em receber até mesmo adolescentes. Era o que qualquer menino sabia ser "a zona", abreviatura da designação policial, "zona do meretrício", porque fora lugar de confinamento das senhoras dessa profissão. Era o lugar em que muitos adquiriam precocemente sua primeira, raramente a última, doença venérea. O dinheiro vinha de penosas economias em doces, sorvetes, cinema e da doação minguada que os pais faziam aos filhos, parte do dinheiro do trabalho dos próprios filhos, pela troca, enfim, de prazeres infantis por prazeres adultos.

Um dos jovens nos divertia, aliás, contando a história verdadeira de que havia encontrado, na sala de espera de um desses prostíbulos, nada menos do que um seminarista que a convite do pastor estivera na igreja para desenvolver algumas atividades espirituais e educativas com "os moços", que éramos nós, como diziam os crentes.

Tremendo embaraço dos dois puritanos, fazendo de conta que estavam na sala de espera do dentista, um na frente do outro, esperando a hora de fazer o seu pecado. Não perdeu tempo o futuro ministro de Deus, exercitando sua imaginação religiosa, para explicar ao jovem pecador as necessidades biológicas do homem, a força pecaminosa do corpo. Esclarecia que ir a um prostíbulo era o recurso inevitável para que o pecado não viesse a ser cometido, por tentação do demônio, com alguma das virgens virtuosas da igreja de cada um. O embaraço foi resolvido quando uma das prostitutas abriu a porta de seu quarto para a saída de um cliente e chamou: – O próximo!

No fim, o jovem surpreendido, tanto com o fato de ter encontrado ali o seminarista quanto com o sermão na própria "zona", saiu da putaria convencido de que as prostitutas, ao contrário do que pensava, eram verdadeiras missionárias do Senhor, prevenindo o pecado, salvando pecadores e garantindo a pureza virginal das mocinhas das igrejas, futuras e prendadas mães de família.

Os sermões contra o beijo seriam, justamente, para pôr ordem na desordem da vida, que vinha não só das más inclinações dos pecadores, mas também da perene guerra entre Deus e o diabo, entre o espírito e o corpo, entre a cabeça e o sexo. Essa dualidade pendulava a vida e nos desafiava constantemente para o primado da Razão, a mediação suprema do viver protestante. E a razão vencia, quase sempre...

O caráter cerebrino e reflexivo, meditativo, do sermão protestante, exigia muita atenção. Por isso a sonolência aumentava o meu tormento.

Muitos anos mais tarde ouvi um sermão desse tipo, pela primeira vez, numa igreja católica, em Gainesville, nos Estados Unidos, feito por um franciscano, bom teólogo e bom orador. Foi a única vez que vi alguém fazer um sermão sentado, numa espécie de trono. Justificou-se explicando o que era um sermão de cátedra, o sermão em que o orador fala sentado, como faz o Papa, o sermão de lições sobre o sentido católico da vida. O sermão para ensinar, como é próprio de uma universidade, e não para admoestar. Mas isso porque ele era uma espécie de capelão católico da Universidade da Flórida, de que eu me tornara professor--visitante.

Havia, nos meus tempos de criança, na igreja católica, os maravilhosos sermões da Semana Santa. Já frequentando a igreja protestante, eu seguia toda a liturgia católica da Catedral de São Paulo, pela Rádio 9 de Julho. Ouvia, fascinado o sermão das sete palavras da cruz, barroco, hispânico, lembrava um quadro de El Greco, eloquente, o sacerdote descrevendo o sofrimento de Cristo, na agonia, com uma intensidade dramática, bela e comovente, um português perfeito, que eu reconheceria anos depois na leitura dos sermões do Padre Antônio Vieira. É uma grande pena que nas igrejas, católicas e protestantes, nos tribunais e no Parlamento, a Retórica tenha sido deixada de lado, geralmente em favor do discurso banal e populista, seco e sem talento, didático e não raro tolo, o discurso em que o ouvinte é tratado como um idiota cultural.

Exatamente sobre o púlpito da igreja protestante havia uma luminária, em formato de bola, cuja luz direta nos olhos de cada membro da congregação era inevitável. Uma luz forte, incômoda, que escurecia o rosto do pregador e aumentava a minha tortura. Para me distrair, imaginava muitas coisas. Na parede do fundo, atrás do púlpito, um quadro bem grande tinha o desenho de uma Bíblia, aberta, e um versículo do evangelho de João, em letras grandes convidava a audiência: "Eu sou o caminho, a verdade e a vida. Ninguém vem ao Pai senão por mim". Quando o sermão era muito chato, demorado, me vi várias vezes tentando praticar um suposto poder da mente: o quadro lentamente saindo do gancho que o prendia, indo por sobre a cabeça do pastor e despencando nela. Com isso, enquanto alguém socorresse a vítima, um presbítero faria uma oração rápida e o culto seria encerrado. Mas essa concentração, na ingênua maldade de moleque, só aumentava o sono.

– E ele sabe que estou falando dele! – ressoou nos meus ouvidos de adolescente sonâmbulo a palavra veemente do pastor. Acordei completamente. Autodefensivamente, eu havia desenvolvido uma técnica de não me deixar despertar abruptamente, em situações assim, como se tivesse sido sacudido pela voz do outro. Do contrário, ficaria exposto ao ridículo. Acordei por dentro, mas mantive a aparência externa sem alteração. Abri os olhos apenas um pouco e cautelosa e lentamente movi-os em várias direções, sem mover a cabeça, para conferir a reação dos circunstantes àquela acusação incisiva. A mão do pastor estendida na minha direção, o dedo apontando diretamente para mim, insistia. Felizmente, eu havia desenvolvido outra técnica, a de "afundar" o pescoço nos ombros de modo a evitar que a cabeça pendesse no caso de eu dormir. O queixo ficava disfarçadamente apoiado sobre o peito, como se eu estivesse meditando sobre as veementes palavras do pregador. Ligeiramente afundado na poltrona de madeira dura, eu evitava a impressão de que a cabeça havia pendido para a frente.

Tempos depois descobri a causa do meu sono inoportuno. Nas raras vezes em que ia ao cinema, também dormia, logo na primeira meia hora do filme. Eu não usava óculos e só quando entrei na Universidade de São Paulo fui obrigado a fazer um conjunto de exames médicos e laboratoriais, sem o que minha matrícula não seria efetivada. Todo aluno que passasse no vestibular tinha, em seguida, que passar por essa prova. Foi o primeiro exame médico completo de minha vida. Ia-se vários dias seguidos, por várias horas, às instalações do Instituto do Serviço Social da Universidade (ISSU), nos porões da Faculdade de Saúde Pública, na Avenida Doutor Arnaldo, onde estavam os consultórios. O oftalmologista me recomendou óculos, pois eu tinha astigmatismo e miopia. Explicou-me que em ambientes de obscuridade ou de iluminação direta sobre o olho, como no cinema ou diante da televisão (ou da bola luminosa sobre o púlpito da igreja, acrescentei para mim mesmo), o astigmático acaba ficando sonolento e até dorme.

Tudo indicava que o recurso tinha funcionado. Ninguém estava olhando para mim, todos fascinados pelo dedo, casualmente apontado em minha direção, e pela expressão dramática do pastor, o olhar disperso na extensão do templo, de modo a sugerir que ele estava encarando a todos e a cada um ao mesmo tempo. Um bom sinal de que a coisa não era comigo.

Consegui aos poucos apanhar o sentido daquela proclamação veemente. O pastor falava do demônio, acusava-o, denunciava-o, impunha-se a ele, impunha a ele o poder de Deus e de sua palavra na Bíblia Sagrada. Ufa! Que alívio! Estou salvo, pensei comigo. E estava mesmo, pela fé, caso em que o sermão era adjetivo.

De vez em quando e, dependendo do pastor, tínhamos o típico sermão protestante, bem pensado, culto, o sermão para fazer pensar. Era o sermão dirigido à inteligência de cada ouvinte, o sermão articulado, argumentativo, com estilo, exegético. A Bíblia não era um pretexto, como costuma ser não só nas igrejas e seitas fundamentalistas, mas também para os membros fundamentalistas das igrejas tradicionais. Era um sermão referido à universalidade do homem, à luz da fé calvinista. Portanto, um sermão "amarrado", como se dizia, nas indagações teológicas e filosóficas da doutrina. Não era incomum que o pastor se baseasse em histórias edificantes, acontecidas, de cunho literário, muito no estilo da oratória americana, sacra ou profana, que é uma das práticas interessantes da cultura daquele país. Com isso, dava um colorido literário à sua fala, criava interesse no argumento até teoricamente difícil, todos esperando o desfecho da narrativa. Nesses dias, não havia sono.

Para mim, aquilo funcionava como aprendizado de uma língua estrangeira, que de certo modo era em relação à minha língua de rua, à mescla de categorias caipiras e operárias que formavam o arcabouço do meu modo de pensar. Do mesmo modo que em relação às línguas estrangeiras que eu aprenderia mais tarde, só quando comecei a sonhar na língua aprendida é que de fato a aprendi. Lembro maravilhado do dia em que me pus o argumento de um sermão do pastor e imaginariamente, enquanto caminhava por uma rua, comecei a decompô-lo, a descobrir-lhe a estrutura e os ingredientes, o modo como fora proposto. Descobri nesse dia que podia pensar.

Foi, sem dúvida, a cultura protestante que me ajudou a juntar os fragmentos da cultura erudita que se dispersam, sem nexo, na cultura operária e popular. Passei a ler poesia, como aconteceu com outros adolescentes da igreja que eu frequentava, e a comprar livros de poesia pelo reembolso postal, pois em São Caetano não havia livraria: Castro Alves, Casemiro de Abreu, Gonçalves Dias. Em casa, peguei um caixote velho, que fora usado para misturar cimento, descasquei-o, limpei-o, pintei-o e o transformei na minha primeira estante de livros.

Passei a ler jornais: no sábado *A Gazeta*, nesse dia um jornal de artigos longos, quase sempre de história de São Paulo, pela qual eu tinha muito interesse, desde a visita ao Museu do Ipiranga, quando estava na escola primária; no domingo, *O Tempo*, um jornal que trazia muitas informações do que se poderia chamar de agenda cultural. Tornei-me ouvinte da Rádio Gazeta, pois finalmente, tínhamos um rádio-vitrola em casa. A emissora transmitia boa música o tempo todo, tinha uma orquestra sinfônica, regida pelo maestro Armando Belardi, transmitia ópera. Eu não perdia "A Hora do Livro", do professor Fernando Soares e do poeta Paulo Bomfim, que sempre recitava uma de suas belas poesias, uma das quais retive na memória, em parte: "Venho de longe, trago o pensamento banhado em velhos sais e maresias; arrasto velas rotas pelo vento e mastros carregados de agonia". Volta e meia, Judas Isgorogota, poeta alagoano radicado em São Paulo, autor de *Os que Vêm de Longe*, também comparecia: "Vocês não queiram mal aos que vêm de longe, /aos que vêm sem rumo certo, como eu vim; /as tempestades é que nos atiram para as praias sem fim..."

Nessa época, São Caetano passou a ter uma biblioteca municipal circulante, de que me tornei usuário, passando por ela no caminho da escola, à noite, para emprestar e devolver livros. A biblioteca fora criada pela Prefeitura, mas por iniciativa do Rotary Club. Foi um médico e rotariano de São Caetano, o Dr. Manuel Gutierrez-Durán, autor de livros didáticos de geografia, que doou boa parte de sua própria biblioteca para formar o acervo inicial, que incluía uma bela coleção de livros de história, dentre eles numerosos volumes dos viajantes do século XIX, que visitaram o Brasil, que li fascinado. De certo modo, eu conhecia aquele Brasil do passado, porque nele vivera em Guaianases e no Arriá, que ainda preservavam a mesma cultura e a mesma paisagem.

Em boa parte, a movimentação cultural intensa de 1954, ano do quarto centenário da Cidade de São Paulo, foi um fator de motivação para meu interesse particular pela história paulista. Até consegui convencer o encarregado do almoxarifado da fábrica, a Cerâmica, onde eu já trabalhava, a encontrar na pilha de jornais já lidos, que ele recolhia dos vários escritórios, e me dar o exemplar de *O Estado de S. Paulo*, de 25 de janeiro, maçudo, com artigos dos grandes nomes das ciências humanas em São Paulo. Tanto insisti que ele finalmente saiu à procura daquele número e o encontrou. Guardei-o durante muitos anos, até substituí-lo por um exemplar do livro em que aquela edição do jornal foi transformada pelo escritor e editor Paulo Duarte, *Ensaios Paulistas*, da Editora Anhambi, um livro de referência.

Mas foi como ouvinte da Rádio Gazeta e leitor daqueles jornais que descobri a Biblioteca Municipal de São Paulo e a Pinacoteca do Estado. Eu podia ir de minha casa até a Pinacoteca em quinze minutos: tomava o trem em São Caetano e descia na Estação da Luz, na porta da Pinacoteca, como se dizia. Naquela época, pouquíssimas pessoas frequentavam a Pinacoteca, que tinha apenas a exposição permanente. Lembro-me de estar olhando *Caipiras Negaceando*, de Almeida Júnior, quase um retrato das pessoas que eu conhecia lá no Arriá. Um senhor se aproximou, perguntou se eu havia gostado do quadro, descobriu que era minha primeira visita e deu-me uma aula sobre Almeida Júnior. Foi ele quem me chamou a atenção para o detalhe de um rosto oculto no meio da mata, do próprio pintor, um autorretrato. Pegou meu endereço e me mandou o catálogo ilustrado da Pinacoteca. Era o artista plástico Túlio Mugnaini, diretor da Pinacoteca, que me contou, então, ter sido, o pintor dos painéis e alegorias da Igreja do Carmo. Numa dessas visitas, conheci um velhinho, que também puxou conversa. Havia trabalhado com Ramos de Azevedo e fora o pintor dos frisos dourados do Teatro Municipal de São Paulo. Morava com a filha na Vila Inglesa, ali perto, e acabou me convidando para tomar um café em sua casa e conhecer seu estúdio, que ficava no sótão.

Da Biblioteca Municipal tornei-me frequentador nos sábados, depois de sair da fábrica ao meio-dia. A Biblioteca funcionava até às dez horas da noite e raramente dela saí antes dessa hora. Aprendi a lidar com seu fichário, a descobrir as preciosidades que continha, a fazer incursões bibliográficas por conta própria. Tornei-me um autodidata. Para que as leituras não ficassem completamente aleatórias, decidi organizá-las em torno de um eixo de referência, a história paulistana, cujos cenários passei a frequentar, das igrejas aos museus. Nesse esquema de referência, propus-me, também, a fazer pesquisa sobre a história de São Caetano, um modo de partir do conhecido para o desconhecido. Praticamente, não havia bibliografia específica, apenas citações de fatos e documentos aqui e ali. Fui organizando tudo, lendo autores como Afonso d'E. Taunay, Nuto Santana, Afonso de Freitas, Aureliano Leite e muitos outros.

Dei-me conta de que teria que ir ao Departamento do Arquivo do Estado e ao Arquivo Histórico Municipal, onde estava a documentação inédita. Consegui convencer meu chefe na fábrica a me dar um sábado por mês, para que eu fosse ao Arquivo do Estado que, na época, como a fábrica, funcionava nos sábados até o meio-dia. Américo Mendes, diretor, e Nélio Garcia Migliorini, paleógrafo, espantados com a novidade de um adolescente no meio dos poucos velhos que frequentavam o Arquivo, como Antônio Paulino de Almeida e Washington Luís, me ensinaram como se lia um documento antigo, me mostraram o imenso acervo e me disseram como estava organizado. Prudentemente, me sugeriram que lesse os documentos já publicados para me familiarizar com a nomenclatura e as abreviações. Logo depois passei a ir ao Arquivo Municipal, ali perto, na Rua da Consolação, onde movido pelo mesmo espanto, Nuto Santana me deu uma enorme coleção de publicações, o que incluía muitos exemplares da *Revista do Arquivo Municipal* e vários volumes de seus próprios livros. Américo Mendes fez a orelha e Nuto Santana o prefácio de meu primeiro livro, publicado quando eu tinha dezoito anos de idade. Eu ainda trabalhava na fábrica e apenas terminara o curso secundário noturno.

# 11
## Os mistérios da fábrica

FÁBRICA ERA UM LUGAR cheio de mistério para quem estava começando a vida, sobretudo para o menor de idade que se tornava antecipadamente adulto no trabalho fabril. Era outra lógica, diferente de tudo que uma criança conhecia, embora já na própria rua preparada e adestrada para o trabalho artesanal, o trabalho de uma época que estava terminando lentamente, a época em que o trabalhador ainda pensava a produção, ainda dominava muito do conhecimento envolvido no que fazia. Na rua, brincávamos de trabalhar. Mesmo assim, a racionalidade da fábrica, da grande indústria, era em si mesma misteriosa para quem vinha do mundo mágico e místico da transição inacabada entre o campo e a cidade, entre o artesanato e a indústria. Tudo parecia tão certo e preciso e ao mesmo tempo tão incerto. Não raro o que se pedia ao trabalhador era que não pensasse muito, apenas fizesse. Era a lógica do processo de produção que regia o processo de trabalho, era a máquina que regia o corpo e a mente. Muita coisa estranha acontecia na fábrica, que não podia ser explicada. Sobretudo muita coisa que não podia ser compreendida por quem trabalhava. O operário dividia-se entre uma herdada concepção do trabalho que ainda dependia de um certo saber do trabalhador e uma nova concepção de trabalho em que trabalhar tendia a reduzir-se aos gestos de um corpo complementar da máquina. Se pensasse, interrompia o processo de trabalho e até podia provocar um acidente.

Mas o mundo das máquinas exercia um fascínio muito grande sobre crianças e adolescentes como eu, desde meu primeiro emprego na

*Rua interna de entrada na Cerâmica São Caetano. À direita a edificação em que ficavam as salas do serviço social e da secção de pessoal.*

pequena fábrica de fundo de quintal. Fico surpreso quando hoje, ao re-
memorar aqueles tempos, lembro-me até de mínimos detalhes de tudo
aquilo funcionando. A fábrica pode não ter ocupado meu coração, mas
ocupou minha mente. Crianças e adolescentes ansiavam pelo momento de ingressar na fábrica. Muito antes de existirem a Disneylândia e a
Disneyworld dos turistas brasileiros bem-nascidos ou dos que nasceram
com a bunda virada para a lua, como se dizia, já existia aqui a disneylândia dos pobres, dos que tinham que trabalhar para sobreviver, que era
a fábrica. Pagava-se o ingresso trabalhando. Mas não deixava de haver
um enorme encanto na mecânica, no instrumento que transforma uma
coisa em outra. No caso, que transformava o barro, e seus atributos de
sujeira, em delicadas peças de cerâmica, limpas e bonitas. Era como se
fosse a borboleta colorida e alegre saindo da lagarta rugosa e feia.

Aquelas engrenagens, relógios, alavancas, botões, pedais, correias ti-
nindo, tinham uma dimensão mágica para a mente infantil e a mente
juvenil, facilmente tentadas a fabular sobre coisas assim. No meu grupo
de rua, com alguma frequência, era disso que brincávamos: fazendo
brinquedos toscos, mas inteligentes, usando como matéria-prima coisas
encontradas no lixo das fábricas próximas. Quando, já pai, fui pela primeira vez a uma loja de brinquedos pedagógicos, pensei comigo mesmo:
mas a molecada da Rua Paraíba já fazia isso!

Nem sempre, é verdade, o menor que trabalhava podia perceber o
abismo que havia entre esse aprendizado de rua e o aprendizado nas pequenas oficinas, de um lado, e o trabalho na grande indústria cada vez
mais sofisticada e automatizada, de outro. Não era claro para ninguém
que estava em andamento uma ampla negação e destruição do saber
produtivo pessoal. O trabalho criativo estava sendo substituído pelo
trabalho repetitivo, o prazer pelo cansaço. A classe operária estava sendo
expropriada de seu saber, mais do que de seu trabalho.

Atraído por esse mundo, suas formas e cores, simplificadas e precisas,
substituíam definitivamente nos meus olhos as infinitas gradações de
cores suaves da roça, a imensa diversidade dos verdes; seus sons ásperos e
desencontrados de sinfonia dodecafônica ocupavam em meus ouvidos o
sussurro da brisa, o canto triste do sabiá nos fins de tarde lá em Guaiana-

ses, a harmonia do cântico alvoroçado dos canários-do-reino e da-terra, o pio da coruja, o alerta do bem-te-vi. Mesmo não tendo funções diretas na produção, sendo uma das figuras mais secundárias e irrelevantes de tudo aquilo, destinada ao esquecimento, a não permanecer na memória da empresa e das pessoas que nela trabalhavam, como de fato aconteceu, minha mente era ocupada muito mais por aqueles mecanismos do que pelo café que servia, pelo espanador que usava, pelos papéis que transportava, pelos recados que levava.

Acabei montando "minha própria máquina". Comprei um livro que ensinava a consertar rádios de válvula, como eram os daquele tempo. Encontrei no livro, o circuito para montar um rádio de galena. Comecei pelo que parecia mais fácil. Fiz uma bobina usando um pequeno pedaço de cabo de vassoura, comprei o fio de cobre revestido de verniz e cuidadosamente o enrolei na madeira. A duras penas comprei um fone de ouvido, dos magnéticos, a peça mais cara de minha obra de "engenharia". Consegui de um amigo um pequeno pedaço de pedra-de-galena, o coração do rádio.

Finalmente, em casa, consegui fazer o "troço" falar. O som bem nítido, vinham as falas e músicas da Rádio Record, misturadas com sons de outras estações, como a Bandeirantes e a Tupi. Isso me obrigou a ler mais, conversar com donos de lojas de conserto de rádios, trocar ideias com outras pessoas que sabiam alguma coisa a respeito. Nas questões profissionais, as pessoas não são generosas. Revelam uma coisa e escondem nove. Protegem sua ocupação. Minha curiosidade me fazia um futuro concorrente ou um cliente a menos.

O rádio de galena era uma coisa do passado muito distante, o rádio mais primitivo. Mesmo os chamados radiotécnicos de loja não sabiam muita coisa a respeito. Foi um violinista da minha igreja, que consertava geladeiras e rádios, Júlio Miron, que me ensinou a ler o circuito, identificar os materiais, dar nomes às coisas. Com essa ajuda, consegui finalmente montar meu rádio numa tabuinha pequena, cuja parte mais larga devia ter uns dez centímetros. Levei tudo aquilo, um dia, para a fábrica para, nos poucos momentos vagos, sobretudo na hora do almoço, dar-lhe um polimento e tentar dar uma cara mais técnica ao tumultuado arranjo de fios de cobre que eu usara para prender a galena e conectar as várias partes do aparelho. Aquilo ainda tinha cara de lixo.

Meu amigo me havia dito que eu podia usar a rede elétrica como antena de meu rádio, em vez de um extenso fio de arame para isso, ou daquelas antenas de mola que ainda se usava para os rádios de válvula, o que era difícil armar ali no meu trabalho. Bastava usar um único plugue e não dois, como é próprio das tomadas. Num dos orifícios está o fio que serve como antena. Estava na hora do almoço, quando não havia ninguém no escritório. Fazendo minhas tentativas, toquei sem querer numa torneira, com meu cabo de antena já plugado e aqueles fios todos desencapados. Levei um choque violento e fui atirado longe, completamente tonto. Felizmente, ninguém viu. Recolhi a crista e a pretensão e fiquei ali bulindo nos detalhes do meu aparelho, bastante assustado. Um dos engenheiros entrou repentinamente e me vendo com aquilo nas mãos, me interpelou preocupado.

– O que é isso?!

Eu estava mexendo com algo cujas características diziam respeito a um âmbito do trabalho que não era o meu. Além disso, algo que indicava um conhecimento de minha parte que me mostrava mais sabido do que o esperado nas minhas funções, o que era fator de medo da empresa em relação a cada empregado. Se havia um medo na empresa, era o da espionagem industrial e não o medo político em relação aos trabalhadores. Um trabalhador antagônico pode ser demitido. Um espião industrial também, mas quase sempre quando já é tarde demais, quando ele já passou informações ao concorrente. A questão da produção e da utilização do conhecimento quase não tem visibilidade numa fábrica para quem tem a mente fixa na questão sindical e política. Mas, numa verdadeira fábrica, é o seu setor mais importante e mais sensível.

Hoje tenho consciência de que na Cerâmica São Caetano havia uma verdadeira infraestrutura de universidade, com laboratórios e experimentações que nem mesmo a universidade tinha meios para fazer e manter. De engenheiros ouvi que a seção semi-industrial da fábrica era mais completa e mais moderna do que a do Instituto de Pesquisas Tecnológicas, onde a empresa recrutara vários de seus técnicos, tendo-os

*Mural de litocerâmica policromada, do artista plástico Alberto Garcia Vidal: representação de um dia de trabalho na Cerâmica São Caetano, em 1954, onde eu já trabalhava desde 1953.*

recrutado também na Escola Politécnica (onde estudara o seu maior nome, o engenheiro Roberto Cochrane Simonsen, pai dos donos da fábrica em minha época), na Faculdade de Filosofia da USP e na Universidade Mackenzie. Numa fábrica em miniatura, dirigida por um graduado em Química na USP, eram feitas experiências e descobertas, uma verdadeira fábrica de conhecimento.

Pelas minhas mãos passavam relatórios técnicos, relatos e fórmulas de experiências, anotações para novos produtos, que eu levava de um lado a outro ou arquivava, junto com as peças dos experimentos. É claro que eu não entendia nada daquilo quando, eventualmente, tinha a curiosidade de dar uma olhada no que estava escrito. E mais tarde, quando fui promovido a datilógrafo, lia obrigatoriamente tudo que era escrito pelos engenheiros, não raro coisas que para mim não tinham o menor sentido. Difíceis eram as fórmulas, como difícil era datilografá-las.

Tinha a impressão de que ser um pouco tonto, ingênuo e despreparado era essencial para manter aquele emprego. Eu não procurava ocultar uma certa aparência de coitado, muito conveniente para mim, pois me mantinha cinzento, como se fosse parte dos móveis e utensílios, mero subproduto das xícaras do café que servia, do espanador que usava, dos papéis que carregava e, mais tarde, do teclado da máquina de escrever a que me agreguei. Aquela aparência dava às pessoas a quem servia a segurança de que eu não falava (e não falava mesmo), não ouvia e não via, embora na verdade ouvisse muito e visse muito (e aprendesse muito) mesmo quando entendesse pouco.

Uma das coisas que eu fazia era levar para casa as revistas técnicas, geralmente em inglês, que os engenheiros assinavam, espiavam e jogavam no lixo se não houvesse nada que lhes interessasse especificamente. Uma das recomendações severas de meu trabalho era a de queimar todos os papéis do escritório que fossem jogados no cesto de lixo. Para isso, despejava os cestos numa das bocas do forno intermitente que estivesse sendo aquecido para início da queima dos ladrilhos.

Nessa fase inicial do processo de queima, não era usado o óleo diesel e sim a lenha. Era como se fosse uma fogueira. Quando alcançava certo volume de fogo, o mestre dos fornos abria, então, os maçaricos do óleo diesel. E aí, sim, era fogo para valer. Depois, a cada tantas horas, subia numa escada e através de um orifício situado bem alto, que chegava ao miolo do forno, usando um aparelho especial, uma espécie de binóculo protetor, olhava lá dentro e registrava a temperatura indicada por sua maquininha. A descrição das colorações do fogo que ele podia fazer para os engenheiros era de grande importância para acompanhar diariamente a marcha da queima.

Eu não podia jogar os papéis nas bocas de forno já alimentadas pelo diesel, pois isso desequilibraria tudo. No fogo a lenha, o calor empurrava os papéis para cima e para fora. Eu saía correndo atrás do que voava para jogar de novo no forno. Um dia o engenheiro-chefe encontrou um pedaço de papel manuscrito, semiqueimado, redigido por ele mesmo, e mandou que eu fosse advertido. Naqueles papéis havia rascunhos de anotações técnicas, segredos industriais, dados que deviam ser mantidos em sigilo.

As revistas eram de queima difícil e eu achei que, sendo publicações e não relatórios, mais sensato era que eu ficasse com elas para ler, se conseguisse. Era um modo de exercitar o meu precário inglês. Além disso, preenchia todos os cupons de anúncios dessas revistas e os enviava pelo correio, por meio do que podia obter panfletos e informações adicionais, bem didáticos, a respeito de diferentes produtos relativos à indústria de cerâmica. Sem contar a ampliação da minha coleção de selos, tanto com os envelopes achados no lixo quanto com a correspondência que eu próprio recebia. Minha compreensão do funcionamento do forno túnel que estava sendo construído, para completar a produção dos fornos intermitentes, melhorou lendo esses materiais, ainda que os compreendendo pela metade. Mas eram ilustrados com boas fotografias e isso ajudava muito.

É uma ingenuidade de não poucos patrões e diretores de empresa imaginar que os trabalhadores são ignorantes e limitados e por isso estão onde estão, obedecendo e não mandando. Ou tem uma compreensão menor das coisas, daquilo que fazem. Mesmo com a fragmentação do processo de produção, os trabalhadores têm um razoável entendimento do que é feito por suas mãos. Porém, a estrutura da produção, a fragmentação do processo de trabalho, a limitação drástica do acesso do operário ao conjunto da atividade produtiva de uma empresa, é de fato um modo de reduzi-lo artificialmente a um estado de ignorância que é real, que o impede de compreender não só o que faz, mas também exatamente o que se faz na fábrica. Para produzir produtos e produzir lucros, a fábrica deve produzir, também, os mistérios da produção, as insuficiências de compreensão de todos os muitos e complicados detalhes do processo produtivo.

Ao tratar desse assunto, Marx se esqueceu de que o operário não é unicamente o ser humano no processo produtivo, no interior da fábrica, a extensão da máquina, da produção fragmentada e setorizada. Os operários não são apenas uma classe social, uma categoria abstrata que junta num destino os que trabalham. Fora da situação de trabalho e fora da fábrica, na sua vida cotidiana, os operários dos diferentes setores de uma mesma fábrica conversam entre si. São vizinhos, viajam no mesmo trem ou no mesmo ônibus. Muitas vezes em conversas de botequim a inteireza do processo de trabalho se torna evidente e consciente. O trabalho e o que acontece dentro da fábrica é frequente tema da conversação casual fora da fábrica. Às vezes, os poetas veem isso melhor, como o fez Vinicius de Moraes: "um operário dizia e outro operário escutava". Mesmo os mudos trocam ideias.

Quando já estava na Escola Normal, em Santo André, e usava o trem todos os dias de manhã, trem naquela hora lotado de operários, contemplava admirado um grupo de operários surdo-mudos que viajavam juntos, batendo papo através da linguagem de sinais, estourando em gargalhadas, reveladas sobretudo pelas expressões e até pelas contorções do corpo, como todos nós fazemos. Do mesmo modo que é uma incrível ingenuidade de intelectuais, partidos e sindicatos imaginar que o trabalhador não consegue pensar seu trabalho e sua situação de trabalho senão com a ajuda da cabeça, não raro fantasiosa, daqueles que pensam ter o monopólio do pensar crítico e do fazer político.

Nada do que eu ouvia e via tinha o menor interesse no pequeno círculo dos meus amigos de adolescência, mais interessados que estávamos nas trivialidades próprias da nossa idade e da nossa geração. Na igreja protestante, que eu então frequentava, participava de um grupo que lia, declamava e até escrevia poesia. Estimulado pelo clima musical da igreja, meu maior interesse, naquela época, era aprender a tocar um instrumento musical, talvez o flautim ou a flauta doce. Apesar dos esforços e do apoio de amigos da igreja, jamais consegui tocar uma sequência de notas. Só a duras penas, já na Escola Normal, depois de sair da fábrica, aprendi um pouco de música.

Tão séria era essa questão do conhecimento na fábrica, que um dia o engenheiro-chefe do escritório, que era também diretor da empresa, achou prudente conversar comigo. Lembro muito bem do inteiro teor do que ele me disse solenemente, embora paternalmente, quase exigindo que eu fizesse um juramento e não estou tão certo de que ele não o tivesse exigido:

– Tudo o que você vê aqui e ouve aqui, fica aqui. Você não deve comentar com ninguém, nem dentro nem fora da fábrica, nem em sua casa, o que vê e o que ouve. Tudo isso pertence unicamente à fábrica. Você vai crescer, um dia vai se casar, vai ter mulher e filhos. Nem com eles você deverá jamais conversar sobre o que viu e ouviu aqui.

Aos poucos ele percebera que eu estava crescendo, deixando de ser criança, e que era mais esperto do que parecia. E que poderia estar entendendo o que se passava, mais do que dava a impressão de entender: o tipo de equipamento, o funcionamento das máquinas, as pesquisas de novos produtos, as experiências, as inovações, os planos de expansão. Eu estava crescendo e me tornando adulto. De fato, fora do círculo minúsculo de engenheiros e mestres, que se encontravam e conversavam naquele escritório ao longo do dia, eu era o estranho que mais podia ver e ouvir o que estava vedado aos outros, porque era eu que lhes servia o café, levava recados, ouvia pedaços de conversa. Os demais, no visível, imediato e cotidiano, tinham apenas um acesso limitado a fragmentos do saber que regia a fábrica.

A fábrica tinha uma certa função educativa, seus dirigentes tinham consciência de que havia talentos espalhados pela linha de produção e estavam atentos à conveniência de capturar e educar esses talentos. Isso não me ficou propriamente claro quando a fábrica decidiu pagar e acom-

*Rua principal da Cerâmica São Caetano. À esquerda, os pavilhões da marcenaria e da carpintaria; à direita o depósito de produtos refratários.*

panhar o meu curso secundário noturno. Parecia-me mais bondade da empresa. Mas curiosamente ficou claro no dia em que o engenheiro que era meu chefe me deu um livreto, com a expressa recomendação de que eu o lesse e meditasse sobre ele: *Mensagem a Garcia*, de Elbert Hubbard.

Mandara buscar, creio que no Senai, uma porção de exemplares para distribuir a pessoas certas e sabidas. Eu era uma delas. Depois de ler o livreto e mapear os que o receberam, tive clareza de que o destinatário da mensagem não era Garcia, mas os jovens de diferentes idades, com educação ginasial ou que estavam frequentando o secundário, que poderiam ocupar um dia na nova fábrica, que estava sendo montada, as funções de chefia, funções que na velha fábrica eram ocupadas pelos mestres e contramestres de pouca ou nenhuma escolaridade. Éramos muito provavelmente a geração da modernização da empresa, os filhos diletos da modernidade inevitável, os futuros auxiliares dos engenheiros, o fim definitivo do abismo que os separava dos velhos e conservadores mestres-artesãos.

Para dizer a verdade, gostei da história, verdadeira aliás, do mensageiro que deveria entregar pessoalmente a um general cubano rebelde uma mensagem do presidente dos Estados Unidos, na guerra contra os espanhóis pela independência de Cuba. O livreto é de 1899 e foi originalmente publicado numa daquelas típicas revistas puritanas que difundiam o *ethos* americano. De algum modo eu tinha um contato continuado com esse tipo de mentalidade. Não só porque era membro de uma igreja protestante fortemente influenciada por essa cultura, mas também, porque com alguma dificuldade me tornara assinante da revista *Seleções*, revista que, ideologicamente, expressava o conservadorismo americano, o pensamento da direita anticomunista, os pontos de vista da Guerra Fria. Mas tinha histórias edificantes do tipo que jovens de minha idade e de minha condição social necessitavam ler e liam com interesse. Havia uma certa pedagogia nas páginas da revista. E também textos leves e bem escritos sobre atualidade, além de todo mês trazer um livro abreviado e atual. Era uma revista de entretenimento.

Nessa cultura reacionária, no entanto, havia lugar para inquietações e apreensões com estranhos episódios da Guerra Fria. Como no caso de Julius e Ethel Rosenberg, condenados à morte na cadeira elétrica e, finalmente, executados, em 1953, acusados de serem espiões a serviço da União Soviética e do comunismo. Acompanhei, angustiado, a paixão do casal. O presidente Eisenhower, que era presbiteriano, negara-se a suspender a pena, apesar do apelo que nesse sentido recebera. Eu não tinha clareza política sobre o que estava em jogo, mas minha educação religiosa, primeiro católica e depois protestante, me havia ensinado o princípio da caridade, da compaixão e do amor ao próximo. O versículo mais lembrado em minha igreja era "Deus é amor". Eu pensava nos filhos do casal, crianças menores do que eu, repentinamente privados dos pais, talvez para sempre, injusta e desnecessariamente condenadas à orfandade. Era uma crueldade, porque estava nas mãos daquele homem evitar que isso acontecesse. E ele não evitou.

A mensagem a Garcia talvez me tocasse porque expressava claramente as concepções da ética protestante. O mensageiro cumprindo de maneira impessoal e exemplar sua missão de entregar ao general Garcia a mensagem do presidente americano, atravessando pântanos e selvas, enfrentando mosquitos e febres, colocando acima de sua pessoa a missão que assumira. Um despojamento completo. Aquela era, na verdade, a versão moderna e americana, da parábola bíblica dos talentos.

Garcia era, no fundo, a fábrica em que eu trabalhava. Esperavam que eu assumisse meu trabalho não como simples ganha-pão, mas como uma causa a ser defendida. De certo modo fiz isso todo o tempo em que ali trabalhei. Tão cumpridor dos meus deveres que cheguei a ela comparecer em vários domingos de manhã, sem que me pedissem, porque me havia esquecido de cumprir uma tarefa especial que assumira, fora de minha rotina.

Nas primeiras semanas de funcionamento do novo forno-túnel de queima de ladrilhos, diariamente era necessário substituir numa dúzia de relógios a folha de papel milimetrado em que era registrada, minuto a minuto, a temperatura de cada uma das bocas de forno. Eram umas rodelas do tamanho de uma pizza. Eu tinha que marcar na folha a data, a hora, o número do relógio, pingar uma tinta colorida especial, importada, numa minúscula cuba, no extremo da qual havia uma espécie de pena de escrever. Em cada cuba, a cor era diferente. Tinha que dar corda em cada um dos relógios. A rodela ia girando e a pena, instalada no final de longa e delicada haste, vibrava com a variação da temperatura naquela boca de forno, traçando um risco colorido que indicava a sua variação naquele ponto do túnel ao longo de vinte e quatro horas. Eu tinha que substituir cada folha todos os dias na mesma hora. E tomar cuidado com as tintas, pois diferentes relógios usavam tintas de cores diferentes. Se as rodelas não fossem substituídas, a pena começaria a desenhar a curva do novo período de 24 horas em cima do desenho já feito, inutilizando o registro anterior e o novo.

Mas minha rotina era outra. O problema era a substituição das folhas no domingo de manhã. Em princípio ficou combinado que o mestre dos fornos intermitentes, que eram os fornos antigos, e que também estava se familiarizando com a nova tecnologia, receberia de mim os discos no sábado e um de seus auxiliares faria a substituição no domingo. Trabalhávamos toda a manhã de sábado, até o meio-dia. Era um dia sobrecarregado, de trabalho concentrado. Eu acabava me esquecendo de levar ao mestre os discos do dia seguinte, com as anotações de data e identificação, pois ele escrevia mal. E ele, por seu lado, não se lembrava de mandar buscá-las.

Só ia me lembrar da tarefa no fim do sábado, em casa, já envolvido com outras coisas, com minhas leituras e meu próprio trabalho escolar. Lá ia eu para a fábrica, domingo bem cedo, informava ao encarregado da portaria a razão da minha presença ali e, sendo conhecido, ia até o escritório, do qual tinha a chave, pegava o material, ia para o forno e fazia as substituições. Isso aconteceu durante uns quatro domingos não sucessivos.

A segurança resolveu consultar um dos engenheiros sobre a normalidade da minha presença na fábrica naquele horário. Fui interpelado, pelo mesmo engenheiro que agora me interrogava sobre meu rádio de galena. Expliquei-lhe que ainda não havia conseguido incorporar a nova tarefa à minha rotina das manhãs de sábado. Para que minha falha não prejudicasse o andamento do trabalho, julgava que era de minha obrigação estar na fábrica para cumprimento da tarefa, mesmo que fosse domingo, mesmo tendo que faltar à escola dominical de minha igreja. Ele entendeu minha preocupação, louvou minha dedicação, mas sugeriu que seria melhor encontrar outra solução. De fato, a tarefa passou toda para o mestre da seção de fornos, que designou um operário para executá-la com a regularidade necessária, todos os dias e não só nos domingos.

A importância desse registro ficou clara quando o demônio apareceu na fábrica, depois de algumas semanas de funcionamento do forno. Durante muitas e longas semanas, os ladrilhos saíam em alta proporção rachados após o cozimento. A cada tantas horas, entrava no forno uma vagoneta carregada de materiais, viajava durante dias por dentro dele e com igual regularidade de horas dele saía uma vagoneta com os ladrilhos devidamente cozidos. Porém, rachados. O prejuízo era enorme e a tensão ficou evidente naqueles dias, tanto entre engenheiros e mestres quanto entre as operárias que faziam a escolha e classificação dos ladrilhos, por tonalidade de cor e qualidade do material[1].

Na mente das trabalhadoras da seção de escolha, as escolhedeiras, como eram chamadas, o fato ganhou explicação no aparecimento do demônio para uma das operárias, num canto da seção, num dia de manhã. Depois dela, várias outras também desmaiaram ao ver o maligno, sorridente, bem vestido e sedutor, envolvido em forte odor que elas diziam ser de enxofre, o odor próprio de Satanás. O chefe da seção do pessoal foi visitar as "vítimas" em casa, dispensadas do serviço pelo médico do ambulatório. Procurava saber o que havia acontecido. Ao mesmo tempo, um dos engenheiros levantou uma hipótese e começou a fazer verificações para confirmá-la. A hipótese era a de que os ladrilhos rachavam porque não estavam recebendo temperatura uniforme, sendo provavelmente desigual o fogo alimentado pelos maçaricos que esguichavam um chuvisco de óleo diesel nos diferentes pontos do túnel.

As rodelas de papel milimetrado continham a informação que poderia desvendar o mistério. Tomou ele a pilha de discos e num grande

1. Fiz um detalhado estudo sociológico dessa ocorrência (cf. José de Souza Martins, *A Aparição do Demônio na Fábrica (Origens Sociais do Eu Dividido no Subúrbio Operário)*, São Paulo, Editora 34, 2008.

mapa estendido sobre a prancheta foi pacientemente registrando em sequência as temperaturas que os discos indicavam, ao longo de cada dia, em relação a cada boca de forno. Finalmente veio a resposta: na curta história do forno, o volume de óleo diesel esguichado de cada maçarico diminuía progressiva e desigualmente. De modo que os maçaricos colocados nas bocas em paralelo, que deveriam produzir temperaturas iguais, produziam temperaturas diferentes. Um injetava mais combustível num lado do forno do que o seu paralelo do outro lado do forno. O óleo diesel como que coagulava dentro deles, estreitando precisamente o orifício do esguicho, diminuindo o combustível, fator dessa variação inesperada de temperatura. Era preciso encontrar um meio de evitar que isso acontecesse e o meio foi encontrado.

Ao mesmo tempo, o chefe do pessoal descobrira que as operárias atribuíam a aparição do demônio à imprudência dos donos da empresa de não mandar benzer as novas instalações antes do início das atividades da nova fábrica, como era de tradição. No mesmo dia em que o padre da paróquia próxima veio celebrar missa e benzer a fábrica, suas novas instalações, benzer os trabalhadores e os patrões, o engenheiro fechou o diagnóstico, confirmou a hipótese e as causas do problema e indicou a solução. Com ciência e água-benta Satanás não teve como insistir e se retirou.

Meio século depois da aparição do demônio voltei à fábrica, já definitivamente paralisada, para fazer um documentário fotográfico sobre a desativação do que havia sido uma das indústrias mais antigas e mais emblemáticas do Brasil no seu ramo. Muitas máquinas já haviam sido desmontadas e vendidas como ferro-velho. Outras, até bem modernas, como as enormes prensas Boyd, estavam intactas, expostas ao tempo, esperando o momento de serem despedaçadas pelos maçaricos. Vários edifícios ainda estavam inteiros, embora vazios. Outros estavam em ruínas. Em vários pontos do amplo terreno da antiga fábrica havia montes de sucata. Meu objetivo não era só preservar a memória visual da fábrica que eu conhecera febril e produtiva. Em vários locais da área metropolitana eu estava fotografando o desmonte da São Paulo industrial dos anos quarenta e cinquenta. Meu interesse era também o de documentar as cores e formas que resultam da destruição, da transformação em nada do que um dia fora alguma coisa[2].

Fiz centenas de fotografias na Cerâmica São Caetano inativa, entre 2002 e 2004, dominada agora pelo silêncio, atravessada pelos estranhos ruídos de restos batidos pelo vento, folhas de zinco semissoltas abanando na agonia de seus últimos dias. Delas, selecionei algumas para fazer um experimento de reconversão dos positivos, de fotos coloridas de sobras enferrujadas, em negativos. Eu estava pensando numa exposição de fotos do avesso da fábrica e sua simbologia.

Foi com espanto que, numa das fotos revertidas, identifiquei imediatamente um rosto andrógino numa peça de metal que ficara fixada na parede esquerda do pavilhão abandonado do antigo forno-contínuo de ladrilhos, inaugurado em meados dos anos cinquenta. Um rosto que não era visível na cópia positiva da foto. Ficava a poucos metros do lugar em que o demônio aparecera. Tratava-se de uma espécie de funil de ferro fundido, em forma quase triangular, cuja parte mais larga era a superior, da qual saíam quatro fusíveis, formando uma espécie de cabeça de Medusa. Embora não fosse objeto de maior interesse para fotografia, decidi fotografá-lo. Nada naquele resto esquecido me fazia qualquer proposta documental ou estética.

Inicialmente, ao ver o positivo reconvertido para negativo, tive a impressão de que se tratava de um rosto feminino, sem contorno, que não coincidia com o desenho da peça abandonada. O rosto dava a impressão de querer sair de dentro do metal fundido e de estar localizado entre a peça e a parede de tijolos. Mas imediatamente tive dúvidas sobre a feminilidade do rosto, parecendo antes a fisionomia de um homem jovem. Um sorriso enigmático me sugeriu que eu estava diante de misteriosa Monalisa fabril, aprisionada no interior da sucata.

A peça se encontrava numa parede a oeste, levando em conta a direção de trânsito das antigas vagonetas que, carregadas de ladrilhos,

---

2. O documentário fotográfico que fiz da fábrica paralisada e em processo de desmonte constitui um dos capítulos do meu livro de fotografias *José de Souza Martins*, Coleção "Artistas da USP", São Paulo, Edusp, 2008.

*Figura andrógina dissimulada no negativo da fotografia de uma peça de metal em parede próxima ao local de aparecimento do demônio, em 1956.*

trafegavam lentamente, ao longo dos dias, pelo interior do sofisticado forno-contínuo, a altas temperaturas. Era também a direção do processo produtivo. Nessa direção, os ladrilhos crus, acomodados em caixas de barro, eram levados, através do forno, da seção das novas prensas para a nova seção de escolha e classificação dos ladrilhos, onde Satanás aparecera numa manhã. Encontrava-se na altura do final do forno. Apesar do forno já ter sido demolido, restava ainda a armação de concreto de sua boca de saída e restavam os trilhos. A cerca de quatro metros, ficava a parede que separava o forno e a seção de escolha, com o largo vão para descarga das caixas com os ladrilhos já cozidos. O demônio aparecera do lado de lá da parede, o da seção de escolha, no canto, também do lado esquerdo, a oeste. Entre a parede e a fileira das moças escolhedeiras, que o viram sucessivamente, estava a bancada na qual trabalhavam. Entre a bancada e a parede, ficava o espaço em que os descarregadores das caixas trabalhavam, mesmo espaço do aparecimento.

Refletindo agora sobre esse espaço, dei-me conta de que era o território liminar entre o espaço masculino do pavilhão do forno e o espaço feminino da seção de escolha, entre o quente e o frio, entre o sul e o norte. Quando as coisas aconteceram, eu não conhecia critérios para descrever e classificar o que estava vendo. Mas via classificando, retendo a classificação proposta pelo modo de organização da produção, memorizando um entendimento daquilo que estava ali, na própria coisa. De outro modo, haveria um vazio de memória em relação a isso.

Aquela estreita faixa do aparecimento era também uma faixa em que o espaço feminino era invadido pelo espaço masculino, uma inevitável intromissão espacial em desacordo com as rígidas regras de separação de sexos no interior daquela fábrica. Essa sobreposição criou um espaço liminar, que começava na boca do forno, ainda no outro pavilhão, o masculino, e terminava na bancada em que as escolhedeiras faziam a classificação dos ladrilhos, o lado feminino. Era um espaço de transição, não só de modos de fazer, mas de culturas, de linguagens, de concepções do corpo e do trabalho. Era, ainda, um espaço de proibições e interdições, nas rígidas regras que na empresa separava o feminino do masculino.

O demônio dos anos cinquenta aparecera com fisionomia jovem e discrepante em relação à fisionomia rude e volumosa dos maçudos descarregadores das caixas de ladrilhos. Como a figura de agora, ele parecia expressar a indefinição híbrida de uma zona de transição. Naquela época, as funções industriais "limpas", as leves e propriamente intelectualizadas, diversas das funções manuais, pesadas e "sujas", tinham um *status* ambíguo no imaginário do operariado. Eram funções de masculinidade duvidosa, porque não requeriam força bruta, caso das dos escriturários, dos serviços limítrofes da produção, e mesmo dos engenheiros. Eram as perigosas tarefas do pensar, do estar atento. Não por acaso, moças que tiveram a visão disseram que o demônio que viram estava bem vestido, como os engenheiros, os que pensavam. Também sorria.

A figura a olho nu invisível, inesperada e fantástica que fotografei tanto tempo depois, estava do lado masculino do conjunto dos edifícios, mas do lado feminino do pavilhão, o esquerdo, isto é o lado do coração. Evidentemente, não estou sugerindo a realidade de um demônio aprisionado, pelo exorcismo da água-benta do benzimento dos anos cinquenta, entre a peça de ferro e a parede de tijolos, como a própria fotografia sugere.

Mas essa inesperada percepção me remeteu a um detalhe possível do que pode ter acontecido quando da aparição de Satanás tantos anos antes. Já na época eram claras as evidências de que a visão que as escolhedeiras tiveram decorrera de uma combinação de fadiga, medo e necessidade de interpretação da anomalia de um fluxo ininterrupto de ladrilhos trincados e defeituosos saindo da boca do novo forno. Os ladrilhos defeituosos anunciavam a desordem na produção, a impotência da racionalidade industrial. Os engenheiros haviam perdido o controle do processo produtivo que, desordenado, anulava o poder simbólico e político que tinham sobre a fábrica e os operários. Cada vez que a porta do forno era aberta para saída de uma vagoneta carregada de ladrilhos a nulidade de seu saber em face do sobrenatural era mostrada. Eles não conseguiam explicar a anomalia e não conseguiam resolver o problema. Abriu-se, então, o espaço para o saber das trabalhadoras, o saber religioso que as conduzia nos interstícios da produção.

Elas tinham uma explicação para o que estava acontecendo. A falta de benzimento da nova fábrica, antes de que começasse a operar, deixara aberta a porta para que Satanás dela se apossasse. As orações e a água-benta preventivas teriam fechado um círculo mágico ao redor da nova fábrica, uma muralha simbólica que a teria protegido contra o mal e protegido também as pessoas que nela trabalhavam.

Mas o que não era evidente para as operárias, muito provavelmente era claro para os engenheiros. Havia uma diferença decisiva entre a articulação do processo de trabalho dos antigos fornos circulares, intermitentes, e a antiga seção de escolha, que continuavam funcionando, e a articulação do processo de trabalho do novo forno-contínuo, linear, e a nova secção de escolha.

De certo modo, arrisco-me hoje a dizer, dominava o feminino na articulação das seções antigas: a descontinuidade na descarga de caixas de ladrilhos dos antigos fornos ajustava-se ao caráter artesanal e feminino do processo de escolha e classificação dos ladrilhos. Na articulação do novo forno com o processo de escolha dos ladrilhos, era o lado feminino do trabalho que tinha que se ajustar ao ritmo contínuo do trabalho masculino na seção do forno. O processo antigo era dominado pelo caráter cíclico da queima dos ladrilhos, interrompido para esfriamento e descarga dos fornos. O processo novo era dominado pelo caráter linear e contínuo da queima, vagonetas saindo do forno dia e noite, sem cessar, as moças tendo que se adaptar ao ritmo novo e incessante, "masculino" da produção.

As chamadas escolhedeiras, tanto na seção velha quanto na seção nova, eram operárias particularmente qualificadas. Ali só podia trabalhar a moça que tivesse visão aguda, audição aguda e tato agudo. Elas podiam ver e ouvir coisas que as outras pessoas não podiam. Tinham que distinguir sutis diferenças de coloração de vermelho em ladrilhos que pareciam todos da mesma cor. Também tinham que distinguir sutis diferenças de sons entre ladrilhos em que milimétrica diferença de espessura produzia sons diferentes no simples toque de um no outro.

Na época, as moças alegaram que sabiam que se tratava do demônio porque haviam sentido cheiro de enxofre na hora da aparição. De fato não havia nenhum componente de enxofre em todo o processo de produção, mesmo no combustível usado no forno. Elas, certamente, haviam sentido um cheiro diferente, provavelmente o cheiro que acompanhava a onda de calor que saía do forno cada vez que a porta do túnel era aberta para saída de uma vagoneta. A boca do forno estava voltada para a parede que separava o pavilhão do forno e a seção de escolha, próxima ao vão de transferência das caixas de ladrilhos para a bancada das escolhedeiras.

Essa comprovada agudização da percepção olfativa me sugere a agudização dos outros sentidos das operárias, em face de um cenário completamente novo e diferente da secção antiga onde parte delas havia trabalhado. Elas podiam ver coisas que os outros não viam e sua percepção visual, auditiva, tátil e olfativa estava, além do mais, alterada pelo cansaço do novo ritmo de trabalho. O que eu só poderia ver cinquenta anos depois por meio da câmera fotográfica e através da conversão do positivo em negativo de uma fotografia, elas puderam ver naturalmente a partir das condições especiais de sua percepção. Estavam cercadas de novos e diferentes objetos, no cenário novo do que então se chamava de fábrica nova, que procuravam perceber visualmente e compreender num momento de aparentes indefinições de toda ordem.

A visão de Satanás, pelas moças, não se deu ao acaso. Ao contrário, ela justamente revelava um sentido de ordem numa situação dominada por inovações que reordenavam o espaço conhecido. Um desafio, portanto, à compreensão das novas características do processo de trabalho. O demônio apareceu num espaço liminar e de transição, como indiquei, mas no seu lado frio e feminino e não no seu espaço quente e masculino. Teria sido mais apropriado que aparecesse neste e não naquele, já que era ali que estavam as anomalias responsáveis pela abundância de ladrilhos defeituosos que saíam do forno. Mas era na seção de escolha que, ao classificarem os ladrilhos, as moças definiam sua qualidade e as condições de sua entrada no mercado. Era esse o seu ângulo crítico. Nos fornos, os produtos se moviam na perspectiva da produção e de quem produz. Na escolha, ainda se tratava da produção, mas num momento final comprometido com a visão do produto que poderia ter o comprador e consumidor. O oposto da produção, embora seu complemento. Satanás apareceu bem no limite desses dois momentos e expôs ali a incerteza de sua androginia, de sua dupla face, de sua ambiguidade: os ladrilhos, corretamente produzidos, do ponto de vista técnico, produzidos para o mercado, saíam dos fornos, porém, imprestáveis para o mercado.

Enquanto um dos engenheiros trabalhava intensamente nos mapas de controle das temperaturas e no desenho físico do pavilhão do forno--contínuo, buscando uma causa técnica para o problema, as moças tentavam entender o problema a partir da peculiaridade do espaço imaginário que sobrepunha espaços físicos complementares e antagônicos ao mesmo tempo, o espaço do desencontro e da ambiguidade. Elas podiam ver o que o engenheiro não podia, o espaço invisível da ordem imaginária subjacente ao processo de trabalho. Elas podiam ver o invisível, identificar o seu ente dominante, dar-lhe nome, reconhecer o maligno ocultado na produção.

Fiquei deslumbrado com aquele trabalho do engenheiro que investigou o caso e mais deslumbrado ainda com os caminhos paralelos da ciência e do senso comum, ainda que debruçados sobre o mesmo objeto. Foi quando finalmente tive consciência de estar situado num mundo de duplicidades que se anulavam, em vez de se completarem. A crença das moças, que eram do meu mundo de senso comum, à luz do trabalho intelectual do engenheiro, apareceu-me como objeto de conhecimento e de questionamento. Ali eu estava em face de um conflito de saberes.

Minha recente educação protestante, calvinista, facilitava, ainda que de um modo um tanto folclórico, que eu percebesse o desencontro e o considerasse um desafio ao entendimento. Era um desafio um pouco piedoso de quem oficialmente não acreditava nessas aparições. Talvez, também, porque havia na fábrica uma cultura das relações humanas, sem dúvida herança das ideias e orientações de Roberto Simonsen, um homem que se interessara pelas Ciências Sociais e fora um dos fundadores da Escola de Sociologia e Política, de que foi professor. O diálogo entre a cultura erudita e a cultura popular ocorria diante de mim todos os dias, nas conversas entre os engenheiros e os mestres.

Durante as verificações técnicas, umas poucas vezes o engenheiro precisou que eu esclarecesse as anotações que fizera em cada disco, sobretudo em relação a começo e término do registro de cada dia. Entendi a enorme importância do meu trabalho e o desastroso que teria sido se não tivesse ido à fábrica nos domingos para cumprir o meu dever e assegurar os registros exatos do que se passava com o forno. Eu entregara, corretamente, a mensagem a Garcia, colocara os interesses da empresa acima de minhas conveniências, sacrificara durante várias semanas a parte mais interessante do meu domingo livre. Isso me fazia impessoalmente adulto do ponto de vista fabril, embora fosse apenas um adolescente.

Tão adulto que, algumas vezes, esquecia de marcar o cartão de ponto, geralmente porque me fora dada uma tarefa que se sobrepunha ao meu horário de almoço ou porque me pediam para fazer alguma coisa antes de ir para a fábrica, como buscar o chapéu do engenheiro-chefe na chapelaria perto de minha casa, levado para limpeza. Ele usava chapéu todo o tempo para evitar o pó fino que havia em todos os cantos. Eu tinha que escovar esse chapéu várias vezes por dia, toda vez que ele retornava de visitas às diferentes seções e pendurava o chapéu na chapeleira. Mas isso não era suficiente. De vez em quando tinha que ser lavado a vapor na casa especializada.

Nessas ocasiões, embora estivesse agindo com alto senso de responsabilidade e renúncia, sentia-me profundamente culpado, pois tinha que pedir ao meu chefe que enviasse um memorando à Seção do Pessoal para justificar "minha falha", tendo para isso que dar-lhe detalhada explicação. Cinquenta anos depois ainda me acontecia de acordar sobressaltado porque "esquecera" de marcar o cartão de ponto! E sentia um alívio enorme ao acordar e descobrir que já não tinha que marcar o ponto na fábrica. Garcia, sem dúvida, recebera a sua mensagem: ele tomou conta não só de meu corpo, mas também do meu sono.

O engenheiro que vira meu rádio de galena começou a me interrogar, quis saber não só o que era que eu tinha nas mãos, mas também de onde vieram aqueles componentes, poucos na verdade, uns cinco ou seis quando muito, coisas pequenas, rústicas, algumas de ferro-velho, na maior parte fios de cobre que eu encontrara no lixo das fábricas perto de casa. Ele estava tenso, como se tivesse descoberto, de repente, que eu andava mexendo em coisas em que não deveria mexer. Eu sentado, ele de pé, me olhando de cima, o que me deixava mais preocupado ainda. Eu havia aprendido que nunca se fica sentado quando se está conversando com alguém que está de pé, especialmente se for uma pessoa mais velha. Mas ele não me deu tempo para que me levantasse e foi direto ao assunto do rádio de galena. E aquilo, para mim, era apenas um sério brinquedo de adolescente. Eu tinha uns quinze anos de idade.

Mostrei-lhe a página do livro que continha o circuito do rádio que eu estava montando e disse-lhe que era um rádio de galena, que não precisava de energia elétrica nem de pilha. Expliquei-lhe que só aos poucos fui decifrando o circuito, com a ajuda de amigos, nem sempre acertando nos materiais e nas conexões. Tivera uma enorme dificulda-de para fazer a bobina. O livro dizia que ela deveria ser feita com um canudo de papelão, pois a energia deveria passar por dentro dele. Mas o canudo de cartolina que eu tentara fazer, fora um desastre. Arrisquei--me no pedaço de uns dez centímetros de um velho cabo de vassoura, que estava jogado no quintal, e dera certo. Ele ficou mais calmo, pegou a tabuinha nas mãos, olhou bem e viu que nada tinha com a fábrica. Ele sabia o que era um rádio de galena, mas não sabia que era "tão fá-cil" montar um. Começou a virar criança ali na minha frente, cheio de curiosidade a respeito da minha tranqueira. Perguntou se funcionava. Eu disse que sim. Tinha apenas um pequeno problema: eu conseguia captar as emissões radiofônicas, mas as estações se misturavam, embora uma se destacasse. Era a Rádio Record, cuja antena de transmissão ficava perto, em São Bernardo, no bairro de Aparecidinha. Muitos anos depois esse transmissor seria tomado um dia de manhã pelo grupo de Carlos Marighela para transmitir um manifesto contra a ditadura militar.

Ele me surpreendeu dizendo, então, que se eu conseguisse resolver esse problema, mandaria fazer na marcenaria um estojo para o meu rá-dio, no formato e com as características que eu projetasse. Foi o que fiz. Acabei descobrindo, depois de muito perguntar, que havia uma peça pe-queníssima que separava os sons. Consegui encontrá-la e instalá-la. Com isso, eu podia ouvir três estações de rádio distintas, separadamente, me-

*O rádio de galena que montei em 1954, já com a caixa de cedro feita para mim na marcenaria da Cerâmica São Caetano por ordem do engenheiro que me interrogou ao me surpreender no intervalo do almoço manipulando suas peças.*

diante o manuseio de um botão parecido com o de um rádio de verdade. Projetei a caixa do meu rádio, como uma espécie de estojo com alça em que eu podia colocar o fone de ouvido embaixo, a tabuinha do rádio encaixada em cima dessa parte, com uma pequena tranca para levar meu rádio de um lado para outro. A ordem de serviço foi assinada, levei-a ao mestre da marcenaria, que fez para mim uma pequena e bela caixa de cedro, envernizada por fora. Pude então mostrar ao engenheiro o meu rádio, o que o deixou encantado e a mim muito mais. Ainda tenho esse rádio, a única coisa que sobrou de minha adolescência na fábrica, além de um surrado exemplar do excelente dicionário de inglês-português, de Hygino Alliandro, que por excessivo uso e desgaste o engenheiro-chefe jogou um dia no lixo. Ele me é útil até hoje.

# 12

## Na última manhã de Getúlio

A TENSÃO DAQUELES DIAS, alimentada pelo noticiário dos jornais e do rádio, não chegara a perturbar a rotina dos trabalhadores, dos vizinhos e dos conhecidos ali no subúrbio. Para mim, as obrigações continuavam a pesar muito no quase sem tempo de acordar às 6h30, escovar os dentes, lavar o rosto, passar uma água pelo peito e pelo pescoço, no meio banho matinal que era do costume das pessoas de minha classe social, pentear o cabelo, sentar à mesa meio atravessado, já no gesto de sair, e engolir uma caneca de café com leite acompanhado de pão seco. E pegar a velha bicicleta preta, comprada de segunda mão, para sair disparado em direção à fábrica, uns dez quarteirões longe de casa.

No meio-tempo, como todo dia, ouvira "O Jardim das Oliveiras", um programa evangélico de cinco minutos, que tinha como fundo musical "Jesus, Alegria dos Homens", da *Cantata 147*, de Bach. O reverendo José Borges dos Santos Júnior, da Igreja Presbiteriana, bom orador, fazia curta, sintética e bem objetiva alocução sobre um tema religioso. Era um bom modo de começar o dia. Em seguida entrava a música barulhenta, marcial e agitada que anunciava o "Jornal Falado Tupi", da Rádio Tupi de São Paulo, programa do jornalista Corifeu de Azevedo Marques. Sua voz áspera anunciava em tom dramático as principais notícias do dia. Era como se o locutor tivesse chegado, correndo, para contar as últimas novidades, que só ele sabia.

Fizesse sol ou chuva, houvesse ou não notícias dramáticas, as chamadas eram sempre anunciadas em tom dramático e de urgência, como se o mundo tivesse sido convulsionado enquanto as pessoas dormiam e o mundo daquela manhã já não fosse o mesmo do dia anterior. O mundo era longe e mudava durante a noite, às escondidas, longe dos nossos olhos. O mundo próximo, o nosso mundo, era sempre o mesmo, sem abalos. Naquele tempo, havia descontinuidade entre o dia e a noite, diferente de hoje, em que é tudo uma coisa só. De manhã, o noticiário nada diz que já não seja de algum modo sabido.

Naquela manhã de 24 de agosto de 1954, as chamadas diziam respeito à crise política decorrente do assassinato do major-aviador Rubens Florentino Vaz, da Aeronáutica, num atentado ao político de oposição Carlos Lacerda, e das manobras para atribuir a responsabilidade do crime ao presidente Getúlio Vargas. Noticiário de rádio tinha sempre um tom passageiro, numa vida cheia de pressa como era a de pessoas como eu e minha família, trabalhadores com hora certa para chegar ao trabalho e dele sair. Dez minutos depois, a gente já não se lembrava do que tinha sido noticiado, a não ser vagamente. Eu, ainda por cima, mal chegava em casa, no começo da noite, me lavava às pressas, engolia o arroz com feijão e um pedaço de bife e saía a passos apertados para a escola noturna, onde frequentava o ginásio comercial a partir das 19h30. Não havia tempo para meditar sobre o que o rádio noticiara. Do mesmo modo que banho completo e com tempo era só no sábado, numa bacia grande, de latão.

Como sempre, cheguei à fábrica um pouco antes das oito horas, estacionei a bicicleta do lado de dentro, perto da portaria, no lugar que havia para isso, fui à chapeira e marquei o ponto, como se dizia, pressionando a alavanca manual do relógio. Às oito eu já estava na entrada da cozinha esperando a garrafa térmica do café que deveria servir aos engenheiros e mestres das diferentes seções que aparecessem no escritório da Divisão de Terracota durante a manhã. Voltei ao escritório, arrumei as xícaras na mesinha que para isso havia, espanei os móveis, ajeitei os papéis.

Naquela altura, eu já não me lembrava do noticiário. A verdadeira vida, a minha vida de adolescente, era aquela ali, do trabalho que se repetia igual todos os dias, cansativo e divertido ao mesmo tempo. O mundo não era aquele lá do rádio, mundo imenso e irreal. Era aquele pequeno mundo da casa, do trabalho e da escola. Ele cabia todinho dentro do espaço em que eu me movia todos os dias: uns cinco por quinze quarteirões, dentro da fábrica. Tudo da minha vida acontecia ali, naquele retângulo. Fora dali, já era uma viagem.

Esse era o mundo da maioria dos que trabalhavam, dos que viviam do suor do próprio rosto, da casa sem graça, da rua sem graça, da comida sem graça de arroz, feijão e bife pequeno e muito fino e econômico, da roupa sem graça de segunda mão, sempre maior do que o próprio corpo.

Para gente de minha idade, o primeiro aviso de que a pobreza pessoal era visível chegava à consciência quando o patrão ou o chefe oferecia a roupa usada, sua ou do filho. A maioria das mães de família tinha a costura entre as suas chamadas "prendas domésticas". Roupas eram descosturadas e reduzidas ao tamanho do beneficiado, camisas tinham a gola puída virada do avesso e passavam a ser usadas como roupa nova. Essas doações eram um privilégio e recebi esse privilégio de pelo menos dois de meus empregadores. Ainda tenho uma fotografia em que apareço vestindo, na escola noturna, o excessivo paletó do engenheiro que chefiava o escritório em que eu trabalhava, já meio ruço, de bom tecido. Roupa que tinha sido elegante um dia e que frequentara ambientes finos, de gente rica, ambientes que eu nunca frequentara nem poderia frequentar. Estranha situação essa em que a roupa é mais importante do que quem a usa e fora mais relacionada do que eu era. Uma roupa com muito mais *status* social do que o meu. Dentro dela, eu era socialmente inferior, um corpo socialmente estranho.

O escritório era relativamente pequeno, de madeira, com duas salas e um lavabo e vestiário. Era um escritório de engenharia que cuidava das questões técnicas e científicas da produção da Divisão de Terracota da Cerâmica São Caetano, ladrilhos, telhas e lajotas. Havia três engenheiros e dois escriturários, além de mim, que servia café, espanava os móveis, lavava xícaras, entregava papéis e recebia ordens de todos os demais. Sobretudo, a todo instante ia levar recados ou chamar mestres das diferentes seções com os quais os engenheiros precisavam conversar sobre este ou aquele aspecto do trabalho. Eu caminhava alguns quilômetros por dia dentro da fábrica. Como disse antes, fora meu padrasto, operário da Divisão de Refratários, que conseguira o emprego para mim.

*Na sala de aula do curso secundário noturno, em 1956, em São Caetano. Minha mensalidade era paga pela fábrica. Sou o da frente, à esquerda, com o cabelo caído sobre a testa. O paletó, adaptado por minha mãe, eu o havia ganho de um dos engenheiros da empresa. Passei quase toda a adolescência vestindo roupas usadas, que me foram dadas por chefes e patrões dos lugares em que trabalhava. Mesmo adaptadas, essas roupas eram visivelmente de segunda mão e de adulto: a gola desse paletó era muito mais larga e desproporcional do que a gola dos paletós de meus colegas, o que imediatamente identificava minha condição social.*

Eu precisava ganhar mais do que ganhava no emprego que tinha e nos empregos que tivera até então. Pela idade dos filhos, as famílias operárias sabiam perfeitamente quanto eles valiam. Em famílias que tinham muito pouco, como a minha, filho era um bem econômico, uma fonte potencial de ganhos. Muito cedo na vida aprendi a entender, perfeitamente, a expressão proletária "fulano não vale nada", como designação daqueles que não tinham caráter porque eram incapazes de trabalhar e de contribuir para a formação da renda doméstica.

Era um emprego muito bom porque a fábrica seguia a tradição de seu dono mais importante, falecido seis anos antes, o engenheiro Roberto Cochrane Simonsen, um pioneiro na adoção de direitos sociais em suas próprias empresas, como as férias remuneradas, ali implantadas em 1928. Depois da Revolução de 1932, derrotada a Revolução e derrotado ele mesmo, que apoiara a revolta, Simonsen acabaria se tornando um conselheiro econômico informal de Getúlio Vargas, ideólogo do nacional-desenvolvimentismo e influente na sua adoção. Aquele emprego não só era melhor porque o salário fosse melhor, mas também porque os empregados já recebiam o abono de Natal (futuro décimo-terceiro salário), os mensalistas tinham participação nos lucros da empresa, no rateio dos resultados do balanço anual, e os adolescentes, como eu, um décimo quinto-salário no Dia do Menor que Trabalha, dia 12 de outubro. Sem contar excelente assistência médica. No meu caso (e de alguns outros garotos que se interessaram), a fábrica custeou ainda todo o curso secundário noturno. Não fosse isso, eu teria sido apenas um operário braçal, sem grandes perspectivas para o menino frágil que era, num sistema produtivo marcado pelo trabalho pesado, dependente em boa parte ainda de força muscular. Ou seria apenas um escriturário, talvez um guarda-livros, como fora meu pai.

Um dos escriturários, Dorival, havia começado seu trabalho daquela manhã, mas avisou que ia ao banheiro, um pouco longe do escritório, estranho para quem acabara de chegar e havia passado exatamente pela porta do banheiro. Tudo indica que fora bisbilhotar pelos lados da portaria, na tentativa de saber o que acontecia lá fora. Devia ser umas nove horas, algo assim. Dali a pouco ele voltou, lívido e ofegante:

– O nosso presidente morreu!

Cícero era o chefe do escritório. Fez de conta que não entendeu, olhou para fora, através da janela enorme de vidro ao lado de sua mesa, o olhar perdido, ergueu os ombros e gaguejou alguma coisa sobre o previsível, como se ele soubesse que aquilo ia acontecer. Tampouco eu entendi: a morte de Getúlio não estava nas possibilidades do que eu ouvira no noticiário matutino, até às 7h15, quando saí de casa. Nem na minha cabeça nem de gente como eu passava a ideia de que um homem como Getúlio não fosse imortal. Só gente como a gente morria, especialmente os idosos. Cícero parecia um pouco incomodado porque não fora o primeiro a anunciar o fato e porque nada tinha para comentar.

Ficamos mudos. Eu porque fazia parte da categoria dos propriamente mudos da fábrica, os adolescentes que mal eram enxergados pelos demais e certamente nunca ouvidos. Em mais de quatro anos de trabalho na fábrica, uma única vez o engenheiro que dirigia o setor quis ouvir minha opinião sobre o modo como o trabalho burocrático do escritório deveria ser organizado. Descobri minha invisibilidade anos mais tarde, já professor na Universidade de São Paulo, fazendo a pesquisa retrospectiva sobre o episódio de aparição do demônio na fábrica, quando percebi que pessoas às quais eu prestara serviços pessoais cotidianos, durante anos, como o de servir o cafezinho, não se lembravam de mim, de meu nome, de minha fisionomia, de meus serviços. Eu simplesmente não existira. Nós fazíamos parte da pequena humanidade que não contava, a humanidade invisível do sistema produtivo, as crianças que trabalham.

Sabia-se apenas, naquela manhã, dentro da fabrica, a versão sumária do acontecido: o presidente Getúlio Vargas estava morto. Não havia rádio na fábrica. Se alguma coisa acontecesse fora dos muros durante o horário de trabalho, só se ficava sabendo se alguém viesse de fora no meio-tempo ou quando chegasse a hora do almoço e começasse o sai e entra próprio daquela hora.

Mas não havia detalhes nem mesmo de como aquela espantosa morte ocorrera. A fábrica seguiu sua rotina, a notícia se espalhando de boca em boca ao longo da manhã. Aos poucos, uma certa perplexidade foi deixando a todos lentos, quase paralisados, sem saber o que fazer. Não tinha cabimento trabalhar em face daquela morte que atingia a todos. Era como se um membro da família tivesse morrido, um companheiro de fábrica, o pai de todos; na verdade, a poderosa e persistente figura imaginária e antiga do pai da pátria, o último e mais autêntico deles. Dali em diante seria a orfandade política definitiva.

Na cultura operária suburbana havia critérios muito estritos de observância do luto em caso de falecimento de alguém próximo. Qualquer atividade que significasse trabalho cessava imediatamente, como cessavam os ruídos, as conversas em voz alta. A morte, e seus correlatos religiosos, como os dias da semana santa, era significativamente a única ocorrência que interrompia de fato a vida cotidiana. Havia uma hierarquia social de proximidade e distância de sangue e parentesco na observância de práticas e interdições, que constituíam o núcleo de uma espécie de sistema imaginário de parentesco. Era o que ditava regras e obrigações, sentimentos e demonstrações de sentimentos em caso de morte. Só nas situações de luto e velório se podia, de fato, conhecer e reconhecer proximidades e distâncias sociais, e os parentescos simbólicos e de sangue. Já ouvi uma de minhas primas, em conversa comigo, no cemitério, durante enterro de um primo dela e meu, esta afirmação esclarecedora: "Não é parente, mas em caso de enterro a gente tem que vir". A própria fábrica tinha uma certa consciência da importância socialmente fundante dessa trama parental e afetiva. Tanto que o tesoureiro da fábrica, "seu" Guimarães, um antigo jogador do Corinthians, atuava também como representante de luto em caso de falecimento de empregados. Vestindo-se apropriadamente para isso, de terno preto e gravata, que mantinha num armário da empresa, comparecia ao velório. Era o cumprimento de um gesto de decoro cuja falta seria tomada como desrespeito e abandono pelos trabalhadores, como se a rotina da fábrica fosse também indiferença pela morte e pelo sobrenatural.

Naquela manhã, a fábrica funcionando era o antiluto por excelência, uma heresia, consideração que fazia parte de um complexo sistema de crenças religiosas muito forte no meio operário. O que ficaria claro no episódio da falta de benzimento das novas instalações, na ampliação do setor de produção de ladrilhos, que gerou o surto de aparições do demônio para as operárias da seção de escolha de ladrilhos, que só seria debelado com missa e água-benta. O mal-estar dos trabalhadores com a fábrica funcionando tornou-se imediatamente evidente e indicava, mais do que qualquer coisa, o quanto Getúlio era tido praticamente como um parente simbólico.

A fábrica tinha marcas vivas de Getúlio. Fora ele que em 1941, num dia de chuva, inaugurara o amplo e moderno setor de refratários que Roberto Simonsen se dispusera a montar para o contínuo abastecimento das peças de reposição dos altos-fornos de Volta Redonda. Várias vezes por dia, enormes jamantas trafegavam, pesadas, pelas ruas poeirentas da fábrica imensa, carregando desde tijolos refratários até grandes peças especiais de refratário. A indústria estatal do aço passava diariamente por ali, diante dos nossos olhos e dos nossos narizes. Através do pó, a fábrica de Volta Redonda entrara na minha vida: era só ouvir a aproximação barulhenta de um desses caminhões pesadíssimos e tinha eu que correr para fechar vitrôs e, em seguida, espanar móveis e passar a flanela nas mesas dos engenheiros.

Quando se fala na implantação da siderurgia com a construção da Usina Siderúrgica Nacional, poucos levam em conta que não bastava o fornecimento do equipamento básico pelos americanos, que até então se recusavam a fazê-lo, demovidos finalmente pela decisão de Vargas de levar o Brasil à guerra ao lado dos Aliados. Os altos-fornos são revestidos de tijolos e peças refratárias e se desgastam com o fogo e as altas temperaturas, sendo necessário prover novo revestimento a cada tempo. Sem a indústria brasileira de refratários, Volta Redonda não existiria. Ou existiria dependendo da importação desses materiais, o que anularia em parte a pretendida independência na produção de aço.

Getúlio e a fábrica se misturavam também porque Roberto Simonsen, depois de ter sido opositor de Vargas na Revolução de 1932, junto com seu parente e sócio, também, diretor da empresa, Armando de Arruda Pereira (que esteve na frente de batalha, onde foi ferido, e foi o comprador de armas na Argentina, para os rebeldes), tornou-se de fato, um dos principais ideólogos da Revolução de 1930. Ele foi um grande teórico do nacional-desenvolvimentismo de Vargas, que com ele conversava frequentemente. Fundador da Escola de Sociologia e Política de São Paulo e seu professor de História Econômica do Brasil, advogou pelo industrialismo como necessária etapa sucessora do café e da agricultura de exportação, pensou no desenvolvimento voltado para dentro, lutou por um Plano Marshall para a América Latina após a Segunda Guerra. É estranho que ao se falar da era de Vargas e ao se falar de Cepal, não se fale de fato de Roberto Simonsen e suas ideias influentes.

Muitos trabalhadores da fábrica ainda se lembravam de Getúlio, de tê-lo visto de perto e cumprimentado, treze anos antes, quando da visita e da inauguração da Divisão de Refratários. E não eram poucos os que tinham presente que aquela fábrica adicional na velha empresa ampliava a oportunidade de trabalho para as novas gerações, seus filhos e netos. A Cerâmica era cercada por dois populosos bairros, o bairro da Cerâmica e a Vila São José, dos quais muitos moradores eram operários daquela fábrica. Na Cerâmica era comum encontrar-se muitos trabalhadores de uma mesma família, de avô a neto, sem contar irmãos. Vários mestres das diferentes seções eram irmãos entre si. No bairro enorme, era quase certo que um jovem, quando chegasse aos catorze anos de idade, fosse trabalhar nela, levado por um parente ou conhecido. De modo que a consciência operária ali, e em outras fábricas da região, era ainda a consciência da família operária. O operário de então era bem diferente do operário que começaria a surgir na década seguinte, nas grandes fábricas de automóveis do ABC, cuja família não era mais apenas o parente e a fábrica, mas, sobretudo, o sindicato. O que decorria do deslocamento do eixo de lealdades da fábrica para o sindicato, um grupo de referência sociologicamente diferente na situação social do operário, substituto do velho padrão paternalista e familista das relações de trabalho.

Aquela foi uma manhã tensa, difícil. Quando os operários, às onze horas, saíssem para o almoço, em casa ou no refeitório, seriam atingidos em cheio pelo noticiário da tragédia, pelas tensões de rua, pela incerteza e pelo medo. Era possível perceber isso no vai e vem dos diretores, dos engenheiros, dos mestres, do chefe de pessoal. Teriam que tomar uma decisão antes disso. Esperar uma medida oficial para fechar a fábrica, ou o funeral do dia seguinte, seria uma imprudência. A toda hora eu era chamado para servir cafezinho na sala do engenheiro diretor da Divisão. E ouvia pedaços de conversa, restos de apreensão, perguntas incompletas, respostas pela metade. Podia juntar tudo e saber como estavam as coisas, embora não as entendesse. Apenas tinha medo daquele feriado inesperado e indesejável. Antes do apito das onze horas os operários foram informados de que seriam dispensados, para que voltassem ordeiramente para casa.

A fábrica estava de luto. Ali não se dizia habitualmente "a empresa". Dizia-se "a fábrica". E quando se dizia "a fábrica", falava-se na comunidade de patrões e dos que ali trabalhavam, de quem mandava e de quem obedecia. "A fábrica" era um grupo social, uma verdadeira sociedade, um mundo quase completo. E, em boa medida, era uma espécie de família extensa. Era também um ser vivo: "a fábrica mandou", "a fábrica deu", "a fábrica me aumentou o salário", "a fábrica mandou embora", "a fábrica me chamou", "a fábrica quer", "a fábrica está crescendo", "a fábrica vai", "vou pedir à fábrica", "falei com a fábrica".

É curioso que haja sociólogos e historiadores que digam que nessa época, informados ainda por uma cultura de roça, os operários paternalizavam o patrão, porque incapazes de entender que na grande empresa, geralmente uma sociedade anônima, o patrão era uma entidade moderna e difusa. Penso, porém, que já naquela época os operários tinham muita clareza de que "a fábrica" era uma abstração viva, um poder, e exploravam claramente isso quando precisavam de alguma coisa, recorrendo a este ou aquele elo poderoso ou frágil "da fábrica", dosando a escolha do intermediário conforme o tamanho do problema. Os operários sabiam exatamente quem personificava o poder da fábrica, o pequeno conjunto das pessoas que decidiam. Não era "o dono". Escolhiam cuidadosamente a quem pedir o que fosse, evitando recorrer, por exemplo, a quem tivesse mais poder do que o necessário para resolver determinado problema pessoal.

Eram centenas, milhares de operários, quase uns três mil, alguns dizem que mais. Ao redor da hora do almoço começaram a sair em silêncio. Ao meio-dia praticamente não havia ninguém mais por lá, a não ser os guardas da portaria. Meia hora depois, logo que saiu o último engenheiro, como era praxe, acabei de pôr ordem nas coisas que me competiam, tranquei as gavetas de documentos, guardei as chaves, tranquei a sala e fui para a portaria picar o cartão e apanhar minha bicicleta. A rua que ia em direção à minha casa era praticamente continuação de uma rua interna da fábrica. Fui pedalando pela rua de terra, desviando dos buracos, lentamente, deprimido. Havia muitas fábricas médias naquela rua, incluindo uma outra indústria cerâmica, bem menor do que aquela em que eu trabalhava. Mas havia, também, muitas residências de trabalhadores. Tudo fechado e quieto, um silêncio de semana santa, nem mesmo o mais leve ruído, ninguém na rua, janelas fechadas.

Bem mais adiante ouvi gritos ritmados que pareciam vir de uma multidão. Numa das esquinas, vi a alguma distância um grupo de umas poucas centenas de pessoas, muitos operários ainda de macacão, que perambulavam sem rumo. Era claro que não sabiam para onde ir nem sabiam para fazer o que, pois era possível vê-los indecisos ali na esquina, uns querendo ir para um lado, outros para outro, meio enlouquecidos. Haviam saído para punir alguém, vingar a morte de Getúlio, mas não sabiam quem. Hoje sei que aquela foi uma das raras vezes em que vi uma verdadeira multidão leboniana, o grupo vagando sem rumo, gritando, muitas pessoas chorando. Tenho ainda viva memória visual daquela cena e viva lembrança de meu medo diante da incerteza e do risco pelo fato de não fazer parte da multidão, e de que, por estar sozinho e não participando do grupo, fosse considerado alguém hostil aos sentimentos que a arrastavam para a rua. Tudo que eu queria era chegar em casa.

Naquela área atuava o Sindicato da Construção Civil, a que estavam vinculados os operários das cerâmicas. Era para esse sindicato que uma vez por ano o meu ganho de um dia de trabalho era descontado, tudo devidamente anotado em minha carteira profissional. A liderança era comunista, mas o sindicato tinha pouca penetração na fábrica. Aquela era uma fábrica que se antecipava às reivindicações de política social. Simonsen lera Marx, coisa que os sindicalistas, mesmo do Partidão, provavelmente nunca haviam feito. O militante quase sempre se contentava com textos de vulgarização do pensamento de Marx e documentos que expressavam as interpretações e orientações oficiais do Partido. Só uma vez, numa greve geral, eu veria a fábrica invadida pela direção do sindicato para forçar os trabalhadores a aderirem, pois se recusavam a fazê-lo.

Notaria nessa ocasião que os piquetes não se interessavam pelos menores que ali trabalhavam. Toda a vigilância era sobre os adultos. Para os sindicalistas, trabalhadores eram só os adultos, não as crianças que trabalhavam. Mas nem por isso o sindicato abria mão da contribuição compulsória anual dos menores de idade. O sindicato não tinha nem mesmo uma pedagogia política para o operário-criança. Muitos tinham em casa o comportamento do pai-patrão e a educação, sobretudo do menino, era na base de um sistema de penalidades que ia do puxão de orelha, à surra de chinelo e, nos casos mais graves, de cinto de couro e fivela. Não poucos colocavam seus filhos desde cedo na indústria, menos pelo dinheiro do salário do que para submetê-los à disciplina e à autoridade dos mestres no regime fabril de então. Éramos todos, aliás, classificados como aprendizes e assim registrados na carteira profissional vermelha, que era a carteira de trabalho de crianças e adolescentes acima de catorze anos de idade, diferente da carteira marrom dos adultos.

No correr do dia, o Partido Comunista tentaria assumir a direção de um possível descontentamento popular com a morte de Vargas. Até à véspera tinha ficado contra Vargas, aliado por antigetulismo e omissão à direita representada por Lacerda e seu partido, a União Democrática Nacional, um partido pró-imperialismo americano. Nos dias anteriores, eu não tinha visto nenhuma manifestação sindical ou política na porta da fábrica, algo que alertasse para a tragédia iminente, para a crise política que se abria, para o longo período de crises que, sem que soubéssemos, se inaugurava naquela manhã de terça-feira, com a morte de Getúlio, que levariam ao golpe de Estado de 1964, dez anos depois. Tentava o partido agora recolher os restos do que abandonara, as lideranças e os ativistas locais vagando em direção às portarias das fábricas já vazias. Nem entenderam aquele profundo silêncio, o silêncio da morte.

O subúrbio era predominantemente católico e trabalhista, isto é, getulista. E mesmo quem não era getulista e era católico não estava disponível para agitação e protesto. Na cultura operária era forte a concepção de que só o silêncio é compatível com o luto. O resto é desrespeito.

Por outro lado, o PTB, o partido de Getúlio Vargas, o Partido Trabalhista Brasileiro, que sem dúvida tinha sua força eleitoral, nunca foi em
São Paulo, nem mesmo no ABC, um verdadeiro partido operário, como
não o seria, muitos anos depois, o seu involuntário sucessor, o Partido
dos Trabalhadores. O partido paulista estava muito longe de ter a consistência do PTB gaúcho e do que, provavelmente, eram as verdadeiras
ideias sociais e políticas do getulismo. Em São Paulo, era parasitado por
todo tipo de oportunismo e populismo. A dois quarteirões da fábrica
viviam dois convictos trabalhistas, partidariamente atuantes, ambos proprietários dos dois maiores armazéns de secos e molhados da região. Um
deles, aliás, seria duas vezes prefeito do município. Tinham mera ação
eleitoral e de clientelismo com os trabalhadores, mas de fato nenhuma
ação propriamente política. É compreensível, portanto, que naquele
dia também o PTB local e regional tivesse muito pouco a dizer e a fazer.
Era um partido de baixa classe média que com facilidade se aliava com
quem estava longe do ideário do trabalhismo. No entanto, cultural e
eleitoralmente os trabalhadores eram getulistas, como se dizia.

Era assim, mesmo tendo Getúlio, pessoalmente, tomado medida,
relativamente recente, em relação a operários de uma das fábricas da localidade, perto de minha casa, que deixara toda a população comovida
e convencida de que ele se preocupava pessoalmente com o operariado,
em particular o operariado local, mesmo estando lá longe, no seu palácio
no Rio de Janeiro. Num dia de manhã, ao chegarem para o trabalho,
centenas de operários da Fábrica de Louças Adelina, uma grande fábrica de louça branca, encontraram os portões fechados. Foram recebidos
com a informação de que durante a noite houvera um desentendimento
entre os herdeiros do dono falecido, que decidiram sem mais esta nem
aquela encerrar as atividades da empresa já antiga. Informado por uma
comissão que foi ao Rio, no Palácio do Catete, algum tempo depois, do
drama social que o fato gerara, Getúlio baixou um decreto estabelecendo que os trabalhadores assim privados de seu trabalho teriam liberadas
suas carteiras profissionais, para que pudessem procurar novo emprego e
obter registro sem perda dos direitos adquiridos em relação ao emprego
anterior, enquanto a Justiça decidisse o caso. Muitos desses operários

eram meus vizinhos e a maioria era minha conhecida, do tempo que, após terminar o curso primário, fui vender bananas na porta daquela fábrica, na hora do almoço. Era a época em que muitos operários, para fazer economia, comiam no almoço apenas pão e banana. Era o meu ganha-pão. De certo modo, esse Getúlio tão presente era muito próximo de todos nós. Falava-se de Getúlio como se fosse um conhecido de verdade, um parente. Muitos até tinham certeza de tê-lo visto aqui ou ali e mesmo imaginavam ter conversado com ele, tão viva era essa presença.

Segui adiante, pensativo. Cheguei ao portão de casa, entrei para o quintal para colocar a bicicleta no barracão junto ao tanque de lavar roupa. Deparei com minha mãe numa situação em que nunca a havia visto antes nem a veria depois, sentada na pequena escada de cimento que dava acesso do quintal à cozinha. Estava com os cotovelos apoiados nas pernas e a cabeça baixa, reclinada para a frente, entre as mãos, olhando para o chão. Também ela fora dispensada do trabalho naquela manhã e se recolhera à casa.

Trabalhava desde a morte de meu pai na mesma fábrica em que ele trabalhara e no mesmo emprego, confiante nos seus direitos trabalhistas, que ela, agradecida, considerava o grande legado de Vargas. Descobriria, anos depois, após quatro décadas de trabalho, quando surgiram os primeiros sinais da doença profissional adquirida no trabalho, que a invalidaria, que não tinha direitos: não fora registrada.

A desolação provocada por aquela morte incompreensível da manhã de 24 de agosto de 1954 tinha um sentido profundo para ela, e para muitos de nossos vizinhos também operários, expressão de uma ruptura, de fim de um tempo, o tempo em que Getúlio Vargas, no poder, lhes reconhecera os direitos trabalhistas, pensara neles. O único tempo que ela conhecera como trabalhadora, e que logo em seguida se transformaria numa designação cronológica na boca do operariado – o tempo de Getúlio. Em silêncio, minha mãe chorava.

# 13
## A greve

A FÁBRICA TINHA VÁRIAS figuras discrepantes do que se poderia definir como o "verdadeiro" trabalhador. Fosse o trabalhador imaginado pelos autores de panfletos políticos, fosse o trabalhador idealizado pela empresa e pelos patrões, o trabalhador merecedor de respeito, que tinha funções fundamentais, valorizadas pela empresa e pelo sindicato. As figuras discrepantes eram as pessoas que não tinham lugar preciso no processo de produção e na rotina produtiva, as prescindíveis, as substituíveis e descartáveis. Era, de certo modo, o meu caso, o caso do jardineiro, o caso do varredor de ruas, o caso do carvoeiro, o caso do homem que limpava a privada dos donos, engraxava seus sapatos e os dos engenheiros e era o caso de várias outras pessoas na mesma linha de irrelevância.

Eram as pessoas que viviam no limite das concepções estereotipadas do proletariado e do corpo técnico; esfumadas e imprecisas figuras. Esfumadas e imprecisas ficaram na minha memória, ao contrário de engenheiros, mestres, operários e operárias, de contorno mais definido na minha lembrança. Seriam as figuras folclóricas da empresa, que permaneceram na lembrança pela identidade desencaixada e até grotesca. Fantasmas das recordações, do que a fábrica não era, mais do que aquilo que era. Porém, chaves do enigma da produção industrial moderna não só como produção de coisas, mas também como produção de pessoas, de personalidades, de seres sociais e até de fantasmas da condição humana.

Uma dessas pessoas, a mais emblemática delas, era um senhor simpático, de meia-idade, cantor, tenor, admirador do cantor Chico Alves. Logo que cheguei ficou clara para mim a indiferença ou mesmo o sutil desprezo com que ele era tratado, o que se tornava mais doloroso em face da estratégia de subserviência que desenvolvera para valorizar seu trabalho e assegurar sua aceitação. Fazia pequenos trabalhos: engraxava sapatos, providenciava pequenas coisas para engenheiros e diretores, era o serviçal por excelência, no limite da condição de trabalhador. Logo fui tomado de uma grande pena e de uma grande simpatia por ele, vendo-o perambular de um canto a outro da fábrica, entre os escritórios dos engenheiros e dos diretores da empresa para engraxar sapatos, escovar chapéus, lavar privadas dos que mandavam em todos nós, sempre assobiando baixinho uma canção de moda. De algo de que os outros se envergonhariam, ele se orgulhava. Enganava-se a si mesmo imitando Chico Alves, solfejando a meia-voz ao pé do ouvido deste ou daquele mais paciente os versos de uma canção do momento, como *Adeus, Cinco Letras que Choram*, para mostrar que era bom ao menos nisso, que não era quem depreciativamente pensavam que fosse. As brumas da fábrica lhe haviam tolhido o acesso aos palcos, à visibilidade e ao sucesso como cantor. Tinha boa voz, era afinado, cantava com convicção e sentimento. Sua cultura musical era eco e remanescente do tempo de *Rapaziada do Brás*, de Alberto Marino, e das nostálgicas canções que educaram o ouvido dos trabalhadores dos bairros operários e do subúrbio para finos sentimentos e langorosas concepções do amor e da vida.

Uma vez foi encarregado de ir a uma obra remover com ácido muriático manchas que apareceram inesperadamente num piso feito com ladrilhos da fábrica, o que revelou o operário embutido na indefinição do seu trabalho. Isso, de algum modo, o incomodou. Mas convenceu-se de que fora designado para aquela função de faxineiro porque era inteligente (e isso era verdade), numa espécie de manifestação de confiança dos engenheiros que não conseguiam resolver o mistério daquele defeito incomum. Na verdade, não podiam determinar que qualquer um, qualquer operário, se encarregasse de fazer um trabalho que envolvia a própria honra da empresa por décadas de prestígio quanto à qualidade e à uniformidade de cor de seus ladrilhos.

Conta-se que se considerava o maior puxa-saco dos patrões e não o escondia de ninguém. Era o quebra-galho. Um dia um dos donos da empresa, o mais importante e o mais visível para todos nós, um dos filhos de Roberto Simonsen, mandou que fosse a São Paulo buscar na polícia o passaporte de que necessitava para viajar e que já estava pronto. Era só retirá-lo e saber onde e quando deveria se apresentar para ser vacinado contra varíola. Quando o homem voltou, ao entregar o documento, o diretor lhe perguntou:

– E onde devo ir para ser vacinado?

– Não é necessário, doutor. Já está tudo resolvido.

– Como, Fulano?! Resolvido, como?

– Bem, eu achei que não tinha o menor cabimento o senhor, uma pessoa tão fina e tão ocupada, ir a São Paulo, a um centro de saúde, entrar na fila, no meio daquela gente toda e daquele tipo de gente, para ser vacinado. Eu já estava por lá mesmo, peguei a guia de vacinação, entreguei no guichê e quando chamaram o seu nome eu me apresentei e disse: – Sou eu mesmo. A vacina já está dada, o senhor pode viajar sossegado. Olha aqui a marca no meu braço. Está aqui o atestado.

Nessa atitude sem pé nem cabeça estava seu vínculo com o mundo operário, em cuja margem vivia. O que importava era o produto e não sua função, seu uso. Importava a quantidade não a substância. Uma atitude que expressa o mundo reificado do trabalhador, nesse caso, de coisas separadas de pessoas, pessoas convertidas em coisas, raciocínios coisificados, como esse, fragmentações sem sentido, como é próprio da produção industrial moderna. Importava a vacina e não o corpo a ser vacinado, o documento e não a saúde. Tudo equiparado pelo mesmo metro: tanto fazia produzir ladrilhos, como engraxar sapatos, como obter um atestado de vacinação. Ele tinha que apresentar serviço e no serviço a servidão. No limite dessa coisificação e dessa alienação, o corpo do operário devia padecer no lugar do corpo do patrão.

Meio século depois, soube que esse homem, já velhinho e aposentado, retornava periodicamente à fábrica, desativada, almoçava com os últimos e poucos empregados que restavam, para continuar a conversa interrompida um dia e sem sentido. Uma espécie de busca dos pedaços de si mesmo que ficaram para trás, nas ruínas do que um dia fora a fábrica, uma volta ao que já não era. Ao longo da vida de trabalho indefinido ele fora diluído nos escombros do cenário de seu passado. Diferente dos outros operários, que tinham identidade em face da produção, que produziam coisas tangíveis e visíveis que se perdiam no horizonte do mercado e do lucro, traduzidas em salários, ele era o obreiro do indefinido, produtor de coisa alguma, cujo trabalho não se materializava em nada visível, Sísifo subindo inutilmente a montanha do tempo.

Passara a vida sem fazer nada que pudesse tocar e, diferente do verdadeiro operário, sem se fazer, sem se produzir visivelmente por meio da coisa produzida, fruto extremo do operário coletivo. Seu trabalho fantasma produzira um trabalhador fantasma que retorna como zumbi para vagar em busca do que não foi, percorrendo as ruas silenciosas e vazias da fábrica antiga e morta, tentando encontrar-se consigo mesmo. Como é próprio das muitas atividades liminares de uma fábrica, dedo mindinho do operário coletivo, ele se produzira nos outros e ao não poder encontrá-los não podia encontrar-se no vazio imenso, que era também o seu vazio interior, drenado que fora ao longo do tempo e da vida.

O trabalho social cria o operário coletivo e o drama da diversidade de pertencimentos a esse corpo abstrato e invisível. As desigualdades profissionais, salariais, culturais, de mentalidade e até políticas dentro da fábrica são visíveis para o trabalhador e expressam o fato simples de que esse corpo realiza a divisão social do trabalho e a diferenciação social das funções. Uma greve isolada da Oficina Mecânica da fábrica, aí por 1955 ou 1956, deixou isso muito claro, manifestação esquizofrênica de um setor vital e nobre da empresa, aquele que produzia as ferramentas e as máquinas, pedaço de corpo agindo como corpo inteiro. O trabalho coletivo como diversidade funcional é substantivo e sociologicamente real. Não é ficção política.

Anos mais tarde, já aluno na Universidade e mais ainda quando professor, sem grande surpresa, descobri as enormes diferenças de sociabilidade, de cooperação e de conflito que há entre a fábrica e a universidade. Apesar de setores alienados da cultura acadêmica insistirem em copiar a fábrica e embaralhar esses âmbitos cada vez mais díspares que são o do fazer e o do pensar profissionalmente, o de produzir coisas e o de produzir conhecimento, o de meramente reproduzir e o de inovadoramente criar. Os acadêmicos, e os estudantes em particular, não raro confundem a funcionalidade da divisão social do trabalho com as contradições da divisão da sociedade em classes. A fábrica é um corpo coletivo porque assim é, cada vez mais, o processo de trabalho. Não há na fábrica lugar para êxitos pessoais, voluntarismos e vaidades individualistas, o que na universidade é comum não só entre professores, mas também entre alunos. Nem para competição: o trabalho de um operário é complementar do trabalho de outro operário. Além do que, um operário não manda nem quer mandar no outro. É o processo coletivo de trabalho que manda em todos. Um operário com mentalidade acadêmica arruinaria, na fábrica, o processo de trabalho.

Na universidade, o coletivo só se impõe como coação de quem tem poder, ou presume tê-lo, de quem manipula, como resultado da política de lealdades interesseiras, completa caricatura do propriamente político e do que é próprio da produção do conhecimento. Na universidade, o coletivo é um recurso de direita para impor dominação e, não raro, para cercear os que, por seu trabalho, representam uma ameaça ao mando sem legitimidade. O coletivo é aí amplamente postiço e se põe muito além das formas próprias de cooperação que podem e devem existir no trabalho intelectual, específicas, aliás, de cada campo do conhecimento.

O labor de cada operário depende quase exclusivamente do ritmo do processo de trabalho, que não é regulado por ele, individualmente. É a força produtiva da fábrica que regula a intensidade do que ele faz. E pode, no limite, ultrapassar o que ele fisicamente tem condições de fazer.

Isso ocorreu na nova seção de escolha de ladrilhos, em 1956, como mostrei antes, quando todo um setor muito mais moderno de produção, queima, escolha e classificação de ladrilhos começou a operar. O ritmo mais uniforme e a intensidade maior das prensas automáticas e do novo forno-contínuo, intensificaram a descarga de ladrilhos na seção de escolha, obrigando as moças a um trabalho muito mais intenso, embora elas fizessem um trabalho puramente artesanal, onde não houvera qualquer inovação. O rápido esgotamento físico das operárias se manifestou em desmaios e visões, a visão do demônio trajado como os engenheiros, que apareceu para várias delas numa sequência de dias, como já mencionei em capítulo anterior.

O operário pode, individualmente, tentar destacar-se de seus colegas, e o caminho aceitável é o da incansável dedicação ao trabalho. Fora disso ocorre às vezes que o destaque é tentado por meio de atos de bajulação, o puxa-saquismo odiado pela maioria dos trabalhadores e fator de discriminações e estigmatizações que podem inviabilizar a permanência de um trabalhador num setor ou mesmo numa empresa. A própria política de relações industriais das empresas dificilmente inclui o puxa-saquismo no elenco de fatores positivos na biografia de um operário. Ao contrário, ele pode ser manipulado para desmoralizar personagens de conduta desviante em relação ao que a empresa quer. Se ele é desleal com seus colegas, nada garante que um dia não será desleal com a empresa.

Ou, que será desleal com seus colegas. Foi o que aconteceu com um dos raros líderes operários, aparentemente comunista, que trabalhava numa das seções onde estavam os trabalhadores muito qualificados, que começavam a ser disputados pela indústria automobilística que chegava à região, com seus altos salários. Ele liderou pressões e reivindicações especificamente na sua seção. A empresa poderia, eventualmente, tê-lo demitido. Mas isso traria problemas num cenário em que a inquietação operária decorria de fatores objetivos de mercado. Não era o ato isolado de um operário. Foi chamado pelo chefe de pessoal, que o elogiou muito, como operário competente, e disse-lhe que a fábrica estava tão contente com ele, que iria promovê-lo a chefe de um setor, o que imediatamente aceitou. Ele passou a ser tão duro com seus antigos companheiros, a partir de sua nova posição de mando e de seu novo salário, que se tornou mais patrão do que os patrões, tendo a empresa frequentemente que amenizar as consequências do que fazia em relação a seus colegas. Acabou sendo demitido, não como vítima do companheirismo obreiro, mas ator e autor de opressão contra os companheiros.

Na fábrica não existe de fato a linearidade de uma classe social revolucionária. Existe a classe e aquilo que a nega nos duplos e nas duplicidades próprias de uma situação social bifronte, cotidianamente dividida entre o afirmar-se e o negar-se, entre o conhecer-se e o desconhecer-se. A condição operária é uma luta de cada dia, um fazer-se no dia a dia, um risco permanente de perda de identidade. Isso acontece quando o trabalhador é demitido, perde seu emprego e tem dificuldade para encontrar outro. Descobre-se, então, anulado, desidentificado. A classe social torna-se uma ficção dolorosa. Tornou-se o operário inútil, sem trabalho, em busca do emprego por meio do qual será reconhecido e poderá reconhecer-se como trabalhador. Descobrirá que é na trama do mercado de trabalho que sua vida tem sentido.

Na Universidade, o cenário é inverso e é inversa a trama das relações de trabalho. Tentativas, geralmente de motivação política anômica, de instituir regras de um processo coletivo de trabalho nas instituições acadêmicas, acabam se tornando formas de cerceamento da criatividade e formas de regulação do trabalho de quem tem mais competência pela cabeça e pela vontade de quem tem mais poder. E não é raro que sirvam de justificativa para atos de deslealdade.

O trabalho científico e o trabalho de criação, na Universidade, dependem muito menos do caráter explicitamente coletivo e conjugado da produção do saber do que a produção material na fábrica. Além do que, a vinculação à teia de relacionamentos que fazem da criação de cada um episódio do processo mais amplo de geração de conhecimento não depende essencialmente de um conjunto articulado de explícitas relações face a face, numa equipe de trabalho de natureza fabril, e sim dos vínculos invisíveis que se estabelecem com o sistema de conhecimento através dos livros e das bibliotecas. O diálogo e a cooperação no interior de um departamento universitário, se existir, ajuda, se não existir, não atrapalha.

Na fábrica, o trabalho morto se materializa como meio de produção de propriedade do industrial, como instrumento de dominação e opressão, de cerceamento da liberdade e da criatividade individuais. Na Universidade, trabalhos de autores ausentes e mortos podem e devem ter uma viva presença na produção do conhecimento numa área científica como a dos pesquisadores de ciências sociais e das ciências humanas em geral. Por isso, publicar é vital, é a mediação do caráter coletivo da criação. Os coletivistas que não criam conhecimento nem publicam são reacionário empecilho ao que é próprio da Universidade.

A natureza corporativa das instituições acadêmicas num país como o Brasil, é mais expressão de atraso do que de outra coisa, facilita a eficácia da conivência e até da bajulação na formação de grupos de interesse que podem facilmente inviabilizar o trabalho de colegas competentes e até interromper e mesmo desestimular carreiras promissoras. São frágeis os mecanismos de defesa das vítimas de ações antiéticas, como é praticamente nula a solidariedade de quem, mesmo não sendo conivente, sabe o quão imprudente pode ser a defesa de um colega que está sendo vitimado, por exemplo, por critérios injustos e tendenciosos na definição das oportunidade de acesso na carreira acadêmica. Essas anomalias de conduta são, felizmente raras, mas acontecem, porque derivam de uma organização do trabalho que as contém potencialmente.

O voluntarismo e o personalismo na fábrica, sobretudo o isolamento do operário, ao contrário do que ocorre na Universidade, são manifestações de anomia e no limite levam ao drama e mesmo à tragédia, porque na produção não está em jogo apenas um modo de fazer, mas um modo de fazer que é também um corpo transformado em meio de produção. Narro o caso de corpo-máquina que mais me chocou, para o qual até hoje não tenho explicação, por mais que tente encontrar justificativas racionais para um ato que foi de fato um ato de loucura momentânea, expressão de uma solidão interior de raízes culturais claras.

Por isso, o assombro perdurou. Ainda lembro dele de pé, atrás de sua bancada de marceneiro, sempre concentrado, sem levantar os olhos de seu trabalho. Diferente dos outros operários da secção, que desviavam o olhar para ver quem ocasionalmente estivesse entrando na oficina. Era bem jovem, um dos poucos niseis de toda a fábrica, acho que o único. Sem nenhuma relutância, diziam, teria segurado uma das mãos com a outra e passado na serra elétrica como se fosse um pedaço de madeira. Cortou fora a própria mão na altura da munheca, caindo banhado em sangue. Foi levado às pressas de charrete, como era o costume, até o ambulatório da fábrica, três quadras adiante, onde sempre havia de plantão ao menos dois médicos muito competentes.

Num caso como esse, notei que poucas pessoas, chocadas, se inteiraram do que havia acontecido, num pudor silencioso que era ao mesmo tempo manifestação de espanto. De vez em quando se comentava que nesta ou naquela fábrica alguém havia se acidentado propositalmente para receber o dinheiro do seguro. Mas, geralmente, era a amputação ou esmagamento de um dedo da mão esquerda, mão secundária e auxiliar.

Como eu circulava pela fábrica, levando papéis ou recados, tinha oportunidade de ouvir aqui e ali fragmentos de comentários feitos discretamente, muitas vezes operários enfurnados em lugares escuros, que também havia. E foi numa dessas conversas que alguém comentou o que teria de fato acontecido, profundamente impressionado.

O rapaz estava de casamento marcado. Aparentemente, andara colhendo informações sobre seguros por acidentes, quanto o seguro costumava pagar por um dedo, uma mão, um braço. Teria descoberto que havia uma indenização progressiva e que a mão esquerda valia menos do que a mão direita. Teria, então, decidido fria e racionalmente pela amputação da parte de seu corpo que valia mais, a mão do trabalho, a mão que o fazia operário. Ao matar essa mão, matava em si mesmo o operário no início da vida, que estava para constituir família. Morria voluntariamente no começo da vida adulta. É pouco provável que tenha recebido a indenização do seguro. Não o vi mais na fábrica, que tinha por tradição adaptar os raríssimos acidentados graves para tarefas compatíveis com sua mutilação.

Nunca se saberá exatamente o que aconteceu. Estávamos ainda relativamente perto do fim da Segunda Guerra Mundial, nossas mentes povoadas de histórias de *kamikazes* que se matavam a serviço de seu imperador e de sua causa. É possível que muita fantasia tenha impregnado a narrativa no cauteloso passar adiante dessa ocorrência terrível. Talvez o silêncio daquele operário tão moço fosse antes o resultado da cultura do medo que se apossara do subúrbio durante a guerra, muitas histórias correndo de japoneses que envenenavam caixas d'água, o que de fato nunca aconteceu. E histórias de admirado terror sobre pilotos japoneses transformando-se em bombas vivas com seus aviões carregados de explosivos. Vários operários da fábrica tinham sido convocados pela FEB – a Força Expedicionária Brasileira e participaram de ações de combate na Itália. Uma placa de bronze ao lado da porta do escritório de contabilidade consagrava-lhes os nomes.

A fábrica estava muito longe de ser um local apenas de trabalho. A fábrica era também um local de contar e ouvir histórias. Um desses antigos pracinhas, escriturário, estivera na guerra, como se dizia. De vez em quando, para tratar de algum assunto de serviço, aparecia no escritório dos engenheiros em que eu trabalhava, para conversar com o encarregado do escritório. Sempre um dos dois escriturários tinha perguntas a fazer sobre a guerra, uma herança naquela época ainda forte dos nossos medos e da nossa consciência. Ele nunca se apresentou como herói de nada. Tentava contar o lado divertido da guerra que, para minha surpresa de adolescente, existira. Lembro bem dele narrando sua função avançada, numa patrulha que antes dos combates saía à noite estendendo fios de telefone até bem perto das trincheiras inimigas, onde estavam os soldados alemães. Viam-se a poucos metros uns dos outros e faziam de conta que não se viam. No momento de estender o fio ninguém estava ali para matar ninguém. Dos dois lados fazia-se economia de vida.

Muita trama de futebol também havia dentro da fábrica. O Cerâmica Futebol Clube era antigo, tinha seu próprio campo e além do mais era um time de prestígio. Os diretores do clube, todos empregados da fábrica, quando era necessário, não tinham dúvida em conseguir do chefe da secção de pessoal a contratação de um novo operário que era, na verdade, operário da bola. O Cerâmica era também o clube dos empregados, em cujo salão havia famoso baile de Carnaval, sem contar a festa de fim de ano, quando se tinha uma ideia dos muitos vínculos paralelos que mesclavam a condição operária com relações de parentesco e vizinhança.

Havia uma certa mistura de trabalho e diversão que invadia a fábrica e os próprios horários de trabalho. E isso se expressava na dimensão propriamente alegórica da empresa, pouco perceptível aos observadores de fora. Acompanhei, ainda novato, todo o trabalho de preparação da participação dos operários da Cerâmica São Caetano no desfile de Primeiro de Maio de 1954 no Vale do Anhangabaú, em São Paulo. E depois vi o desfile pela televisão em preto e branco na casa da Maria Emília, uma vizinha muito estimada, cujo marido era um operário qualificado, única casa em vários quarteirões ao redor da minha que tinha o apare-lho. Foi um sucesso.

Lá na fábrica, os muitos participantes do desfile se preparavam. Eu os via em todos os lados, invertendo a autoridade e tomando decisões que mal precisavam de um assentimento de cabeça dos mestres e chefes. Queriam fazer uma apresentação espetacular da fábrica, mostrar o que a fábrica era para eles. Desde os macacões bem lavados, até equipamentos de trabalho, até o cuidado de assegurar que as moças também participassem. Queriam mostrar que a mulher operária era bela. E era. Na seção de escolha de ladrilhos todas as moças eram muito delicadas e bonitas. Uma certa feiúra característica começava a aparecer em algumas, com os anos de trabalho e o envelhecimento precoce, umas rugas ao redor da boca, uma certa descoloração do rosto. Isso também acontecia em outras fábricas. Podia-se identificar uma operária por essa característica, às vezes pelo excesso compensatório de pó de arroz e batom. Do mesmo modo que queriam mostrar que os operários não eram uma categoria de pessoas esquálidas, mas sim de pessoas atléticas, o que era muito verdadeiro entre os prensistas e os forneiros.

Num certo momento, surgiu um impasse: a fábrica não tinha ambulância para exibir os cuidados da empresa com a saúde e a segurança de seus empregados. De fato, no dia a dia, isso não preocupava. Havia um bom ambulatório médico da empresa a poucos metros do portão principal, onde eram atendidos os trabalhadores, os mestres, os chefes e suas famílias. Além dos clínicos gerais, havia um cirurgião contratado, tido por muito tempo como um dos melhores cirurgiões de São Paulo. Uma das filhas de minha vizinha, cuja família não trabalhava na Cerâmica, começou a desenvolver um tumor no pescoço, que se tornou bastante grande. Na peregrinação por vários consultórios e hospitais, ouviu várias recomendações para que procurasse, justamente, o cirurgião da Cerâmica. Era uma família de trabalhadores, sem grandes recursos para arcar com as despesas da operação complicada e do tratamento. A mãe da menina foi até a fábrica, expôs sua situação e pediu a ajuda de que necessitava. Sem maiores problemas a direção da empresa não só autorizou que o médico fizesse a cirurgia, como bancou o tratamento da garota.

A ambulância se justificava nos casos em que o doente devesse ser levado para um hospital distante da fábrica. Não era o caso. A imensa maioria dos trabalhadores morava ao redor da fábrica e o ambulatório estava ali mesmo. Mas a ambulância era um signo, uma marca do elenco de ingredientes do remanescente imaginário estado-novista do que era a boa empresa dessa época do trabalhismo de Getúlio Vargas.

Havia uma receita que todos conheciam, uma lista com itens que iam desde o cumprimento da legislação trabalhista até a assistência médico-hospitalar e escolar do trabalhador e sua família, passando pela alimentação e pela concessão de benefícios sociais que nem mesmo estavam na lei. Quando os trabalhadores pensavam no getulismo, pensavam em coisas assim. Eu, pouco mais que um menino, já no primeiro ano de fábrica tive direito a um salário que era ao menos três vezes maior do que meu salário anterior, férias remuneradas, abono de Natal, participação nos lucros e uma mais simpática novidade para mim: no dia 12 de outubro, Dia da Criança, que na fábrica era chamado de Dia do Menor que Trabalha, todos os menores eram dispensados do trabalho após o almoço. Vinham também, no ônibus alaranjado da fábrica, os meninos grã-finos e pernósticos do escritório central, na Rua Boa Vista, em São Paulo, bem-vestidos e engravatados, olhando todos nós com notório desprezo. Em troca, tínhamos nojo deles, excessivamente brancos, limpos e escovados. Pior: engravatados! Aquele não era o ambiente deles.

Ali pelas duas e meia ou três horas da tarde começava no refeitório uma festa inesquecível: sanduíches, doces, refrigerantes e um famoso discurso de um dos diretores sobre as virtudes educativas do trabalho. Em seguida, como mencionei antes, cada um recebia um pequeno envelope de cor bege com uma quantia de dinheiro dentro que representava um décimo-quinto salário, algo que até hoje a classe trabalhadora brasileira não conhece. Além disso, a fábrica passou a pagar o meu curso secundário noturno, o que equivalia a bem mais do que um décimo-sexto salário, uma poderosa ajuda na minha precária economia. Era uma pessoa da fábrica que examinava mensalmente a minha caderneta escolar, comentava as notas comigo, fazia indagações sobre meus adiantos escolares e minhas dificuldades, dava sugestões. Fiz o secundário nessas condições. Do contrário, não teria sido possível.

Mas, e a ambulância? Como fazer? No vai e vem pelos vários cantos da fábrica de um número grande de operários que preparavam a festa do Primeiro de Maio alguém teve uma ideia. A fábrica havia comprado uma perua Kombi para pequenas entregas, uma das primeiras kombis que vi. Essa perua tinha a cor da fábrica, alaranjada, cor de terra. Por que não pintá-la de branco com alvaiade, que os engraxates de rua usavam para pintar sapatos de malandros, nos sábados à tarde, para o baile da noite? Pintariam em cima do branco, de cada lado, na frente e atrás, cruzes vermelhas. Alguém teve a má ideia de alertar:

– E se chover?

– Cala essa boca, sô! Em maio não chove!

O desfile seria no dia seguinte de manhã. Um esperançoso lembrou que quando havia risco de chuva seus calos doíam e não estavam doendo naquele dia. Vá lá! A perua foi guardada com o maior cuidado para a pintura não derreter com o sereno. E lá foi ela no dia seguinte e mais amostras dos produtos da fábrica, máquinas, ferramentas, martelos e bigornas, operários vestidos com macacões limpíssimos, bem passados e sem manchas. Era a representação da indústria e da classe operária copiada das fotografias de jornais e revistas e dos órgãos de propaganda do Estado Novo, que acabara, mas continuava firme na imagem triunfal que o Estado getulista ensinara os trabalhadores do Brasil a terem de si mesmos. Imagem de construtores da nação, das virtudes que havia no trabalho, do trabalho como fonte da dignidade da pessoa. Houve rezas e promessas e não choveu.

No dia seguinte ao primeiro de maio estavam todos às gargalhadas com a trapaça vitoriosa. Observei nos bastidores, com deslumbramento infantil, toda a preparação, o vai e vem, o semitrabalho daqueles dias de euforia, e também os bastidores da celebração do triunfo.

O imaginário da concórdia, da paz social (lema do SESI, que tivera em Roberto Simonsen um de seus fundadores), deixava evidências em todos os cantos, nos muitos pequenos atos, os sérios e os cômicos, que faziam da empresa uma grande e curiosa comunidade. A afanosa preparação daquele Primeiro de Maio fora uma delas. Mas a fábrica é, também, apesar dessas muitas indicações de convivência pacífica de patrões e trabalhadores, um braseiro sob cinzas. A boca que beija a mão que afaga, também morde.

Foi estranho, assim de repente, mas não surpresa, que certo dia no meio da jornada de trabalho, como já mencionei, os torneiro mecânicos da Oficina Mecânica desligassem suas máquinas e cruzassem os braços, bem ali, diante de seus tornos desligados. Era uma greve isolada no interior da fábrica, que não foi acompanhada pelos demais trabalhadores. Ali ficava evidente uma classe operária dividida pelas funções, qualificações e salários.

Os operários da Mecânica eram muito qualificados, os mais qualificados da empresa. Sua seção era uma fábrica dentro da fábrica. Produziam estampos, ferramentas, máquinas. Quando se fala na industrialização brasileira da etapa inicial e dos períodos das grandes guerras mundiais, sempre se faz muita especulação a respeito da questão dos meios de produção, dos equipamentos industriais em conjunturas em que não podiam ser adquiridos nos países industrializados. E não se consegue entender por que então foram esses momentos de fato momentos positivos da expansão da indústria.

As grandes indústrias de bens de consumo foram, desde o século XIX, obrigadas a instalar, e prudentemente o fizeram, seções auxiliares e complementares de manutenção que substituíam os bens de capital importados e, sobretudo, os reformavam, adaptavam e regeneravam. Além disso, desde o final do século XIX, a Escola Politécnica de São Paulo, hoje na USP, educava e treinava engenheiros de altíssima qualificação, criativos e inventivos, sucessores dos engenheiros formados nas universidades americanas e europeias graças à riqueza do café. Esses engenheiros estavam na indústria paulista quase desde o começo, como estivera o dono, Roberto Simonsen, formado pela Poli. Vários deles trabalhavam na Cerâmica São Caetano. E havia o Liceu de Artes e Ofícios que, desde o século XIX, preparava operários qualificados, cuja qualificação estava especialmente na competência da criatividade técnica.

Lembro, ainda, de uma enorme – enorme mesmo – hélice de navio, toda recoberta de conchas do mar, depositada num pátio ao lado da Oficina Mecânica, comprada num leilão dos pedaços de um navio desmontado. Comprada como ferro-velho. Essa hélice era a fonte de onde saía todo o bronze utilizado na fábrica: na fabricação de peças de reposição, de componentes dos estampos, de tudo enfim que dependesse dessa matéria-prima. Quando entrei na empresa em 1953, ela estava ali há muito tempo e ainda estava quase inteira. Duraria muitos anos. Quando necessário, um operário vinha até ela com um maçarico e tirava o exato pedaço de bronze de que necessitava para fazer no torno a peça solicitada por alguma das seções da fábrica. As fábricas desse período eram, em si mesmas, um complexo de setores complementares que, em não poucos casos, se autonomizaram e acabaram aparecendo, quando a conjuntura foi propícia, como indústrias autônomas de bens de capital. Só que já existiam como setores especializados da indústria de bens de consumo.

No momento dessa greve, devia ser 1955 ou 1956, as novas empresas da indústria automobilística estavam se instalando no Brasil, em São Bernardo e no Ipiranga, oferecendo salários altos, verdadeiro leilão oculto de mão de obra para atrair (e "roubar") os trabalhadores qualificados das indústrias mais antigas da região. Não sei como a questão foi resolvida, mas a greve terminou naquele mesmo dia. Tive que ir levar papéis naquela seção e lembro bem dos operários em silêncio, de braços cruzados nas respectivas bancadas. Esperavam que alguém fosse negociar com eles. E veio: um operário braçal das seções de prensas podia ser facilmente substituído, bastava ter muito de músculo mesmo tendo pouco de cabeça. Não havia muito que pensar. Já um operário para a Oficina Mecânica era difícil de conseguir. Às vezes a plaquinha indicativa do ofício na placona do "Precisa-se" ficava muitos dias na portaria, esperando que aparecesse um oficial de ferramentaria, um trabalhador com mais cérebro do que músculos, que fosse capaz de interpretar ordens de serviço e ler desenhos de peças e ferramentas, sobretudo ser capaz de precisão em números e medidas e de manejar um torno. A formação de um bom oficial podia levar alguns anos.

Nesse cenário de concórdia e conflito, de repente apareceram na fábrica dois sujeitos estranhíssimos. Todos perceberam logo que alguma coisa diferente estava acontecendo. Mesmo sendo uma fábrica enorme, era muito pouco provável que gente nova não fosse logo percebida, especialmente se não fossem operários. Um deles era corpulento e o outro era magro. Tinham um porte arrogante e até uma panca bem mais atrevida do que a dos que efetivamente mandavam. Não sei por qual razão, foram logo apelidados de Mutt e Jeff, duas personagens de histórias em quadrinhos, muito populares, que saíam em tiras nos jornais. Ambos andavam para cima e para baixo juntos, não desgrudavam um do outro. Parecia que um não podia caminhar sem as pernas do outro. Não só isso intrigava a todos, mas também o fato de que um deles estava sempre com uma câmera fotográfica no estojo de couro marrom dependurada no pescoço. Como eu era, dentre os subalternos, praticamente um dos raros que podiam andar pela fábrica inteira, dentro e fora das seções, para levar recados e papéis ou chamar pessoas, encontrava-os em tudo quanto era canto. Estavam sempre conversando entre eles. Na insignificância óbvia da minha pessoa e do meu tamanho, nunca me interpelaram, embora eu não saiba dizer se me fotografaram, pois eu certamente estava entre as coisas "estranhas" que aconteciam lá dentro.

Aos poucos os boatos foram se difundindo. Foi a primeira vez que ouvi falar na palavra Dops e sua definição: polícia que espionava e perseguia os operários. Estranho, porque naquela fábrica não havia nada que pedisse polícia e menos ainda aquele tipo de polícia. A fábrica não tinha nem mesmo o que se pudesse chamar propriamente de segurança. Alguns guardas na portaria principal, sem armas, apenas para abrir e fechar os portões e controlar a entrada e saída das mercadorias, verificando as notas fiscais.

Mutt e Jeff, portanto, não tinham explicação naquele cenário de convivência pacífica. Alguns meses depois, ambos deixaram de circular pela fábrica nem foram mais vistos. As notícias vazavam. Ficamos então sabendo que ambos estiveram registrando todas as irregularidades que julgavam haver por lá, os "defeitos" na organização do trabalho. Fotografavam pessoas que estivessem fazendo algo que não consideravam correto ou essencial. Uma das primeiras vítimas foi o homem que apitava a fábrica, como se dizia, rigorosamente no horário: às sete horas da manhã, às oito horas para a entrada dos mensalistas, às onze horas, ao meio dia e às quatro da tarde, hora de saída dos operários, às cinco, hora de saída dos restantes. Ele havia sofrido um acidente e perdera um dos braços quase inteiro. Não só apitava a fábrica mas também entregava papéis da seção do pessoal. Todos os dias encontrava com ele em diferentes lugares, com o maço de papéis preso sob o toco de braço que lhe restara.

Uma segunda vítima foi o homem que varria as várias ruas da Divisão de Terracota, onde se produzia ladrilhos e telhas. As pessoas mal sabiam que ele existia, algo que também ocorria em relação a mim. Mas o caso dele era mais grave. Ele não dependia de ninguém. Nem mesmo lhe davam uma vassoura para a varrição. Periodicamente, ele ia aos fundos da fábrica, na margem do rio dos Meninos, perto das cocheiras, onde ainda havia muito mato baixo, e cortava um bom maço de vassourinha, uma planta que na roça se usa justamente para fazer a vassoura caipira. Amarrava os galhos todos ao redor de um cabo velho de vassoura e saía varrendo. Era um Sísifo caipira, condenado pelo Zeus da produção industrial e moderna a recomeçar continuamente a varrer aquelas ruas que nunca ficavam limpas, continuamente recobertas pelo pó que caía incessantemente ou pelos troços de barro acidentalmente derramados de uma ou outra caçamba.

Era um homem da roça. Cada tanto tempo desafiava Zeus, parava, encostava no cabo da vassoura, preso embaixo do braço, tirava o canivete caipira, puxava do bolso o fumo-de-corda, picava, amassava o fumo bem amassado numa das mãos, tirava a palha que trazia no bolso de trás, alisava-a bem com o canivete, para ficar bem fina, distribuía o fumo picado pela calha, enrolava, lambia de ponta a ponta a beira da dobra, punha na boca, acendia o cigarro e saía pitando e varrendo inutilmente as ruas sempre cobertas de pó. O homem do cigarrinho foi outra vítima dos flagrantes de Mutt e Jeff, devidamente fotografado.

Depois de reunirem uma boa coleção de fotos e de muitos apontamentos foram fazer um relatório ao dono. Disseram-lhe o absurdo que era manter um aleijado na fábrica só para apertar o botão do apito e entregar papéis. Outro absurdo era o homem da vassoura: perdia um tempo enorme fazendo cigarro de palha, como as fotos mostravam. O dono ouviu bem e os demitiu, em vez de demitir os denunciados. Zeus fora derrotado. Sísifo aprisionara Tânato, como fazia com seu fumo-de--corda, na aspereza de seu cigarro de palha.

Eu tinha clara consciência de meus dois atributos mais curiosos ali na fábrica. O primeiro deles é que, embora fosse efetivamente um Zé Ninguém, eu era apenas um adolescente que servia café, espanava os móveis, lavava as xícaras, entregava papéis nas diferentes seções e, sobretudo, levava recados e chamava pessoas com as quais os engenheiros, especialmente o diretor, queriam falar. Quando não estivesse fazendo isso, eu tinha permissão de ler, de estudar e de fazer minhas lições. Quando o diretor me dizia para chamar o mestre tal, da seção tal, eu ia procurá-lo e lhe dizia que o doutor queria falar com ele.

Havia muitas pequenas tensões nas relações cotidianas da fábrica. Eu sabia mais sobre elas do que os engenheiros. Às vezes o risinho de pouco caso ou o suspiro profundo de um mestre de seção me falavam que o chamado seria atendido a contragosto. Mas eles não tinham nenhuma alternativa. Dessas conversas dependia o andamento da fábrica, providências quanto à temperatura de um forno ou a composição do barro de determinado ladrilho ou um detalhe técnico qualquer que precisava ser informado.

Às vezes, um ou outro dizia para mim, como que me agredindo, o que não tinham coragem de dizer para o diretor ou para os engenheiros. Um dos incidentes foi com o mestre da seção de escolha de ladrilhos. Quando ia chamar alguém ou buscar o café na copa, duas vezes ao dia, saía do escritório e atravessava aquela seção, o que reduzia o trajeto a um terço. Na seção de escolha havia mais de uma centena de moças entre dezesseis e vinte anos, simpáticas, alegres e bonitas. Havia meia dúzia de operários que faziam serviços auxiliares mais pesados. Era notório que o mestre da seção não gostava que eu passasse por lá. Provavelmente, achava que eu ficava paquerando as moças e elas me paquerando, o que não era verdade. O ritmo do trabalho ali não o permitia.

Como eu era miúdo e magrinho, elas sorriam pra mim, provavel-

mente por solidariedade ou companheirismo. Cheguei a intuir, por vários sinais, que me consideravam um dos seus, como de fato eu era,
dotado, porém, do privilégio de trabalhar diretamente com os que mandavam. Alguém em trânsito entre dois mundos. No entanto, na verdade,
não era privilégio, pois eu me sentia todo o tempo até fisicamente fora
do lugar, cotidianamente obrigado a me recusar em nome de uma pauta
de mentalidade e de conduta que não era a minha nem do mundo ao
qual eu pertencia. Até o meu cheiro, que era o cheiro de minha casa,
uma casa operária, começou a me incomodar.

Eu era tão minúsculo que, pouco tempo depois de começar a trabalhar na fábrica, o chefe da seção do pessoal mandou me chamar.
Quando cheguei lá, ele me explicou que precisava que eu lhe fizesse
um favor. Sem querer, havia batido a porta de seu escritório, que ficara
trancada por dentro. Teria que mandar arrombar a porta, a menos que
eu conseguisse entrar nela pelo guichê que a separava da sala vizinha!
Com facilidade atravessei para o outro lado e abri a porta. É verdade
que não era um guichê pequeno, mas tinha, quando muito, trinta centímetros de lado.

Elas me tratavam com simpatia, eventualmente desviando o olhar
quando eu passava por lá, como desviariam se passasse qualquer outra pessoa estranha à seção. Casualmente, eu encontrava uma ou outra
nas ruas próximas, fora do horário de trabalho. Conversávamos e nos
tratávamos com a cordialidade e o reconhecimento próprios dos que
trabalham juntos, dos que são da mesma classe. Elas me tratavam como
adolescente. Era assim que eu entendia eventuais olhares ou sorrisos.
Havia na fábrica uma solidariedade difusa entre os iguais, que mesmo
um adolescente como eu, à margem do processo produtivo, podia perceber. Isso porque, embora estivesse trabalhando com uma das pessoas
mais poderosas da fábrica, eu era do mundo delas, alguém que tinha
os pés em duas canoas. Durante um bom tempo usei no peito a chapa
redonda de metal amarelo, bem visível, que tinha meu número – 978TC
– o que me classificava na categoria dos operários, um operário fora do
lugar. A chapeira em que marcava o ponto era a mesma dos forneiros e
dos operários do depósito de ladrilhos.

Um dia, o mestre me barrou, me chamou para a cabina envidraçada em que ele ficava, observando tudo, e me proibiu de passar por lá. Estranhei muito porque quando me deram o emprego me disseram que era para fazer exatamente aquilo. Expliquei-lhe isso e que com a proibição eu teria que dar uma volta grande, demoraria mais para fazer o meu trabalho e o diretor certamente não ia gostar. Em todo caso, ia explicar a ele aquela objeção, simplesmente para me justificar. Ele ficou preocupado. Uma coisa era levantar a crista pra cima de mim, que não era ninguém. Outra coisa era levantar a crista para quem mandava nele. De fato, ele teve que rever a decisão. Para dizer a verdade, fiquei ofendido com o que me pareceu um atrevimento, o de me colocar sob suspeita de fazer o que não devia.

Numa outra ocasião, faltando apenas cinco minutos para tocar a sirene, às cinco da tarde, o diretor me chamou e disse-me que fosse correndo procurar a pessoa que supervisionava os jardineiros. Precisava de sua ajuda em casa no fim de semana, pois cultivava rosas em seu jardim, em São Paulo, e de vez em quando se valia dos serviços desse senhor. De um modo geral, eu conhecia os hábitos e a circulação de todas as pessoas que estavam na minha lista mental daqueles cuja presença no escritório pudesse ser pedida. Saí disparado em direção ao banheiro dos operários da carpintaria, da marcenaria e das oficinas mecânicas. De fato, o sujeito estava saindo de lá, já se lavara e se trocara e caminhava em direção à chapeira para marcar o ponto. Dei-lhe o recado. Ele reagiu exaltado comigo, dizendo que não ia lá coisa nenhuma, era a hora da saída, o diretor que falasse com ele em outro dia.

Aquele senhor não era nem mesmo mestre ou contramestre. Era um operário da jardinagem que também supervisionava o trabalho de mais duas ou três pessoas. Ele estava certíssimo, aliás. Mas o engenheiro esquecera de combinar com ele mais cedo como seria a ida a sua casa no dia seguinte. Tão certo, que o diretor logo percebeu que era absurdo mandar chamá-lo e saiu depressa, logo atrás de mim. O sujeito estava de costas para o lado de onde vinha o diretor e vociferava comigo quando o diretor chegou e me perguntou preocupado:

– O que aconteceu, José?

Imediatamente, a dupla personalidade falou manso, o subserviente que havia nele se manifestou acima de qualquer dúvida:

– Doutor, está tudo certo, não se preocupe. Amanhã bem cedo estarei em sua casa.

Isso me mostrou que ali na fábrica eu era quem não era. Tudo que eu fazia, fazia como extensão da autoridade do engenheiro que era meu chefe, mesmo que minha clareza fosse limitada, como era, a respeito desse atributo. Na verdade, não me sentia assim. Eu ainda me sentia criança e aquilo para mim parecia apenas muito divertido. É que esses comportamentos revelavam o duplo que eu era: o que eu achava ser, e gostava, e o que os outros achavam que eu era, e me divertia. Fui descobrindo isso aos poucos, nos outros, no duplo modo como me tratavam, ora como se fosse eu mesmo o menino serviçal, ora como se fosse o outro, os engenheiros a quem eu servia. Quando levava uma ordem verbal a alguém na mesma escala de inferioridade em que eu me via e reconhecia, procurava colocar-me no lugar daquele a quem me dirigia, sem assumir os resmungos e as bravatas de respostas que eu sabia nunca seriam dadas diretamente a quem dera a ordem. Era tudo papo, como se dizia. Ao mesmo tempo, aquilo me entrava por um ouvido e saía pelo outro. Se comentasse alguma coisa, a corda quebraria do meu lado, a parte mais frágil de tudo aquilo.

Ao lado desse atributo, eu era invisível, posso dizer hoje, de um ponto de vista sociológico. Porque as pessoas em mim viam o engenheiro que me movia, que mandava chamá-las, que lhes dava ordens. Elas não prestavam atenção em mim. Anos depois, reencontrando várias delas para reconstituir sociologicamente o já mencionado episódio ocorrido na fábrica, o da aparição do demônio, descobri que várias dessas pessoas não tinham a mínima ideia de quem eu fora, embora eu tivesse servido café a elas, várias vezes ao dia, por mais de quatro anos!

A invisibilidade de pessoas como eu só se quebrava na circunstância do absurdo e do insólito. Porque as mentes, na fábrica, são mentes capturadas pela rotina, pelo previsível, pelo repetitivo, pelos gestos, sobretudo das mãos, e não pelos rostos, pelas fisionomias, pelas identidades. De fato, não é necessário prestar atenção em gente. Mais importante é prestar atenção em máquinas. Por isso, determinadas pessoas ficam invisíveis: são substituíveis e descartáveis. São uma função. O disfuncional perturba, desperta, pede indagações. A condição de pessoa, a pessoa propriamente dita, no processo produtivo e de reprodução ampliada do capital, é disfuncional.

Mas havia também estímulos a que os trabalhadores se tornassem visíveis. A fábrica estimulava operários e mestres a fazerem ou sugerirem inovações que pudessem aumentar a produtividade ou diminuir os custos. Oferecia prêmios em dinheiro caso houvesse alguma sugestão aproveitável. Um dos casos referiu-se às caixas de barro em que eram colocados os ladrilhos crus para serem cozidos nos fornos intermitentes e mais tarde no forno-túnel. Eram feitas de um barro frágil, poroso, para permitir que o fogo alcançasse plenamente os ladrilhos nelas acondicionados. Quebravam com facilidade, pois tinham que ter uma dureza inferior à dos ladrilhos nelas acondicionadas. Apareceu um dia um dos operários dizendo que tinha inventado uma cola que permitia a recuperação das caixas quebradas, poupando todo o trabalho de moê-las, convertê-las em pó e barro novamente e refabricá-las. Acompanhei do meu canto toda a conversa do operário com um dos engenheiros, muito atencioso, que tentava pô-lo à vontade, pois era óbvio o seu nervosismo.

O engenheiro precisava saber qual era a invenção, qual era o processo e ver como isso era feito para decidir se era algo que valia a pena. O operário mexia-se na cadeira, não dizia nada completo. O engenheiro sugeriu, então, que ele solicitasse o material de que necessitava, escolhesse um lugar para fazer o trabalho e o chamasse quando tudo estivesse pronto. Nem assim. O rapaz não queria revelar o seu segredo. O engenheiro sugeriu então que ele fizesse uma lista do que precisava que mandaria entregar em sua casa, onde, à vontade, ele faria sua experiência. E assim foi.

A inovação era inútil: tomava um tempo enorme, uma coisa muito artesanal que não tinha como concorrer com a maromba que misturava o barro e a prensa que fazia as caixas. A sugestão era praticamente a mesma de se adotar na fábrica o recurso que os trabalhadores adotavam em casa, de consertar as panelas furadas para fazê-las durar mais e gastar menos. Esse episódio mostra bem o enorme abismo que separa o mundo mercantil da produção das coisas e o mundo doméstico do usuário das coisas. O usuário, que neste caso é o operário em sua casa, não como produtor e sim como consumidor, vê o valor econômico das coisas na perspectiva da pequena economia de sua vida cotidiana. Não consegue ver nem entender a economia de escala do setor produtivo em que passa seu tempo trabalhando. A transferência daquela lógica para o âmbito deste torna-a ilógica, descabida, antieconômica.

Um outro episódio de inovação foi até bonito, porque se combinou com outro igualmente interessante. O diretor engenheiro da Terracota, depois de muitos estudos e experimentos, conseguiu produzir um ladrilho com o mesmo tamanho dos outros, porém com metade da espessura. Isso teria um impacto econômico enorme: reduziria à metade a matéria-prima necessária para produzir uma mesma metragem de ladrilhos; dobrava o número de ladrilhos queimados; e literalmente dobrava o lucro. Porém, na primeira fornada experimental revelou-se um problema: os novos ladrilhos não tinham o brilho característico dos velhos, o que era uma marca dos produtos da fábrica. Houve reuniões, novos experimentos e nada. Até que apareceu um operário que disse simplesmente:

– Eu sei como resolver isso.

O engenheiro e vários mestres ficaram surpresos, pois experimentadíssimos não conseguiam descobrir a causa daquela modificação, embora estivessem trabalhando nisso há vários dias.

– Basta fazer os estampos de bronze e não de aço.

Queriam saber em que ele se baseava para dizer aquilo. Era simples: na base do estampo de aço de ladrilhos e lajotas, havia, em formato circular e feita de bronze, a estampa do logotipo da fábrica, dois círculos concêntricos com o nome da empresa e no centro o Cruzeiro do Sul. Nos novos ladrilhos foscos o carimbo da marca saía brilhante, a parte prensada no aço é que saía fosca.

Creio que um terço do meu tempo, era usado na procura e convocação de pessoas, principalmente engenheiros e mestres, para falar com o engenheiro-chefe ou com os outros engenheiros. Quando me mandavam fazê-lo é porque havia surgido alguma questão que precisava ser resolvida logo. Apesar do imenso território da fábrica, seus muitos edifícios, recantos escuros e lugares de acesso difícil, logo adquiri consciência de que quinze minutos era tempo razoável para encontrar a pessoa. Meia hora já me fazia mal, me deixava incomodado, com uma sensação de incompetência, medo de acharem que eu estava gazeteando. Pior mesmo é que quando começava a ficar difícil encontrar a pessoa, eu tinha que passar pelo escritório e ver se por acaso ela já não estava lá.

Desenvolvi técnicas para facilitar as buscas. Em primeiro lugar, ficar muito atento a tudo que era conversado no escritório. Como na anedota da coruja vendida como papagaio, eu não falava, mas prestava muita atenção no que os outros diziam. Com isso, eu me mantinha durante todo o dia razoavelmente informado sobre a região da fábrica em que cada engenheiro estava concentrando suas visitas e verificações, as áreas em que houvesse algum problema especial ou algum experimento e até mesmo regiões de exceção conexa com o tema do dia ou do horário.

Uma segunda tática foi a de criar rotas imaginárias de percurso de mestres e engenheiros e nelas fixar mentalmente quais eram as pessoas que com mais probabilidade poderiam vê-los se por ali passassem ou pudessem me dizer se estava havendo algum fluxo extraordinário dessas pessoas para algum ponto nas vizinhanças.

Com uma dessas pessoas conversei muitas vezes e muitas vezes me ajudou a encontrar as pessoas que eu estava procurando. Mas nunca a vi e não tenho a menor condição de dizer como era. No fim da mesma rua em que ficava a seção de escolha, o escritório dos engenheiros, a seção dos fornos intermitentes e a seção de depósito de ladrilhos, ficava um depósito de carvão vegetal usado, se não me engano, no forno contínuo em que eram cozidas as telhas e lajotas.

O depósito era totalmente aberto do lado da rua. Ali trabalhava uma única pessoa. Era um galpão escuro, cheio de carvão. O homem que ali trabalhava passava o dia com um garfo de remover palha e folhas de jardim, removendo carvão de um lado para outro. Parece que isso era necessário para evitar combustão espontânea ou para evitar acúmulo de umidade. Esse movimento levantava um pó fino, de modo que da rua não se via nada lá dentro. Aquilo era permanentemente um breu. Só se ouvia os dentes de metal do garfo batendo aqui e ali, o ruído seco do carvão sendo remanejado.

Eu parava e gritava lá para dentro da escuridão, na direção do barulho do carvão sendo espalhado:

– O senhor viu se fulano de tal passou por aqui?

Então, devagar se voltavam para mim as duas esferas brancas dos olhos e às vezes os dentes brancos de um sorriso. Iam aparecendo devagar no meio da escuridão, o oposto daquele gato evanescente de *Alice no País das Maravilhas*. E vinha uma resposta, sempre útil. Alguém me disse que o homem que trabalhava ali, além, do mais, era negro. E alguém maldosamente acrescentou, quando comentei que não conseguia vê-lo:

– Sorte que ele não come jabuticaba em serviço nem usa óculos escuros...

A própria maldade dessa afirmação ficou associada ao conjunto dos fatores cruéis da invisibilidade daquele operário sem rosto, cuja identidade estava sintetizada numa anedota de trabalhadores. Não era ironia contra ele, já vítima, mas ironia sobre condições de trabalho que ali, emblematicamente, anulavam a própria visibilidade do trabalhador no que era, de fato, um cenário insalubre de terror fabril.

É curioso que, quando na universidade pensamos o processo de trabalho industrial, tenhamos como referência típica a imagem de um trabalhador visível (e branco), ao lado da máquina que representa sua coisificação e sua exploração. Mas não se pensa nas formas cruéis de trabalho, como essa, que anulam a visibilidade física do trabalhador e o dissolvem completamente no meio de uma nuvem de pó de carvão, tornando-o parte de seu próprio objeto de trabalho. O que fazia dele literalmente o mero fantasma de um trabalho também de Sísifo, tirando a coisa de um lado para pôr no outro, para voltar a pô-la onde a tirara, um dia inteiro, um mês inteiro, um ano inteiro, uma vida inteira. Aquele homem simples e sorridente, em seu trabalho solitário, se diluía inteiramente em seu objeto, preservando de seu apenas o contraste dos olhos e do sorriso. Não me lembro de que alguém, algum dia, nos sindicatos, nas igrejas e nos partidos supostamente trabalhistas e de trabalhadores

tenha pensado em erguer um monumento ao operário desconhecido...
Aquele era um, dentre tantos. A própria sociologia tem sido omissa em
relação às amplas e significativas revelações da invisibilidade e, portanto,
da própria essência da alienação obreira.

É que o operário do sindicato não é o anódino, o incolor, o indefiní-
vel. Na teoria, operário é o trabalhador que sacode o pó do tempo, que
se insurge. Operário é a minoria. Nessa perspectiva o operário não é, de
fato, o homem que trabalha e sim o homem que por razões políticas se
recusa a trabalhar. É nessa hora que ele alcança e preenche a concepção
estereotipada de operário. Mas isso é só estereótipo. O operário de carne
e osso regula sua rebeldia por sua sobrevivência. Mais do que personifi-
car a certeza da revolta, ele personifica a incerteza da ambivalência. Ele
não só produz as condições da transformação social, como não pode
deixar de produzir, ao mesmo tempo, as condições da permanência, da
repetição e da reprodução das relações sociais. E, portanto, de anular-se
ao longo do dia todos os dias.

Fazia um ano que eu completara dezoito anos de idade e me tornado
"de maior", chegando à maioridade, oficialmente adulto, embora continuasse miúdo e franzino, com jeito e cara de criança. No retorno do
almoço, eu tinha ido marcar meu cartão de ponto, não muito longe da
portaria principal, quando fui atraído pelos gritos que vinham da rua e
pela movimentação anormal de gente. Preocupado e curioso fui até as
proximidades dos portões, para ver o que estava acontecendo. Estavam
fechados e os porteiros, uniformizados, sem saber o que fazer. A fábrica
estava funcionando normalmente.

Do lado de fora uma multidão, aos gritos, tentava entrar. Procurara
convencer os operários durante o horário do almoço a aderir à greve,
sem sucesso. Vi, então, quando o presidente do Sindicato da Construção
Civil, que congregava os trabalhadores daquela empresa e para o qual eu
contribuía anualmente com um dia do meu salário, subindo no portão,
para pulá-lo, uma perna já do lado de dentro. Os outros vieram atrás.
Começava a invasão da fábrica. Em poucos minutos aquela massa imensa estava dentro, correndo pelas ruas internas e dirigindo-se às diferentes
seções, paralisando tudo e expulsando os operários para fora. Estava de-

cretada a greve. Tratava-se da greve de 1957, motivada pelo custo de vida. Muitos anos depois, lendo o livro de um colega da Universidade, fiquei sabendo que aquela era a greve que ficaria conhecida como a Greve dos Quatrocentos Mil, ocorrida entre 15 e 25 de outubro.

Voltei para o escritório. Os engenheiros, alertados pela telefonista, já haviam corrido para as seções invadidas e aconselhado os operários a saírem pacificamente. Mas os participantes do piquete começaram a fechar os registros de combustível dos fornos intermitentes e contínuos, tanto da Terracota quanto dos Refratários. Isso provocaria a queda descontrolada e rápida da altíssima temperatura dos fornos e destruiria toda a produção que estivesse queimando lá dentro. Foi um corre-corre: engenheiros e mestres procurando reacender os fornos e restabelecer a temperatura antes que fosse tarde demais. Ouvi, mesmo, de um dos mestres, que comentava o fato com um dos engenheiros, que havia o risco do material cerâmico incandescente fundir dentro dos fornos. Nesse caso, o prejuízo seria completo: os fornos seriam praticamente destruídos.

Eu presenciava, ao vivo e em cores, um ato característico de um movimento primitivo de quebradores de máquinas, o chamado movimento *luddita*, que se difundiu na Inglaterra, nas primeiras décadas do século XIX. Era a vingança dos grevistas pela não adesão dos operários da fábrica à greve geral. Anos mais tarde, eu leria também que o sindicato (e o Partido Comunista, que o controlava) irritava-se por não conseguir abrir nenhum espaço dentro daquela fábrica e junto aos operários. O que se compreende. A empresa tinha uma política de relações de trabalho muito peculiar, acentuadamente paternalista e razoavelmente generosa, antecipando-se a direitos trabalhistas. Reconhecia, em relação aos trabalhadores, direitos que as outras empresas não reconheciam e o próprio Sindicato não reivindicava.

Além disso, congregava um grande número de operários nordestinos, do grande fluxo migratório do final dos anos quarenta e início dos anos cinquenta, vindos no geral da zona rural, e encontrando ali condições de trabalho que não conheciam. Aquela multidão de operários oriunda do Nordeste agrário, praticamente saídos de um regime de servidão, sentia-se profundamente agradecida à empresa. As relações contratuais de trabalho e os direitos trabalhistas legados pelo Estado Novo e acrescidos por conta própria pela empresa representavam muito mais do que significativa ascensão social. Significavam um enorme salto histórico na condição social do trabalhador, algo como escapar do regime servil do século XIX e cair no âmago do que havia de mais avançado nas relações de trabalho do século XX. Isso paralisava a possibilidade de constituição de uma consciência de classe e de uma conduta de classe. Além do mais, o sindicato era liderado por pedreiros e serventes de pedreiros da construção civil, que estavam num enorme descompasso cultural em relação aos operários fabris, o descompasso que diferencia o artesão do operário. Um abismo separava a mentalidade de uns em relação à mentalidade de outros. Os da construção civil não tinham ideia do que era uma fábrica, pois trabalhavam como avulsos, em ocupações temporárias. Mandavam no sindicato porque os operários das fábricas do ramo pouco participavam da vida sindical.

As migrações desses trabalhadores representavam uma viagem no tempo, a concreta supressão de cem anos de transição social em suas vidas, um verdadeiro milagre, a versão pessoal do milagre do nacional--desenvolvimentismo, que tivera no dono da fábrica, em Roberto Cochrane Simonsen, falecido em 1948, provavelmente seu mais importante ideólogo e talvez, também, seu mais articulado teórico. Isso o sindicato não podia entender nem seus dirigentes podiam interpretar e aceitar.

Tenho na memória até hoje, como se fosse uma imagem fotográfica congelada, a figura de Pedro Daniel de Souza, o presidente do Sindicato, nordestino, pulando o portão, numa decisão súbita e arriscada, arrastando consigo a multidão irritada com a não-adesão dos operários da fábrica. Ele me viu, e eu vi a surpresa no seu rosto, e fez que não viu, nem podia naquela circunstância de decisões rápidas e providências corajosas. Nós nos conhecíamos bem. Seu filho e eu frequentávamos a mesma classe na escola dominical da igreja e ele próprio era diácono da igreja, um crente devotado ao serviço religioso. Ao mesmo tempo era militante do Partido Comunista, de que havia ao menos outro na igreja, um presbítero. Seria perseguido político já antes do golpe de 1964 e seria preso na década de 1970, durante a ditadura.

A realidade operária era assim, mistura de ideias políticas, de concepções sociais, de convicções religiosas "inimisturáveis" para ideólogos, sociólogos e analistas políticos. Para Pedro Daniel sua militância política não podia ser separada de sua crença, mesmo sendo ele membro de uma igreja calvinista e conservadora, historicamente associada ao nascimento e expansão do capitalismo. Sua fé estava acima das classificações rígidas. Da mesma forma que saltou corajosamente o portão da fábrica, ele saltava todos os dias as cercas analíticas que separavam sua religião de sua militância como dirigente sindical e político. E nunca embaralhou as cartas nem confundiu os âmbitos. O que só era possível porque ele era calvinista e comunista, graças a Deus.

Rapidamente a fábrica ficou vazia e em silêncio. Não permaneceu quase ninguém, apenas os que trabalhavam pelos recantos e não podiam ser facilmente vistos pelos invasores, desconhecidos e estranhos, pelos militantes do sindicato, gente que não conhecia a fábrica. Mas, aos poucos, também esses foram embora. Um pequeno piquete ficou do lado de fora do portão, mas foi desaparecendo com o chegar da noite e o passar dos dias. Para trás haviam ficado mestres e engenheiros e os "inclassificáveis" como eu e alguns outros menores e subalternos, os inessenciais ao processo produtivo. À medida que percebiam o que acontecera, também esses iam saindo. Não tinha o menor sentido permanecer no interior da fábrica completamente paralisada. Não havia o que fazer.

O sindicato não prestava a menor atenção em criança e adolescente trabalhador. A imagem que o sindicato tinha do trabalhador era uma imagem estereotipada, a do operário adulto e sua máquina e nada mais. O resto era propriamente o resto. Ninguém nos obrigou a sair e ninguém prestou atenção em nós. Nem nos viram, já que os grevistas foram diretamente para a alma da produção, os setores vitais do processo produtivo. Os menores que trabalhavam diretamente na produção saíram com seus colegas adultos, convidados todos a abandonar a fábrica pelos próprios mestres, por medida de segurança. Fiquei lá dentro, no escritório dos engenheiros, no meio daquele silêncio, tudo parado, sem saber o que fazer, os engenheiros ausentes, tentando reaquecer os fornos. Eu não podia ir embora e deixar a porta destrancada, pois ali no escritório estavam os relatórios de experimentos e inovações. E se fosse embora e trancasse a porta, deixaria os engenheiros sem acesso a suas coisas, como roupas, chaves de carros, dinheiro, coisas que ficavam trancadas em armários de um vestiário. Fiquei ali esperando.

Naquela tarde, uma numerosa tropa da Força Pública ocupou a fábrica. Alguém comprou muitos colchões para os soldados e providenciou comida: um caminhão trouxe os marmitões do SESI. Uma rotina de greve se estabeleceu. Os fornos foram reacendidos. Já no fim da tarde, o engenheiro-chefe retornou. Estranhou que eu ainda estivesse lá. Pediu-me que fosse comprar para ele uma escova de dentes e dentifrício e que telefonasse para sua esposa, informando-a de que ficaria na fábrica naquela noite, pois os telefones internos também haviam sido desligados. Depois me dispensou. Ele dormiria no escritório e ficaria na fábrica até que as coisas se normalizassem. Ao me pedir que fosse fazer a compra, certo de que eu sairia e retornaria, também ele demonstrava a certeza de que o piquete não prestaria a menor atenção em mim. E foi o que aconteceu, pois, franzino, eu era completamente irrelevante.

A maioria dos operários da fábrica não se enquadrava no perfil do operário militante. Agiram como se a greve não fosse deles. Ficaram em casa, esperando a hora de voltar. A imensa maioria morava nos dois bairros "colados" à fábrica, bairros que foram tomados por uma calma quase domingueira durante os dias da paralisação, como eu soube depois pelos colegas. O sinal de que a greve havia acabado, dias depois, foi a volta do apito da fábrica, nos horários certos, que todos podiam ouvir. E a notícia do rádio, claro.

Aqueles dias foram para mim, e para muitos de nós, os raros dias da força ideológica dos estereótipos, da nossa identidade que desconhecíamos. Pouco importava o que pensávamos individualmente de tudo aquilo. Na situação social da greve, já não éramos nós mesmos e sim, apenas, a imagem viva das contradições de classe personificadas. Vivi aqueles dias da grande greve, a minha primeira greve operária, como dias de abandono e desamparo, literalmente sem saber o que fazer, sem referências. Mas foram os dias em que, pela primeira vez, pude perceber o que eu era sem saber, na identidade coletiva que a greve propunha e impunha.

A direção da empresa se comportava como se a greve fosse um fato natural e não tinha a menor expectativa de que os operários a furassem. Nem queria que o fizessem para não pôr em risco o próprio capital contido em máquinas e equipamentos. Além disso, de nada adiantaria se uma parte dos operários comparecesse ao trabalho e outra não. Muito mais tarde, quando me foi necessário, compreendi perfeitamente o que era o trabalhador coletivo na simples lembrança do que ocorrera na fábrica naquele outubro de 1957. Era como se estivéssemos em férias. Se alguns não trabalhassem, os demais eram inúteis.

O sindicato não tinha nenhuma presença na fábrica, o que decorria da política social da empresa. Como disse antes, o sindicato nunca se interessara pelas crianças e pelos adolescentes que ali trabalhavam. No geral, os operários achavam que o ambiente de trabalho e a repressão própria da disciplina fabril eram educativos e constituíam a melhor coisa que podiam oferecer a seus filhos. As crianças não nasciam anjos. Nasciam demônios, que só o trabalho poderia amansar. O oposto da classe média que eu viria a conhecer na Universidade e que tem com seus filhos um outro tipo de relação e tem outra concepção do trabalho, pois o considera castigo e violência. De fato, o trabalho não é nem uma coisa nem outra.

Mesmo num sindicato dominado pelos comunistas, como o que teoricamente representava os trabalhadores da fábrica em que eu trabalhava, o sistema de valores vinha da família patriarcal, que encontrara um reforço no autoritarismo e na intolerância do comunismo daqueles tempos de Stalin. Os próprios líderes sindicais colocavam seus filhos precocemente na fábrica, não só porque eventualmente precisavam do salário desses filhos, mas também porque entendiam que a fábrica era uma verdadeira escola da vida. É claro que para eles, portanto, os adolescentes da fábrica não podiam ter visibilidade, apenas esboços de homens e mulheres válidos que eram, de pessoas adultas só em projeto, verdadeiros inválidos políticos.

O sindicato nunca fizera um trabalho pedagógico entre nós, os imaturos do ambiente fabril. Um sinal dessa indiferença é que, apenas por casualidade, o presidente do "meu" sindicato e eu éramos membros da mesma igreja. Nos encontrávamos todos os domingos na escola do-minical e no culto vespertino, além de reuniões de oração e pequenas festas no salão da igreja. Embora conversássemos, ele nunca me disse absolutamente nada sobre relações de trabalho, sindicato e política. Eu ficara sabendo do sindicato quando tive que pagar pela primeira vez o imposto sindical obrigatório e me foi explicado que, por lei, um dia do meu salário seria descontado anualmente em favor do "meu" sindicato, que eu nem mesmo sabia onde ficava. Aliás, aquele desconto doía, pe-sava muito nas minhas contas, privava-me, de fato, de algumas coisas que me eram necessárias.

A única tentativa de abordagem política pela qual passei na fábrica foi por parte de um funcionário da seção de desenhos, integralista, que na hora do almoço começou a me falar sobre o pensamento de Plínio Salgado. Depois de alguns dias, passei conscientemente a evitá-lo. Havia como que um conteúdo religioso naquela fala mansa que me deixava preocupado, na referência a "Deus, Pátria e Família", um certo catolicis-mo bem diferente daquele que eu conhecera, que era conservador mas aparentemente despolitizado. Eu era, então, protestante e aquela aborda-gem parecia um ataque direto à fortaleza da minha crença e da minha fé.

Foi a fábrica, aliás, que me ensinou que eu tinha direitos trabalhistas. De cara, ao conseguir aquele emprego, fui ganhar metade de um salário de adulto, três vezes mais do que ganhava no emprego anterior. Era o que mandava a lei. Além disso me foi explicado que, como eu tinha que esperar a saída do último engenheiro, no fim da tarde, o que se dava de meia hora a quarenta minutos após o apito da fábrica e a saída normal dos empregados, era para eu marcar os minutos adicionais numa folha especial que me davam todos os meses. E eu os marcava: dia tal, treze minutos; dia tal, sete minutos, dia tal, três minutos etc. No fim do mês entregava a lista na seção do pessoal e minhas horas extras eram calcu-ladas, com o acréscimo de lei.

De que me lembro, nenhum operário da fábrica participou do débil piquete que por várias horas ficou do lado de fora da portaria. Aquela gente, simpática aliás, meia dúzia de pessoas pacíficas, não era da "nossa" fábrica. Ficava ali jogando palitinho, sequer se interessando por quem se aproximasse da portaria. E não houve piquete na portaria próxima ao cemitério e na portaria dos fundos, do lado de lá do Rio dos Meninos, onde ficavam as cocheiras. Teria havido piquetes nesses lugares se fosse uma greve que tivesse a adesão dos operários da própria fábrica, pois sabiam que pela primeira teria sido possível entrar com a mesma facilidade da portaria principal. Com muito menos dificuldade teria sido possível entrar pelos fundos, dando volta enorme pela Rua São Paulo. Ficou claro que o não comparecimento ao trabalho, foi mais atitude de proteção às instalações da fábrica do que adesão à greve, tendo em vista o que acontecera no momento da invasão.

Não havia nos parâmetros da consciência teórica de classe, implícita e semivisível no próprio modo como a greve alcançara a fábrica, qualquer espaço para as coisas que afligiam muitos de seus trabalhadores. A consciência da aflição ficou clara após o término da greve, no alívio que trouxe e nos comentários que circularam. A maior preocupação era com a possibilidade de que os fornos tivessem sido irremediavelmente danificados ou que máquinas tivessem sido quebradas. O que significaria para um grande número de trabalhadores o fim do emprego numa fábrica que, no sistema de classificação do operariado local, era definida como uma "fábrica boa", em comparação, por exemplo, com a Fábrica Matarazzo, considerada uma "fábrica ruim".

O tempo me mostrou, já longe da fábrica, repensando minha vida e minha experiência, que havia uma consciência operária e uma consciência do trabalhador, a consciência da classe e a consciência da sociabilidade da fábrica e do bairro ao redor. Descontínuas entre si, modalidades de consciência que se estranhavam e não raro se repeliam, a consciência que o partido e o sindicato pretendiam e queriam e a consciência que o operário podia ter e entendia, a consciência do "verdadeiro" operário e a consciência do operário "alienado", mas real. Esse estranhamento, no fim das contas, negava o trabalhador de carne e osso, autor da consciência cotidiana de seu trabalho. Mas, na verdade, uma não existia sem a outra. A verdadeira consciência operária era um conflito de visões de mundo, uma alternância de percepções e vontades, um elenco de dilemas, uma disputa entre certezas cotidianas e incertezas históricas.

Aquela greve foi, de certo modo, um divisor de águas. Não foi apenas uma greve do trabalho contra o capital. Foi uma greve do sindicato contra o paternalismo patronal, contra as bases sociais do populismo. Foi uma greve de operários que lutavam em nome da consciência de classe contra operários que se acomodavam em nome do conforto uterino de uma consciência cotidiana do trabalho e da fábrica, como comunidade de empresários e trabalhadores.

Naquela grande e violenta greve de outubro de 1957 começava o fim de uma era da história operária brasileira. A morte de Getúlio, três anos antes, chegava finalmente aos trabalhadores do Brasil, dos famosos discursos de Vargas. O operário getulista estava morrendo. Do casulo da indústria começava a nascer a borboleta vermelha do novo operário brasileiro, da nova industrialização dos anos cinquenta. No meio do processo de que a greve foi o cume, reveladora do sentido das grandes mudanças sociais que estavam ocorrendo, completei dezenove anos de idade. Eu me tornara formalmente adulto no meio de um ciclo agudo da luta de classes, durante o qual tirei minha nova carteira de trabalho, a de maior de idade. A criança que começara a perecer precocemente nos dias de Guaianases completava ali, no meio de uma greve operária, o seu perecimento como imaturo. Mas permaneceria na memória a criança que todos guardamos dentro de nós, até o fim dos dias, a criança que, paradoxalmente, é a memória do adulto. Ela é o lembrete. É essa criança interior que diz ao adulto que ele é o tempo que passa, as coisas que passam, a sucessão dos dias e das horas, a experiência, a mudança no disfarce do que não muda.

# 14
## A saída do labirinto

CAMINHEI DEVAGAR PELA NAVE da capela do College, seguindo o Deão. Tive naquela hora a certeza de que um dia, em 1958, uma imprudência e uma ousadia, ao mesmo tempo, representaram uma inflexão no que fora a minha vida até os tempos da fábrica.

De repente, eu percebera que estava num labirinto e que havia uma saída do labirinto. O labirinto da história da família, da história da transição das relações de trabalho, da subserviência feudal até a solidão dos direitos e deveres individuais do moderno contrato laboral. Nele, o longo e lento processo de gestação da sociedade contemporânea, de libertação dos pobres da terra, que semeavam e colhiam as condições sociais do seu confinamento nos limites precisos da sociedade estamental. Libertação em relação aos velhos vínculos de dependência e sujeição que os lançou nas incertezas do mundo moderno, que aceitaram com relutância e sem compreendê-lo. A teia e os enredamentos em que as complicadas circunstâncias históricas da chegada de gente comum como nós ao mundo urbano, fabril e moderno, e também as adversidades, que nos haviam aprisionado e me haviam aprisionado. Vivêramos em família a grande passagem do mundo da sujeição pessoal ao mundo da liberdade aparente; do mundo dominado pelo fidalgo ao mundo dominado pela fábrica. Foi, sem dúvida, uma demorada e difícil viagem através do tempo e da História dos lentos séculos XIX e XX.

Sempre tive alguma intuição de que protagonizava, como tantos, uma grande passagem no tempo, uma grande travessia, que não se circunscrevia à minha pessoa. Talvez porque as biografias da história familiar eram biografias que me remetiam necessariamente a outros tempos. A antiguidade e a obsolescência de coisas, mentalidades, relacionamentos, gestos, costumes, sempre me cercaram. Era muito pequeno quando comecei a perceber isso nos desencontros que havia entre nós, de minha família, e os outros. Os avós com os quais convivi e conversei falavam uma língua que vinha do fundo dos tempos e de longe. O passado era claramente diversificado e convergente ao mesmo tempo nas histórias contadas por minha avó paterna, nos ditos de meu postiço avô paterno, na memória de minha avó materna, no silêncio de meu avô materno.

Desde pequeno eu percebera um passado desatado que nos mergulhava a todos no esquisito tempo do analfabetismo ou da precária alfabetização, da servidão de pescadores, lavradores e artesãos. Quando saí em busca dessa história tentava encontrar os nexos que me revelassem o sentido dessa passagem, eu mesmo dando com relutância os passos de uma transição social profunda. Desde crianças, tanto meu irmão quanto eu, vivêramos conscientemente o passo adiante de relações de trabalho que pais e avós não haviam conhecido. Passamos a vida vivendo, e de certo modo sofrendo, o desencontro de linguagens, de experiências, de visões de mundo, de compreensão das pessoas e das coisas. Sabíamo-nos sozinhos nesse passo e ao mesmo tempo juntos com pais e avós na partilha do destino, na comunidade maior do afeto familiar que perdura até hoje na nossa extensa parentela. Caminha-se, ficando.

Era a história dos pobres da Europa camponesa e atrasada, empurrados pela miséria de sua terra no rumo do mar, na longa travessia do Atlântico, rumo ao Brasil, para substituir escravos nas fazendas de café ou protagonizar o advento de novas relações de trabalho nas oficinas do subúrbio. Na justa ilusão de que a vida sem descanso e o salgado suor teriam sua recompensa um dia. Alguém na sucessão das gerações colheria os frutos benditos do labor de tantos, da privação e das muitas perdas e rupturas ao longo do caminho. Gentes que ficaram à margem da estrada após terem construído as condições para os passos dos que vieram depois. Talvez por isso a memória de minha avó materna fosse predominantemente centrada num extenso elenco de nomes de irmãos e antepassados que se extraviaram pelo mundo e dos quais nunca mais teve notícias. A história da pobreza é também uma história de perdas afetivas, de dispersões e de saudade. A saudade morava nos olhos de meus avós.

O trabalho livre no Brasil foi antes de tudo um modo sofrido do trabalhador e imigrante semear generosamente, sem saber quando os frutos seriam colhidos e quem os colheria. A travessia do Atlântico se estendeu na demorada travessia social rumo a uma situação minimamente digna, além da servidão do eito, no meio do cafezal, além das durezas do trabalho na poeira da oficina.

Minha decisão atrevida e imprudente pela escola e pelo livro era parte dessa história lenta, desse caminhar penoso, dessa certeza que começara lá atrás com meus avós, movidos pelas circunstâncias adversas para fora da terra ancestral. Nos momentos de dúvida ainda escuto o arrastar das sandálias de minha avó materna, deformadas pelos pés deformados pelo peso da vida, da busca, dos muitos filhos carregados no ventre e nos braços em dois continentes e entre dois continentes. Naquele começo de noite em Cambridge eu caminhava com as sandálias dessa avó e com os pés de tantos, de tantas travessias. Nunca se está sozinho numa vida assim.

O curso secundário noturno pago pela fábrica me preparara para trabalhar na própria fábrica, o que confirmava o labirinto como destino e até mesmo como esperança. Em seguida, ao iniciar o curso científico me dei conta de que aquele não era o meu caminho. Se insistisse, como era meu dever, patrocinado que era pela empresa, teria tido um desempenho medíocre nas matérias fundamentais, como Física, Química e Matemática, pelas quais eu tinha um interesse menor, embora quase que certamente pudesse ter um desempenho muito razoável e até muito bom nas matérias complementares. Para um moleque do trabalho, o tempo residual do estudo era insuficiente para a dedicação devida a matérias de grande complexidade, como aquelas. Se tempo tivesse tido, eu teria gostado muito de me dedicar a elas. Na fábrica eu tivera a motivação para isso e mesmo nas brincadeiras de rua, quando brincávamos de construir brinquedos. Fazíamos cálculos espontaneamente, de tamanhos, de peso, de proporções. Mas nas salas de aula toda essa sabedoria de rua e

JOSÉ DE SOUZA MARTINS

de trabalho era desconhecida e desprezada, o que fazia do ensino algo completamente estranho à vida, à nossa vida. O sistema escolar e os adultos professores não podiam reconhecer que o que sabíamos era saber e conhecimento. Só o deles o era.

Fui franco e informei ao responsável por me acompanhar no desempenho escolar que ia desistir do curso. Expliquei-lhe ter descoberto que minha opção era outra. Não disse a ele, mas eu estava fascinado pela ideia de ser professor primário em escola rural, voltar para a roça, agora como professor, o que mantive em segredo. Essa opção fora crescendo dentro de mim como uma utopia libertadora à medida que me defrontava com as promessas e possibilidades da nova industrialização dos anos 1950, para mim já visíveis dentro da própria fábrica.

Eu já era, senão um coadjuvante menor, ao menos um espectador privilegiado do nascimento da nova e sofisticada indústria no próprio âmago da indústria ainda vigorosa dos anos vinte e trinta. Testemunhei, deslumbrado, essa transformação, dia a dia, uma fábrica nova sendo montada dentro de uma fábrica velha. A fábrica de empresários humanistas em que eu estava trabalhando ia desaparecer com o tempo. A aparição do demônio na fábrica, fora o anúncio de uma nova lógica industrial e prenúncio de tempos de sofisticação tecnológica e modificações profundas nas condições de trabalho. A nova indústria produzia nas operárias um cansaço novo, um esgotamento físico mais rápido, e a visão compensatória da aparição de Satanás no meio da produção para explicar a mudança e dar-lhe sentido: o afã sem limites do lucro e, em consequência, o mal tomando conta do trabalho e do corpo do trabalhador.

Obviamente, eu não podia ter essa compreensão do que estava acontecendo. Mas podia perceber claramente que ia ficando longe dos requisitos e das motivações das novas profissões que começavam a dominar a profunda metamorfose da fábrica, não só daquela.

A fábrica ainda exercia em mim um enorme fascínio. Era um brinquedo grande. Mas, ao anunciar-se no meio da produção, o demônio anunciara também que a fábrica deixava de ser um parque de diversões, em que as pessoas "brincavam" com ela, para se tornar um imenso parque de produção, em que as máquinas brincavam com as pessoas. As operárias da seção de escolha de ladrilhos, ao verem o demônio sorridente num canto do imenso salão em que trabalhavam, viram na verdade, e intuíram a seu modo, o futuro do trabalho extenuante e da coisificação mais intensa dos trabalhadores. E pediram a presença de um padre, de benzimento, do cerco simbólico do profano pelo sagrado, cerco do lucro pela precedência moral do trabalho. Todos nós tínhamos alguma percepção de que as coisas iam por aí.

Os velhos mestres, de canina lealdade à empresa, boicotavam as normas de serviço numa espantosa guerra de saberes com os engenheiros, que representavam a fábrica nova e inevitável. Substituíam as ordens de serviço por suas próprias e secretas regras, cujo teor a empresa tentou recuperar mesmo depois de aposentados e não conseguiu. Resistiam de modo claro à expropriação de seu conhecimento para transferência ao sistema de produção, como um dom da própria produção. Dito numa outra linguagem, cheguei a ouvir isso, muitos anos depois, do antigo mestre da seção de prensagem de ladrilhos. E não me espantei. Para ele, mesmo numa fábrica daquele porte, o conhecimento e os segredos da produção deveriam ser transferidos de pai para filho, como uma herança, um patrimônio pessoal. Eles ainda pensavam com as categorias antigas das corporações de ofício. Eram sobreviventes de um passado antigo, incrustado nos interstícios da produção industrial e moderna.

Na minha opção pelo magistério primário, não pensava num lugar como Guaianases, cenário dos amargos dias de quase silêncio dos meus nove aos onze anos de idade. Pensava antes na possibilidade de ingressar no magistério e tentar uma vaga em escola da região da Bragantina, onde ainda estava minha avó, já viúva, e estavam meus tios e primos. Era uma região boa para o magistério de alguém que, como eu, passara a acreditar cada vez mais profundamente no milagre da educação, a educação como generosa doação. Ir para lá era o cumprimento de um destino e o pagamento de um débito de família. Era, sobretudo, expressão da consciência de que mesmo saindo do labirinto do destino fabril não saía da rede de lealdades intrafamiliares, não rompia a comunidade de destino que nos mantivera sempre afetivamente juntos.

Não disse nada de imediato a ninguém na fábrica, mas me preparei nos meses restantes para fazer o vestibular, que então havia, obrigatório, para o curso Normal, ou curso de Formação de Professores Primários, como era seu nome oficial. Se ingressasse no curso, teria que sair da fábrica, abrir mão do que era um bom e seguro emprego, abrir mão do trabalho num lugar do qual eu gostava muito, para me dedicar a ocupações incertas que de algum modo me permitissem mínima sobrevivência durante os três anos do curso de magistério.

E assim foi. Fiz o vestibular durante minhas férias do trabalho e fui aprovado. Pôs-se, então, o problema de comunicar à empresa que eu estava de saída, ia embora. Ia deixar o cenário e os relacionamentos em que eu me transformara de criança em adulto. Problema porque aquela decisão me enchia de remorso, fazia com que me sentisse mal agradecido. Eu não havia compartilhado com ninguém lá dentro o amadurecimento de minha decisão pelo estudo e não pela fábrica.

Eu havia tirado férias da fábrica, em janeiro, e, em parte delas, fiz uma solitária viagem de trem, cortando a América do Sul, através do Estado de São Paulo, do Mato Grosso e da Bolívia, até Tiahuanacu, nas proximidades do Lago Titicaca e da fronteira com o Peru. Fui conversando com as pessoas, tomando notas e fotografando. O confronto vivencial entre o subúrbio e a roça já me dera consciência da diversidade do humano e se confirmou maravilhosamente no encontro com quéchuas e aimarás ao longo do caminho. Na volta, já quase sem dinheiro, dormi num quarto de cortiço, sem porta, em Cochabamba, numa mesma cama de casal, com outras sete pessoas que eu nunca vira antes. Era o que dava para pagar: um oitavo de uma cama suja. Retornei a São Paulo com pneumonia, depois de três semanas passando frio e em vários dias alimentando-me de sanduíche de mortadela ou canja de galinha ou cenoura crua. Era o que dava para comprar. A viagem encorajou-me à ruptura.

No mês seguinte, comuniquei à empresa, por escrito, que estava me demitindo e dei o aviso prévio de trinta dias que a lei determinava. Naquele tempo, era comum quem quisesse sair de seu emprego criar um caso ou propor à empresa um acordo que lhe permitisse receber uma indenização ou ao menos parte dela. Essa hipótese nem me passou pela cabeça, desonesto que seria sem dúvida alguma. Eu estava constrangido e meu constrangimento aumentou com a reação à minha decisão. Meu chefe imediato, um dos diretores, não quis mais falar comigo e mandou que o chefe do pessoal acertasse as contas imediatamente e me dispensasse do aviso prévio. O chefe do pessoal me procurou e me repreendeu, alegou mesmo que eu estava sendo ingrato ao me demitir assim de sopetão, sem motivo. Era ponto de honra da empresa manter seus empregados. Nela havia empregados que trabalhavam para os mesmos patrões há mais de quarenta anos. Expliquei-lhe meus motivos e que, justamente por gratidão, não podia continuar na fábrica recebendo um benefício, que fora o pagamento da escola, se minhas expectativas quanto ao meu futuro não coincidiam com as expectativas da empresa. Ao me demitir sem negociar, abria mão da indenização, um salário integral por ano de trabalho. Com isso, restituía à empresa o dinheiro que ela gastara pagando por mim a escola secundária noturna.

Um dos engenheiros veio falar comigo sobre o mesmo assunto. Repeti-lhe a explicação já dada ao chefe do pessoal. Ele disse, então, que eu fora bobo. Se eu tivesse explicado o que pretendia, certamente a empresa teria inventado um horário especial para mim, de modo que eu pudesse fazer o curso Normal de manhã, único horário em que o curso funcionava, e trabalhar à tarde, completando a jornada de trabalho no início da noite, provavelmente algo entre 14 h e 22 h.

Essa teria sido uma saída bem razoável para mim, o que teria me poupado dos três anos de dificuldades econômicas em que eu estava me aventurando. Mas a verdade é que eu queria tempo, também, para fazer o curso muito a sério, ler todos os livros indicados, além de ler os livros que considerava fundamentais em minha formação, independente da recomendação escolar, e que até então eu não lera.

Dias depois fui fazer a matrícula no Instituto de Ensino de São Caetano, onde fizera o secundário, uma escola particular. Esse era outro detalhe que eu não avaliara maduramente. Minha mãe se dispunha a mais um sacrifício por um membro da família, assegurando-me comida e roupa lavada. Mas era preciso pagar a escola. O pequeno pé-de-meia que eu havia feito garantia muito pouco do meu estudo. Isso significaria para todos nós mais privações. Eu contava com a possibilidade de arrumar empregos de meio expediente, o que conseguiria bem mais tarde, propondo à Prefeitura de São Caetano a criação de um Museu Municipal que eu organizaria, como de fato organizei. Foi o primeiro museu histórico da região do ABC, ainda hoje existente. Mas todo um ano acabaria se passando em que a duras penas conseguia algum trabalho em tempo parcial, mal e insuficientemente remunerado.

Ao chegar à escola com os documentos necessários para a matrícula, recebi a péssima notícia de que o curso fora cancelado. O número de alunos aprovados no vestibular era insuficiente para mantê-lo. Fiquei atordoado. Eu havia renunciado a tudo, optado por três anos de dificuldades econômicas, de pobreza completa, e agora estava tudo perdido, no olho da rua, desempregado e sem o curso que fora a razão do sacrifício. A funcionária sugeriu que eu falasse com o diretor. Ele me explicou que a escola não teria como bancar um curso que daria prejuízo, a não ser cobrando dos alunos uma mensalidade que a maioria não tinha condições de pagar. Tentou me tranquilizar dizendo que, como tinha sido aprovado no vestibular, adquirira o direito de fazer o curso imediatamente em qualquer escola, pública ou particular. Bastaria conseguir a vaga. Ele me daria uma carta de transferência aberta.

Havia um curso num colégio de freiras, o mesmo do meu jardim de infância, mas era um curso para mulheres. Havia também curso em escola pública, em São Bernardo e em Santo André. São Bernardo era muito longe, sem condução direta, o que tornava essa opção inviável. Optei pelo Instituto de Educação Dr. Américo Brasiliense, de Santo André, uma escola pública reputadíssima, não longe da estação ferroviária. Eu poderia ir até lá de trem, diariamente.

Saí dali voando, como se diz, com a transferência na mão, tomei o trem e fui imediatamente falar com o diretor. Algumas moças aprovadas na mesma escola em que eu o fora, também estavam lá, procurando vaga. Havia uma boa fila de pessoas oriundas de situações semelhantes, em outras escolas. A maior parte das vagas já estava ocupada pelos candidatos aprovados no próprio Américo Brasiliense. Alguns de nós corríamos sério risco de ficar sem vaga ali.

Falei com o diretor, professor Carmelo Crispino, que me sugeriu tentasse São Bernardo, pois ali em Santo André só havia mulheres, embora isso não fosse oficial nem podia ser. Insisti com ele, expus minha situação e o risco em que me encontrava de ter que interromper definitivamente meus estudos. Eu lutara muito para chegar até ali. No final das contas, ele conseguiu acomodar a todos. Numa turma de mulheres, éramos apenas dois rapazes.

Carmelo Crispino era um humanista, como eu descobriria tardiamente. Nos anos trinta, fora secretário-geral do Partido Socialista fundado e presidido pelo filósofo italiano Antonio Picarollo, imigrado para São Paulo, onde se tornou professor de História das Ideias Políticas na Escola de Sociologia e Política. Aliás, na mesma época em que Roberto Simonsen, fundador da Escola e dono da Cerâmica São Caetano, era ali professor de História Econômica do Brasil. Carmelo Crispino fora preso pela polícia política na onda de repressão que se seguiu à chamada Intentona Comunista, nos anos trinta, embora nada tivesse a ver com ela. Junto com outro preso, Caio Prado Júnior, foi o signatário do pedido de *habeas corpus* em favor dos presos políticos de São Paulo. Foi processado juntamente com Caio Prado Júnior, com o general Miguel Costa, comandante da Revolução de Outubro de 1930, que levara Getúlio ao poder, e com um oficial da Força Pública de São Paulo. Todos no mesmo processo. Ao descobrir esses fatos casualmente, muitos anos depois, nos documentos do Tribunal de Segurança Nacional, no Rio de Janeiro, tentei marcar uma entrevista com ele, com quem cheguei a falar por telefone. Mas ele morreria dias depois, sem que tivéssemos tido oportunidade de conversar sobre esses fatos.

O que parecia constituir-se numa grande adversidade, o fechamento do curso em São Caetano, acabou se transformando numa das melhores coisas que me aconteceram. O Américo Brasiliense funcionava numa casa modesta e imprópria, de uma antiga chácara, mas tinha excelentes professores, boa parte deles oriunda da usp. Era 1958. Duas professoras me marcaram muito e influíram decisivamente na minha opção de desistir de ir para o magistério primário na roça, indo, em vez disso, para o curso de Ciências Sociais da Faculdade de Filosofia, Ciências e Letras da Universidade de São Paulo. Era outro modo de pagar os meus débitos históricos.

Naquela época os professores do ensino médio e do ensino secundário eram de modo geral concursados, aprovados em rigoroso concurso público estadual. Tornavam-se catedráticos da respectiva disciplina, diferente da situação de caixeiros-viajantes do ensino em que são lançados os professores de hoje em dia, com grande desestímulo para eles e grave prejuízo para a educação.

A catedrática de História da Civilização Brasileira era Dona Margarida Amyr Silva. Não usava o quadro-negro. Sentava-se à mesa e cada aula sua era uma brilhante e erudita conferência sobre um dos temas do programa. Era impossível não acompanhar seu raciocínio, a laboriosa interpretação dos fatos e a sólida construção da interpretação. Finalmente, a História tinha sentido. Deixava de ser uma crônica.

De Sociologia, a catedrática era Dona Aracy Ferreira Leite, formada nos bons tempos da Escola de Sociologia e Política. Ela amava sua disciplina, como Dona Margarida amava a História. Ambas davam aulas apaixonadas. Foi com Dona Aracy que li integralmente meu primeiro livro de Ciências Sociais, *O Homem*, do antropólogo Ralph Linton, logo no primeiro ano do curso Normal. Dona Margarida também estimulava leituras. Trazia de casa seus próprios livros e os emprestava aos alunos, para que os lessem e resumissem. Um dos livros que me coube ler foi *O Valeroso Lucideno*, de Frei Manuel Calado do Salvador, escrito em 1648, uma narrativa da guerra contra os holandeses, sobretudo o elogio de João Fernandes Vieira. Um texto que eu provavelmente nunca leria espontaneamente, um outro modo de compreender a História, através da fala e do pensamento do protagonista.

O primeiro ano e meio depois da saída da fábrica e do ingresso no curso Normal foi bastante duro. Ao fim de um ano, não consegui comprar nem mesmo o uniforme inteiro que a escola exigia: calça azul marinho, camisa branca, gravata preta e blusa azul marinho, com fecho *éclair*. Calça e camisa, aproveitei as que já possuía, numa época em que o terno azul-marinho era praticamente o uniforme da vida, para os homens, a roupa solene para demarcar a diferença dos domingos e aconte-

*No Curso Normal do Américo Brasiliense, funcionava o Clube de Sociologia Fernando de Azevedo, de que fui um dos presidentes. O Clube promoveu várias excursões pedagógicas com a professora de Psicologia e Pedagogia, Dona Marina A. F. Jorge. Uma delas, a lugares históricos de São Paulo. Esta foto foi feita na frente da Igreja de Santa Cruz dos Enforcados, em 1959, lugar em que, no início do século XIX, existira a forca. Ali, em 1821, foi supliciado Francisco José das Chagas, o Chaguinhas, por ter liderado um protesto na guarnição militar de Santos.*

cimentos em relação aos dias de rotina e trabalho. Com algum sacrifício, consegui comprar a gravata preta. Mas não pude comprar a blusa. Em dias de frio, ia com um velho agasalho destoante da blusa exigida. Até que a inspetora de alunos me chamou de lado e muito polida e discretamente me perguntou se eu estava passando por alguma dificuldade, pois não usava a blusa do uniforme, apesar do frio. Tentei dizer-lhe que não. Mas ela insistiu e me disse que dificuldade não era vergonha na vida de ninguém. Ela mesma havia passado por muitas. Se eu a autorizasse, ela obteria para mim, sem dizer para quem, uma blusa da Caixa Escolar, um fundo financeiro de apoio aos estudantes pobres mantido pelos pais dos alunos em melhores condições. Alguns dias depois, discretamente me deu a blusa, bem embrulhada, como se fosse um presente pessoal, num belo gesto de decoro e de respeito.

No meio dessas dificuldades, ao chegar um dia em casa, voltando da escola, minha mãe me disse que havia trazido os papéis para que eu os assinasse.

– Que papéis?! – perguntei surpreso.

– Os do IAPI (Instituto de Aposentadoria e Pensão dos Industriários, depois INSS). Estão sobre a máquina de costura.

Li os papéis e fiquei abatido, mais do que indignado. Minha mãe colocava em minhas mãos o meu pedido de aposentadoria por incapacidade para trabalhar. Eu trabalhava desde 1950, há oito anos, e contribuíra para a previdência oficial desde 1953, quando entrara na fábrica. Ela usava o pretexto de que eu sofrera um afundamento toráxico já na infância, por motivo de trabalho, o que levara o próprio Exército a declarar-me incapaz definitivamente quando me apresentei para o serviço militar obrigatório. A seleção de um soldado raso no Exército é também um concurso de beleza. Curioso, porque numa guerra uma simples bala destroça a beleza de qualquer um. Com isso eu me livrara de ter que abandonar os estudos para cumprir as obrigações militares. Embora, se convocado, tivesse que continuar trabalhando, pois na região do ABC, muito cedo, foram instalados os Tiros de Guerra. Era um pretexto para livrar as famílias dos operários do recrutamento de seus filhos jovens em idade de serviço militar. Poderiam servir à pátria e à família, numa dupla jornada, pois continuariam no trabalho. No geral, os "beneficiados" que estudavam tinham que parar de estudar, pois treinos, exercícios e manobras eram feitos à noite e nos fins de semana.

Minha decisão de sair do labirinto do sistema fabril e da condição operária fora interpretada por minha mãe como incapacidade para o trabalho verdadeiro, que para ela era o trabalho da fábrica, era ter um emprego firme e seguro. A dificuldade para arrumar um emprego compatível com o horário da escola diurna, parece ter pesado muito para que ela tomasse essa decisão em meu nome. Ao optar pelo trabalho intelectual eu me tornara um inválido.

A sociologia está cheia de textos e estudos sobre ascensão social, sobre a gloriosa trajetória de camponeses, em boa parte imaginária, que se tornam operários e filhos de operários que se tornam doutores. Nunca vi, porém, nenhuma referência às dores, rupturas e dilaceramentos de vínculos com pessoas próximas e amadas, próprios de uma travessia que é de fato penosa, sofrida e amarga, demarcada por julgamentos depreciativos e interpretações degradantes como essa. A ascensão social é uma busca difusa em meio aos tormentos das separações e distanciamentos, o alto preço que se paga por mudar, até involuntariamente, de posição social. Um processo permeado por medos altruístas dos próximos e invejas egoístas dos distantes.

Naquele gesto, minha mãe, sem o saber, propunha-me uma espécie de rito de minha exclusão formal das seguranças e possibilidades do mundo operário. Uma passagem prudente para o desconhecido, temido e desejado ao mesmo tempo. A prudência operária raramente é levada em conta por militantes e estudiosos, embora se manifeste todo o tempo em viradas políticas surpreendentes e recuos inesperados.

É claro que nesse mundo existe, muito forte, a aspiração da ascensão social, bem distanciada das incríveis concepções da classe média de esquerda sobre a vocação revolucionária do proletariado, uma vocação puramente estrutural e teórica. A classe média militante, que tem seu conforto consumista assegurado, no geral, entende a aspiração da ascensão social como uma traição de classe, uma opção alienante. É difícil pensar a emancipação revolucionária do povo sem liberdade e sem

*Um dos expedientes de sobrevivência a que recorri durante o Curso Normal foi o de dar aulas de história num curso noturno de madureza no subúrbio. Surpreendi meus alunos levando-os num sábado à Pinacoteca do Estado para uma aula fora de programa, algo completamente estranho ao horizonte de estudantes já adultos, que trabalhavam de dia e estudavam à noite.*

substancial melhora nas condições de vida de todos e de cada um, a ascensão social. A suposta vocação revolucionária do proletariado tem tido pouquíssimas oportunidades de se manifestar em diferentes países. E de fato nunca se manifestou de maneira reconhecível e indiscutível no Brasil. O partido que fez o mais contundente discurso operário entre nós, no poder é apenas um partido burocrático e conservador, de inspiração religiosa, profundamente motivado por valores do passado. Nem mesmo é um partido moderno.

A revolução dos setores radicais e inquietos da classe média é no fundo aquela que seu próprio hibridismo de classe não lhe permite fazer nem compreender. Daí que as verdadeiras lideranças políticas da classe operária no Brasil raramente venham de fato da própria classe operária, aquela do trabalho braçal e pesado. Daí o fato, também, de que a verdadeira classe operária de carne, osso, sentimentos e inteligência, nunca esteja plenamente presente na maior parte das doutrinas, teorias e análises sobre o mundo operário. É quase sempre a elitista classe média, distante desses atributos, que pensa por ela e fala por ela. A fenomenologia da condição operária, que há na obra de Marx, é propositalmente ignorada pelos fazedores profissionais de história. Os autores do indevidamente chamado de conhecimento militante.

Superada a surpresa, a indignação e a tristeza inicial, compreendi aos poucos que minha mãe operária não compreendia, por sua vez, o mundo que se estendia além da muralha do trabalho físico e penoso. No seu entendimento, o máximo de crescimento pessoal era ser escriturário de fábrica. Minha opção pela profissão de professor primário representava para ela uma confissão de incapacidade para trabalhar, para fazer o único e verdadeiro trabalho, que é o das mãos, do qual a cabeça é mero auxiliar. Já que era para viver na incerteza, que eu ao menos tivesse a certeza de uma aposentadoria precoce de salário mínimo mensal, que poderia receber como suposto inválido. Com isso, eu a livraria das obrigações de manter-me, numa crônica situação doméstica de dificuldades financeiras. Porém, enquanto eu estivera na fábrica e recebia meu salário regular, o tórax afundado não fora um problema nem para ela nem para meus patrões.

JOSÉ DE SOUZA MARTINS

A deformação, conhecida no meio médico como "peito de sapateiro", comum nessa profissão pelo uso do peito como apoio no trabalho
de corte e aparo de solas de sapato, aparentemente decorrera, no meu
caso, do uso que muitas vezes fiz do peito como extensão da ferramenta
no meu trabalho.

Lá em Guaianases, nem meu irmão nem eu éramos obrigados a "pegar na enxada", pois muito pequenos ainda. Mas alusões ocasionais à
nossa "boa vida" de só irmos à escola, enquanto minha mãe e meu padrasto davam duro, ele na roça e ela na fábrica, o que era indiscutível,
constituíam uma pressão constante para que também ajudássemos no
trabalho da roça. Mesmo que a caminhada diária de ir e vir da escola
fosse de dezesseis quilômetros, o que nos deixava esgotados. Além de
carregar água por um morro íngreme e lavar a louça, ajudávamos no
plantio do feijão e do milho, por exemplo. E meu padrasto me "dera"
um pequeno pedaço de terra, de alguns metros quadrados, não longe
da porta da cozinha da casa em que morávamos, para que eu fizesse minha própria roça de milho. Escolheu o terreno mais duro que havia, o
mais imprestável para plantio, pois o terreno macio era para o trabalho
dele, o trabalho de adulto. Não queria que, com minha roça de criança,
fosse ocupar indevidamente a terra boa, para o trabalho sério. Tão ruim
e duro era o terreno que de minha plantação de milho apenas metade
das sementes germinou. Os pés de milho cresceram com dificuldade,
ficaram anões e os que deram alguma espiga deram espigas tão pequenas
que tinham mais sabugo do que milho.

Tanto no feijão quanto na "minha roça" eu tinha que levantar o pesado enxadão de adulto para fazer as covas do feijão e do milho. Como
não tinha forças para isso, encostava a ponta do cabo sobre o esterno e
levantava o enxadão, cujo peso vinha todo sobre o meu peito, para então
descê-lo com força várias vezes e abrir a cova para colocar as sementes.
Mais tarde, na fabriqueta de fundo de quintal em que tive o meu primeiro trabalho industrial, proletário de um operário-patrão, não raro usei
o peito como ferramenta. Às vezes, as folhas de lata que eu devia abrir
e cortar com uma guilhotina manual eram duras. Eu apoiava, então, o
cabo da lâmina sob o peito e soltava todo o meu peso sobre ele para cor-

tar a dura folha de flandres. Isso também contribuíra para a deformação que agora se tornava o pretexto que me condenava a uma espécie de banimento formal e simbólico do mundo ao qual eu até então pertencera. Numa família de trabalhadores, minha saída do labirinto, minha opção pelo trabalho intelectual, me tornava imprestável.

Aqueles papéis do IAPI, que não assinei e rasguei, constituíam o passaporte de saída do labirinto fabril, um modo de sair legítimo e não como clandestino, não como fuga do trabalho. No subúrbio havia muito medo do rótulo de vagabundo, boa-vida, desocupado. Depois de anos de trabalho, visto, reconhecido e até admirado por toda a vizinhança como um menino esforçado, que lhes vendera bananas um dia, que trabalhava de dia e estudava à noite, uma raridade por ali, minha presença em casa no horário em que todos trabalhavam poderia acarretar murmuração de vizinhos, com desprestígio para toda a família. Aposentado como incapaz, logo se espalharia o boato de que, aleijado, já não podia trabalhar e a minha reputação, como a da família, ficaria devidamente protegida. Eu entraria no rol dos coitados. Evitaria, assim, comentários do tipo: "Um marmanjo daqueles dormindo em casa o dia inteiro", que é o que parecia quando me concentrava na leitura de um livro, em minhas férias do trabalho.

De fato, aliás, a dedicação à leitura "excessiva" era vista no meio operário como fator de doença mental. O desprezo que muitos operários têm pelos que estudam e a aberta ironia que fazem sobre quem estuda, expressa bem o quanto são prisioneiros de uma concepção impolítica e deformada do trabalho. O oportunismo político de valorizar unilateralmente essa deturpação apenas reforça o que é uma cretinice e enche de orgulho os que fazem da ignorância o maior mérito de operários sem escolarização. Um jeito completamente desonesto e oportunista de aumentar-lhes a autoestima, em vez de estimulá-los e ajudá-los a sair de uma condição que os torna frágeis e mais os expõe à exploração de quem de seu trabalho se beneficia. Lá na fábrica em que trabalhei na adolescência, um trabalhador, um semiescriturário, que segundo diziam havia estado num seminário católico, de tanto estudar ficara meio tonto, meio bobo, meio leso da cabeça, deformação que muitos atribuem aos padres, confinados no seminário só para estudar muito. Por isso servia apenas para fazer um trabalho em que ele não era nem operário nem escriturário, num cubículo sujo, que fedia, em que anotava a produção saída dos fornos de ladrilhos. Era, aliás, um bom autor de peças teatrais, de fundo religioso, uma das quais li e comentei a seu pedido.

Eu mesmo, mais de uma vez ouvi advertências indiretas, de parentes e vizinhos, de que não deveria ler muito, pois faria mal à minha cabeça. Não me faria bem usar muito a inteligência, que poderia me faltar mais tarde, para coisas mais importantes. Uma aplicação particular e curiosa da concepção do "bem limitado" que o antropólogo George Foster já observara em camponeses latino-americanos, mas que existe também no meio operário. Nesse caso, a inteligência é um dom, um atributo finito, que deve ser economizado e usado com parcimônia.

Além do mais, minha mãe, inteligente que sempre foi, de algum modo, entendia, sem dizê-lo, que minha decisão me afastava dela, me lançava num mundo admirado e desejado pelo suposto prestígio que acarreta, o mundo dos que pensam, mas temido pelo abismo que abre em relação aos "que ficam para trás". Por muitos anos, ainda tive que enfrentar seus temores, de que minha profissão de professor podia ser alguma coisa suspeita e perigosa. No imaginário de muita gente da geração dela, no subúrbio operário, ficara viva a história trágica do sapateiro de nacionalidade espanhola, Francisco Márquez, já mencionada, que na repressão generalizada que se seguiu à chamada Intentona Comunista, fora bruscamente arrancado de dentro de casa durante a noite, pela polícia política, diante da mulher e dos filhos, e nunca mais foi visto pela família. Na verdade, seria deportado para a Espanha e fuzilado sumariamente no porto de Vigo, pelas tropas franquistas, ao ser desembarcado, ainda durante a Guerra Civil Espanhola. A polícia usou como provas de seu perigo os livros de sua pequena biblioteca, devidamente confiscados. A viúva do sapateiro era sua conhecida. Minha mãe me contou e recontou essa história muitas vezes, como uma advertência.

Mas ela intuía, também, que minha opção me levava para um mundo completamente diferente do seu e dos seus, que também eram os

*Foto de formatura da turma de 1960 do Curso Normal do Instituto de Educação Américo Brasiliense, de Santo André (SP), cuja paraninfa foi a professora Ermelinda Gerasi, de Psicologia.*

meus. Um mundo em que se fala outra língua, embora a mesma. Um mundo em que os valores são de fato outros, abertos sobre o possível e incerto e não fechados no repetitivo de uma modalidade de trabalho que é sempre o recomeço da mesma coisa e que, por isso, parece emprego seguro. Essa é uma visão da sociedade muito comum na classe trabalhadora e responde fortemente pelos impasses que cerceiam a criatividade social e política dos partidos operários. O radicalismo dos trabalhadores urbanos e rurais é, via de regra, prisioneiro do afã de apossar-se do existente, muito mais do que de transformar e revolucionar o que existe. Minha saída do labirinto, temia ela, me fazia morrer para ela e para a família. De certo modo ela e a família me perdiam.

Minha decisão agravava a ruptura no interior da família que começara com o segundo casamento de minha mãe, a ida para a roça, se agravara na volta para o subúrbio, se aprofundara na conversão ao protestantismo e agora se aproximava perigosamente do abismo da separação completa. Não era propriamente amor, no melodramático sentido que essa palavra tem na classe média. Era medo do que representa numa família de trabalhadores a dispersão dos filhos, a quebra dos liames de dependência, a separação social que corta muito mais fundo do que a separação espacial. Aí se misturam o afeto e o temor do rompimento da autoridade e do mando, no muito de autoritarismo que cimenta as relações de família entre os trabalhadores.

O amor proletário é um amor prático, cheio de prudência e temores, especialmente em relação aos filhos. É também um amor sujeito a contabilidade, a contas de reciprocidade, ajustes, acertos, que duram a vida inteira. Qualquer déficit entra na coluna vermelha da ingratidão. Quem escapa da teia passa a ser visto como quem foge do pagamento dos tributos próprios da recíproca dependência, não propriamente a econômica, mas sobretudo a cotidiana e caseira dependência de quem carregou os filhos no colo e agora quer ser por eles carregado.

Num mundo em que falta quase tudo, o amor é a única coisa certa. Mas envolve um conteúdo de servidão e obediência, que passa de geração a geração, uma forma compreensível de amor baseada no caráter coletivo do afeto e no princípio de reciprocidade como prova explícita de ternura. Nem por isso deixa de ser um amor pleno e aparentemente incondicional.

Os pais, especialmente as mães, são capazes de sacrifícios impensáveis em favor dos filhos. Minha mãe fez esse sacrifício sem nunca cobrar diretamente nada dos filhos, mesmo quando tinha esse direito acima de qualquer dúvida. Mas não deixava de fazer cobranças práticas no modo como criava situações de retribuição compulsória. Isso é particularmente verdadeiro na classe trabalhadora. Não raro com sacrifícios sem retorno numa quadra histórica como a das últimas décadas, em que os valores da reciprocidade e da partilha foram severamente comprometidos pela conversão da sociedade contemporânea numa sociedade utilitária, apoiada essencialmente em relações de interesse. Era o caso de minha mãe, como fora o caso de meus avós.

É uma pena que ninguém até hoje tenha escrito um livro sobre o amor na classe operária, o amor autodefensivo e protetivo gerado nas condições socialmente adversas da industrialização. A história oficial e de esquerda da classe operária no Brasil é uma história desencarnada, deturpadamente reduzida ao econômico e ao politicamente correto, que ignora completamente a cultura operária, os sentimentos e a inteligência dos trabalhadores. O operário objeto de tese continua sendo tratado, salvo poucas exceções, como um idiota cultural, uma extensão da máquina e da linha de produção. Como se não tivesse ideias nem sentimentos, nem fosse dotado de íntimas expressões de revolta e de elaboradas e refinadas concepções de esperança.

Talvez a distância no tempo, e o inevitável confronto que advém de uma travessia biográfica e vivencial como a minha, situe o sociólogo numa perspectiva menos generosa do que aquela que seria de esperar de quem não teve que acomodar na história de uma vida situações tão claramente polares como as que vivi. É inevitável a insurgência dos simples que foram reduzidos à condição de objeto, reclamando o reconhecimento de sua humanidade no âmago mesmo da consciência de quem sobre eles reflete e sobre eles escreve.

Naquela hora crucial e solene da minha vida, em Cambridge, as lembranças vieram de sopetão. Vi-me cercado pela pequena multidão de pessoas amadas em cujo espelho, ao longo da vida, tornei-me quem sou. Quando tocou a minha vez, o Deão caminhou pela nave da capela em minha direção. Eu o aguardava de pé. Fez uma vênia, inclinando a cabeça, e o saudei do mesmo modo. Conduziu-me, então, lentamente ao altar, onde saudei, inclinando-me, o *Master* de Trinity Hall, que esperava para receber o meu juramento como novo *fellow* do College. Nos bancos laterais muito antigos, os *fellows,* em suas becas, como eu, com as estolas e insígnias das respectivas qualificações e dignidades, e os estudantes, trajando suas becas, seguiram aqueles passos com o olhar, em silêncio, como é costume ali. Era 12 de outubro de 1993, uma data escolhida de propósito para acolher um *fellow* proveniente da América Latina, que assumia, assim, a Cátedra Simon Bolívar da Universidade de Cambridge.

Pensei com emoção no muito que devia à escola pública, gratuita e democrática em meu país, na enorme dádiva que fora ter sido aluno do notável corpo de docentes da Faculdade de Filosofia, Ciências e Letras da Universidade de São Paulo. Neles se confirmara o magistério como dom e doação, como missão desinteressada, como generoso serviço ao outro, à sociedade e à nação. A eles devia a minha formação. Não estava, pois, sozinho nem era eu mesmo. Por acaso, a vida me colocara ali para ser a diversidade de esforços e esperanças de tanta gente, cujos passos ressoavam no silêncio da capela. Lembranças. Um convite a fazer das recordações um documento sobre a vida, a ver de longe e de perto a própria trajetória como resumo dos desafios, incertezas e desencontradas alternativas, o destino como sumário da vida que se desenrola no embate entre a suavidade do mar e a dureza das pedras. A história de muitos que se sumariza na biografia de cada um de nós.

Uma inflexão no destino me lançara para fora do labirinto da fábrica entre o fim da adolescência e o começo da juventude, agregando incertezas ao que é próprio da história das famílias de trabalhadores. Aquela mudança de curso era já expressão pessoal e vivencial de outra transição, a transição histórica que expulsara da Europa e da Península Ibérica, do que ainda restava da sociedade feudal no século XIX e começo do século XX, na seletiva, indecisa e lenta transição para o capitalismo, milhares de artesãos e camponeses pobres na direção de países atrasados, como o Brasil, para mover economias que levariam esses países ao mundo moderno. Meus quatro avós e meus pais estavam entre eles. Saindo de lugares diferentes e distantes entre si, também emigraram e vieram cumprir no Brasil a vacilante conclusão dessa passagem, nas fazendas de café do interior de São Paulo ou nas oficinas do subúrbio. A modernidade não estava em benefícios pessoais e familiares, mas no desenraizamento, na lenta perda das referências seculares e sólidas dos arcaísmos da sociedade tradicional. Que, no entanto, invadiram extensamente o mundo supostamente racional, do interesse e do cálculo, que o capital estava construindo nos trópicos. Fantasmas do passado pré-moderno ocupando os interstícios do mundo fabril e suburbano, inacabado.

De vários modos resistiram, agarraram-se ao que sabiam para vencer o que não sabiam. O tradicionalismo dos costumes seculares, o conhecimento do modo de vida da pobreza com fartura, de muitas gerações do passado, era o recurso para enfrentar a sociedade do trabalho com privação, a sociedade moderna da grande economia e da indústria. A emigração era um exílio sem retorno. Sua trama obscura, seus fatores desconhecidos, chegavam à consciência dos simples mesclados com lendas e histórias, fantasias de pobres para entender o ininteligível.

Esta narrativa autobiográfica é, por isso mesmo, ao mesmo tempo, inevitavelmente, uma narrativa etnográfica, um documento e uma explicação, um entendimento do que se passou na formação da classe trabalhadora no Brasil, na perspectiva do testemunho e da experiência pessoal. Punção na história de muitos. O passado não está tão longe assim. Nasci apenas cinquenta anos depois da abolição da escravatura. Fui carregado no colo por Nhá Florinda, já velhinha, quando minha mãe, que muito a estimava, foi apresentar-lhe o primeiro filho, em sua casinha de pau a pique, na terra que lhe coubera por legado do antigo senhor da Fazenda Velha, onde fora escrava. Como mencionei no início, meus avós maternos, imigrantes espanhóis, eram pequenos sitiantes, depois de terem passado pelo colonato em fazendas de café da região de Bragança Paulista. Viviam num bairro rural vizinho, o bairro do Arriá, no que é hoje o município de Pinhalzinho.

É também a história pessoal de quem nasceu e cresceu num outro polo dessa transição, o dos tempos e transformações da era do getulismo e do nacional-desenvolvimentismo, época de rupturas profundas que distribuíam por diferentes classes sociais os membros de famílias constituídas nos valores conservadores do medo à mudança. Tempo de distanciamentos sociais, separações sofridas, abismos distanciando pessoas que se imaginavam juntas, mesmo pais e filhos. O tempo da solidão da modernidade, tempo social do indivíduo e não mais o tempo social da pessoa.

Esse é um entendimento da história social sem desprezo pelas minúcias cotidianas que a traduzem na experiência e na consciência do homem comum. É por meio delas que a História se deixa ver e, ao mesmo tempo, se esconde. O tema da memória se propunha, justamente, em função do estranhamento em face de mim mesmo, do imenso e crescente desencontro entre mim e os lugares e situações através dos quais a vida me levara. Desde uma involuntária reorientação do destino na fábrica para um destino fora da fábrica, o estranhamento fora crescendo no meu modo de ver-me. Até chegar ao extremo daquela cerimônia tão completamente longe de mim. Ali eu era uma terceira pessoa, desencarnada, que se estranhava nos critérios próprios da condição do sociólogo que, na vestidura da beca e na investidura da cerimônia, podia ver e ver-me na lonjura própria do parêntese biográfico que o momento propunha. Era como se eu tivesse uma visão do todo, da vida de tantos e da minha, como se outro fosse, ali no solene silêncio da capela.

Minha avó materna, já velhinha, me ensinara um dia, com suas palavras simples e no seu modo simples de ser, que não temos histórias pessoais. Somos os outros, os nossos. E desfiou a história da família. Sua memória chegava ao século XVIII, aos tempos da Revolução Francesa e das invasões napoleônicas, como fui verificando, ao comparar as idades das pessoas que mencionava, e com as quais convivera, com as datas da história escrita. Ela conhecera parentes e antepassados desse tempo, conversara com eles. Seus olhos viram pessoas que haviam visto esse momento da história. Ela não sabia contar sua própria história senão como momento da história dos outros, sobretudo da família, aquela pessoa que ela era agora enquanto herança e continuação do que os outros foram. Ela não se concebia sozinha no mundo.

Na diáspora dos pobres, passou a vida procurando os seus, os que partiram, os que não voltaram, os que se perderam, os que se esqueceram, os que o destino a fez deixar para trás na busca do desconhecido. Reunia-os nas lembranças, reencontrava-os quando, vez ou outra, em fins de tarde fazia em voz alta a chamada nominal das pessoas que amara, dava-lhes vida na concepção de que família e aldeia sobrevivem no coração e na mente, na crônica de acontecidos, na esperança de que as pessoas, algum dia, em algum lugar, se reencontrassem para que a vida despedaçada retornasse ao seu todo e continuasse como tem que ser. A história de cada um começa sempre muito antes, como mistério, como quebra inesperada do fluxo da vida, como busca do reencontro, como retorno. Cada um é também uma continuação e não um mero começo. Escrever as memórias de minha infância e adolescência foi tarefa que me propus como momento daquela liturgia extensa que ganhou sentido naquele dia de outubro, antes que fosse tarde demais para lembrar.

Nós que procedemos do grande e ignorado mundo dos pobres, seres residuais da sociedade tradicional e pré-moderna que foi largando suas gentes por caminhos e veredas da transição para o mundo moderno, nascemos como coadjuvantes da trama da vida, no meio do drama que já estava sendo encenado. Nossas pressas pessoais só têm sentido na lentidão do acontecer histórico. Mais do que lembrança, a história pessoal é memória, é escrita invisível por meio da qual os velhos depositam na alma das crianças o que sabem, a parte que lhes coube na continuação da vida, para que não se sintam sozinhas, para que desde manhã conheçam o que são e saibam o que é ser amado, para que possam amar. Contar histórias para os netos era um ato de amor porque era sobretudo um legado, a outorga de uma missão, a de não esquecer para não se perder. Por isso, eu tinha que começar por aquilo que eu era e não sabia, pela busca e pelo encontro com a memória de meus avós, roteiro para encontrar-me e reconhecer-me como portador de lembranças. Minha memória estava, também, nesses desconhecimentos do fragmentário e residual.

Num momento de síntese e consumação, como aquele que eu estava vivendo ali, na capela do College, naquela hora solene, o passado é incontornável. Os fatos, os dilemas, as dores e as alegrias se tornam finalmente memória quando algo nos diz que é tempo de organizá-los na lembrança para descobrir neles o sentido que nos ocultaram para que pudéssemos viver conformados e servilmente em paz. Autoenganar-se é, no mais das vezes, uma forma de sobrevivência das populações pobres, entre os desvalidos e os explorados.

Nos meus passos até o altar da capela de Trinity Hall, acompanharam-me essas lembranças dos resíduos vivenciais, pedaços e fragmentos, que marcaram e demarcaram minha vida de menino e adolescente de minha época, as muitas surpresas, os acontecimentos inesperados que ao longo do tempo me levaram até ali. Talvez porque nas poucas horas solenes da existência é que surja, atrevido, o convite da consciência à memória, para que não nos equivoquemos na suposição de que o ponto de chegada é que explica a vida. Não há o finalmente na vida, há passagens, experiências, vivências. A memória nos diz que cada um de nós é o encontro de muitos. São os momentos em que podemos nos ver e nos reconhecer diante do espelho das lembranças, no modo de ser dos outros.

Era muita coisa para ser pensada no curto trajeto entre o lugar que me fora designado num dos bancos laterais e o altar em que me esperava, em seus paramentos de seda vermelha, o Master de Trinity Hall para receber o meu juramento como novo *fellow* do College. No mundo dos simples, a vida não é feita de certezas lineares, mas sobretudo de incertezas, de acasos, das tantas migalhas de que os acasos se nutrem. Minhas migalhas estavam ali, diante de mim, num cálice de comunhão. Atrás do altar, o belo quadro de Tommaso Manzuoli, *A Visitação*, domina a capela e preside simbolicamente as cerimônias. No primeiro plano, um pobre, nu e despojado, a mão esquerda estendida, contempla a saudação de Isabel a Maria, respingado pela sacralidade da cena, a sua migalha de esperança. De fato, ele é a figura principal, o *punctum* diria Barthes. É sua mão que conduz o nosso olhar a Maria e Isabel no centro do quadro. É ele que dá sentido àquela cena terna. Ali se anuncia a Esperança que se sobrepõe ao mundo das migalhas e da mão estendida.

– Eu juro – respondi. E inclinei a cabeça, em reverência, como é ali costume.

Bem perto dali, os sinos da Igreja de Santa Maria Maior, a igreja da Universidade de Cambridge, mal haviam acabado de anunciar o começo da noite naquele limiar do outono de 1993, como acontece há séculos.

# A biografia na experiência da memória

A NARRATIVA DA MEMÓRIA é um modo de reatar os fios soltos da existência, de vasculhar conexões e rupturas, de rever o que foi ficando à margem da vida, perdendo sentido aos poucos, as irrelevâncias de tantas alternativas que não vingaram, que teriam levado a história pessoal para outros rumos. A memória é a sua própria circunstância. A memória dos que viveram transições sociais e históricas acaba sendo a memória dos muitos eus que cada um é, as diversas vidas que ganhamos, mas também as várias mortes que sofremos com o passar do tempo. A memória é, ainda, a memória dos esquecimentos que podem ser encontrados nas descontinuidades das lembranças, na carência de sentido de aspectos muitos e diversos da história pessoal.

Minha geração é a dos filhos da Era Vargas, a geração dos que viveram a grande e complicada transição do Brasil pós-escravista do café para o Brasil da grande indústria; a geração das crianças e dos adolescentes que nasceram para o trabalho precoce, de diferentes modos, segundo a situação social de cada um, presas no labirinto da transição social. É a geração que viveu essa experiência humana de rupturas e redefinições, de certezas provisórias e cotidianas e de incertezas históricas, de socialização e de educação pelo medo, para que pudessem temer para trabalhar e para humanizar-se pelo trabalho.

Vacilei muito, no entanto, em face dessa solicitação da consciência, a de rever minha história pessoal de trabalhador e filho de trabalhadores na perspectiva sociológica, complicado modo de ser eu e outro ao mesmo tempo, sujeito e objeto. Criança não tem biografia, provavelmente em nenhuma sociedade e provavelmente não a tem nem mesmo os adolescentes. Criança é um momento da história dos outros, não uma história. Embora possa ter uma memória de si mesma, de sua trajetória como criança, que só lhe chega à consciência na lembrança daquilo que ela foi para os outros. Em algumas sociedades não têm biografia nem mesmo os adultos, anulados na coadjuvância do ser coletivo que tem ali sentido e que protagoniza em conjunto o destino de todos e o de cada um.

Venho de uma classe social praticamente sem histórias pessoais, a classe trabalhadora. Não ter história faz parte do conformismo que tem sido próprio da cultura obreira, que recobre e não raro trava, no dia a dia, inquietações e contradições. Individualizações biográficas são coisas das elites, dos importantes, da burguesia e da classe média, dos demiurgos, dos que decidem e mandam, dos que vivem, à margem do processo de reprodução social, a vida das exceções. Obviamente, há operários que também podem ser vistos nessa perspectiva, simplesmente porque aos olhos dos biógrafos e dos intelectuais há um certo triunfo pessoal em deixar de ser operário, como se essa condição social fosse uma maldição.

Memórias de operários, sobretudo de operários-crianças, são certamente raras, se é que existem. Do mesmo modo que entre nós, brasileiros, é escasso o verdadeiro romance operário. Aparentemente porque histórias operárias não são marcadas pelo dramático, como as da classe média e da própria elite, sempre à beira do abismo, da ruptura e da descontinuidade existenciais. Até porque dramas e tragédias propriamente operários não entram no elenco das emoções literariamente consagradas, não dizem respeito ao que o bom gosto dos cultos consagrou como pauta dos grandes impasses humanos. Entram, quando muito, como questão de polícia, como espetáculo do noticiário policial. Ingredientes do desconforto existencial dos que têm e podem, e dos que pensam ter e poder, e o resumem na constatação passageira e descartante do "essa gente é assim mesmo".

Do mesmo modo, na perspectiva da subjetividade do trabalhador, as histórias operárias são medíocres histórias de repetição e de mesmice. Até hoje me impressiona muito que meus amigos e conhecidos que foram operários, no meu tempo de criança e adolescente, só considerem história e memória de sua vida a sequência de partidas espetaculares de futebol de várzea a que assistiram ou de que participaram, únicos fatos dignos de lembrança junto com eventos da história de suas famílias, como casamentos, doenças e mortes. Mesmo que os intelectuais que a eles se devotam insistam em reconstituir uma história gloriosa de lutas operárias, são elas no geral lutas de minorias iluminadas. Quando muito, artificiosos encadeamentos cronológicos, que juntam no falso triunfo do primado do ideológico o que a vida, propriamente, não juntou. Nada que tenha ficado de fato na difusa memória coletiva da classe trabalhadora. Porque a luta cotidiana de quem trabalha, luta e trabalho, o que não se repete no que se repete, são uma coisa só, momentos apenas da mesma coisa na vida de quem trabalha, o que não se repete – a criação social, a História – disfarçado nas ocultações da repetição. Por isso, mais do que ninguém, tardam os operários a compreender as grandes transformações e rupturas sociais que, possibilitadas pela acumulação da riqueza oriunda de seu trabalho, só ganham visibilidade tardiamente. Alienação é também essa imensa demora na compreensão da própria obra.

Os trabalhadores fabris, mais do que qualquer outra categoria social, estão condenados a viver o repetitivo, a protagonizar o caráter cotidiano e contra-histórico das relações sociais que respondem pela reposição das condições materiais e sociais do contínuo recomeço do processo de reprodução ampliada do capital e do próprio processo social. Suas histórias são geralmente insípidas. Diferem da enorme carga de drama que há no processo de desagregação do campesinato, seu desenraizamento, sua proletarização. Não por acaso, o nosso melhor cinema se interessa, sobretudo, por camponeses e muito pouco por operários. Desagregação que pode haver na condição operária unicamente quando os operários vivem dramáticas e prolongadas situações de desemprego. Ou quando as descontinuidades ocultas do processo de reprodução explodem excepcionalmente como tragédia e como ruptura súbita.

Além disso, a memória não pode deixar de ser também a expressão individual da memória social, do que a sociedade inscreve na pauta de suas lembranças, mesmo que essa pauta tolere e regule as muitas variações individuais e grupais que tal memória possa ter. No caso da criança, sua memória é o conjunto das lembranças que tem do que ela pensa que os outros viam, ou não viam, nela. A regra da memória, e do memorável, é dada pela alteridade de que a criança resulta como ser social. Portanto, sua biografia, os acontecimentos de sua vida infantil e juvenil, é em boa parte a conjunção das expressões dessa alteridade.

A pluralidade dos interlocutores e dos mediadores da vivência social de uma criança e de um adolescente raramente permite que a biografia individual, e particularmente aquilo que é relativo à infância, tenha a linearidade coerente que as biografias pretendem e que as autobiografias pressupõem.

É uma falsa pressuposição a de que uma biografia é o cumprimento de um destino inexorável, de um desenrolar inevitável. Visto do fim de uma vida, o começo é quase sempre apresentado na falsa perspectiva das certezas que todo fim assegura para o passado. Quando, na verdade, o começo e os passos da vida são um conjunto grande de incertezas e acasos no meio de um elenco não menos importante de referências sociais seguras e de propósitos mais ou menos definidos, que podem ou não se realizar.

Criança, no subúrbio, sabia que era criança pelo tratamento em terceira pessoa, sempre como alguém de alguém, geralmente da mãe: Fulaninho da dona Fulana. Deixava de ser considerada criança quando seu nome ou apelido se libertava do vínculo de pertencimento com a mãe. Começava, então, a ganhar sua própria cara, sua própria identidade. Sabia que havia deixado de ser criança quando espirrava e em vez de ouvir a bênção do "Deus te crie!", ouvia o voto de "Saúde!"

No subúrbio onde nasci e cresci, éramos isso, apenas um laço com os adultos, um vir a ser irreconhecível. Havia apenas a exceção, sobretudo dos meninos, que por eventualmente serem contumazes nas malvadezas e na malcriadez tornavam-se "famosos" na vizinhança e passavam a ser identificados pelo próprio nome. Transgredir era um modo de adquirir má fama e identidade.

Por isso, a memória verdadeira é em grande parte a memória da incerteza. Tampouco é uma memória só de ganhos e êxitos. No mais das vezes é a memória de perdas dolorosas, que já não tem nenhum sentido aparente para o adulto que se libertou da própria infância. Mas, vista a partir do modo de ver, viver, sentir e pensar da própria criança e do próprio adolescente, tem uma relevância que os adultos não compreendem e não raro desdenham.

A sociologia peca por ter sucumbido a uma visão adulta da vida. Rendeu-se inadvertidamente ao primado do momento culminante no desdém pela transitoriedade fascinante do processo e do insignificante. Mesmo quando os sociólogos e os educadores pensam e analisam o processo de socialização dos imaturos, fazem-no na pressuposição da irrelevância do ser e pensar da infância. A socialização os superará vestindo na criança, ainda que por doces maneiras, a personalidade do adulto, o modo de ser para o qual, supostamente, todos nascem. A sociologia reluta em aceitar que falas e modos de crianças sejam expressões dos aspectos mais reveladores da mesma estrutura social que supostamente com mais legitimidade se exprimiria na conduta dos adultos[1]. Mesmo que a rigor um sociólogo possa intuir que adulto é uma ficção social, necessária em certas circunstâncias, de certo modo autoritária, sobretudo quando as pessoas idosas passam a ser indevidamente tratadas como crianças.

Adulto é uma expressão de poder e de dominação. Nossas crianças nascem numa sociedade de adultos e não numa sociedade de todos, também das crianças. Alguém sempre poderá dizer, até com boa dose de razão, que não há outro modo de viver na sociedade contemporânea. Até porque o modo como esta sociedade está organizada, diferente de outras que existem ou já existiram, como as sociedades tribais, pressupõe condutas adultas, procedimentos adultos, mentalidades adultas. Não há funções sociais reprodutivas reconhecíveis para crianças, lugares sociais "positivos" e "construtivos" para elas (como também para os velhos).

Esses seres humanos tornam-se de certo modo clandestinos porque o parâmetro de nosso imaginário e o reconhecimento da presença das

1. Colhi muitos elementos sobre esse tema, em pesquisa que fiz com crianças sobre a violência na frente de expansão, na Amazônia – no Mato Grosso e na Pré-Amazônia Maranhense (cf. José de Souza Martins, *Fronteira – A Degradação do Outro nos Confins do Humano*, 2ª ed., São Paulo, Contexto, 2009, esp. pp. 101-129, "Regimar e seus Amigos – A Criança na Luta pela Terra e pela Vida").

pessoas na sociedade são a produção e a utilidade materiais. Crianças, quando muito, são tratadas como adultos precoces. Tudo o mais é improdutivo e, portanto, irrelevante. Só a consciência crítica do ver-se, reconhecer-se e aceitar-se discrepante dessa referência impositiva e mutilante pode revelar o que a sociedade efetivamente é e o que nela somos como individualidades. Esse é o percurso deste livro.

Se reunirmos e examinarmos uma coleção dos melhores e mais sérios estudos de história social contemporânea, descobriremos que a criança começa a contar como ser reconhecível quando antecipa sua condição de adulto, especialmente quando começa a trabalhar antes do tempo, antes de amadurecer fisicamente. O recurso, bem brasileiro, de criar juridicamente a figura do menor que trabalha, pagando-lhe metade do que um adulto ganharia, é também o modo iníquo de criar social e politicamente o adulto pela metade e, portanto, de extrair de seu corpo, antes do tempo, o que de adulto já possa nele existir. As árvores, neste país, têm mais proteção do que a criança e o adolescente. Derrubar uma árvore antes que se torne adulta pode, aqui, acarretar multa. Explorar uma criança, mesmo que legalmente, nada acarreta.

Aliás, nada mais perigoso do que agir de modo infantil na condição adulta. Todos nós sabemos que quando um adulto tem um ato seu definido como infantilidade, a sociedade está de fato classificando-o na categoria dos deficientes mentais, o que é mais comum em relação aos velhos. A partir daí sua identidade começa a se dissolver na corrosão da falta de confiança e de respeito, quando deixamos de ser levados a sério.

Não é diferente a perspectiva que geralmente se adota nas biografias e autobiografias. A começar do fato de que raramente se escreve a biografia de alguém que tenha sido uma pessoa comum ou uma pessoa cuja história pessoal não tenha sido marcada ao menos por uma característica extraordinária. Ao contrário, o viés mais comum nas biografias publicadas é o de apresentar uma história construída como a história de uma vocação inexorável para aquilo que a glorifica. Li recentemente a biografia de um influente pensador católico das questões sociais, Emmanuel Mounier, fundador e editor da revista *Esprit*. Desde o começo, a infância do personagem é apresentada como um conjunto de antecipações do adulto virtuoso que viria a ser. A indulgência nas autobiografias não é diferente nem menor. Fica-se sempre com a dúvida: como pessoas assim podem ter sobrevivido num mundo que é exatamente o oposto do que dizem que elas foram?

A história pessoal e real é um conjunto de imponderáveis, de incertezas que permanecem ao longo da vida. Mesmo a morte é um acaso que pode ser cada vez mais driblado pelos recursos médicos e científicos que permitem o seu adiamento e o prolongamento da vida.

Obviamente, é possível vislumbrar um destino provável numa criança recém-nascida, tendo em conta as condições sociais e a situação social em que nasce e em que provavelmente será criada. É muito pouco provável que uma criança nascida numa favela ou num cortiço vá ser um dia um cientista famoso, um estadista notável, um artista criativo. É pouco provável, mas não é impossível, que a sociedade dessa criança tenha a lucidez política necessária para propor e realizar a única política que poderia honestamente ser definida como política social: a política que quebrasse positivamente o curso dos destinos inevitáveis das novas gerações vitimadas por adversidades sociais. Descobriríamos, então, que favelas, cortiços, bairros operários, vilarejos rurais, habitações isoladas da roça, estão cheios de crianças promissoras, que só precisam de uma oportunidade, como a que eu tive, para irem além dos limites sociais de seu nascimento. Certamente há, até mesmo, gênios potenciais nesses lugares do supostamente negativo.

Os sociólogos podem fazer essas previsões com relativa facilidade, até mesmo incorporando à sua análise as probabilidades de mudança social nos anos de uma geração, de modo a determinar reorientações biográficas ao longo do tempo. Empenham-se menos, porém, nas análises que poderiam permitir o atrevimento histórico de propor sociologicamente a inflexão do que parece inexorável. Militância de sociólogo, enquanto sociólogo, seria isso e nada mais e não simplesmente ficar analisando, lamentando e denunciando as condições adversas de vida de um grande número de pessoas, sem compreender, cientificamente, o possível que a sociedade contém nem propor nem buscar, a partir dele, saídas criativas, transformadoras, emancipadoras de todos e não só de alguns.

Mesmo assim, o que uma vida foi depois de ter sido vivida não terá sido necessariamente o que se previra que fosse. É curioso que a classe média e a elite tenham muito mais certezas a respeito da biografia provável de seus filhos do que as populações pobres e os trabalhadores a respeito dos seus. Muito provavelmente porque na sociedade brasileira, sobretudo a partir dos anos trinta, o ideário da ascensão social se transformou num valor aglutinante na cultura desta camada da população. É o que a faz desenvolver estratégias de sobrevivência que com mais facilidade lhe permitem perceber, compreender e capturar oportunidades no manejo de sua situação social no horizonte da ascensão possível.

Se entre os mais ricos há mais certezas, entre os mais pobres há mais esperança. Os mais pobres parecem mais abertos a uma multiplicidade de alternativas de inserção social do que os mais ricos, que são mais seletivos, mais exigentes e menos adaptáveis a mudanças e adversidades. Os ricos, no fundo, sofrem mais porque perdem relativamente mais neste mundo cambiante.

Isso, no entanto, torna o mundo dos simples mais complicado do que o mundo dos bem nascidos. E torna sua memória muito elástica, muito imprecisa, desprovida de fatos relevantes. Quem não tem vínculo imediato com o grande mundo dos acontecimentos decisivos não pode ter memória que não seja a memória do mundinho vivencial do dia a dia. Mesmo essa memória fica oculta, cujo reavivamento depende muito de que haja motivo, ocasião e necessidade de fazê-lo. Esse é o âmbito em que vivem as pessoas que se consideram a si mesmas irrelevantes, as pessoas simples, condenadas a viver a vida "como Deus é servido", conforme a expressão que aprendi muito cedo e que vivenciei desde o nascimento. Talvez por isso haja diferenças substanciais no lugar da memória para diferentes pessoas que, embora oriundas da mesma extração social, retém o passado segundo parâmetros bem diversos entre si.

Os cânones de explicitação da memória pedem que ela seja coerente, de certo modo linear, a sucessão dos momentos como sucessão articulada e com sentido. Mas algo que foi muito característico das crianças e adolescentes de minha época e continua sendo em muitos lugares é o caráter fragmentário da memória. Memória inscrita no episódico, no irrelevante, no residual que constituem o mundo da criança. Em nossa cultura, a criança não existe em si e sim como personagem da biografia do outro, como mencionei. Criança, portanto, não tem biografia no sentido próprio da palavra. A criança é essencialmente um ser vicário, mesmo quando parece andar com as próprias pernas. As histórias edificantes são fabulações *a posteriori*, destinadas a confirmar, já na infância que se foi, o adulto exemplar que determinada pessoa viria a ser. E se não tivesse sido?

Assim como crianças não têm história própria, também o operário não a tem, ainda que por outras razões. Num caso e noutro a memória é memória dessa privação. Consegue tê-la quando transgride, quando se torna assunto do noticiário policial. Ou quando sai do cerco de sua classe e de sua condição social. O herói-operário só existe como imagem e aspiração de uma realidade que não existe, como protagonista de uma história que ainda não é, de um vir a ser que nem sempre se confirma, de um possível que depende de circunstância e práxis para se tornar real. A teoria da revolução social e proletária de Karl Marx e o operário teórico que nela se constrói e se descobre é a teoria do possível, a revolucionária descoberta sociológica do autor alemão, a concepção dialética do destino de todos no destino de cada um. Poucos se lembram disso ou sabem disso: num certo momento de sua trajetória intelectual, Marx interessou-se pela questão metodológica e teórica da relação entre biografia e História, pelo desencontro entre a história pessoal e a história social. Produziu três estudos fundamentais sobre o tema, o mais conhecido dos quais é *O Dezoito Brumário de Luís Bonaparte*.

Com frequência nos esquecemos de que a história da classe operária é a história de sua alienação, do ser estranho que o operário é para si mesmo em face da realidade histórica que cria. Ignorar esse fato é mitificar a condição operária, manipulá-la simbolicamente em nome do que o operário não conhece nem é necessariamente. É preciso não confundir o operário de carne e osso com o operário mítico. O grande drama da classe operária é o desencontro entre a história que carrega nas costas e o cotidiano desse fardo. Justamente por isso, os ricos têm muito a lembrar e os pobres muito a esquecer. A questão da memória se põe e se propõe diversamente para as diferentes classes sociais e os diferentes grupos sociais.

A memória é um fenômeno social complexo. Quase sempre se crê, em interpretações de senso comum, que a memória se resume à prosaica lembrança. Mas, o que se quer lembrar e o que não se quer lembrar estão igualmente na memória. Há memória obrigatória, memória do que tem que ser lembrado porque é roteiro do viver. Há memória do que pode ser lembrado. Há memória do que se quer lembrar. Mas, há também memória do que se quer esquecer. Por isso mesmo é preciso estar atento às circunstâncias da memória, nas quais nossas histórias pessoais se inscrevem, transformando a biografia das pessoas comuns, aquela que elas próprias podem narrar, em registros indiretos, fontes secundárias da memória. Lembro de mim nos outros e nas coisas que demarcaram para mim o correr do meu tempo. Ou lembro de mim, criança, no medo que tive dos outros, os adultos que me cercavam e que mandavam na minha vida. Nós nos conhecemos e nos reconhecemos no outro e nossa memória depende também dessa mediação. O outro é para nós fragmentário, mesmo a mãe, que no geral é o outro por excelência. É falso reconstituir a memória na pressuposição de que a memória é um fluir íntegro, quando é na verdade um estacato, fragmentário pela fragmentariedade do outro que mediatizou a relação que é objeto de memória. Aquilo que os psicólogos sociais e os sociólogos, como George H. Mead, chamaram de outro generalizado de referência no processo de primeira socialização da criança. É o caso dos mais próximos, especialmente da mãe, porque na infância tratamos de construir, a partir dessas pessoas de nosso relacionamento primário, a nossa referência social totalizadora e íntegra, criando imaginariamente o nosso outro de referência, destituindo-o do que o secciona, mutila e diminui.

Como estou falando do operário, sou tentado a dizer que, no geral, os partidos que se creem identificados com o operariado têm grande dificuldade para compreender plenamente os pobres, os trabalhadores condenados pela História a carregar nos ombros o peso do presente e do passado e, não raro, também o do futuro. É sobre esses ombros que depositam seu anseio de esperança as classes sociais e os grupos sociais privados da possibilidade histórica da esperança. Usurpam os já usurpados. Operários são as personagens das biografias intransitivas, da liminaridade histórica, às quais esta sociedade negou o acesso pleno à própria historicidade, à consciência cotidiana da História e à partilha dos melhores frutos da História. Além do mais, trabalhadores quase que reduzidos às referências do passado condenado, aos restos da tradição conservadora, que é também a tradição da servidão. Muito dessa tradição se mantém ainda nos interstícios da sociedade contemporânea, em modos de pensar e modos de fazer, sobretudo no modo de vida de camponeses e mesmo de operários.

O drama da classe operária não é, em primeiro plano, o drama da exploração de seu trabalho, real sem dúvida, mas o drama da transição, do libertar-se desse passado insidioso, da socialização anômica para servir. É preciso reconhecer que a anomia das populações pobres é o que lhes resta, os resíduos das orientações e concepções sociais do passado que não foram capturados ou destruídos pela sociedade moderna. Podem, por isso, escorar-se em valores alternativos e obsoletos, e por eles pautar-se, refundar relações historicamente vencidas, como forma de sobreviver no presente adverso. É a partir da anomia, dos desencontros e descompassos que ela contém, da falta de roteiro seguro para viver e de certezas para confiar, que podem construir o seu presente e propor-se como sujeito da modernidade, negando-se ao mesmo tempo como sujeito de transformação social. A classe operária protagoniza a possibilidade histórica da mudança, mas ao mesmo tempo é enredada pelos despistes da permanência e da nostalgia, a trama cotidiana que retém cada um no mesmo e no repetitivo.

Na fábrica, as contradições se propõem, mas não se resolvem. Não há nela superações. Nela se cria em boa parte a possibilidade material do novo, mas não é nela que se cria boa parte da inovação social, da transformação. Ao contrário, as contradições quando muito aparecem como impasses facilmente absorvidos por um poderoso sistema de acomodações. Nesse sentido, a fábrica é muito flexível e razoavelmente adaptativa. Fora disso, só procurando a porta de saída ou sendo empurrado em direção a ela. Ninguém chega à fábrica porque quer, mas porque precisa.

457

Na fábrica não se entra propriamente como sujeito, mas como objeto. Sempre me espantei com o folclorismo do deslumbramento pelo operário por parte da classe média dita militante, tratado como um candidato quase certo à beatificação política. Destituído, portanto, de humanidade e das contradições de que essa humanidade resulta. Contradições que são os únicos fatores do empenho digno pela libertação em seu próprio nome e não em nome de outros grupos, categorias ou classes sociais ou porque outros grupos sociais a queiram em seu nome.

O operário, como sujeito, não se propõe do lado de dentro da fábrica, mas do lado de fora. Ele se produz socialmente lá dentro. Mas se propõe politicamente lá fora, na trama de mediações que revestem de sentido a sua existência, como existência que se determina não só pelo produzir, mas também, para ele, pela realização insuficiente e indireta do que foi produzido. Não é casual que as empresas procurem de vários modos capturar esse lado de fora, a dimensão propriamente subjetiva do trabalhador, seu espaço de liberdade e de autoafirmação. É o terreno do descontentamento eventual, da rebeldia possível, da objetiva consciência da adversidade. É na venda da esquina ou no supermercado que o salário nos diz quanto vale o nosso trabalho na fábrica. E também na livraria, no teatro, na pinacoteca, na sala de concertos, no geral inacessíveis até por bloqueios culturais, quando então descobrimos que a exploração do trabalho também produz o ouvido pobre de música e de poesia, o olhar pobre de cores e imagens, a boca pobre de palavras.

No plano humano, a fábrica fabrica insignificâncias, anulações, renúncias. Não só na produção do trabalho social que se materializa no trabalhador coletivo, mas também na alienação pela qual o trabalhador se anula, se oculta, se desvê. A alienação não é grosseiro alheamento. É sutil teia de estranhamentos, de que o próprio trabalhador é o principal e, não raro, deliberado artesão, porque sem alternativa, sem um horizonte próprio, sempre dependente de um outro, abstrato, que mediatiza a constituição de seu ser possível, de seu aparecer, do seu dar-se a ver. Nessa circunstância é que ele aprende a transitar como o ninguém, como o substituível e irrelevante. O sistema fabril é um sistema de relações sociais provisórias que parecem permanentes, intocáveis, imutáveis. As pessoas morrem, são despedidas, ficam desempregadas, são substituídas. Os momentos de pleno emprego são ilusões, até relativamente duradouras. A superpopulação relativa, isto é, o desemprego crônico pelo excesso relativo de trabalhadores procurando trabalho, é ingrediente fundante da condição operária e do sistema de relações que dá sentido à vida e ao querer do operário.

A história das pessoas de minha classe social é a história do vazio. Não são elas deliberadamente destinatárias da História, do legado humano do que os trabalhadores ao longo do tempo conseguiram produzir e das possibilidades históricas que conseguiram criar para todos. Esta é uma sociedade de dominações, que reparte desigualmente não só a riqueza, mas todos os bens produzidos ou assegurados pelo esforço humano justamente dos mais desprovidos, o conhecimento, a arte, a crença, a poesia.

Muitos acham que a mera escolarização, qualquer escolarização, é o meio suficiente para emancipação dos simples. Escolarização é mero instrumento, no geral sem conteúdo, mera técnica. O principal, a grande cultura, porém, permanece inacessível a essa população, cercada por um conjunto poderoso de impossibilidades de comunicação e transferência, a começar da linguagem e das técnicas de acesso à cultura. Pobre, no Brasil, ainda é culturalmente desprezado e depreciado, como se não estivesse à altura de entender um poema de Brecht, uma tela de Portinari, um oratório de Bach, um romance de Machado de Assis. A escola burra, cada vez mais disseminada, seja em nome da burocracia seja em nome da militância política ou religiosa, que a ignorância divorciou da grande cultura, responde por esse delito, por essa carência, por essa lesão.

Mesmo os que falam em nome dos pobres, sonegam-lhes e a seus filhos o acesso a esses bens, classificando-os e desprezando-os como bens de entendimento difícil, inacessível para operários e trabalhadores em geral, puro deleite das elites. Politicamente cegos, não conseguem ver na cultura erudita a mediação emancipadora que liberta, que anima superações. Para os pobres há sempre bem intencionadas simplificações, adaptações, mastigações e contrafações da cultura erudita e para muitos ingênuos essa quinquilharia de plástico cultural é militância política e revolucionária. São, de fato, cúmplices da privação e da pobreza cultural, condições de sua dominação. Gente que nunca conseguirá entender a poesia das mãos de quem molda o barro, tece o fio, funde o ferro ou torneia a madeira; que nunca entenderá o trabalho e o trabalhar como atos de amor, de entrega e de prazer. Gente que nunca entenderá que é dessa poesia e desse amor que nasce todos os dias a verdadeira revolta que diz a cada um que é mais do que cada um, que é muitos, tantos que já são o Outro, aquele que vê e aquele que vem, o operário que é sujeito do possível.

A história da classe trabalhadora é uma história de usurpações, não só do grande capital, é preciso reconhecer. São vidas vazias, drenadas. Com maior ou menor dramaticidade, ou na sua ausência aparente, essas pessoas não vivem, sobrevivem. Vivem das migalhas, do que sobra, do que cai da mesa dos fartos, mesmo que sob o disfarce, o autoengano, de que o que se tem é justa contrapartida do que se é e se produz com o suor do próprio rosto. É difícil reconstituir histórias pessoais que não levem em conta esse detalhe fundamental, que gera a experiência e a duradoura consciência do que é a condição de ínfimo.

Neste livro de minhas memórias, combinam-se duas situações principais de irrelevância pessoal, a da criança e a do trabalhador precoce. Por isso, mais do que um relato é um monólogo interior, um esforço de juntar lembranças dispersas e descobrir nelas a coerência que a Sociologia oferece como instrumento interpretativo que torna compreensível o que não teve sentido no seu próprio momento. A memória é, na base, uma memória de surpresas e espantos. A memória não é calma lembrança. É também luta, tensão, sofrimento. Cada fato, cada ocorrência, cada incidente, carrega consigo um débito de compreensão, uma insuficiência, um aquém. A memória se propõe quando esse débito se transforma em perguntas e é decifrado, quando pode ser narrado.

Esse é o plano dramático da memória. Por isso, ela não é nem pode ser cronológica. O mesmo episódio de uma vida, cronologicamente datado, pode aparecer de diferentes modos em linhas diferentes de rememoração. A memória não é um conjunto de escaninhos ordenados segundo a sequência do tempo, que abrigam fatos, acontecimentos, incidentes. A memória tem o seu próprio tempo, que é o tempo do drama, dos enredos que se entretecem e se abrem para diferentes desdobramentos na vida de uma pessoa, de um grupo social e de todos.

Nada se revela por inteiro senão no cumprimento do processo social que enfeixa o conjunto dos significados do acontecido, que desoculta o que a própria necessidade do desenrolar do processo ocultara. A compreensão plena da história vivida, a que se situa diante dos olhos de cada um e que pede de cada um decisões e ações, tornaria inviável e insuportável o viver, nas condições iníquas em que ele se propõe, nas incertezas da sociedade contemporânea, para os que vivem do suor do próprio rosto. A memória do operário, sobretudo do operário-criança, é memória de privações que podem ser desvendadas na irrelevância das lembranças dos poucos e insuficientes ganhos materiais e sociais ao longo da vida.

Justamente por isso a memória raramente pode ser a memória íntegra da mesma pessoa que viveu os fatos, os acontecimentos. O lembrado seria apenas o conjunto das sinalizações do esquecido, resquícios do que não permaneceu por inteiro na lembrança, porque permaneceu na vida e no repetitivo, do que não vale a pena lembrar. E não é íntegra, também, porque nunca é memória pessoal, mas memória de relacionamentos cujo alcance último e pleno raramente compreendemos. A memória não é apenas o que foi, mas sobretudo o possível que reclama do vivente o reconhecimento das contradições de suas raízes, o lento processo de sua constituição. Por termos essa dificuldade, somos alienados, sem exceções. No fundo, nossa memória só é social enquanto memória da nossa perdição e não fundamentalmente enquanto memória do nosso encontro conosco mesmos. Mas nossa perdição é nosso trunfo. É o fundamento do nosso contraponto crítico à memória que nos é imposta, a memória conveniente, politicamente correta ou moralmente aceitável, a memória que nos diz o que fomos mesmo não tendo sido, e não nos diz o que poderíamos ter sido e ser e não fomos.

A memória se propõe de maneira intensa quando as circunstâncias sociais da pessoa interrompem o curso da sua biografia, e fazem dela outra pessoa porque transitou para outra e diferente situação social. É quando cada um de nós pode ver-se ao mesmo tempo como passado e como outro, quando a alternação de nossa biografia, de que nos fala Peter Berger, nos coloca numa relação de relativo estranhamento em relação a nós mesmos. A lucidez da memória se propõe à nossa consciência quando a alternância biográfica nos obriga à busca de referências, a nos conhecermos para nos reconhecermos nas mudanças e metamorfoses que sofremos.

A alternação aviva o calor da memória, recupera o que queríamos esquecer porque já não temos compromisso com o destino que foi truncado, salvos pela morte sociológica que nos é imposta pelas transformações sociais que se tornaram frequentes na sociedade contemporânea. A memória é uma ressurreição. Na sociedade atual cada um de nós é individualmente a história de uma coleção de pessoas distintas entre si, no tempo e no espaço, que se estranham e se complementam. É apenas nesse sentido que podemos ser e somos também memória de nós mesmos, memória do viver e do vivido, do ser social que somos. Num caso como o da narrativa deste livro, o outro da memória não pode deixar de ser invadido, interrogado e explicado pelo outro que narra, o sociólogo que se reconhece e se estranha nessa alteridade.

Esta é a história da gestação social da pessoa comum, de suas discrepâncias em relação a tipos e modelos de natureza analítica. É o que faz destas memórias um testemunho documental e uma narrativa crítica sobre a alienação do operário do subúrbio no pós-guerra, o operário da Era de Vargas. Aquela foi uma era em que os limites se tornaram imprecisos. Criança e adulto se confundiam nas necessidades da sobrevivência. Ser propriamente criança era raro e era um luxo. Na família operária a criança vivia e testemunhava desde cedo as vicissitudes da vida adulta. É esta, pois, uma etnografia do mundo operário com base no arquivo das impressões da criança e do adolescente, que ficaram residualmente nas lembranças do adulto.

Nesse sentido, as lembranças, mesmo residuais, são indícios da memória e não a própria memória. A memória é memória como documento das estruturas básicas de modos de viver; de modos de pensar e de modos de organizar imaginariamente o vivido, as referências que nem sempre aparecem por inteiro naquilo que é lembrado, mas estão lá. Memória é, de fato, o conjunto social e sociologicamente situado das lembranças, reconectadas pelo desvendamento das ocultações próprias da sociedade contemporânea. Abrange, portanto, o que não é lembrado, na medida em que o esquecimento é um esquecimento seletivo e organizado que deixa seus indícios no que é seletivamente lembrado. Mais do que no esquecimento, naquele tempo, e talvez ainda hoje, o proibido se refugiava no silêncio. E enredava-se na teia de outras interdições e ocultações, sobrevivências de outras e mais antigas crenças e proibições. Acabou produzindo uma contracultura subterrânea de desconfianças em relação à legitimidade do veto a modos de viver e pensar, uma cultura alternativa oculta e autodefensiva. Aí se refugiavam crianças e adolescentes, mulheres, operários.

O mundo não estava simplesmente dividido e polarizado nos embates entre a religião e o comunismo, como se propunha de cima, a partir das instituições dominantes, como a Igreja e o Estado. Durante décadas o subúrbio operário foi marcado por essa polarização oculta, de que se pode colher evidências em documentos da Igreja e documentos da polícia política, uma polarização de apenas alguma visibilidade no cotidiano. O mundo daquele tempo se apresentava na realidade dos simples, dos que viviam do trabalho, como um mundo dividido entre o natural e o sobrenatural, entre o visível e o invisível, entre o passado persistente, o presente irreal e o futuro possível e indecifrável. Era o que propunham o viver difícil, as muitas carências e o trabalho duro, as contradições do mundo cimentadas pelas incertezas da História nas certezas provisórias da vida cotidiana. E também nas imprecisões dos vultos que povoavam a névoa densa do imaginário arcaico que persistia fora do seu lugar e fora do seu tempo, as formas pré-modernas de pensar e viver invadindo e regulando a vida de todo dia, longe da racionalidade própria do mundo industrial e da política. O dominado e o dominante se estranhavam na convivência forçada.

As invisibilidades se anunciavam todo o tempo. Não só no fantasma do operário diluído no pó do seu trabalho, ou numa nuvem de pó de carvão, que eu podia perceber todos os dias no meu trabalho. Mas até na minha própria invisibilidade como ator das insignificâncias de uma fábrica, na conversa com pessoas que nem se davam conta de que eu estava ali, de que falava e ouvia. E também nos entes descoloridos do mundo invisível e dos poderes do invisível que nos espreitavam e espreitam pelas frestas que há na muralha de aparências que nos cerca e que foi gerada pela alienação moderna. Eu via. Memória é também, e talvez, sobretudo, a memória do fantástico que encanta e assombra ao mesmo tempo a vida liminar daqueles cuja fome ainda não foi saciada. Deus e o Diabo pelejando pela alma e pelo corpo de cada um de nós. Eu lembro.